主编

王　磊

The Practical Guide of
Personal Information Protection Law of the People's Republic of China

中华人民共和国
个人信息保护法
实务指南

王　磊 / 主编

中国法制出版社
CHINA LEGAL PUBLISHING HOUSE

前 言

《中华人民共和国个人信息保护法》（以下简称《个人信息保护法》）的出台，是中国个人信息保护工作的里程碑，是个人信息保护中国实践和中国经验的智慧结晶，也是全球个人信息保护的重要样本。我们目前身处丰富的个人信息处理场景中，对每个用户来说，既要享受个性化定制的信息服务，又要防止针对个人信息滥用的侵害。如何有效平衡利用和保护的关系，是全社会共同面对的问题。《个人信息保护法》为我们提供了重要的指引，明确了个人信息的概念与范围，规范了个人信息处理行为，尤其是敏感个人信息、特殊人群，如对于未成年人的信息处理行为、个人信息跨境以及个人在处理环节中的权利都进行了规定。此外，对于平台在处理信息的“守门人”义务、国家机关处理个人信息以及履行个人信息保护职责的部门进行了明确，使得个人信息保护体系化、规范化。

书中提及对于个人信息保护的产业实践，是工作中面临的各种问题的总结和体会。如何来回应个人信息保护与业务发展的平衡，记录下实践中对个人信息保护的理解和行业惯例是这本书写作的初衷。这本书是通过梳理总结各行业领域对个人信息保护的体会，形成可供实务从业者参考的一些合规建议与实操指引。

本书以《个人信息保护法》条文为写作脉络，在每一章以章节导言的形式进行综述，同时在具体条文中穿插法条的重点难点、典型案例，以及现行的产业实践与合规指引，辅以港澳相关规定，以及其他各国最近的立法例，如欧盟、新加坡、巴西等国家关于个人信息保护的具体条文。这种写作结构也是从实务视角出发，希望在指出个人信息保护工作重点难点的同时，也能够提供综合的解决思路和参考资料，期望本书成为可供从事个人信息保护工作各位同行参考的一本工具书。

《个人信息保护法》是数字经济时代的重要立法工作。作为个人信息保护的实践者来说，个人信息保护工作一直在不断地深入，对于产业实践的做法也在不断地迭代。同时个人信息保护的视角和工作也在不断地细化，从早期对个人信息隐私政策文本的审查，到个人信息处理最小必要原则具体做法的审查，从文本到执行，从静态到动态，全社会对于个人信息保护的关注不断加深，理解也在不断深入。

本书是各大平台公司法务和个人信息保护从业者共同参与的一项成果，也是对于个人信息保护实践的行业思考，参与写作的是产业中多个场景的代表，在此也感谢各位同行的大力支持。本书一方面体现了行业对于个人信息保护的高度重视，另一方面也是行业对于个人信息保护最佳实践与合规心得的呈现。坚持从产业实践、聚焦问题的视角出发，然后从发展的视角来回应现阶段个人信息保护面临的多样化挑战，是本书写作一直秉持的原则。

个人信息保护需要全行业形成共识和共同参与，如何有效保护个人信息，如何体现个人信息保护法中的透明性，如何体现对于个人信息主体的友好，已经成为当今数据经济发展中企业重要的竞争力，同时也是国家、企业和用户全社会共同参与的一个重大治理难题。个人信息处理的全流程，是一个动态的过程，产业也应当基于不同场景、不同环节提出不同的合规要求，本书的目的是通过对《个人信息保护法》条文以及产业实践与典型案例的分析，形成对实务有借鉴意义的合规指引，并结合现有法律和比较法的内容，为个人信息保护的实践提供开放的解决思路。

个人信息保护离不开长期持续性的研究工作，对于个人信息保护的研究需要中立、客观，体现个人信息保护领域的最佳实践，达成个人信息主体和产业对个人信息利用各场景中的“最大公约数”。对于每一个人来说，我们既是个人信息主体，也是数字经济产业的参与者，我们的每一个点击、每一次浏览都为产业发展提供动力。同时，对于完成个人信息保护实践指南这项工作来说，仍存在更多的场景未能充分说明，这里也诚挚希望能够得到读者的理解与宽容，也希望能够得到越来越多的人的支持和加入，共同推动个人信息保护工作蓬勃发展。

在本书的写作和实践规则的讨论中，以及结合重要场景和重点法条的梳理，得到了腾讯集团、阿里巴巴集团法律研究中心、蚂蚁集团隐私保护办公室、快手公司、百度公共政策研究院、字节跳动公司、贝壳找房集团法务中心、高德地图、新浪互联网法律研究院等公司专家团队的支持，同时研究助理孙悦、周渤、陈盼盼、尚凡童、谢泽宇、汤昊男、张佳慧、黄蓉、王雅佳及重庆大学的张哲博士，也为本书做出了贡献，在此一并致谢。

个人信息保护工作的系统研究刚刚开始，也期待亲爱的读者能够与我交流心得体会，欢迎您通过电子邮件与我联系（电子邮箱：wanglei1999@foxmail. com）。

王　磊

2021 年 11 月 10 日于北京

目　录

Contents

第一部分　《个人信息保护法》条文理解

第一章　总　　则 …… 003
第 一 条　【立法目的】 …… 006
第 二 条　【个人信息权益受法律保护】 …… 006
第 三 条　【效力范围】 …… 007
第 四 条　【个人信息及个人信息处理的定义】 …… 011
第 五 条　【合法、正当、必要和诚信原则】 …… 018
第 六 条　【最小必要原则】 …… 023
第 七 条　【公开、透明原则】 …… 024
第 八 条　【质量原则】 …… 025
第 九 条　【个人信息安全责任】 …… 026
第 十 条　【禁止性规定】 …… 030
第十一条　【保护制度】 …… 031
第十二条　【国际合作】 …… 033
第二章　个人信息处理规则 …… 034
第一节　一般规定 …… 035
第十三条　【合法性基础】 …… 037
第十四条　【处理个人信息的同意】 …… 047
第十五条　【撤回同意】 …… 056

第 十 六 条 【不得拒绝产品或服务】 …………………………… 059
第 十 七 条 【个人信息处理者的告知义务】 ……………………… 062
第 十 八 条 【告知义务的例外情形】 ……………………………… 067
第 十 九 条 【必要保存期限】 ……………………………………… 069
第 二 十 条 【共同处理及其连带责任】 …………………………… 071
第二十一条 【委托处理】 …………………………………………… 074
第二十二条 【合并、分立、解散、被宣告破产后的情形】 …… 077
第二十三条 【对外提供个人信息】 ………………………………… 083
第二十四条 【自动化决策】 ………………………………………… 092
第二十五条 【禁止公开个人信息原则】 …………………………… 105
第二十六条 【公共场合采集个人信息的要求】 …………………… 106
第二十七条 【合理处理已公开的个人信息】 ……………………… 115
第二节 敏感个人信息的处理规则 ……………………………………… 123
第二十八条 【敏感个人信息的定义及处理规则】 ………………… 125
第二十九条 【处理敏感个人信息应单独同意】 …………………… 128
第 三 十 条 【处理敏感个人信息的告知义务】 …………………… 130
第三十一条 【未成年人个人信息的处理规则】 …………………… 134
第三十二条 【处理敏感个人信息的特殊规定】 …………………… 140
第三节 国家机关处理个人信息的特别规定 ……………………… 141
第三十三条 【国家机关处理个人信息】 …………………………… 142
第三十四条 【依法处理个人信息】 ………………………………… 144
第三十五条 【依法告知原则】 ……………………………………… 145
第三十六条 【境内存储原则】 ……………………………………… 147
第三十七条 【公共事务职能组织的处理原则】 …………………… 149
第三章 个人信息跨境提供的规则 …………………………………… 151
第三十八条 【个人信息跨境条件】 ………………………………… 152
第三十九条 【个人信息跨境的告知与同意】 ……………………… 160

第 四 十 条 【关键信息基础设施运营者的存储义务及境外提供】 …… 163
第四十一条 【境外司法或执法机构调取个人信息程序】 …… 166
第四十二条 【境外主体个人信息提供黑名单制度】 …… 169
第四十三条 【歧视性、限制措施的对等原则】 …… 173
第四章 个人在个人信息处理活动中的权利 …… 179
第四十四条 【个人的知情权、决定权、限制/拒绝权】 …… 180
第四十五条 【个人的查阅权、复制权及个人信息转移的规定】 …… 185
第四十六条 【个人的更正权、补充权】 …… 188
第四十七条 【个人行使删除权的情形】 …… 192
第四十八条 【处理规则的可解释权】 …… 204
第四十九条 【死者个人信息利益保护】 …… 206
第 五 十 条 【申请受理和处理机制】 …… 210
第五章 个人信息处理者的义务 …… 212
第五十一条 【个人信息安全保障义务】 …… 214
第五十二条 【个人信息保护负责人制度】 …… 217
第五十三条 【境外个人信息处理者的境内代表制度】 …… 221
第五十四条 【个人信息处理者的合规审计义务】 …… 222
第五十五条 【适用事前个人信息保护影响评估的情形】 …… 224
第五十六条 【个人信息保护影响评估内容】 …… 227
第五十七条 【个人信息泄露、篡改、丢失时的补救和通知义务】 …… 230
第五十八条 【平台服务个人信息处理者的义务】 …… 234
第五十九条 【委托处理中受托人的安全义务】 …… 243
第六章 履行个人信息保护职责的部门 …… 247
第 六 十 条 【履行个人信息保护职责的部门】 …… 249
第六十一条 【有关部门的保护职责】 …… 250

第六十二条 【国家网信部门统筹协调职能】 …… 251
第六十三条 【履行个人信息保护职责的措施】 …… 253
第六十四条 【处理个人信息安全风险与安全事件的权限和程序】 …… 254
第六十五条 【投诉、举报制度】 …… 256
第七章 法律责任 …… 258
第六十六条 【个人信息处理者的法律责任】 …… 262
第六十七条 【信用档案规定】 …… 266
第六十八条 【国家机关不履行保护义务的法律责任】 …… 268
第六十九条 【侵权中的过错推定责任】 …… 269
第 七 十 条 【个人信息保护公益诉讼】 …… 271
第七十一条 【构成违反治安或犯罪的规定】 …… 275
第八章 附　　则 …… 277
第七十二条 【本法适用范围的特别规定】 …… 279
第七十三条 【用语定义】 …… 288
第七十四条 【施行日期】 …… 297

第二部分 重点法条域外法参考

第 三 条 【效力范围】 …… 301
第 四 条 【个人信息及个人信息处理的定义】 …… 303
第 五 条 【合法、正当、必要和诚信原则】 …… 305
第 十 三 条 【合法性基础】 …… 311
第 十 七 条 【个人信息处理者的告知义务】 …… 315
第 十 八 条 【告知义务的例外情形】 …… 322
第 十 九 条 【必要保存期限】 …… 329
第 二 十 条 【共同处理及其连带责任】 …… 331
第二十一条 【委托处理】 …… 333

第二十四条 【自动化决策】 …… 335
第二十五条 【禁止公开个人信息原则】 …… 337
第二十六条 【公共场合采集个人信息的要求】 …… 338
第二十八条 【敏感个人信息的定义及处理规则】 …… 339
第三十一条 【未成年人个人信息的处理规则】 …… 344
第三十三条 【国家机关处理个人信息】 …… 347
第三十八条 【个人信息跨境条件】 …… 351
第 四 十 条 【关键信息基础设施运营者的存储义务及境外提供】 …… 364
第四十四条 【个人的知情权、决定权、限制/拒绝权】 …… 365
第四十五条 【个人的查阅权、复制权及个人信息转移的规定】 …… 371
第四十六条 【个人的更正权、补充权】 …… 374
第四十七条 【个人行使删除权的情形】 …… 378
第五十一条 【个人信息安全保障义务】 …… 381
第五十二条 【个人信息保护负责人制度】 …… 386
第五十五条 【适用事前个人信息保护影响评估的情形】 …… 391
第五十八条 【平台服务个人信息处理者的义务】 …… 394
第六十六条 【个人信息处理者的法律责任】 …… 401
第七十三条 【用语定义】 …… 407

第三部分 《个人信息保护法》三次审议稿对照

《个人信息保护法》三次审议稿对照版 …… 417

第一部分
《个人信息保护法》条文理解

第一章　总　　则

【导言】

我们正处于一个数字化所带来的充满无限机遇与未知风险的时代。在传统社会关系中，权利主体与义务主体之间的相互关系体现为“增加—减少”之间的线性关系，即在“总体利益基本恒定”的条件下，各个主体之间的相互利益博弈趋于零和。而这种博弈格局已经在数字社会中被彻底颠覆，数字社会的核心并非仅仅包括我们常讲的数据处理，而更在于通过数据创造更大的价值与利益。个体、企业、社会乃至国家都是参与者与利益攸关者：当数据被科学合理地利用时，可以推动人类社会向更美好的方向发展，例如，我们可以通过大数据分析和自然语言处理解决信息过载与虚假信息，我们可以通过数据分析去发现潜在的产品安全风险，我们还可以通过疾病、医疗数据的共享使用，促进人类健康的总福祉。因此，数据的大规模收集使用不必然代表个体利益的减损，个体利益的高度保护也不代表社会总福祉的整体增加。然而当数据被不当或非法利用时，给国家、社会、个人所造成的伤害也更加难以预判与控制。缺乏规则约束的数据处理与分析，可能最终导致自然人个人被歧视性差异对待而又难以寻求保护；生物识别技术的过度滥用也可能导致人们最后的隐私无处安放。

在数字时代个人信息安全的内涵与外延已经不再局限于“完整性、保密性、可用性”的传统安全范畴，而逐步演进为数据处理和使用环节对个人造成的人身、财产侵害以及不公平对待等新风险。这些新的风险随着移动互联网时代的技术革命而产生，随着数据作为生产要素的获取、加工、流通而放大。也正是因为面临这种现实的风险，欧盟才会在历经了里斯本公约、95指令后，诞生影响世界的《一般数据保护条例》规则（以下简称GDPR）。与此同时，由于意识到数字经济的巨大推动作用，国际对于数据规则的话语权争夺更加激烈。掌握数据规则的制定权，如同在国际金融资本市场中掌握铸币权一样，将极大地增强国家间的国际竞争力与话语权。因此在数据本地化、数据跨境流动规则、数据跨境调取等方面，世界发达国家或通过国内/区域立法，或通过本国跨国企业的遍布全球的影响，将其主张的数字规则触达世界的各个角落。

我国的《个人信息保护法》也正是在这一大时代背景下诞生的。“保护个人信息权益，规范个人信息处理活动，促进个人信息合理利用”成为该法开宗明义之意；适度设定个人信息保护的域外管辖，确保面向我国个人信息处理活动的安全，为我国参与国际数据规则博弈提供了有力抓手；创设个人信息主体权益，保障个人在个人信息处理活动中的权利，为落实“尊重与保障人权”的宪法要求作出了积极回应；承继《网络安全法》“合法、正当、必要”与“透明、公开”的个人信息处理活动原则，并发展出基于比例原则的“影响个人权益最小”规则。

本章作为《个人信息保护法》的总则与开篇，分别阐明了该法的立法目的、制定依据、调整对象、基本原则以及适用效力。虽然总则部分仅有12条，却奠定了整部《个人信息保护法》的基本框架。

第一，明确了个人信息保护法的域外管辖范围。《个人信息保护法》首次对域外实体处理我国境内个人信息的活动作出规制，即如果在境外开展的数据处理活动，涉及向境内提供产品与服务或分析、评估境内自然人的均适用《个人信息保护法》的规定。为分则进一步规定域外实体处理我国公民个人信息的保护规则奠定了法理基础。明确个人信息保护法的域外管辖效力，一方面，为流向境外的我国个人信息提供了法律层面的保障；另一方面，也对我国参与国际数据安全与个人信息保护规则的建立，构建自由有序的数据跨境流通体系具有积极意义。

第二，界定了个人信息及其处理活动定义。该法对于个人信息的定义承继了《网络安全法》《民法典》以及《最高人民法院、最高人民检察院关于办理侵犯公民个人信息刑事案件适用法律若干问题的解释》中有关个人信息的定义，但又有所发展和扩展。在《个人信息保护法》之前的相关法律和司法解释，对于个人信息的定义聚焦在“可识别”与“已识别”的信息上，即对于是否与个人信息相关，重点判断是否可以与其他信息合理关联后识别唯一自然人，或者关注是否属于已经识别自然人的活动情况的信息。而该法对个人信息的定义做了一定程度的扩展，即只要与“已识别或者可识别的自然人有关的各种信息”都有可能成为该法管辖的对象。当然，我们认为，这种对于个人信息定义边界的扩展可能是立法者基于严密法律体系，在实践中仍需结合具体情况对个人信息的内涵和外延做合理界定。

第三，围绕个人权益的实质保障构建个人信息保护规则。个人信息保护的核心是个人信息权益的保护，其底层逻辑是保障人的各项基本权利不受侵犯。由此，通过构建科学合理的个人信息保护规则，避免个人权益的损失，成为《个人信息保护法》的立法要旨：该法在坚持数据处理需遵循“合法、正当、必要”原则以及贯彻不得从事危害国家安全、公共利益的一般规定基础上，进一步规定数据处理的“比例原则”，要求数据处理需要“采取对个人权益影响最小的方式”进行；坚持数据处理“完整性与准确性”原则，提出避免数据处理活动中因数据质量问题导致个人信息权益受损的要求。具体而言，该法在“完善个人信息处理规则”“个人在个人信息处理活动中的权利”“个人信息处理者义务”“构建数据处理责任制（问责制）原则”四个方面对个人权益的实质保护作出详细规定。

第四，构建数据处理的责任制（问责制）原则。通过“透明度”要求，确保个人信息主体权利得以实现，并证明个人信息处理者以负责任的方式开展数据处理活动。而个人信息保护影响评估制度更是实质上保障个人权益的关键制度。

第一条 【立法目的】[①] 为了保护个人信息权益，规范个人信息处理活动，促进个人信息合理利用，根据宪法，制定本法。

【条文理解】

本条明确了《个人信息保护法》的立法目的与任务，即通过规范个人信息的处理活动实现保护个人信息权益与促进个人信息合理利用的价值目标。《个人信息保护法》是我国在保障权利方面的具体体现，在保护人民生命财产安全方面又迈出了坚实一步，是国家依法治国的具体体现。本法的制定，不仅成为我国首部专门性的个人信息保护法律，更是初步建立了我国的个人信息保护法律体系。

在正式稿中，本条增加了“根据宪法，制定本法”的表述，强调根据宪法制定本法，一方面，是需要明确本法的宪法依据；另一方面，也是表明本法将贯彻执行尊重和保障权利，保障公民的人格尊严不受侵犯，公民的通信自由受法律保护等宪法规则。

近年来，世界各国对个人信息保护提升到非常高的标准，我国《个人信息保护法》在第1条也开宗明义，在表明本法保护的个人信息权益立场的同时，也彰显了国家尊重与保障相关权利的基本理念。本法的颁布，宣告我国对个人信息已经通过专门立法达到了一个新的水平，为我国与世界各国的对外交往、经贸往来、人文交流提供了有利的法律保障。

第二条 【个人信息权益受法律保护】 自然人的个人信息受法律保护，任何组织、个人不得侵害自然人的个人信息权益。

---

① 条文主旨为编者所加，下同。

【条文理解】

本条明确了个人信息受法律保护，并且明确了个人信息权益不受任何组织、个人侵害。个人信息处理者应当根据本法的规定开展个人信息处理活动。自然人的个人信息遭受侵害的，可以通过法律途径维护自身权益。

本条虽然是原则性的规定，但是特别强调了“任何组织和个人”均不得侵害自然人的个人信息权益，这体现了本法对个人信息权益的平等保护与普遍适用，即：一方面，无论是任何身份的个人，还是组织、企业、单位、国家机关，均不得以任何理由非法侵害个人信息；另一方面，个人信息的主体自然人，无论是否具备民事行为能力，是否接受法律制裁，其个人信息均受法律的保护，任何组织和个人均不得侵害其个人信息权益。因此，本条彰显国家在尊重与保障合法权利方面的坚定决心，体现了平等保护的宪法精神。

第三条　【效力范围】 在中华人民共和国境内处理自然人个人信息的活动，适用本法。

在中华人民共和国境外处理中华人民共和国境内自然人个人信息的活动，有下列情形之一的，也适用本法：

（一）以向境内自然人提供产品或者服务为目的；

（二）分析、评估境内自然人的行为；

（三）法律、行政法规规定的其他情形。

【条文理解】

本条规定了《个人信息保护法》的管辖与效力范围。该法在属地管辖的基础上，增加域外管辖适用条件，即：对于面向我国境内自然人提供服务、产品或者分析、评估境内自然人的境外实体，也将受到本法管辖。《个人信息保护法》在管辖条款方面受到欧盟 GDPR 较为显著的影响。根据 GPDR（Article 3）的规定，产品或服务受到 GDPR 管辖可以概括为三类：（1）在欧盟境内设立；（2）向欧盟境内数据主体提供服务；（3）追踪欧盟境内数据主体。对于 GDPR 的管辖一般归纳为：设立标准、提供服务标准、追踪标准三个方面，只要符合其中任意一项标准，则相关数据处理活动将受其管辖。我国的《个人信息保护法》在管辖与效力范围方面也可以划定三个标准：（1）属地标准；（2）服务标准；（3）数据处理标准。

第一，属地标准基于地理区域的指向。一般而言，在我国境内开展对数据的收集、处理活动即受本法调整。其中值得讨论的问题是，如果位于我国境内的个人信息处理者，面向境外开展业务活动，将在境外运营过程中产生、收集或接受委托的数据存储在我国境内，这些境外运营收集或产生的数据可能并不是中国公民的个人信息，但由于存储在我国境内，根据《个人信息保护法》第 3 条、第 4 条的规定，仍可能属于本法管辖范围。因此，这里可能出现在境外收集的个人信息存储于境内，但也仍需遵循《个人信息保护法》规定的情形。

第二，服务标准基于服务目标的指向。即：虽然数据处理活动发生在境外，但该活动是面向我国自然人提供产品或服务的，则仍受本法管辖。因此，这一标准的核心在于准确识别是否面向我国自然人提供服务。参考欧盟相关的标准，对于“提供产品和服务”可以通过“市场指向”（aim）这一原则进行分析，即结合各种因素综合评估是否有明确的目的持续地向我国境内主体提供商品或服务，即有明确的意图面向我国市场。如果仅仅是因为偶然连接，例如，自然人因差旅原因将仅针对海外上架的移动应用在我国境内使用，则不构成“提供服务”。

第三，数据处理标准同样基于目标的指向。即：虽然数据处理活动发生在境外，也没有向我国境内自然人直接提供服务，但是其在境外的数据处理活动针我国境内自然人开展数据分析与评估活动。例如，位于我国境外的数据分析公司帮助我国境内企业分析其在国内运营过程中收集、处理的境内用户数据，以便于优化其针对不同人群的广告投放策略。那么该境外企业的数据处理活动受我国《个人信息保护法》规制。因为虽然该境外企业未直接面向我国境内自然人提供服务，但是其在境外的数据处理活动是对境内自然人的个人信息分析活动，因此受本法管辖。

一般认为，“分析与评估”活动在实践中，既包括通过cookie、硬件唯一标识符（IMEI \ IDFA \ MAC等）以及设备指纹等在网络上追踪境内自然人的活动，也包括作为数据分析技术的提供商协助境内运营者对其收集数据的分析，如境内提供运营者将其开发的App中集成第三方境外公司提供的SDK（Software Development Kit，软件开发工具包）用于分析用户在其产品中的使用情况。

同时，我国有些跨国集团会采购外国第三方的信息管理系统，并将集团内部人员（含我国境内员工）、运营的管理数据由第三方系统进行处理。假定信息管理系统的数据处理活动在我国境外，那么这些第三方服务提供商均可能受我国《个人信息保护法》管辖，但在受管辖的法律基础有所差异：对于提供分析、评估服务的提供商将直接因符合《个人信息保护法》第3条第2项的规定而被直接管辖；对于提供存储、管理信息服务，但未针对个人进行分析、评估的服务提供商，因为其处理的个人信息位于境外，需要与境内个人信息处理者签订数据跨境标准合同条款，因而会被间接管辖。

此外，对于境内企业采购境外基础云存储服务（IaaS）的，如果境外云存储服务商不对存储的个人信息进行分析、评估，那么虽然不直接受《个人信息保护法》管辖，但是也因需与境内个人信息处理者签订数据跨境标准合同条款而被间接管辖。

【合规指引】

由于《个人信息保护法》首次明确了对个人信息的域外管辖规定，因此对于开展跨境业务的个人信息处理者（特别是云服务提供商和跨境电商等）需要重点识别相关业务是否受到《个人信息保护法》的管辖，并提前准备应对跨法域冲突的解决方案。因此，首先需要建立《个人信息保护法》管辖识别框架，以确保可以准确识别受管辖的业务范围。

第一步：识别是否在境内开展处理自然人信息的活动

属地管辖是《个人信息保护法》管辖的基本原则，"在我国境内处理自然人个人信息的活动"均受本法管辖。因此需要识别数据存储、处理活动是否发生在我国境内，理论上无论是否在我国境内设立法人实体或办事处，只要有目的性、针对性地开展个人信息处理活动就将受到本法管辖。

第二步：是否在境外向境内自然人提供服务或产品

如果跨国企业当前在我国境内无数据处理活动，但是面向我国境内的自然人直接提供相关产品与服务，那么这些在境外处理将受《个人信息保护法》管辖。在这一步中核心的判断是何种业务可能被认定为向我国境内提供服务或产品。由于目前尚无实际执法案例，我们结合欧盟相关对于"提供服务"的标准认定规则组织判断模型：

第一，判断是否有明确的意图向我国境内自然人提供服务或产品。例如，为便于中国用户使用，特地使用简体中文、使用人民币作为结算货币、接入我国国内第三方支付、在我国投放广告宣传、允许我国用户注册等。

第二，提供服务或产品是否是"稳定的存在"。例如，外国公民在假期期间正在中国境内旅行，并且在中国境内下载并使用由所属国公司提供的资讯与社交应用程序。该应用程序未在中国的应用商店或其他渠道分发。在这种情况下，属于与中国的偶然连接，不是一种"稳定的存在"。该国公司通过应用程序收集该国游客的个人数据不受我国《个人信息保护法》的管辖。

第三，结合相关因素综合判断：有意图地且稳定地向境内提供服务是判断境外向境内提供服务的重要标准，不能因为某一连接要素符合就认定是向境内提供服务，仍需综合判断。

第三步：是否在境外分析、评估境内自然人行为

在不向境内自然人提供服务端的场景下，在境外处理境内个人信息的

情形可以分为三种类型：一是仅仅提供数据传输、存储等服务，不实际使用个人信息；二是对于个人信息的使用仅限于业务管理层面，例如，管理企业内部组织架构人员信息，不对个人信息做进一步的挖掘、分析、比对；三是协助境内的个人信息处理者或独立对我国境内的自然人信息进行挖掘、关联、比对，或利用这些信息对自然人的行为进行预测。根据《个人信息保护法》第 3 条第 2 项的规定，前述第三种类型的境外数据处理活动属于“分析、评估境内自然人的行为”。前两种数据处理活动，虽不直接属于本条所确定范围，但仍可能直接或间接被本法所管辖。

在“分析、评估境内自然人”的定义尚未有直接案例和司法解释的情形下，基于行业实践与域外经验，我们认为，对于开展与行为广告（Behavioural advertisement）相关的数据处理活动、通过使用 cookie 或其他跟踪技术（如设备指纹）进行在线跟踪、分析用户使用偏好与习惯、预测用户行为、基于个人信息的大规模市场调查和其他行为研究（如开展科研或学术研究）等，有很大可能性被认定为“分析、评估自然人活动”。

第四条 【个人信息及个人信息处理的定义】个人信息是以电子或者其他方式记录的与已识别或者可识别的自然人有关的各种信息，不包括匿名化处理后的信息。

个人信息的处理包括个人信息的收集、存储、使用、加工、传输、提供、公开、删除等。

【条文理解】

（一）个人信息

1. 个人信息的内涵与外延

本条对“个人信息”与“个人信息处理”两个重要法律概念作出了定义。从我国法律对个人信息的定义上看，基本上遵循了“可识别”“可关联”的立法逻辑。从立法沿革来看，个人信息的定义范围存在逐步扩大的趋势（参见下表）。2016 年《网络安全法》颁布时，界定个人信息是“能够单独或者与其他信息结合识别自然人个人身份的各种信息”。《网络安全法》的落脚点在于识别自然人“身份”，一般理解还是与其人的自然属性和社会身份有关。2017 年《最高人民法院、最高人民检察院关于办理侵犯公民个人信息刑事案件适用法律若干问题的解释》则将“反映特定自然人活动情况的各种信息”纳入个人信息范畴。同年制定的国家标准《信息安全技术 个人信息安全规范》，又将个人身份信息扩展至设备、网络信息。《民法典》在《网络安全法》的基础上将“身份”去掉，但还是限定在“特定”自然人上面，这样一来即使是有识别可能性（即可识别）的信息，在没有跟其他信息结合识别特定自然人之前，也存在不属于个人信息的空间；直到《个人信息保护法》又将个人信息界定为“与自然人有关的信息”，这表明即使单独的信息不具备已识别性，但仍在法律意义上属于个人信息。

相关法律和国家标准对个人信息的定义对比

法律与国家标准	公布时间	个人信息定义
《网络安全法》	2016. 11	个人信息是指以电子或者其他方式记录的能够单独或者与其他信息结合识别自然人个人身份的各种信息，包括但不限于自然人的姓名、出生日期、身份证件号码、个人生物识别信息、住址、电话号码等。
《最高人民法院、最高人民检察院关于办理侵犯公民个人信息刑事案件适用法律若干问题的解释》	2017. 3	公民个人信息是指以电子或者其他方式记录的能够单独或者与其他信息结合识别特定自然人身份或者反映特定自然人活动情况的各种信息，包括姓名、身份证件号码、通信通讯联系方式、住址、账号密码、财产状况、行踪轨迹等。
《信息安全技术 个人信息安全规范》①	2017. 12	以电子或者其他方式记录的能够单独或者与其他信息结合识别特定自然人身份或者反映特定自然人活动情况的各种信息。

① 此处指 GB/T 35273-2017。其已于 2020 年被《信息安全技术 个人信息安全规范》（GB/T 35273-2020）代替，对个人信息的定义没有修改。

续表

法律与国家标准	公布时间	个人信息定义
《民法典》	2020.5	个人信息是以电子或者其他方式记录的能够单独或与其他信息结合识别特定自然人的各种信息。
《个人信息保护法》	2021.8	个人信息是以电子或者其他方式记录的与已识别或者可识别的自然人有关的各种信息，不包括匿名化处理后的信息。

对于如何理解“与自然人有关的信息”是界定个人信息的关键问题。一般而言，当信息是“关于一个人”的时候，就可以认为它与这个人“有关”。在多数情况下，这种情形非常容易识别。例如，在公司人事部门的个人档案中登记的数据、病人的医疗记录中包含的医疗测试结果的数据、在视频访谈中拍摄的人物图像。然而，在某些情况下，数据所传达的信息首先涉及的不是个人，而是物体、位置甚至环境。我们可以将这些统称为与人有关的“物项”。这些物项通常属于某人，或者可能受到个人的特别影响，或者可能与个人或其他物体保持某种物理或地理上的接近。只有在这种情况下，才可以间接地认为信息与这些个人或这些物体有关。

示例1：一所特定房屋的价值被用于说明某个地区的房地产价格水平时，其并不属于个人信息。然而，当该房屋的价格被用来度量业主的财产状况时，这一信息就成为该业主的个人财产信息。

示例2：由机械师或车库持有的汽车服务登记册包含了汽车的信息、里程数、服务检查的日期、技术问题和材料状况。这些信息在记录中与车牌号和发动机号相关联，而这些信息又可以与车主联系起来。如果汽修厂为了计费，在车辆和车主之间建立了联系，信息将与车主或司机“有关”。如果为确定修车工的生产力与他建立联系，那么这一信息也将与修车工“有关”。

对于类似问题，在判断“有关”的方面，欧盟EDPB（European Data Protection Board，欧洲数据保护委员会）的前身W29工作组认为“如果数据涉及一个人的身份、特征或行为，或者如果这些信息被用来决定或影响该人的待遇或评价方式，则与该人有关”。因此，为了认为数据与个人“有关”，应当包括具备“内容”要素或“目的”要素或“结果”要素，只要符合任意一项条件，即可认为该信息与个人“有关”。

内容要素：即数据所表达和承载的内容直接指向个人。例如，对患者医学分析的结果、公司数据库中顾客名下的信息、视频中拍摄的人物等。

目的要素：即数据使用的目的将决定该信息是否指向个人。例如，公司办公室的通话记录。这些信息可以与不同的目的联系起来。一方面，该线路已经提供给公司使用，公司有合同义务支付这些电话费；另一方面，在工作时间内，电话是由某个雇员控制的，电话应该是由他打的。通话记录也可以提供被呼叫者的信息。出于不同的目的，该电话机的使用信息可以与公司、雇员以及通信的对象有关。

结果要素：即数据的使用可能会对某个人的权利和利益产生影响，因此也可被视为与个人“有关”。例如，出租车公司建立的车辆定位系统，处理数据目的是提供便捷服务和节能（以更好调度最优车辆），严格地说，该系统所需的数据是与汽车有关的数据，而不是关于司机的数据。处理的目的不是评估出租车司机的表现。然而，该系统确实可以监测出租车司机的表现，并检查他们是否遵守速度限制，寻求适当的行程，是否有在方向盘旁或在外面休息等活动。这些信息可以对这些个人产生相当大的影响，因此，这些数据也可被视为与自然人有关。

2. 去标识化个人信息与匿名化信息

与个人信息定义相关的两个重要概念是“去标识化”与“匿名化”。《个人信息保护法》在第八章附则中对这两个概念有专门的定义。根据本法第 72 条第 3 项、第 4 项的规定：“去标识化”是指个人信息经过处理，使其在不借助额外信息的情况下无法识别特定自然人的过程。“匿名化”是指个人信息经过处理无法识别特定自然人且不能复原的过程。不难看出，根据定义，去标识化后的信息只是不能独立识别特定自然人，本质上仍属于个人信息范围，而匿名化后的信息由于已经“无法单独或结合其他信息识别特定自然人”，因此不再属于个人信息。

（1）去标识化

去标识化往往是一种使信息失去独立识别特定自然人的过程。在实践中，通常采取对个人信息进行掩码，采取缺省值、隔离与其相关联的信息等方式对个人信息进行去标识化处理。在广义上，采取加密算法（对称加密、非对称加密）的安全措施，也可以被认为是一种去标识化的方式，但是加密措施一般而言并不是匿名化过程。虽然通过单向密码学对数据进行哈希处理，无法逆向反解数据原值，但是由于采取同样加密算法的数据（如使用 MD5），虽然无法单向还原，但是仍具备比对与匹配能力，换言之，两组采取相同加密算法加密后的数据，仍可以进行求交匹配。实践中这种应用多出现在移动互联广告参与方联合校验、度量、提升广告投放效果等场景下，对终端设备参数加密匹配以确定、优化广告投放效果。

（2）匿名化

匿名化是将信息完全丧失独立或联合其他信息识别特定自然人的过程。欧盟对于匿名化数据的定义是：在数据控制者或任何其他人以可能合理使用的所有手段用来识别该个人时，该人都是无法被识别的。应当说严格意义上的绝对匿名化数据是比较少见的，即使是统计级别的信息，数据以汇总的形式呈现，但是在原始样本的规模不够大，或者满足特定查询条件，仍存在将特定自然人识别出的可能。因此，欧盟也认为匿名数据的认定取决于具体情况，应该进行逐案分析，特别是所使用的手段可能被合理地用于识别特定自然人的难易程度。

（二）个人信息处理活动

《个人信息保护法》对于个人信息的处理的范围界定为：个人信息的收集、存储、使用、加工、传输、提供、公开等。这里需要与本法第 71 条的适用范围做衔接，即自然人因个人或家庭事务处理个人信息的，不在本法的规制范围内。本法定义的个人信息处理活动，并不包括处理自然人之间的个人、家庭事务。这部分的民事法律关系调整，原则上属于《民法典》人格权编的处理范围。

示例 1：甲将自己的手机号码告知了其好友乙，而乙的同事希望联系到甲，而向乙打听到了甲的手机号，这种情形下，甲显然无法因为乙未征求其同意而主张自身个人信息权益受到侵害。

示例 2：甲将同事乙的上下班行踪轨迹透露给丙，以帮助丙在乙上下班途中截住乙而向其索要欠款，这种情形下，这类行为也应受《民法典》或者刑事法律（情节严重的）调整，而不受《个人信息保护法》调整。

在数字时代下，个人信息处理既包括传统的线下处理，也包括在虚拟网络世界中的线上处理，既包括直接向自然人索取或其主动提交个人信息的情形，也包括自然人在无感知的情况下被自动采集的情形。

【典型案例】

布雷耶先生诉联邦德国机构案[①]

2016 年，德国布雷耶先生向德国法院提起诉讼，要求禁止他咨询的联邦德国机构所经营的网站注册和存储他的互联网协议地址（IP 地址）。这些机构登记和存储这些网站访问者的 IP 地址，以及访问网站的日期和时间，目的是防止网络攻击，并有可能提起刑事诉讼。

德国联邦法院向欧盟法院咨询“动态”IP 地址是否也构成与网站经营者有关的个人数据，从而需要为这种数据提供保护。

第一，欧盟法院从动态 IP 的技术原理与作为个人信息的“关联”角度进行分析，并指出动态 IP 地址是指每次与互联网有新的连接时都不同的 IP 地址。与静态 IP 地址不同，动态 IP 地址不能通过公众可访问的文件，在特定计算机和互联网服务提供商使用的网络物理连接之间建立联系。因此，只有原告的互联网服务提供商拥有识别他的必要的额外信息，动态 IP 才可能成为个人信息。

第二，欧盟法院认为：“在线媒体服务提供商”（即网站运营商，在本案中为德国联邦机构）在其向公众开放的网站被查询时登记的动态 IP 地

---

① 案号：Judgment in Case C-582/14。

址，如果有法律手段使其能够借助访问者的互联网服务提供商的额外信息来识别访问者，则构成运营商的个人数据。本案中，在德国有法律渠道使在线媒体服务提供商能够联系主管当局，特别是在网络攻击的情况下，其可以从互联网服务提供商那里获得该信息，以便采取必要的措施。

第三，欧盟法院还确认了网站收集存储访问者的 IP 地址用于防范网络攻击具有合法的正当利益。

虽然该案例是 2016 年的案件，但是其对于个人信息认定的方法具有值得借鉴的意义。欧盟法院并未直接作出动态 IP 地址是否为个人信息的判断，而是结合动态 IP 地址的原理以及数据收集方对于动态 IP 在实践中其是否可以通过合理的方式识别特定的自然人。

欧盟数据保护委员会也出台过相似的对于个人信息的认定论证过程，其指出，在处理 IP 地址的目的是识别计算机用户的情况下（例如，版权所有者为了起诉计算机用户侵犯其知识产权的行为），控制者预计“可能合理使用的手段”来识别这些人，如通过上诉的法院（否则收集信息没有意义）获取，因此这些信息应被视为个人数据。同时，在对 IP 地址的特定场景应用也作出了具体的论证，即在特殊情形下，IP 地址也可能不属于个人信息。例如，归属于网吧电脑的 IP 地址，在那里不需要识别顾客的身份（但我国的网吧都有实名制登记要求，因此该案例讨论范围不涉及我国，做这一举例仅为说明对于个人信息的判断是一个动态过程）。

我们可以看到，对于个人信息的识别是一个动态的、场景化的过程，而实践中之所以采取标准化、定制化的方式来认定某一信息是否属于个人信息（如在国家标准中列举 IP 地址属于个人信息），则是因为实践中一般很难肯定地分辨出哪些信息对应的是无法识别的用户，因此为了安全起见，不得不把所有的 IP 信息作为个人数据处理。应当指出，虽然在实践中个人信息的类型被“定制化”了，但是在特定场景下仍然需要认真分析特定信息是否在相关场景下具备可识别特定自然人的能力，以及是否在特定场景下与特定自然人“有关”。

【港澳相关规定】

1. **香港**

个人资料指符合以下说明的任何资料——

（a）直接或间接与一名在世的个人有关的；

（b）从该资料直接或间接地确定有关的个人的身份是切实可行的；及

（c）该数据的存在形式令予以查阅及处理均是切实可行的。[①]

2. **澳门**

个人资料：与某个身份已确定或身份可确定的自然人（“资料当事人”）有关的任何资讯，包括声音和影像，不管其性质如何以及是否拥有载体。所谓身份可确定的人是指直接或间接地，尤其透过参考一个认别编号或者身体、生理、心理、经济、文化或社会方面的一个或多个特征，可以被确定身份的人。[②]

第五条　【合法、正当、必要和诚信原则】 处理个人信息应当遵循合法、正当、必要和诚信原则，不得通过误导、欺诈、胁迫等方式处理个人信息。

【条文理解】

本条规定了个人信息处理应遵循的原则。

本条根据我国有关法律和个人信息保护工作的实践，对个人信息处理作出规定。《个人信息保护法》在沿用《全国人民代表大会常务委员会关

---

① 《香港个人资料（私隐）条例》第 2 条。原文来源于：https://www.elegislation.gov.hk/hk/cap486! en-zh-Hant-HK.pdf? FROMCAPINDEX=Y，内容由编者翻译整理。下文不再特别说明。

② 《澳门个人资料保护法》第 4 条第 1 项。原文来源于：ttp://legismactext.safp.gov.mo/2005/S1/2005_ 34/LEI08XX05.pdf，内容由编者翻译整理。下文不再特别说明。

于加强网络信息保护的决定》第 2 条、《消费者权益保护法》第 29 条、《网络安全法》第 41 条和《民法典》第 1035 条对个人信息处理规定的合法、正当、必要原则规定的基础上，增加了诚信原则这一民法的基本原则，并禁止采取“误导、欺诈、胁迫”等方式处理个人信息。

1. 合法、正当、必要原则

合法、正当、必要原则与国际通行的个人信息保护原则是一致的。如经济合作与发展组织（OECD）《隐私保护与个人数据跨国流通指南》规定的收集限制原则、数据质量原则、目的特定化原则、使用限制原则、安全原则、公开原则、个人参与原则等；欧盟 GDPR 第 5 条规定的合法、正当、透明原则，特定、明确目的的原则，目的适当、相关、限制原则等。

合法原则即网络运营者处理个人信息必须有合法依据，且处理个人信息的方式应当符合法律的规定。合法的依据包括个人信息处理者依据本法以及其他相关法律规范的规定，处理个人信息。正当原则要求个人信息处理有正当的事由，处理个人信息的方式应当符合伦理道德标准，符合公序良俗的标准。必要原则要求个人信息的处理应当限定在为了实现处理目的所必要的范围内，并且采取对个人权益影响最小的方式进行。

2. 诚实信用原则

诚实信用原则是民法的“帝王原则”。《个人信息保护法》第 5 条引入了“诚信原则”，并明确禁止“误导、欺诈、胁迫”等不诚信处理个人信息的行为。《个人信息保护法》中的“诚信原则”要求所有个人信息的处理者在不损害个人信息权益的前提下，追求自己的合法权益。近两年来，互联网信息、工业和信息化部门的个人信息专项治理反映，移动应用的个人信息保护问题主要是存在违规、超范围收集个人信息，或 App 强制、频繁、过度索取权限等问题。这些问题均源于 App 运营者的不诚信处理个人信息。此外，“大数据杀熟”的问题也受到社会各界广泛关注，《个人信息保护法》的“诚信原则”剑指“大数据杀熟”，并在第 24 条中进行细化，规定个人信息处理者利用个人信息进行自动化决策，应当保证决策的透明度和结果公平、公正，不得对个人在交易价格等交易条件上实行不合理的差别待遇。

【港澳相关规定】

1. 香港

第1原则——收集个人资料的目的及方式

（1）除非——

（a）个人资料是为了一个合法的目的而收集，而该目的是直接与将会使用该等资料的资料使用者的职能或活动有关的；

（b）在符合（c）段的规定下，资料的收集对该目的而言是必需的或直接与该目的有关的；及

（c）就该目的而言，资料属足够但不超适度，否则不得收集。

（2）个人资料须以——

（a）合法；及

（b）在有关个案的所有情况下用公平的方法收集。

（3）凡从或将会从某人收集个人资料，而该人是资料当事人，须采取所有切实可行的步骤，以确保——

（a）他在收集该等资料之时或之前，获明确地或暗喻地告知——（i）他有责任还是可随意愿提供该等资料；及（ii）在他有责任提供该等资料的情况下，他若不提供该等资料便会承受的后果；

（b）他——（i）在该等资料被收集之时或之前，获明确告知——（A）该等资料将会用于什么目的（须以一般的或具体的字眼说明）；及（B）该等资料可能移转于什么类别的人；及（ii）在该等资料首次用于被收集的目的之时或之前，获明确告知——（A）他要求查阅该等资料及要求改正该等资料的权利；（B）负责接受该等要求的人的姓名及地址，除非遵守本项条文可能会损害收集该资料的目的，而该目的在本条例第VIII部

中已指明与它有关的个人资料，获豁免不受第6保障资料原则的条文所管限。①

第2原则——个人资料的准确性及保留期间

（1）须采取所有切实可行的步骤，以——

（a）确保在顾及使用或将会使用该个人资料的目的（包括任何直接有关的目的）下，该等个人资料是准确的；

（b）若有合理理由相信在顾及使用或将会使用该个人资料的目的（包括任何直接有关的目的）下，该等个人资料是不准确时，确保——（i）除非该等理由不再适用于该等资料（不论是借着更正该等资料或其他方式）及在此之前，该等资料不得使用于该目的；或（ii）该等资料被删除；

（c）在有关个案的整体情况下切实可知——（i）于顾及使用或将会使用该等资料的目的（包括任何直接有关的目的）下，在指定日当日或之后向第三者披露的个人资料的要项是不准确时；及（ii）该等资料在如此披露时是不准确时，确保该第三者——（A）获告知该等资料是不准确的；及（B）获提供所需详情，以令他能在顾及该目的下更正该等资料。

（2）个人资料的保存时间，不得超过将其保存以贯彻该等资料被使用或会被使用的目的（包括任何直接有关的目的）所需的时间。②

第3原则——个人资料的使用除下列目的外，如无有关的资料当事人用已订明的方式表示同意，个人资料不得用于任何其他的目的（a）在收集该等资料时所使用的目的；或（b）直接与（a）段所提述的目的有关的目的。③

第4原则——个人资料的保安须采取所有切实可行的步骤，以确保由资料使用者持有的个人资料（包括采用不能切实可行地予以查阅或处理的形式保存的资料）受保障而不受未获准许的或意外的查阅、处理、删除或其他使用所影响，尤其须考虑——

---

① 《香港个人资料（私隐）条例》附表1第1条。

② 《香港个人资料（私隐）条例》附表1第2条。

③ 《香港个人资料（私隐）条例》附表1第3条。

（a）该等资料的种类及如该等事情发生便能造成的损害；

（b）储存该等资料的地点；

（c）储存该等资料的设备所包含（不论是借自动化方法或其他方法）的保安措施；

（d）为确保能查阅该等资料的人的良好操守、审慎态度及办事能力而采取的措施；

及（e）为确保在保安良好的情况下传送该等资料而采取的措施。①

第5原则——资讯须在一般情况下可提供须采取所有切实可行的步骤，以确保任何人——

（a）能确定资料使用者在个人资料方面的政策及实行方式；

（b）能获告知资料使用者所持有的个人资料的种类；

（c）能获告知资料使用者持有的个人资料是为了或将会为了什么主要目的而使用的。②

第6原则——查阅个人资料当事人有权——

（a）确定资料使用者是否持有以他为资料当事人的个人资料；

（b）要求——（i）在合理时间内查阅；（ii）在支付并非超乎适度的费用（如有的话）下查阅；（iii）以合理方式查阅；及（iv）查阅采用清楚易明的形式保存的，个人资料；（c）在（b）段所述的要求被拒绝时获提供理由；（d）反对（c）段所述的拒绝；（e）要求改正个人资料；（f）在（e）段所述的要求被拒绝时获提供理由；及（g）反对（f）段所述的拒绝。③

2. 澳门

个人资料应：

（一）以合法的方式并在遵守善意原则和第二条所指的一般原则下处理；

---

① 《香港个人资料（私隐）条例》附表1第4条。

② 《香港个人资料（私隐）条例》附表1第5条。

③ 《香港个人资料（私隐）条例》附表1第6条。

（二）为了特定、明确、正当和与负责处理实体的活动直接有关的目的而收集，之后对资料的处理亦不得偏离有关目的；

（三）适合、适当及不超越收集和之后处理资料的目的；

（四）准确，当有需要时作出更新，并应基于收集和之后处理的目的，采取适当措施确保对不准确或不完整的资料进行删除或更正；

（五）仅在为实现收集或之后处理资料的目的所需期间内，以可认别资料当事人身份的方式被保存。①

第六条　【最小必要原则】 处理个人信息应当具有明确、合理的目的，并应当与处理目的直接相关，采取对个人权益影响最小的方式。

收集个人信息，应当限于实现处理目的的最小范围，不得过度收集个人信息。

【条文理解】

本条规定了个人信息处理的目的明确和最小必要原则。

目的明确原则是指处理个人信息要有即明确、清晰、具体的个人信息处理目的，并应当与处理目的直接相关。如《个人信息保护法》第 14 条规定基于个人同意处理个人信息的，个人信息的处理目的发生变更的，应当重新取得个人同意；第 21 条规定受托人应当按照约定处理个人信息，不得超出约定的处理目的处理个人信息；第 22 条规定因合并、分立、解散、被宣告破产等原因需要接收个人信息的接收方，变更原先的处理目的的，应当重新取得个人同意；第 26 条规定在公共场所安装图像采集、个人身份识别设备，所收集的个人信息，除非取得个人单独同意，只能用于维护公共安全的目的，不得用于其他目的。

---

① 《澳门个人资料保护法》第 5 条。

最小必要原则是指处理满足个人信息主体授权同意的目的所需的最少个人信息类型和数量。《个人信息保护法》首次在法律层面提出了直接相关、最小影响、最小范围的要求。《个人信息保护法》对个人信息的收集范围、处理方式、保存期限等作了严格限制。如第16条规定，除处理个人信息属于提供产品或者服务所必需外，个人信息处理者不得以个人不同意处理其个人信息或者撤回同意为由，拒绝提供产品或者服务；第19条规定，除法律、行政法规另有规定外，个人信息的保存期限应当为实现处理目的所必要的最短时间；第26条规定，在公共场所安装图像采集、个人身份识别设备，应当为维护公共安全所必需。对公共部门而言处理个人信息通常只能出于履行其职责之特定目的；第34条规定，国家机关为履行法定职责处理个人信息，应当依照法律、行政法规规定的权限、程序进行，不得超出履行法定职责所必需的范围和限度。

第七条　【公开、透明原则】处理个人信息应当遵循公开、透明原则，公开个人信息处理规则，明示处理的目的、方式和范围。

【条文理解】

本条规定了个人信息保护的公开透明原则。公开透明原则要求以明确、易懂和合理的方式公开处理个人信息的范围、目的、规则等，并接受外部监督，从而保障了个人信息主体的知情权。

从2012年的《全国人民代表大会常务委员会关于加强网络信息保护的决定》、2013年的《消费者权益保护法》到2016年的《网络安全法》及2020年的《民法典》，我国的立法在个人信息保护方面，一贯将告知同意规则作为个人信息保护核心规则，《个人信息保护法》传承了以“告知同意”为核心的个人信息处理规则，要求处理个人信息应当在事先充分告知的前提下取得个人同意。《个人信息保护法》与以往个人信息相关规定不同的是，将个人信息处理者的“告知义务”与个人的“授权同意”相分离，并更加突出“告知”，单独将公开透明作为个人信息保护法的原则。《个人信息保护法》的这一调整，有利于解决同意规则在部分场景下失灵的问题。提高个人信息处理的透明度，向个人信息主体进行真实、准确、完整的告知，相比片面追求个人的授权同意，更有利于解决当前个人信息保护的实现问题。

公开透明原则贯穿了整部《个人信息保护法》。第17条规定了个人信息处理者告知义务的一般规则，要求个人信息履行告知义务须在处理个人信息前，形式上显著方式、清晰易懂，内容上真实、准确、完整，并规定了告知的内容，包括：（1）个人信息处理者的身份和联系方式；（2）个人信息的处理目的、处理方式，所处理的个人信息的种类、保存期限；（3）个人行使本法规定权利的方式和程序；（4）法律，行政法规规定应当告知的其他事项。《个人信息保护法》还规定了个人信息处理者的特别告知义务，如第22条信息处理者合并、分立、解散、破产时的告知；第23条对外提供时的告知；第24条自动化决策时的告知；第30条敏感个人信息处理的告知；第39条跨境提供时的告知；第57条安全事件处理的通知；第58条重要互联网平台的“告知”等。

第八条 【质量原则】 处理个人信息应当保证个人信息的质量，避免因个人信息不准确、不完整对个人权益造成不利影响。

【条文理解】

本条规定了个人信息保护的质量原则。保证个人信息处理质量的核心一是准确，二是完整。

质量原则源于经济合作与发展组织（OECD）《隐私保护与个人数据跨国流通指南》第8条规定：“个人数据应当与使用的目的有关，限于该目的的使用范围，个人数据应当准确、完整并适时更新。”该规定成为各国个人信息保护的通用性规则。

对于个人信息处理的质量要求，《个人信息保护法（草案一次审议稿）》仅规定了“准确”并“及时更新”的要求，《个人信息保护法（草案二次审议稿）》调整为当前的表述，明确了个人信息处理的质量要求需满足准确和完整的双重要求。

数据质量原则的重要指标包括数据的相关性、准确性、完整性和即时性。这些指标需要根据数据使用的目的来衡量，如数据不应超过为实现其目的所必需的范围。数据质量原则还要求数据有误时应当进行更正。数据处理者对其掌握的数据应当进行维护与完善，在条件允许的情况下做到定期更新，以保持数据的即时性。

《个人信息保护法》对数据质量的具体要求包括，第 16 条规定，个人信息处理者不得以个人不同意处理其个人信息或者撤回同意为由，拒绝提供产品或者服务；处理个人信息属于提供产品或者服务所必需的除外。第 46 条规定，个人发现其个人信息不准确或者不完整的，有权请求个人信息处理者更正、补充。个人请求更正、补充其个人信息的，个人信息处理者应当对其个人信息予以核实，并及时更正、补充。

第九条　【个人信息安全责任】个人信息处理者应当对其个人信息处理活动负责，并采取必要措施保障所处理的个人信息的安全。

【条文理解】

本条是个人信息处理原则中的“保障安全”原则，旨在表达个人信息处理者负有确保个人信息安全的义务，这一义务应覆盖个人信息处理的全部生命周期，个人信息处理者自产品设计时起即负有确保信息安全的义务。可以联想到欧盟 GDPR 第 25 条规定的“data protection by design and by default”，data protection by design 是指将个人数据主体的数据保护需求嵌入产品设计中；而 data protection by default 是指在流程或架构中采取技术措施，确保在默认情况下仅在具体目的的必要范围内处理个人数据。

此外，本条还强调了个人信息处理者应对处理活动负责。《网络安全法》第 42 条第 2 款业已规定网络运营者应采取技术措施和其他措施以确保其所收集的个人信息的安全，但本条在表述上还强调了个人信息处理者的责任承担，体现了可归责原则。本条中的“必要措施”既包括技术措施，也包括管理措施，如组织架构设计、制度制订、个人信息主体权利的响应、相关技术措施的设置或者设计等。

【典型案例】

（一）英国某航空公司数据泄露案[①]

从 2018 年 6 月起，英国某航空公司网站因缺乏保障信息安全的技术和组织技术导致约 50 万名乘客的个人信息被泄露。在该事件中，用户流量被移转到虚假网站，攻击者通过这个虚假网站收集了客户详细信息，包括客户个人信息和银行卡信息，如姓名、地址、邮箱，以及信用卡的号码、有效期和背面的验证码（CVV）等。事件爆发后，英国某航空公司配合 ICO 调查并对安全系统进行整改。英国某航空公司最终被处罚约 1.86 亿英镑。该案提示企业应当在日常的经营活动中重视数据安全问题，定期开展安全检查并升级系统的保护措施。

（二）某国际酒店集团数据泄露案[②]

2018 年 11 月，某国际酒店集团公开披露其旗下 A 公司酒店客房预订系统数据泄露事件。该事件导致众多酒店客户信息被黑客窃取。该国际酒

---

① 《信息泄露频发，英国连开巨额罚单》，载人民网，http：//it.people.com.cn/n1/2019/0715/c1009-31233496.html，2021 年 11 月 2 日访问。

② 《英监管机构因泄露用户信息对某国际酒店集团开罚单》，载新华网，http：//www.xinhuanet.com/2019-07/10/c_ 1124734360.htm，2021 年 11 月 2 日访问。

店集团在 2016 年 9 月收购了 A 公司。据 ICO 调查，A 公司客房预订系统因黑客攻击导致的数据漏洞自 2014 年 7 月起便存在，直到 2018 年才发现此漏洞。而该国际酒店集团在收购 A 公司时也未作充分的调查、未发现系统漏洞。针对此次事件，该国际酒店集团因缺乏保障信息安全的技术和组织措施，被认为违反了 GDPR 第 32 条的规定，被处以 9900 万英镑罚款。本案提示企业须在兼并和收购背景下重视数据共享的重要性，并把数据合规尽职调查放到与公司其他资产尽职调查同等重要的地位，以确保数据的安全处理。

（三）甘肃省平凉市人民检察院督促整治快递单泄露公民个人信息行政公益诉讼案①

甘肃省平凉市辖区内多家快递企业的快递单未对用户个人信息采取隐匿化等有效保护措施，直接显示客户姓名、电话号码等个人信息，存在泄露公民个人信息重大隐患。2020 年 6 月 29 日，甘肃省平凉市人民检察院（以下简称平凉市院）收到群众举报上述线索并进行初步调查属实，于 2020 年 8 月 11 日立案调查。

2020 年 9 月 8 日，平凉市院向市邮政局发出诉前检察建议，建议其依法全面履行快递市场安全监督管理职责，督促快递企业采取有效手段保护用户信息安全。收到检察建议后，市邮政局印发《关于切实做好邮政行业用户信息安全保护的通知》并进行专项整改。对快递企业负责人集体约谈，要求快递企业规范管理和定期销毁快递运单，杜绝倒卖用户信息前科人员从事快递行业，对快递单采取隐匿化技术处理等措施；开展公民个人信息安全法制宣传，对快递员进行用户信息安全培训。

2020 年 10 月 14 日，市邮政局就整改情况向平凉市院进行了书面回复。经抽样调查，快递企业有的在运单上加盖了个人信息保护提示印章，有的在快递网点和快递车悬挂了信息安全提醒标语。顺丰快递单和快递员通信终端用户手机号已全部实现隐匿化技术处理。其他快递企业正在参照推

---

① 《最高检发布检察机关个人信息保护公益诉讼典型案例》，载中华人民共和国最高人民检察院，https：//www. spp. gov. cn/xwfbh/wsfbt/202104/t20210422_ 516357. shtml#2，2021 年 8 月 27 日访问。

进。各快递企业销毁纸质运单105万份，所有快递企业今后不再留存纸质运单。

【合规指引】

首先，企业在提供网络产品和服务时，在需求分析、产品设计、产品开发、测试审核、发布部署、运行维护等阶段都应充分考虑到个人信息保护的要求，将个人信息安全影响评估（PIA）更加细致地部署于网络产品和服务的前端，从源头上尽量控制在收集和处理个人信息时可能产生的风险。例如，在需求分析阶段，启动个人信息安全影响评估，完成相关要素的识别工作；在产品设计阶段，输出对产品个人信息保护设计方案的评估结果；在测试审核阶段，对产品实际个人信息保护情况进行验证和测试；在发布部署阶段，对个人信息安全影响评估相关文档进行评审签发等。[①]

其次，进入个人信息处理阶段后，在处理活动的所有阶段，包括测试、存储、删除等，都采取必要的技术和组织措施，以满足透明性、不可关联性、数据最小化、可管理性等要求。透明性是指确保信息系统中个人信息处理活动达到足够的透明度，使个人信息主体、控制者和处理者等相关方了解个人信息保护的风险；可管理性是指提供对个人信息的细粒度控制，确保个人信息主体、控制者、处理者等相关方能够适当干预信息系统的个人信息处理过程；不可关联性是指采取措施对个人信息去标识或匿名化处理，减少个人信息链接到个人信息主体引起的安全风险。[②] 这些技术和组织措施可能包括使用先进的技术解决方案和对企业全员进行个人信息保护培训，同时，企业需要及时了解技术的进步，定期审查所采取措施的有效性，并及时更新安全系统，确保个人信息主体的权利在技术环境中得到持续性的有效实施。

---

① 《信息安全技术 个人信息安全工程指南》（征求意见稿）6.1。
② 《信息安全技术 个人信息安全工程指南》（征求意见稿）5。

第十条 【禁止性规定】 任何组织、个人不得非法收集、使用、加工、传输他人个人信息，不得非法买卖、提供或者公开他人个人信息；不得从事危害国家安全、公共利益的个人信息处理活动。

【条文理解】

本条明确了处理个人信息不得违反法律法规，不得危害国家安全和公共利益，与《网络安全法》《数据安全法》相关条款的原则相一致。《网络安全法》第 44 条规定："任何个人和组织不得窃取或者以其他非法方式获取个人信息，不得非法出售或者非法向他人提供个人信息。"《数据安全法》第 8 条规定："开展数据处理活动……不得危害国家安全、公共利益，不得损害个人、组织的合法权益。"第 32 条规定："任何组织、个人收集数据，应当采取合法、正当的方式，不得窃取或者以其他非法方式获取数据。"

【典型案例】

施先生诉 A 公司案①

2013 年，奥地利人施先生以"爱尔兰 A 公司（社交媒体公司）把欧盟的个人数据转移至国外，将会导致这些个人数据因受到该外国主管机构的监控项目而无法得到充分保护"为由，向爱尔兰数据保护监管机构 DPC 投诉。DPC 驳回了该案，理由是根据第 2000/520 号决定（"安全港决定"），"安全港"机制已被欧盟委员会认定提供了同等数据保护。而后施先生将 DPC 的决定提交至爱尔兰高等法院进行司法审查。爱尔兰高等法

---

① 《A 公司将欧洲用户数据传给美政府，或面临欧盟国家 191 亿元罚款》，载央视网，https：//news. cctv. com/2020/09/11/ARTIdsKjsiagqqjntjjiShbw200911. shtml，2021 年 11 月 2 日访问。

院随之请求欧盟法院确认“安全港”机制的效力。2015 年 10 月 6 日，欧盟法院认定“安全港”机制无效。

“安全港”机制被认定无效后，爱尔兰高等法院撤销了 DPC 驳回施先生投诉的决定。DPC 继续调查施先生针对 A 公司的投诉，A 公司遂主张其依赖于欧盟第 2010/87 号决定（SCC）附件的“标准合同条款”转移欧盟个人数据到国外，因此施先生于 2015 年 12 月 1 日修改投诉，认为欧盟“标准合同条款”不能确保 Facebook 把欧盟个人数据转移到国外的正当性。鉴于对施先生投诉的处理取决于第 2010/87 号决定（SCC）的有效性，DPC 向高等法院提起了诉讼，以便其将相关问题提交欧盟法院获得初步裁定。在请求初步裁定时，爱尔兰高等法院向欧盟法院提出 11 项问题，其中包括关于第 2010/87 号决定（SCC）和第 2016/1250 号决定（隐私盾）的有效性问题。

【合规指引】

本条作为原则性规定，关注《个人信息保护法》与相关法律法规之间的协调适用问题，与《网络安全法》《数据安全法》的相关条款相一致，但各部法律有各自的侧重点，以本法为基点，厘清各个法律法规之间的关系，并对之有一个全局性的把握和理解，才能够避免顾此失彼，做到充分合规。

第十一条　【保护制度】国家建立健全个人信息保护制度，预防和惩治侵害个人信息权益的行为，加强个人信息保护宣传教育，推动形成政府、企业、相关社会组织、公众共同参与个人信息保护的良好环境。

【条文理解】

本条是一个宣示性条款，倡导形成多方共治的个人信息保护环境。本条展现了国家推进网络法治以及保护个人信息的决心，以《个人信息保护法》为基础建立健全个人信息保护制度。个人信息保护应当以事前预防保护为主，以风险管理、全程控制推进社会共治为辅。加强个人信息保护宣传教育有利于推进公众进一步提升个人信息保护意识，提升个人信息保护成效。个人信息保护需要调动社会各方力量共同参与，形成个人信息保护社会共管共治的良好环境。社会各方的参与能够促使个人信息保护由单纯依靠监管部门监管向多方主体共同参与，发挥合力推动个人信息保护的综合治理，能够形成更好的社会环境。

【产业实践】

当前，我国已经形成了以《个人信息保护法》为中心，以《网络安全法》《民法典》《数据安全法》《消费者权益保护法》等法律，《互联网信息服务管理办法》《计算机系统安全保护条例》等行政法规，《儿童个人信息网络保护规定》《App 违法违规收集使用个人信息行为认定方法》《电信和互联网用户个人信息保护规定》等部门规章，《App 违法违规收集使用个人信息自评估指南》《互联网个人信息安全保护指南》等部门规范性文件，《浙江省数字经济促进条例》《广东省数字经济促进条例》等地方性法规，《信息安全技术 个人信息安全规范》《信息安全技术 个人信息安全影响评估指南》《信息安全技术 个人信息去标识化指南》等国家标准为依托的个人信息保护制度。可以预见，未来以《个人信息保护法》为中心的配套制度将会进一步完善。企业应承担更多社会责任，更注重与信息主体的互动关系和多赢。相关的信息产业行业组织也将会进一步建立健全行业规范和奖惩机制，指导会员企业加强个人信息保护，促进行业健康发展。在这一过程中，企业可以根据对法律法规和行业的理解和从自身情况出发，推动行业个人信息保护规范建设，为行业健康发展贡献力量。

第十二条 【国际合作】国家积极参与个人信息保护国际规则的制定，促进个人信息保护方面的国际交流与合作，推动与其他国家、地区、国际组织之间的个人信息保护规则、标准等互认。

【条文理解】

本条是关于国际合作及参与国际规则制定的条款。个人信息保护离不开国际交流与合作，需要整个国际社会的共同努力。在经济全球化的背景下，跨境贸易需要依靠高效的数据跨境流动展开，个人信息作为极有价值的商业数据，在相关贸易中发挥重要作用。网络空间本身就具有“无国界”的特性，每个国家都是网络空间的一员，个人信息的保护必然要超越国界的限制，依靠国际合作展开。同时需要注意，过往发生的侵害公民个人信息犯罪已经呈现出跨国犯罪的特点，只有通过有效的个人信息保护国际合作，才能真正实现个人信息保护的有效治理。

我国应当更积极主动地加入国际合作，并力争在国际个人信息保护规则、标准制定中提升话语权，推动制定更有利于我国数字经济发展与个人信息保护需要的国际规则。

当前，与个人信息保护相关的国际标准主要有：WADA《隐私和个人信息保护国际标准》、ISO/IEC 29100《隐私保护框架》、ISO/IEC 29101《隐私体系架构》、ISO/IEC 29190《隐私能力评估模型》、ISO/IEC 29134《隐私影响评估》和ISO/IEC 29151《个人可识别信息保护指南》等。

第二章　个人信息处理规则

【导言】

个人信息处理规则是以个人信息处理法律关系为基础构建的法律规则，是我国《个人信息保护法》的核心制度，它确立了国家机关和非国家机关处理个人信息的基本规则，为个人信息处理者的个人信息保护合规工作提供了全面和明确的指引。在内容上，《个人信息保护法》第二章共包括三节，第一节是一般规定，主要包括个人信息处理的合法性要件，知情同意规则，个人信息处理者的告知义务，多个主体处理个人信息时相互之间的权利义务关系，个人信息处理者在个人信息存储、对外提供、自动化决策、人脸信息收集、公开等方面的义务等。第二节是敏感个人信息的处理规则，借鉴国际个人信息保护立法经验和实践做法，我国《个人信息保护法》亦采取了一般个人信息与敏感个人信息区别保护的法律制度。相较于一般个人信息，只有在具有特定的目的和充分的必要性，并采取严格保护措施的情形下，个人信息处理者方可处理敏感个人信息。在敏感个人信息的同意上，应当取得个人的单独同意。在告知内容上，除本法第 17 条第 1 款规定的事项外，还应当向个人告知处理敏感个人信息的必要性以及对个人权益的影响。第三节是国家机关处理个人信息的特别规定，重点强调国家机关处理个人信息的法定性，即应当依照法律、行政法规规定的权限、程序进行，不得超出履行法定职责所必需的范围和限度。在个人信息存储的地域上，国家机关处理的个人信息应当在我国境内存储；确需向境外提供的，应当进行安全评估。总体而言，本章确立了个人信息处理的基本制度，对于明确各方主体之间的权利义务和法律责任具有重要指引作用。

第一节 一般规定

本章第一节是个人信息处理规则的一般规定，其中第 13 条规定了个人信息处理的合法性要件，包括 7 种方式，大体可以分为两类，即需要个人同意和不需要个人同意的情形，后者主要是一些必要或合理的个人信息处理活动，如基于当事人之间的合同、为履行法定职责或法定义务、为应对突发公共卫生事件、为公共利益等情形实施的必要处理行为以及在合理的范围内处理已公开的个人信息。在个人信息处理的合法性要件中，以同意为原则，无须同意为例外，这一规定也充分体现了个人对其个人信息的控制力。在我国的执法和司法实践中，存在问题较多的就是知情同意规则的适用。2017 年中共中央网络安全和信息化委员会办公室（以下简称中央网信办）与工业和信息化部（以下简称工信部）、公安部、国家标准委等四部委联合组织隐私政策专项评审后，我国持续加大在移动应用程序个人信息保护方面的执法监督力度，不仅显著增强了社会民众的个人信息保护意识，而且有力提升了整个行业获取个人同意的规范性。《个人信息保护法》第 14 条要求同意应当由个人在充分知情的前提下自愿、明确作出。个人信息的处理目的、处理方式和处理的个人信息种类发生变更的，应当重新取得个人同意。为了保障个人加入网络服务和退出网络服务的自由，第 15 条还规定了同意的撤回制度，个人信息处理者应当提供便捷的撤回同意的方式。在撤回的后果上，个人撤回同意，不影响撤回前基于个人同意已进行的个人信息处理活动的效力。第 16 条意在解决实践中“不同意授权就不能用”的问题，要求个人信息处理者不得以个人不同意处理其个人信息或者撤回同意为由，拒绝提供产品或者服务；处理个人信息属于提供产品或者服务所必需的除外，这一规定也在其他规范中得到体现。2021 年 3 月 12 日，国家互联网信息办公室（以下简称国家网信办）等部委联合印发《常见类型移动互联网应用程序必要个人信息范围规定》，除明确列举39种常见类型App所能收集的必要个人信息范围外，该规定第4条明确规定App不得因为用户不同意提供非必要个人信息，而拒绝用户使用其基本功能服务。在产业实践中，微信、抖音等App已经在个人信息保护指引中明确告知用户可以撤回同意并提供了撤回同意的相关操作方式。

《个人信息保护法》第7条确立了公开透明原则，[①] 而告知就是体现这一原则的重要方式。第17条规定了个人信息处理者在处理个人信息前应当告知的内容，主要包括个人信息处理者的名称或者姓名和联系方式；个人信息的处理目的、处理方式，处理的个人信息种类、保存期限；个人行使权利的方式和程序等，这是公开透明原则的具体化，旨在实现个人的充分知情。第18条是告知的例外情形，主要包括内容保密或者紧急情况，对于紧急情况，个人信息处理者应当在紧急情况消除后及时告知。在个人信息的保存期限上，第19条明确，除法律、行政法规另有规定外，个人信息的保存期限应当为实现处理目的所必要的最短时间。因此，在没有法律、行政法规规定的情况下，个人信息处理者应当严格遵守目的限制原则，不得过度保存个人信息，这样也有利于降低个人信息处理者泄露数据的风险。在个人信息处理主体上，第20条借鉴欧盟GDPR（《一般数据保护条例》）关于联合控制者的概念，在对外关系上，两个以上的个人信息处理者要对个人信息侵权行为承担连带责任；在对内关系上，各方可以约定各自的权利和义务。我国《个人信息保护法》没有区分数据控制者和处理者，但第21条规定了委托处理个人信息时各方的权利义务关系，通过合同的方式确立受托人的个人信息保护义务。第22条和第23条规定了个人信息转移时，个人信息处理者应当履行的各项告知义务。对于近年来出现的“大数据杀熟”现象，第24条对自动化决策活动进行了基础性规定，要求自动化决策应当保证决策的透明度和结果公平、公正，不得对个人在交易价格等交易条件上实行不合理的差别待遇。虽然自动化决策这一商业

---

① 《个人信息保护法》第7条：处理个人信息应当遵循公开、透明的原则，公开个人信息处理规则，明示处理的目的、方式和范围。

模式具有它本身的合理性并在一定程度上提高了用户获取个性化的信息和服务的效率，但是也容易使人陷入“信息茧房”、遭受“算法暴政”或造成消费者歧视等问题，因此，该条第2款要求通过自动化决策方式向个人进行信息推送、商业营销，应当同时提供不针对其个人特征的选项，或者向个人提供便捷的拒绝方式。对于通过自动化决策方式作出对个人权益有重大影响的决定，第3款赋予了个人要求个人信息处理者予以说明并赋予个人拒绝个人信息处理者仅通过自动化决策的方式作出决定的权利。通过这一规定，一方面，增强了算法的透明性；另一方面，也使行为决策的权利交由用户自身，避免使人成为算法的工具，让算法真正为人类服务。

在网络环境中，公开个人信息对用户造成的影响具有较大的不确定性，因此第25条确立了非经个人单独同意，不得公开个人信息的规则。对于近年来公共场所监控泛滥以及人脸识别设备的大规模应用现象，第26条对其收集和使用目的予以限制，即应当为维护公共安全所必需。自2021年5月以来，中央网信办会同工信部、公安部、国家市场监督管理总局（以下简称市场监督管理总局）深入推进摄像头偷窥等黑产集中治理工作，对人民群众反映强烈的非法利用摄像头偷窥个人隐私画面、交易隐私视频、传授偷窥偷拍技术等侵害公民个人隐私行为进行集中治理。对于已经公开了的个人信息，个人信息处理者也不能随意处理，《个人信息保护法》第27条限制了其处理范围。个人信息处理者可以在合理的范围内处理个人自行公开或者其他已经合法公开的个人信息，但个人明确拒绝的除外。个人信息处理者处理已公开的个人信息，对个人权益有重大影响的，应当依照本法规定取得个人同意。

第十三条　【合法性基础】符合下列情形之一的，个人信息处理者方可处理个人信息：

（一）取得个人的同意；

（二）为订立、履行个人作为一方当事人的合同所必需，或者按照依法制定的劳动规章制度和依法签订的集体合同实施人力资源管理所必需；

（三）为履行法定职责或者法定义务所必需；

（四）为应对突发公共卫生事件，或者紧急情况下为保护自然人的生命健康和财产安全所必需；

（五）为公共利益实施新闻报道、舆论监督等行为，在合理的范围内处理个人信息；

（六）依照本法规定在合理的范围内处理个人自行公开或者其他已经合法公开的个人信息；

（七）法律、行政法规规定的其他情形。

依照本法其他有关规定，处理个人信息应当取得个人同意，但是有前款第二项至第七项规定情形的，不需取得个人同意。

【条文理解】

本条旨在明确个人信息处理者可以处理个人信息的基本原则是告知同意，同时在告知同意以外列举了六类合法处理个人信息，且无须取得个人同意的情形，分别是：为订立、履行个人作为一方当事人的合同所必需，或者按照依法制定的劳动规章制度和依法签订的集体合同实施人力资源管理所必需；为履行法定职责或者法定义务所必需；为应对突发公共卫生事件，或者紧急情况下为保护自然人的生命健康和财产安全所必需；为公共利益实施新闻报道、舆论监督等行为，在合理的范围内处理个人信息；依照本法规定在合理的范围内处理个人自行公开或者其他已经合法公开的个人信息；法律、行政法规规定的其他情形。

（一）告知同意原则的理解与适用

告知同意原则是个人信息处理规则的核心。根据第 14 条第 1 款的规定，处理个人信息的同意，应当由个人在充分知情的前提下自愿、明确作出。这意味着个人作出的“同意”需要符合以下三个条件：首先，个人必须对其个人信息的内容、处理方式等充分知情；其次，个人在年龄、智力上应当属于民法上的完全民事行为能力人，能够独立作出民事法律行为，承担民事法律责任，对于未成年人的个人信息，数据控制者在对其数据进行处理前应当取得未成年人父母或者其他监护人的同意；最后，个人所作出的同意应当自愿且明确。“自愿”即同意的作出不得出自他人的胁迫或欺诈，“明确”即同意的作出应当清楚、确定，这意味着信息处理者不能使用默认选择同意等非明示方式征求个人的同意。

（二）其他合法基础的理解与适用

1. 为订立、履行个人作为一方当事人的合同所必需，或者按照依法制定的劳动规章制度和依法签订的集体合同实施人力资源管理所必需

该规定借鉴自欧盟 GDPR（《一般数据保护条例》）。该条例第 6 条第 1 款 b 规定：“处理是数据主体作为合同主体履行合同之必要，或者处理是因数据主体在签订合同前的请求而采取的必要措施。”这一规定的理由在于：如果对于合同一方当事人（即数据主体）的数据的处理，对于该合同的另一方当事人（即数据控制者）履行该合同是必要的，那么后者对该数据的处理就是有法律基础的。但需要注意的是，《个人信息保护法》扩张了适用范围，将合同成立前的缔约磋商或者初步接触的情形也纳入了不适用告知同意规则的例外。

“人力资源管理”作为个人信息处理的合法性基础，应当受到严格限制，应为“按照依法制定的劳动规章制度和依法签订的集体合同实施人力资源管理所必需”。《劳动合同法》第 8 条规定：“……用人单位有权了解劳动者与劳动合同直接相关的基本情况，劳动者应当如实说明。”通常情况下，用人单位在入职阶段会向劳动者收集姓名、性别、民族、籍贯、身份证号码、住址、个人邮箱、健康状况、学历学位、工作经历、紧急联系人或主要家庭成员等个人信息。然而在实践中，极个别用人单位还会要求劳动者提供是否为乙肝表面抗原携带者、宗教信仰、婚育状况等一般不被认为与劳动

合同直接相关的个人信息。而用人单位这一行为由于没有征求劳动者的同意，显然与《个人信息保护法》相违背，涉嫌侵犯劳动者的个人信息。

2. 为履行法定职责或者法定义务所必需

“履行法定职责”的主体主要包括公安机关、检察机关、审判机关、国家安全机关等国家机关，“履行法定义务”的主体则是公民、法人等相对人。典型情形是公安机关、检察机关在依法调查案件时，企业负有配合调查的法定义务。以某社交媒体类平台为例，在配合公安机关、检察机关调查案件时，往往需要公开用户注册的实名信息，包括将平台钱包里的红包流水，与平台钱包绑定的支付宝账号及其授权获取的信息（包括姓名、登录名、企业名称、昵称、头像、性别、地区和用户状况），个人在平台的活动轨迹等个人信息提供给国家机关，在这种情况下，虽然没有取得个人同意，但亦是符合法律规定的。

3. 为应对突发公共卫生事件，或者紧急情况下为保护自然人的生命健康和财产安全所必需

此项包含了两种个人信息合理使用的情形：一是为应对突发公共卫生事件所必需，二是紧急情况下为保护自然人的生命健康和财产安全所必需。所谓保护自然人的生命健康和财产安全所必需，例如，甲突发疾病而生命垂危，急需在掌握其既往病史等个人信息的基础上进行治疗，而又无法取得其本人或近亲属的同意。此时，为了挽救甲的生命，可以实施个人信息处理行为。

4. 为公共利益实施新闻报道、舆论监督等行为，在合理的范围内处理个人信息

此项合法基础与《民法典》第 999 条基本保持一致。一方面，个人信息合理使用制度的前提是维护公共利益，只有为了公共利益而实施新闻报道等行为的，才可以合理使用自然人的个人信息。对于“公共利益”，《民法典》第 1036 条第 3 项规定“为维护公共利益或者该自然人合法权益，合理实施的其他行为”为侵害个人信息的民事责任的免责事由之一。欧盟 GDPR 第 6 条规定，处理个人信息的合法性基础之一是“为了执行公共利

益领域的任务”，从而在一定程度上给予了个人信息控制者更多处理个人信息的合理空间。基于此，我们认为本款中“为公共利益实施新闻报道、舆论监督等行为”亦不限于媒体进行新闻报道和舆论监督的情形，还可以包括为了保护国防安全、公共安全等涉及国家全体成员的共同重要利益而实施的其他个人信息处理行为。当然，另一方面，即便是基于公共利益进行新闻报道，也应当在合理的范围内使用。超出必要限度对自然人的人格权包括姓名权、肖像权、隐私权等个人信息权益等造成损害，需要依法承担相应的民事责任。此处的“合理的范围”区别于前 1 至 3 项的“所必需”，其适用的应当是比必要性更为宽松的合理性标准。新闻媒体实施新闻报道、舆论监督行为使用信息权主体的信息需要综合考量职业、影响范围、过错程度等因素，若涉及家庭地址、人肉搜索等便有超出合理范围的可能。

5. 依照本法规定在合理的范围内处理个人自行公开或者其他已经合法公开的个人信息

此项合法基础与《民法典》第 1036 条相互呼应。其规范意义在于：一方面，即便是已经合法公开的个人信息依然受到《个人信息保护法》的保护，自然人对这些个人信息并不因其公开而失去控制的，其有权拒绝他人对这些信息进行处理；另一方面，由于个人信息的保护对于维护自然人的人格尊严和人格自由具有重要意义，因此即便是已经合法公开的个人信息，也应当在合理的范围内使用，而不得任意进行处理。

但需要指出的是，本条规定依然具有一定的不确定性，即如何界定“合理的范围”，需要结合具体场景进行个案分析，如难以把握是否合理或者明显难以论述属于合理范围，则最好不要将该条作为处理个人信息的依据。比如，实践中探讨较多的，利用工商公示信息中的个人信息内容、地图软件公示信息等公开的联系方式进行金融营销，就难以确定是否是在合理的范围内处理已公开的个人信息。

6. 法律、行政法规规定的其他情形

该项系兜底条款，旨在说明如果法律、行政法规还另行规定了其他数据控制者可以处理个人信息的情形，则依照法律、行政法规的规定处理。

【典型案例】

（一）郑州某通信技术有限公司与某通信集团河南公司合同纠纷案①

被告以其开机提醒业务违反法律强制性规定为由，主张与原告签订的《开机提醒业务合作合同》无效。原告认为被告此举属于恶意违约，因此向法院提起诉讼，请求赔偿可得利益损失。

该案历经一审、二审和再审申请，最终最高人民法院认为被叫用户的可接通状态信息属于隐私权保护的范围，在开机提醒业务未经被叫用户同意的情况下，探测和收集被叫用户的可接通信息，并将该信息即时告知主叫用户，该行为侵犯被叫用户隐私权和个人信息安全，因此，原、被告签订的《开机提醒业务合作合同》违反了法律的强制性规定，属无效合同。

本案中，法院认定《开机提醒业务合作合同》无效的原因有两个，一是该合同标的开机时间信息的获得并未征得被叫用户的同意，违反了法律的强制性规定；二是开机提醒业务的被叫用户是全国范围内的该通信公司用户，数量庞大、范围广泛并具有非常强的不确定性，因此构成了对社会公共利益的损害。

（二）浙江某金融服务集团股份有限公司、重庆市某小额贷款有限公司诉苏州某网络科技有限公司不正当竞争纠纷案②

2021 年 4 月 29 日，杭州互联网法院就原告浙江某金融服务集团股份有限公司、重庆市某小额贷款有限公司诉被告苏州某网络科技有限公司不正当竞争纠纷案作出裁判，认定被告在其运营的平台上发布、推送有关原告的误导性信息构成不正当竞争，判令被告赔偿原告经济损失及合理费用 60 万元，并为其消除影响。

本案是在大数据生态系统中，公共数据使用者与数据原始主体之间因数据使用质量引发的纠纷，涉及大数据商业模式下公共数据使用行为的正

① 案号：（2015）豫法民二终字第 305 号。
② 案号：（2019）浙 8601 民初 1594 号。

当性问题。

法院认为，本案中被告运营的平台，构建了以企业数据为内容的大数据生态系统。原告作为原始数据主体，被告利用信息抓取技术，从全国企业信用公示系统抓取涉及原告的企业数据，经过分类整理供平台用户查询，因此，被告推送的企业信息的准确性和时效性将直接影响原告的企业声誉和竞争性优势。被告推送的涉及原告的清算信息，因推送方式的设置问题，引发公众将历史清算信息误认为即时信息；在推送内容的准确性上，也与作为其数据来源的全国企业信用公示系统存在偏差。被告采取容易引人误解的方式推送涉及原告清算信息的行为，造成了原告商誉上的损失。

此外，被告在其公开声明中，并未对原告清算信息是历史信息且推送内容不完整的问题予以纠正，造成了媒体的新一轮关注，进一步扩大了误导性信息对原告的负面影响。被告的行为构成不正当竞争，应当承担相应的民事责任。

公共数据作为促进经济发展的重要生产要素，其形成过程决定了其在本质上已经具有了公共属性，因此应当鼓励市场主体对公共数据的利用和挖掘。与以个人信息为内容的个人数据不同，公共数据的使用无须征得原始数据主体的同意，但同时，对公共数据的利用应当合法、正当，不得损害国家利益、社会利益和其他主体合法权益，特别是不能损害数据原始主体的合法权益。

（三）某网购零售平台诉安徽某信息科技有限公司不正当竞争纠纷案①

本案中，对于原告收集并使用网络用户信息的行为是否正当这一争议焦点，法院生效裁判认为：虽然涉案数据产品所涉网络用户信息不属于《网络安全法》规定的网络用户个人信息，但是属于网络用户非个人信息，由于网络用户行为痕迹信息包含涉及用户个人偏好或商户经营秘密等敏感信息，因部分网络用户在网络上留有个人身份信息，其敏感信息容易与特定主体发生对应联系，会暴露其个人隐私或经营秘密。因此，对于网络运

---

① 案号：（2017）浙8601民初4043号。

营者收集、使用网络用户行为痕迹信息，除未留有个人身份信息的网络用户所提供的以及网络用户已自行公开披露的信息外，应比照《网络安全法》关于网络用户个人信息保护的相应规定予以规制。经审查，原告隐私权政策所宣示的用户信息收集、使用规则在形式上符合“合法、正当、必要”的原则要求，涉案数据产品中可能涉及的用户信息种类均在其隐私权政策已宣示的信息收集、使用范围之内。故原告收集、使用网络用户信息，开发涉案数据产品的行为符合网络用户信息安全保护的要求，具有正当性。

【产业实践】

某社交媒体类网络平台《个人信息保护政策》

（1）在用户注册时征求用户对《个人信息保护政策》的同意，用户只有明确勾选同意才能继续注册使用。

（2）明确对个人信息的保护不适用于第三方产品或服务，包括通过其接入的第三方产品或服务和广告内容，或者其中链接到的其他产品或服务；帮助其进行广告宣传的第三方收集的信息；在其中开展广告活动的第三方所收集的信息。

（3）明确如何收集、使用、委托处理、共享、转让、公开披露、保护以及储存用户的个人信息，如何收集和处理未成年人的个人信息，以及个人信息主体权利等事项。如果用户拒绝提供某项个人信息，其将会相应地无法使用该平台的部分功能，如在用户注册账号或使用账号管理功能添加其他账号时，平台会通过注册和登录流程收集用户的账户昵称、密码、密码保护选项、电子邮箱以及手机号码，用户有权拒绝提供这些信息，如果用户拒绝提供，将影响其注册使用；再如，如果用户拒绝提供位置信息，那么其将无法在发布的内容上标记位置信息。

【合规指引】

1. 对于新增的合法基础条款应谨慎适用

《个人信息保护法》第 13 条在“取得同意”外，新增了未取得用户同意而处理个人信息的其他合法情形，整体来看，为企业合法收集、使用个人信息提供了更多的合法场景。但是《个人信息保护法》没有具体规定合法情形的运用方式，需要进一步关注。例如，新增的合法情形包括，“为订立、履行个人作为一方当事人的合同所必需”的情形。根据字面解释，企业只要是为了订立或履行用户作为一方当事人的合同所必需，均可以不经取得同意而收集、使用、处理消费者的个人信息，为防止企业以“为订立、履行合同所必需”为理由，无限扩大不经同意而处理个人信息的适用场景，因此，企业在开展个人信息处理活动前，应秉持谨慎原则，明确所适用的个人信息处理的合法基础。

2. 完善个人信息保护政策中处理个人信息的相关条款，在合规的前提下尽量不影响用户体验

如在个人信息保护政策中的个人信息的使用、共享、转让、公开条款中明确所收集的个人信息的使用途径。如：“您充分理解并同意：我们可能委托授权合作伙伴共享您的信息，以保障为您提供的某些服务顺利完成或代表我们履行职能。我们承诺仅会出于本政策声明的合法、正当、必要、特定且明确的目的共享您的信息，并且仅共享提供服务所必要的个人信息，保证授权合作伙伴只能接触到其提供服务与履行职责所需信息。我们将会通过协议与授权伙伴约定严格的数据保护措施，要求其不得将此信息用于其他任何目的。”

再如完善个人信息保护政策中关于“何种情况下个人信息控制者会不经过个人信息主体同意，共享、转让和公开披露数据”的相关条款，包括但不限于：事先获得您的明确授权同意；与我们履行适用法律法规规定的义务相关的；与国家安全、国防安全直接相关的；与公共安全、公共卫

生、重大公共利益直接相关的；与刑事侦查、起诉、审判和判决执行等直接相关的；出于维护您或其他个人的生命、财产等重大合法权益但又很难得到您本人同意的；为应对突发公共卫生事件，或者紧急情况下为保护您的生命健康和财产安全所必需的个人信息；您自行公开的个人信息；以及从合法公开披露的信息中收集的您的个人信息，如合法的新闻报道、政府信息公开、司法机关公开的裁判文书等渠道。

此外，不少应用软件上有许多第三方提供的链接，用户如果点击了该链接，其个人信息便可能被抓取，然而用户协议无法将所有第三方都涵盖进去，如果每次点击都需要设置用户是否同意其个人信息被抓取的选项，便会极大影响用户的使用体验。因此，需要尽量使用户协议的内容更加全面，在满足法律法规的合规要求的前提下，尽量不影响用户的使用体验。

3. 关注《个人信息保护法》与其他部门法之间的协调适用问题

在处理个人信息时，不仅需要关注《个人信息保护法》的规定，还应当将目光着眼于其他部门法，做好不同部门法之间的协调适用，确保对个人信息的处理符合法律规定。

例如，《电子商务法》第 23 条将全部电子商务经营者（包括电子商务平台及平台内经营者）的个人信息管理义务链接至其他相关法律法规。结合《网络安全法》第 40 条、第 41 条、第 42 条、第 43 条的规定，电子商务平台的个人信息管理义务还包括：对其收集的用户信息严格保密，并建立健全用户信息保护制度；收集、使用个人信息，应当遵循合法、正当、必要的原则，公开收集、使用规则，明示收集、使用信息的目的、方式和范围，并经被收集者同意；不得泄露、篡改、毁损其收集的个人信息；未经被收集者同意，不得向他人提供个人信息。再如，在消费者保护领域，《消费者权益保护法》第 29 条规定，“经营者收集、使用消费者个人信息，应当遵循合法、正当、必要的原则，明示收集、使用信息的目的、方式和范围，并经消费者同意”。对此，企业能否以《个人信息保护法》第 13 条规定的“为订立、履行个人作为一方当事人的合同所必需”的情形为依据，主张不再需要获得消费者同意，需要进一步研究。

【澳门相关规定】

澳门

个人资料的处理仅在资料当事人明确同意或在以下必要的情况下方可进行：

（一）执行资料当事人作为合同一方的合同，或应当事人要求执行订立合同或法律行为意思表示的预先措施；

（二）负责处理个人资料的实体须履行法定义务；

（三）为保障资料当事人的重大利益，而资料当事人在身体上或法律上无能力作出同意；

（四）负责处理个人资料的实体或被告知资料的第三人在执行一具公共利益的任务，或者在行使公共当局权力；

（五）为实现负责处理个人资料的实体或被告知资料的第三人的正当利益，只要资料当事人的利益或权利、自由和保障不优于这些正当利益。①

第十四条　【处理个人信息的同意】 基于个人同意处理个人信息的，该同意应当由个人在充分知情的前提下自愿、明确作出。法律、行政法规规定处理个人信息应当取得个人单独同意或者书面同意的，从其规定。

个人信息的处理目的、处理方式和处理的个人信息种类发生变更的，应当重新取得个人同意。

---

① 《澳门个人资料保护法》第6条。

【条文理解】

本条旨在对告知同意规则中的“同意规则”进行细化构建。告知同意原则是指任何组织或个人在处理个人信息时都应当对信息主体（即其个人信息被处理的自然人）进行告知，并在取得同意后方可从事相应的个人信息处理活动，否则该等处理行为即属违法，除非法律另有规定。告知同意规则包含了告知规则与同意规则，二者紧密联系，不可分割。没有告知，自然人无法就其个人信息被处理作出同意与否的表示；即便告知了，但没有充分、清晰地告知，自然人作出的同意也并非真实有效的同意。反之，虽然充分、清晰地告知，却未取得自然人的同意，对个人信息的处理也是非法的，侵害了个人信息权益。

（一）“同意”的构成要件

1. 充分知情

知情是同意的内在规范要求。同意的前提是信息控制者的充分告知，只有充分了解同意所针对的内容，权利人才能作出有效的同意。相应地，《个人信息保护法》第 18 条对告知内容与告知方式均作出了明确规定。在告知内容上，包括个人信息处理者的身份和联系方式，个人信息的处理目的、处理方式，处理的个人信息种类、保存期限，个人行使本法规定的权利的方式和程序；在告知方式上，强调以显著方式、清晰易懂的语言呈现，从而确保个人对其个人信息的处理充分知情。

2. 自愿

《民法典》在民事法律行为一章，就虚假表示、重大误解、欺诈、胁迫、显失公平的法律行为撤销和违反强制性规定与违背公序良俗、恶意串通的法律行为无效作出专门规定，目的在于保障当事人的意思自治。具体到个人信息保护领域，就不真实自由的同意意思表示，也应有前述规范的适用空间。

在判断同意的表达是否真实自由的问题上，比较法上可以提供一些经验。在欧洲法上，GDPR 在对同意的定义中明确将“自由作出”作为第一实质要素。GDPR 第 7 条规定：当评估同意是否是自愿作出时，应最大限度地考虑合同的履行，包括服务的提供是否以基于不必要的同意个人数据处理为条件。“鉴于条款”GDPR 第 43 项中进一步说明：“为确保同意是自愿作出的，在特定情形下，数据主体与控制者之间是不平等的，特别是当控制者是公权力一方且基于特定情形下予以考虑的所有条件认为同意不可能是自愿作出的，该同意并不能成为该特定情形个人数据处理的有效法律依据。如果不允许对不同的个人数据处理操作分别作出同意，尽管这对个别案例来说是恰当的，或者尽管同意并不是合同履行的必要条件，若包括服务条款的合同履行是以同意为基础的，则同意被推定为并非自愿作出的。”因此，当事人的地位是否平等，不提供信息是否会对数据主体带来实质上的不利益，同意是否是合同履行的条件甚至是对待给付的内容，这些都会影响对同意自愿性的判断。

3. 明确

这是“同意”的形式要求。同意应当以积极、主动的方式作出，即个人信息主体通过书面声明或主动作出肯定性动作，对其个人信息进行特定处理作出明确授权的行为。同时，肯定性动作包括个人信息主体主动作出声明（电子或纸质形式）、主动勾选、主动点击“同意”“注册”“发送”“拨打”等。因此，沉默、默认勾选的对话框或者消极的不作为不构成法律意义上的“同意”。

（二）“单独同意”与“书面同意”

“单独同意”的概念首次出现于我国《个人信息保护法（草案一次审议稿）》。我国《个人信息保护法》之所以提出“单独同意”，目的在于对特定个人信息处理行为和特定个人信息类型提供增强式保护，让个人更加充分地参与到个人信息处理的决策之中。“单独同意”在“同意”规则的基础之上，特别强调了“单独”，即对特定的个人信息处理行为及其规则，个人能够独立于其他个人信息处理行为及规则，作出自主意思表示。换句话说，法律要求获得单独同意的个人信息处理行为，不应与其他个人信息处理行为合并在一起获得个人的同意；法律要求获得单独同意方可处理的个人信息类型（如敏感个人信息），不应与针对其他类型的个人信息处理合并在一起获得个人的同意。具体来说，“单独同意”应当满足充分知情、自愿、明确、单独这四个要件。根据《个人信息保护法》的规定，向第三方提供个人信息时（第 24 条）、公开其处理的个人信息时（第 26 条）、处理敏感个人信息时（第 30 条）、个人信息跨境时（第 39 条）需要取得单独同意。

目前为止，需要取得信息主体书面同意的情形仅有第 29 条所规定的“法律、行政法规规定处理敏感个人信息应当取得书面同意的，从其规定”。

（三）“应当重新取得个人同意”的情形

个人信息的处理目的、处理方式和处理的个人信息种类发生变更的，需向个人信息主体告知涉及的个人信息类型、变更原因、变更后的处理目的，并再次征得个人信息主体的明示同意。主要包括以下几种情形：个人信息控制者收集个人信息后，超出原有授权范围应用于新的业务场景；个人信息控制者间接获取个人信息后，进行加工处理形成新的个人信息并用于其他目的；个人信息控制者所提供的产品或服务基于业务扩展而增加的新的功能，该新增功能收集、使用个人信息都超出原授权范围；个人信息控制者进行收购、兼并等，将获取的个人信息超出原有授权范围使用；个人信息控制者收集后涉及重大处理规则变化，如需要将个人信息传输到境外进行处理。

【典型案例】

（一）黄某诉某读书软件侵害其个人信息权益及隐私权案①

2020 年 7 月 30 日，北京互联网法院一审宣判黄某诉某读书软件侵害其个人信息权益及隐私权案，原告黄某在使用某读书软件时发现，在其

① 案号：（2019）京 0491 民初 16142 号。

不知情的情况下，该软件获取原告在其他软件上的好友列表并向与原告共同使用该软件的好友公开读书信息，为原告自动关注好友并使得关注好友可以查看原告读书信息，黄某认为该行为侵害了其个人信息权益及隐私权。

法院认为，该读书软件收集原告好友列表，向共同使用该软件的好友公开读书信息这一整体行为，并未获得有效的用户知情同意。该读书软件中的信息组合与人格利益较为密切，其迁移用户在其他软件上的好友关系、默认向关注的好友公开读书信息等，存在较高的侵害用户隐私的风险，应就信息处理方式向用户显著告知并征得同意。而该案中被告没有征得原告有效的同意，构成对原告个人信息权益的侵害。但具体到本案，原告阅读的两本涉案书籍不具有“不愿为他人知晓”的“私密性”，故该案中对原告主张被告侵害其隐私权，法院不予支持。

对于互联网平台通过长期运营积累的数据资源，平台自然是可以在一定的限度内进行商业利用，而且即使是跨平台的数据使用，也不应被当然地禁止。北京互联网法院提出，跨软件的数据使用应当根据具体场景，综合考虑软件之间的关系、数据使用的特点及数据的处理方式、获得用户知情同意的方式。判决中，法院认为，软件之间共用好友关系应符合一般用户的合理预期，并且还提出了用户知情同意的“透明度”标准，即“一般理性用户在具体场景下，对信息处理主体处理特定信息的目的、方式和范围知晓的清晰程度，以及作出意愿表示的自主、具体、明确程度”。

（二）凌某某诉某视频软件隐私权、个人信息权益网络侵权责任纠纷案①

对于“姓名及手机通讯录个人信息获取的告知同意”这一争议焦点，法院认为，被告对原告姓名和手机号码的处理可以分为三个阶段：第一阶段是被告通过向其他手机用户申请授权收集并存储了其他手机用户的通讯录信息，其中包含了原告的姓名和手机号码，此时原告尚未注册使用该视

① 案号：（2019）京0491民初6694号。

频软件，是在未征得原告同意的情况下对手机号码的处理。第二阶段是原告使用手机号码注册该视频软件时，被告收集并存储了原告注册时提供的手机号码。在这一阶段，原告注册的行为应视为其同意被告收集其手机号码。第三阶段是被告使用原告在第二阶段注册使用的手机号码与第一阶段从其他手机用户的通讯录中收集、存储的手机号码进行匹配，并向原告推荐“可能认识的人”。被告主张该阶段信息处理行为已通过《隐私政策》告知原告。但根据《隐私政策》可以看到，其内容为“你使用推荐通讯录好友功能时，在获得你的明示同意后，我们会将你通讯录中的信息进行高强度加密算法处理后，用于向你推荐通信录中的好友”。该内容应指被告读取原告通讯录后，向原告进行推荐，并非从他人通讯录收集原告手机号码并向原告推荐，两种收集方式和推荐逻辑并不完全相同，不能视为已经告知并征得原告同意……被告未经同意，通过读取其他用户手机通讯录收集、存储原告的社交关系，其中，读取和收集行为构成合理使用而无须同意；未及时删除该项个人信息并在原告注册后未征得原告同意的情况下进行推荐，构成侵害个人信息权益。

对于“地理位置信息获取的告知同意”这一争议焦点，法院认为，无论原告是否同意允许访问其“位置”，被告都已经在询问前收集到该信息。被告主张模糊的地理位置即城市信息不属于个人信息，根据被告的《隐私政策》，其对“个人信息”的解释包括“个人位置信息”，对“个人敏感信息”的解释包括“精准定位信息”，可见《隐私政策》中的“个人位置信息”亦非仅限于“精准定位信息”。被告主张其通过 IP 地址获得模糊的地理位置信息，但未提交证据证明。即使其陈述属实，通过 IP 地址去分析用户所在地理位置并在软件中进行显示，属于对信息的进一步处理和使用，同样需要征得用户同意，否则依然构成对个人信息的不当使用和过度处理。同时，被告的《隐私政策》条款中还有“你发布音视频等信息并选择显示位置时，我们会请求你授权地理位置这一敏感权限，并收集与本服务相关的位置信息。这些技术包括 IP 地址、GPS……”可见，根据《隐私政策》，通过 IP 地址获得地理位置亦应征得用户同意。

【产业实践】

1. 个人信息处理的“充分知情”

目前，大多数应用软件均会通过弹窗页面等明示方式提示用户阅读隐私权政策等收集使用规则，如用户不同意，则无法以访客身份进入该软件主页页面，只有用户主动勾选“同意”选项，方能继续访问。在提示次数上，一般会进行2次以上的提示。同时，在告知内容、展示形式上对重点内容采用加粗标记的方式进行提示，确保用户充分知情。

例：某社交媒体类软件首次运行时的弹窗页面：

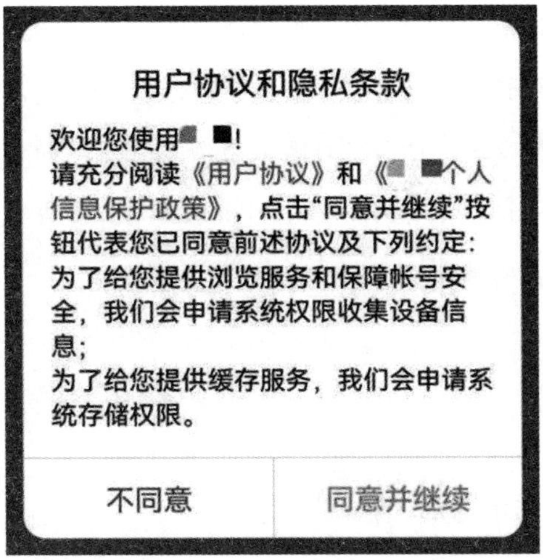

2. 人脸识别技术应用

通过人脸识别技术解锁手机终端，手机终端厂商可在用户首次开启人脸识别功能时，通过弹窗或跳转专门页面的形式同步告知该功能的信息处理规则（以满足“充分知情”的要求）；该规则应仅包含对人脸识别功能及其信息处理规则的描述而不包含对其他不相关事项的描述（以满足“单独”的要求）；用户通过点击“同意”或“已知悉，并继续使用”等主动性动作清楚地表达自己的意愿（以满足“明确”的要求）；即便用户在阅读信息处理规则后选择不开启该功能，但仍然可以通过设置数字密码、手势密码等方式，或直接继续使用手机终端的其他功能（以满足“自愿”的要求）。

例1：某支付类软件《生物识别服务通用规则》第1.1款规定：“刷脸验证服务是我们提供的通过人脸信息对比方式来核验您身份的服务。在我们的服务过程中，您同意我们收集您的人脸信息并作出必要的处理，以提升刷脸验证服务的准确性和安全性，并便于您在‘×××’客户端和不同商家处使用我们的刷脸验证服务。”

例2：某品牌手机《关于人脸识别的声明》：您的面部数据将受到严格保护。该数据仅加密保存于本设备的安全隔离区域，不会进行备份，其他应用也无法访问或备份。例如，您使用人脸识别进行应用内认证时，应用仅能收到认证是否成功的通知，而无法访问、备份或录入面部数据。您拥有人脸识别的自主控制权，可灵活控制人脸识别的使用及适用范围。例如，您不想使用人脸识别访问应用锁，在“设置”中将其关闭即可，此时人脸识别仍可用于其他操作，但不可用于进入应用锁。您还可以彻底删除面部数据，删除后本设备将不再保存这些数据。

【合规指引】

1. 征得同意的基本原则

（1）告知一致。征得同意的授权范围与所告知内容相一致。

（2）自主选择。主动向个人信息主体展示征得同意的选项，支持其自行作出选择，不给出同意时，仅影响当前服务类型的正常使用。

（3）时机恰当。在个人信息收集行为发生前，且同步传达告知内容时，征得个人信息主体同意，以增进个人信息主体对业务功能与所收集的个人信息之间关联性的理解。

（4）分类独立。区分产品或服务的服务类型后，分别征得个人信息主体同意，不采用捆绑方式强迫个人信息主体一次性接受或拒绝所有可能收集的个人信息。

2. 优化隐私政策中告知同意的方案和机制

（1）友好展示。使用友好、生动、形象的方式编辑隐私政策所意图告知的内容（如使用插图、漫画等），优化告知内容及其组织形式，以促进个人信息主体理解。

（2）适应载体。告知内容、展示形式、征得同意的方式等可以根据告知载体的类型、界面特点进行适应性设计，如适宜的字体大小、额外的震动和语音提示等。

（3）考虑影响。在确定告知内容的详细程度和个人信息主体给出“肯定性动作”进行同意的明确程度时，可根据个人信息处理活动对个人权益影响程度进行权衡，包括对个人信息主体使用服务过程的用户体验等因素。

（4）区分阶段。根据个人信息主体使用产品和服务业务功能的范围和个人信息处理阶段，结合隐私政策、用户协议、提示语句等不同文本的性质和展示效果，设置具体的告知同意方案。

（5）兼顾差异。充分考虑复杂多样的网络条件、技术差异、个人信息主体的理解能力、水平（例如儿童或残障人士）等，使用可以广泛适用或针对特定群体的告知同意解决方案。

3. 取得明示同意的模式选择

明示同意的模式主要包括以下 6 种：（1）设置交互式页面，由用户主动勾选、主动点击、滑动滑块、主动发送；（2）用户主动填写、输入个人信息；（3）用户通过纸质或电子的书面声明、签字确认；（4）用户开启可收集个人信息的 API、权限；（5）电子签名；（6）电话录音、视频录像。

个人信息控制者可以结合产品或服务的特点，选择上述同意模式中的一种或几种。例如，如果收集个人信息可能对个人信息主体权益造成重大财产损失，可以在交互式界面执行主动勾选、点击等基础操作上，进一步采取电话录音、签字确认等方式。

第十五条　【撤回同意】基于个人同意处理个人信息的，个人有权撤回其同意。个人信息处理者应当提供便捷的撤回同意的方式。

个人撤回同意，不影响撤回前基于个人同意已进行的个人信息处理活动的效力。

【条文理解】

本条涉及个人信息同意的撤回，这一制度的目的在于保障自然人对其个人信息的控制力。首先，本条适用的前提是基于个人同意而进行的个人信息处理活动，对基于其他合法性要件，如为订立或者履行个人作为一方当事人的合同，为履行法定职责或者法定义务，为应对突发公共卫生事件，或者紧急情况下为保护自然人的生命健康和财产安全，为公共利益实施新闻报道、舆论监督等行为，在合理的范围内处理个人信息等无须经过个人同意的个人信息处理活动，由于这类活动并不需要经过个人的同意，自然也不涉及同意的撤回问题。其次，在撤回同意的方式上，该条要求个人信息处理者应当提供便捷的撤回同意的方式，其目的在于使个人的这一权利在现实中能够得到切实保障。最后，在撤回同意的法律后果上，个人撤回同意的行为面向未来的个人信息处理活动，其法律效力应当遵循不溯及既往的原则，因此不影响撤回前基于个人同意已进行的个人信息处理活动的效力。

【典型案例】

目前，我国互联网产业中一些个人信息处理者，如短视频平台、O2O平台以及智能终端厂商已经在用户服务协议或隐私政策中允许用户撤回同意，采取流程图等方式告知用户撤回同意的方式，明确了撤回同意的后果，以充分尊重用户的个人信息权益。

（一）杭州某科技公司网络运营者、网络产品或者服务提供者不履行个人信息保护义务案[①]

2021 年 8 月 2 日 10 时许，派出所民警在工作中发现杭州某科技公司在收集个人信息时在隐私政策中未说明如何撤回同意收集个人信息的途径，只提供了信息保护人以及投诉的联系方式，未在隐私政策中说明能否撤回。

根据《网络安全法》第 43 条和第 64 条第 1 款之规定，决定给予其罚款 1000 元的行政处罚。

本案中违法事实是隐私政策文本的内容，对于移动应用程序的开发者而言，应当在隐私政策文本内容上做到合规，尤其是《个人信息保护法》《网络安全法》等法律法规的明确要求，否则可能面临被行政处罚的风险。

（二）宁波某科技公司网络运营者、网络产品或者服务提供者不履行个人信息保护义务[②]

2019 年 9 月至今，宁波某科技公司开发的某款 App 的《隐私条款》内未明示收集使用个人信息规则、未说明用户账户注销撤回已同意授权的操作说明，未明示手机使用个人信息的目的、方式和范围和未按法律规定提供删除或更正个人信息功能等行为，已构成网络运营者、网络产品或者服务提供者不履行个人信息保护义务。

根据《网络安全法》第 22 条第 3 款、第 64 条第 1 款之规定，决定给予警告的行政处罚。

本案中，违法的事实是未说明用户账户注销撤回已同意授权的操作说明。因此，个人信息处理者除要明确告知用户有撤回同意的权利外，还应当提供撤回同意的实际操作说明，使该项权利落到实处。

---

① 案号：杭下公（天）行罚决字（2021）01921 号。

② 案号：宁公（桃）行罚决字（2020）01671 号。

【产业实践】

《个人信息保护法》不仅赋予个人撤回同意的权利，而且还要求个人信息处理者提供便捷的撤回同意的方式，这一要求将有助于撤回同意权利的实现。实践中，由于移动应用程序的功能越来越多，操作流程越来越复杂，如何从用户角度出发，设置清晰简洁的撤回同意的操作流程，将不仅表明企业积极的个人信息保护合规意识，而且也体现出企业对用户价值的尊重。目前，我国产业实践中并未形成统一的标准，对此，某即时聊天软件在其《隐私保护指引》中使用清晰简单的语言告知用户如何撤回同意，包括关闭推荐通讯录朋友、关闭附近的人设置、关闭运动数据收集、关闭摇一摇、删除支付绑定银行卡、撤回向其他应用的朋友关系授权（全部）、撤回向其他应用的朋友关系授权（部分）、在游戏中撤回向其他应用的信息授权（部分）。通过这些便捷的操作流程，用户可以轻松撤回个人信息的同意。

【合规指引】

1. 撤回同意的方式

在产业实践中，个人信息处理者可以在用户个人信息设置中提供个人信息同意的撤回选项，也可以在隐私政策中通过流程图等方式告知用户具体的撤回同意方式，但应当注意的是，这一过程不应当过于烦琐，在具体操作步骤上不应当设置过多的点击次数，否则不仅会影响用户体验，而且也存在合规风险。此外，个人信息处理者还可以通过在线客服等方式，在用户无法找到具体撤回同意的操作流程时，进行一对一的专项解答。

2. 告知个人撤回同意的法律后果

《个人信息保护法》第 15 条第 2 款规定，个人撤回同意，不影响撤回前基于个人同意已进行的个人信息处理活动的效力。这表明撤回同意并不溯及既往，其法律效力针对未来。为加强个人信息处理的公开性与透明性，企业应当在隐私政策或服务协议中明确告知撤回同意的法律后果。

3. 撤回同意与删除权的衔接

《个人信息保护法》第 47 条规定了个人信息的删除权，其中第三种情形即为个人撤回同意。根据该条规定，在个人撤回同意后，个人信息处理者应当主动删除个人信息；个人信息处理者未删除的，个人有权请求删除。因此，企业应当在个人撤回同意后，及时采取措施主动删除相关个人信息，或者应个人请求，在合理期间内删除相关个人信息。

第十六条　【不得拒绝产品或服务】个人信息处理者不得以个人不同意处理其个人信息或者撤回同意为由，拒绝提供产品或者服务；处理个人信息属于提供产品或者服务所必需的除外。

【条文理解】

本条有效解决了现实中“不同意授权就不能用”的问题，这也是我国近年来产业发展和执法实践的经验总结。2021 年 3 月 12 日，国家网信办、工信部等部门联合发布《常见类型移动互联网应用程序必要个人信息范围规定》，其中第 4 条明确，App 不得因为用户不同意提供非必要个人信息，而拒绝用户使用其基本功能服务。《个人信息保护法》第 16 条将这一做法以法律的方式予以规定，从法律层面提高了该规范的效力层级，更加有利于个人自由、公平地获取相关产品或服务。本条要求个人信息处理者不得以个人不同意处理其个人信息或者撤回其对个人信息处理的同意为由，拒绝提供产品或者服务，从而保障了用户获取网络产品或服务的基本权利，在更宏观的意义上也有利于促进数字经济的发展。但如果处理个人信息属于提供产品或者服务所必需，而用户拒绝同意或撤回同意，那么个人信息处理者也有权拒绝提供相关产品或服务。本条将使个人信息处理者区分不同的服务类型，如基于必要个人信息的服务和基于非必要个人信息的服务，从而实现对个人信息的分类保护，这样也有助于合规工作的精细化。

【典型案例】

台州市某人力资源有限公司网络运营者、网络产品或者服务提供者不履行个人信息保护义务案[①]

2019 年 11 月至今，台州市某人力资源有限公司运营的手机 App 在用户明确表示不同意后仍收集个人信息并频繁征求用户同意干扰正常使用，在用户不同意收集非必要个人信息或打开非必要权限后拒绝提供业务功能。台州市某人力资源有限公司的行为违反《网络安全法》第 41 条之规定，不履行个人信息保护义务。台州市某人力资源有限公司的法定代表人钱某金于 2020 年 6 月 17 日被公安机关依法查获。

根据《网络安全法》第 41 条第 1 款之规定，决定给予警告的行政处罚。

本案的启示意义在于，应当明确区分产品或服务的基础功能和附加功能，参照《常见类型移动互联网应用程序必要个人信息范围规定》的具体规定，明确各项功能所需收集的个人信息范围，根据用户是否同意来确定相关服务的提供与否，而不是简单的“不同意就不能使用”。

【产业实践】

对于个人信息处理者而言，本条合规的重点在于不得以个人不同意处理其个人信息或者撤回同意为由，拒绝提供产品或者服务，而问题的关键

---

① 案号：台公（黄）（城北）行罚决字（2020）00917 号。

就是确立哪些个人信息属于提供产品或者服务所必需，在明确必要个人信息的范围后，个人信息处理者应当对提供不同程度个人信息的用户进行区分，提供必要个人信息的用户能够获取基础服务，提供拓展服务所需个人信息的用户不仅可以获取基础服务，还可以获取相应的拓展服务，即使这类用户撤回了拓展服务所需个人信息的同意，其仍可以继续获取基础服务。

在确定必要个人信息的范围上，应当结合《个人信息保护法》第 5 条的规定，即处理个人信息应当遵循合法、正当、必要和诚信原则，不得通过误导、欺诈、胁迫等方式处理个人信息。因此，为避免过度收集个人信息，个人信息处理者应当从产品或服务的功能出发，可以参考行业实践做法进行合规，同时要在企业隐私政策或服务协议中明确告知哪些信息属于提供产品或者服务所必需，哪些信息属于获取拓展服务所必需，以实现用户的充分知情。此外，还应当密切关注执法部门就违法违规收集个人信息的行为发布的处罚公告，定期对产品或服务所收集的个人信息范围进行审查，及时对必要个人信息的范围作出调整。举例而言，对于即时通信类应用程序，基本功能服务为“提供文字、图片、语音、视频等网络即时通信服务”，因此，在满足《网络安全法》规定的实名制以及相关部门规范中关于数据留存规定的前提下，个人信息处理者可以收集的个人信息主要包括：注册用户移动电话号码、账号、即时通信联系人账号列表等。但是对于即时通信类应用程序提供的其他服务，如网络支付、运动记录等拓展服务，用户获取该服务时还应当提供额外的个人信息，如银行账户、联系方式、地理位置信息等。类似地，对于网络约车类应用程序，基本功能服务为“网络预约出租汽车服务、巡游出租汽车电召服务”，个人信息处理者可以收集的个人信息主要包括：注册用户移动电话号码；乘车人出发地、到达地、位置信息、汽车驾驶路线；支付时间、支付金额、支付渠道等。

第十七条 【个人信息处理者的告知义务】个人信息处理者在处理个人信息前，应当以显著方式、清晰易懂的语言真实、准确、完整地向个人告知下列事项：

（一）个人信息处理者的名称或者姓名和联系方式；

（二）个人信息的处理目的、处理方式，处理的个人信息种类、保存期限；

（三）个人行使本法规定权利的方式和程序；

（四）法律、行政法规规定应当告知的其他事项。

前款规定事项发生变更的，应当将变更部分告知个人。

个人信息处理者通过制定个人信息处理规则的方式告知第一款规定事项的，处理规则应当公开，并且便于查阅和保存。

【条文理解】

本条规定的是个人信息处理者的告知义务，个人信息处理者应当向个人告知其名称或姓名和联系方式，个人信息的处理目的、处理方式，处理个人信息的种类，个人行使《个人信息保护法》规定的权利的方式和程序，以及其他应当告知的事项。当前述事项发生变更时，变更部分也应当即时告知个人。与此前的告知同意不一样，本条是将告知和同意进行区分的条款，对于个人信息处理者而言，有两个重要意义：一是告知义务必须履行，这是处理个人信息合法性的必备前提；二是若满足同意之外的其他合法性情形（履行法定义务或者合同所必需等），告知义务履行后即可进行个人信息处理。本条使用的词语为处理，“个人信息的处理包括个人信息的收集、存储、使用、加工、传输、提供、公开、删除等”。因而告知义务覆盖个人信息处理的全周期。此外，本条仅明确个人信息处理者的告知义务，但没有明确个人信息处理者的告知方式。对个人信息处理者仅要求以显著方式、清晰易懂的语言履行告知义务。除本条规定的告知义务外，还有其他条文也对需要告知的情形进行了规定，例如，本法第23条向其他个人信息处理者提供其处理的个人信息的情形下，需要向个人告知接收方的身份、联系方式、处理目的、处理方式和个人信息的种类。在具体行为下的告知内容要根据具体条文的规定进行。

个人信息处理者可以通过制定个人信息处理规则的方式告知个人第一款规定的事项，处理规则应当公开，例如，可以像目前的隐私政策一样公开给个人，也可以在隐私政策里添加个人信息处理规则，从而告知个人。本条的兜底项第4项：法律、行政法规规定的应当告知的情形，法律法规对告知义务有规定的有《网络安全法》《消费者权益保护法》《民法典》等。《网络安全法》规定应当公开收集、使用规则，明示收集、使用信息的目的、方式和范围；《消费者权益保护法》中也仅规定了应当公开其收集、使用规则；《民法典》规定个人信息处理者应当公开处理信息的规则，明示处理信息的目的、方式和范围。《个人信息保护法》中规定的告知义务最为丰富，因而第4项的告知范围需要追踪此后的立法动态，个人信息处理者需要进行动态合规。

【典型案例】

（一）国内App专项治理对告知义务的整治工作[①]

App专项治理工作组发布App违法违规收集使用个人信息专项治理报告中指出App强制授权、过度索权、超范围收集个人信息的现象普遍存在，未制定并公开隐私政策、未经用户同意收集个人信息、未提供注销账号功能等不规范行为屡见不鲜。其中，对于未充分履行告知义务存在以下两种情形，一是未公开收集使用规则，二是未明示收集使用个人信息的目的、方式和范围。具体地，以下行为可被认定为“未公开收集使用规则”：

---

① 《工业和信息化部关于开展纵深推进APP侵害用户权益专项整治行动的通知》，载工业和信息化部网，http：//www.gov.cn/zhengce/zhengceku/2020-08/02/content_ 5531975.htm，2021年10月14日访问。

①在 App 中没有隐私政策，或者隐私政策中没有收集使用个人信息规则；②在 App 首次运行时未通过弹窗等明显方式提示用户阅读隐私政策等收集使用规则；③隐私政策等收集使用规则难以访问，如进入 App 主界面后，需多于 4 次点击等操作才能访问到；④隐私政策等收集使用规则难以阅读，如文字过小过密、颜色过淡、模糊不清，或未提供简体中文版等。以下行为可被认定为“未明示收集使用个人信息的目的、方式和范围”：①未逐一列出 App（包括委托的第三方或嵌入的第三方代码、插件）收集使用个人信息的目的、方式、范围等；②收集使用个人信息的目的、方式、范围发生变化时，未以适当方式通知用户，适当方式包括更新隐私政策等收集使用规则并提醒用户阅读等；③在申请打开可收集个人信息的权限，或申请收集用户身份证号码、银行账号、行踪轨迹等个人敏感信息时，未同步告知用户其目的，或者目的不明确、难以理解；④有关收集使用规则的内容晦涩难懂、冗长烦琐，用户难以理解，如使用大量专业术语等。

（二）某跨国互联网公司隐私政策过于模糊被要求整改和罚款[①]

2012 年 3 月，某跨国互联网公司把涉及其旗下产品和服务的 70 余项隐私政策合并为一个文本。包括英国、荷兰、西班牙、法国、意大利等国在内的个人信息保护部门对此各自开展独立调查。这些部门得出的一致结论是：合并后的隐私政策文本没能清晰地告知该公司出于哪些目的分别收集了哪些信息，将和谁共享上述信息。例如，荷兰个人信息保护官在命令中指出：该公司在其隐私政策中“没能清晰、充分、具体地界定其收集个人信息的目的，因此违反了荷兰数据保护法第 7 条关于应出于具体、正当的目的而收集个人信息的要求”，该公司应于 2015 年 2 月前修改隐私政策，否则将面临 1500 万欧元的罚款。英国个人信息保护官则认定，该公司在其隐私政策中对其使用个人信息的规则描述过于“模糊”，因此要求其在 2015 年 6 月 30 日前整改完毕。意大利、法国、西班牙则直接处于罚款，并给出整改期限。

---

① 《荷兰隐私监管机构称某跨国互联网公司违反数据保护法》，载中国日报网，http：//www.chinadaily.com.cn/hqzx/2013-11/30/content_ 17142311.htm，2021 年 11 月 2 日访问。

【产业实践】

目前大多个人信息处理者通过隐私政策的方式来告知个人相关内容，但采取隐私政策的方式使得告知和同意存在途径上的交叉，除特定类型信息收集时通过弹窗方式获取个人同意外，现有个人信息处理者大多通过隐私政策来实现告知目的。用户通过点击同意隐私政策来知晓个人信息处理者告知个人的一系列信息，并由此获得授权。一方面，需要充分告知用户个人信息处理者收集的范围、处理的方式、处理目的等信息以使得个人在充分知悉的情况下作出同意；另一方面，对于非经个人同意而进行个人信息处理的情形，也需要进行告知，因而告知义务应当全面、及时地履行。现有隐私政策不能完全有效界分个人信息被处理的合法性基础，告知义务的实现方式应该区分不同合法性基础下的处理行为，对于通用的个人信息处理者的联系方式、处理目的、处理范围、处理期限等可以统一写在隐私政策之中。对于因不同合法性基础引发的不同需要告知的内容则可以采取诸如弹窗等更加灵活的方式履行告知义务。

第 17 条对于个人信息处理者履行告知义务的形式并未作出要求，仅要求以“显著方式、清晰易懂的语言”告知即可。对于个人信息处理者而言，这一变化使其得根据自身的个人信息处理场景与商业模式特点选择最经济、便利的方式履行告知义务成为可能。个人信息处理者可通过交互界面或设计（如弹窗、文字说明、填写框、提示条、提示音等形式）来告知个人法律规定的告知情形。但个人信息处理者在选择适当告知形式的同时，也应注意告知形式应满足“显著方式、清晰易懂”要求，不得使用晦涩语言或者专业术语，以避免合规风险。

【港澳相关规定】

1. **香港**

资料使用者将个人资料用于直接促销前，须采取指明行动

（1）除第35D条另有规定外，资料使用者如拟在直接促销中，使用某资料当事人的个人资料，须采取第（2）款指明的每一项行动。

（2）资料使用者须——

（a）告知有关资料当事人——（i）该资料使用者拟如此使用有关个人资料；及（ii）该资料使用者须收到该当事人对该拟进行的使用的同意，否则不得如此使用该资料；

（b）向该当事人提供关于该拟进行的使用的以下资讯——（i）拟使用的个人资料的种类；及（ii）该资料拟就什么类别的促销标的而使用；及

（c）向该当事人提供一个途径，让该当事人可在无须向该资料使用者缴费的情况下，透过该途径，传达该当事人对上述的拟进行的使用的同意。

（3）不论个人资料是否由有关资料使用者从有关资料当事人收集的，第（1）款均适用。

（4）根据第（2）（a）及（b）款提供的资讯，须以易于理解的方式呈示，如属书面资讯，则亦须以易于阅读的方式呈示。①

2. **澳门**

一、当直接向资料当事人收集个人资料时，除非资料当事人已经知悉，负责处理个人资料的实体或其代表人应向资料当事人提供如下资讯：

（一）负责处理个人资料的实体的身份及如有代表人时其代表人的身份；

（二）处理的目的；

① 《香港个人资料（私隐）条例》第35C条第（1）-（4）项。

（三）其他资讯，如：

（1）资料的接收者或接收者的类别；

（2）当事人回复的强制性或任意性，以及不回复可能产生的后果；

（3）考虑到资料收集的特殊情况，为确保资料当事人的资料得到如实处理，在必要的情况下享有查阅权、更正权和行使这些权利的条件。

二、作为收集个人资料的基础文件应包括上款所指的资讯。

三、当资料并非向资料当事人收集时，负责处理个人资料的实体或其代表，在对资料进行登记时，应向当事人提供第一款规定的资讯，但当事人已知悉者除外；或当规定需将资料向第三人通告时，应最迟在第一次通告前，向当事人提供第一款规定的资讯。

四、当在公开的网络上收集资料时，应该告知资料当事人，其个人资料在网络上的流通可能缺乏安全保障，有被未经许可的第三人看到和使用的风险，但当事人已知悉者除外。[①]

第十八条　【告知义务的例外情形】个人信息处理者处理个人信息，有法律、行政法规规定应当保密或者不需要告知的情形的，可以不向个人告知前条第一款规定的事项。

紧急情况下为保护自然人的生命健康和财产安全无法及时向个人告知的，个人信息处理者应当在紧急情况消除后及时告知。

【条文理解】

本条旨在明确处理个人信息前需要告知的例外情形，分为“不需要向个人告知”和“不需要提前向个人告知”两种情形，如果法律、行政法规规定了应当保密或者不需要告知的情形，则个人信息处理者处理个人信息

① 《澳门个人资料保护法》第10条第1款至第4款。

“不需要向个人告知”；如果紧急情况下为保护自然人的生命健康和财产安全无法及时向个人告知，个人信息处理者则“不需要向个人提前告知”，应当在紧急情况消除后及时告知。

【合规指引】

1. 区分“不需要向个人告知”和“不需要提前向个人告知”两种情形

对于“紧急情况下为保护自然人的生命健康和财产安全无法及时向个人告知”的情形，与“法律、行政法规规定应当保密或者不需要告知”相比之下多了一项“紧急情况消除后及时告知”的义务。企业在公布隐私政策和进行合规工作时应当注意明确二者的区分，“紧急情况”下只豁免“提前告知义务”，而不豁免“告知义务”，因此仍应当履行《个人信息保护法》第17条的有关告知义务。

2. 法律、行政法规规定应当保密或者不需要告知的情形

（1）《反恐怖主义法》第51条，公安机关调查恐怖活动嫌疑，有权向有关单位和个人收集、调取相关信息和材料。有关单位和个人应当如实提供。根据该条规定，如果公安机关向某恐怖活动嫌疑人的工作单位或者亲属收集调取嫌疑人的个人信息，是无须向嫌疑人进行告知的。

（2）《数据安全法》第35条，公安机关、国家安全机关因依法维护国家安全或者侦查犯罪的需要调取数据，应当按照国家有关规定，经过严格的批准手续，依法进行，有关组织、个人应当予以配合。

（3）《公职人员政务处分法》第42条，监察机关进行调查时，有权依法向有关单位和个人了解情况，收集、调取证据。有关单位和个人应当如实提供情况。

（4）《国家情报法》第16条，国家情报工作机构工作人员依法执行任务时，按照国家有关规定，经过批准，出示相应证件，可以进入限制进入的有关区域、场所，可以向有关机关、组织和个人了解、询问有关情况，可以查阅或者调取有关的档案、资料、物品。

（5）《民事诉讼法》第67条，人民法院有权向有关单位和个人调查取证，有关单位和个人不得拒绝。

第十九条 【必要保存期限】 除法律、行政法规另有规定外，个人信息的保存期限应当为实现处理目的所必要的最短时间。

【条文理解】

本条规定的是最短储存期限，限制储存期限也是对“个人权益影响最小”原则的细化。本条的前置条件为“除法律、行政法规另有规定外”，也即在法律、行政法规另有规定的情况下，优先适用法律、行政法规关于保存期限的规定，在法律、行政法规没有规定的情况下，根据特定业务场景，结合个人信息保护的原则，特别是“个人权益影响最小”原则确定最短保存期限。

【产业实践】

1. 法律、行政法规另有规定的，按照法律、行政法规规定的期限进行保存。

根据以下法律、行政法规的规定保存个人信息，不受最短时间的限制：

在网络安全领域，我国《网络安全法》第21条规定，采取监测、记录网络运行状态、网络安全事件的技术措施，并按照规定留存相关的网络日志不少于六个月。我国《互联网上网服务营业场所管理条例》第23条规定，互联网上网服务营业场所经营单位对上网消费者有效证件登记信息及有关上网信息的保存时间不得少于60日。

在电子商务领域，我国《电子商务法》第31条规定，电子商务平台经营者对商品和服务信息、交易信息等的保存时间自交易完成之日起不少于三年。

在金融领域，我国《反洗钱法》第 19 条规定，金融机构应当将客户身份资料在业务关系结束后、客户交易信息在交易结束后至少保存五年。《资产评估法》第 29 条规定，评估档案的保存期限不少于十五年，属于法定评估业务的，保存期限不少于三十年。《证券投资基金法》第 102 条规定，基金份额登记机构应当妥善保存登记数据，并将基金份额持有人名称、身份信息及基金份额明细等数据备份至国务院证券监督管理机构认定的机构，其保存期限自基金账户销户之日起不得少于二十年。《证券法》第 137 条规定，证券公司妥善保存客户开户资料、委托记录、交易记录和与内部管理、业务经营有关的各项信息不少于二十年。第 153 条规定，证券登记结算机构应当妥善保存登记、存管和结算的原始凭证及有关文件和资料。其保存期限不得少于二十年。第 162 条规定，证券服务机构应当妥善保存客户委托文件、核查和验证资料、工作底稿以及与质量控制、内部管理、业务经营有关的信息和资料不少于十年。

在食品安全与医疗健康领域，我国《食品安全法》第 50 条规定，相关企业对供货者名称、地址、联系方式等信息及凭证的保存期限不得少于六个月。《精神卫生法》第 47 条规定，医疗机构对精神障碍患者的病历材料的保存期限不得少于 30 年。

此外，我国《电子签名法》第 24 条规定，电子认证服务提供者对保存与认证相关的信息应当在电子签名认证证书失效后保存至少五年。

实践中，在法律、行政法规尚未规定的情况下，少数部门规章及其他规范性文件中对信息数据的保存期限也作出规定。例如，《网络交易监督管理办法》《网络餐饮服务食品安全监督管理办法》《网络预约出租汽车经营服务管理暂行办法》《医疗机构管理条例实施细则》等。除此之外，一些细分领域的自律规则中也对新型业态下含有个人信息的数据保存期限提出要求，具有参考性以及指引作用。就现有相关规定的条文来看，规章的效力低于《个人信息保护法》，因而通过规章规定的个人信息的储存期限会受到限制。在这些通过规章限定储存期限的领域，未来应当通过更高层级的法律或行政法规进行规定。

2. 对于法律法规规定中没有明确信息数据的保存期限的，处理者应当根据特定业务场景确定最短保存期限。

对于法律法规规定中没有明确信息数据的保存期限的，业务运营者应基于“合法、正当、必要、诚信”“公开、透明”“对个人权益影响最小”等原则以及明确、合理目的，基于特定业务场景下收集、存储个人信息的必要性，及其处理目的、方式、范围等自行确定业务所需的最短保存期限。

【澳门相关规定】

澳门

经负责处理个人资料的实体要求以及当存有正当利益时，公共当局得许可为历史、统计或科学之目的，将第 5 条第 1 款 5 项所规定的保存期限延长。①

第二十条　【共同处理及其连带责任】 两个以上的个人信息处理者共同决定个人信息的处理目的和处理方式的，应当约定各自的权利和义务。但是，该约定不影响个人向其中任何一个个人信息处理者要求行使本法规定的权利。

个人信息处理者共同处理个人信息，侵害个人信息权益造成损害的，应当依法承担连带责任。

【条文理解】

本条明确了个人信息处理者共同处理个人信息的要求。按照本条要求，共同处理个人信息的处理者应当在内部间划分权利和义务，并对信息

① 《澳门个人资料保护法》第 5 条第 2 款。

主体的个人权利作出相应约定。本条第 2 款还对共同处理个人信息的处理者提出了承担连带责任的要求，在实际操作中，数据处理过程可能涉及多方主体，要求共同处理者承担连带责任有利于多个个人信息处理者相互监督、督促对方及时整改违规行为。

本条在一审稿和二审稿中的表述有所不同。一审稿中本条第 2 款的表述为："个人信息处理者共同处理个人信息，侵害个人信息权益的，依法承担连带责任。"而在二审稿和最终出台的正式条文中，本条第 2 款将"依法承担连带责任"中的"依法"一词替换为"应当"。这一转变意味着在二审稿和正式条文中，明确落实了共同信息处理主体的连带责任，信息主体在今后诉讼时，可根据本条要求共同处理者承担连带责任，而不用再寻找其他法律依据。

本条在二审稿和正式稿中的表述也有所不同。与二审稿相比，正式稿第 2 款中在"侵害个人信息权益"后增加了"造成损害的"这一表述，这一调整更加符合侵权损害责任的构成要件，也更具有合理性，即只有在侵害个人信息权益并造成损害时，信息主体才有权要求共同处理者承担责任。这一表述的变化不仅有利于减少不必要的诉讼，也能够与民法典侵权责任编的整体规范体系相照应，体现出立法的明确性和整体性。

【产业实践】

本条中如何界定共同决定是实践操作中的重点。一般认为，共同决定是指双方通过磋商，对个人信息处理的方式和目的达成合意，并将双方权利和义务通过签订合同的方式固定下来，在此前提下，才能够认为双方共同决定了对个人信息的处理。这里"共同决定"不能理解为单方面的委托行为，接受处理者委托处理个人信息的一方便不符合共同决定的概念内涵，必须双方一致对个人信息的处理有主观上的处分意图，才能够认为是共同决定。

在"共同决定"的基础上，便会产生共同处理者连带责任的法律效果。也就意味着，在实践中，信息主体可以向共同处理者中的任一或者全部处理者提出主张，被提出主张的处理者需积极应诉，否则信息主体便可根据个保法本条的规定提起诉讼。对于共同处理者的连带责任具体构成要件，还可以参考民法典中侵权责任的规定，对其作进一步分析。根据《民法典》第1165条、第1166条的规定，一般侵权责任的构成要件包括以下四个方面：一是行为人从事了民事违法行为，二是造成了他人财产或人身损害的事实，三是违法行为与损害后果之间具有因果关系，四是行为人主观上有故意或过失的过错。结合《民法典》和《个人信息保护法》本条规定，可以认为，共同处理者连带责任的构成要件可以包括：一是两个或者两个以上的共同处理者实施了侵犯信息主体权益的行为。二是共同处理者的行为造成了侵害主体信息权益的损害后果。三是共同处理者的行为与信息主体的损害后果间存在因果关系。四是共同处理者对此的主观意图为共同决定。

《民法典》中的连带责任是指当事人中的任何一人对违反法律义务的后果都必须负全部责任。一般出现在共同出资经营、共负盈亏风险、连带保证责任中保证人对债权人的责任等情形中，其本质是多数民事主体中任何一人须承担违反法律义务的全部强制性法律后果的民事责任，这也是共同责任体系中最为严苛的责任形态。本条是本法唯一一条明确规定了“连带责任”的条款，在个人信息处理业务中不乏多平台主体合作的行为，连带责任的规定有助于各处理者明确自身业务下对个人信息的权利义务约定，并合理甄别合作对象，提高对个人信息权的保护意识。

与GDPR相比较，GDPR在第26条中规定共同决定处理目的和方式的是共同控制者，共同控制者的责任应当以一种透明的方式确定。即，对于个人数据主体，在向共同控制者主张权利时，能了解他们之间的责任。而《个人信息保护法》直接要求共同处理者承担连带责任，这对个人信息主体的保护力度强于GDPR，个人信息主体在个人信息权益受到侵害时，可根据个保法自主决定向共同处理者的一方或多方承责。

第二十一条　【委托处理】 个人信息处理者委托处理个人信息的，应当与受托人约定委托处理的目的、期限、处理方式、个人信息的种类、保护措施以及双方的权利和义务等，并对受托人的个人信息处理活动进行监督。

受托人应当按照约定处理个人信息，不得超出约定的处理目的、处理方式等处理个人信息；委托合同不生效、无效、被撤销或者终止的，受托人应当将个人信息返还个人信息处理者或者予以删除，不得保留。

未经个人信息处理者同意，受托人不得转委托他人处理个人信息。

【条文理解】

本条旨在明确个人信息委托处理活动中委托人与受托人应当履行义务的规定。个人信息委托处理的法律关系本质上应当属于委托合同，所委托的事项为个人信息处理，因此，本条实质上是对于委托合同制定、履行和终止的具体规定。本条共有 3 款，第 1 款是个人信息处理者，也就是委托人的义务，由于个人信息处理者只能在授权范围内处理个人信息，因此本委托不能为概括委托，只能是特别委托，应当对处理的目的、期限、处理方式、个人信息的种类、保护措施以及双方的权利和义务等内容进行具体约定。第 2 款是受托人的义务，受托人基于委托的首要义务就是应当在个人信息处理者委托范围内处理个人信息，不得超范围、超期限、超权限等。一旦委托合同发生不生效、无效、被撤销或终止的情形，委托的基础就不复存在，受托人应当及时消除个人信息安全风险，措施包括返还个人信息或者删除个人信息。委托人应持续对受托人处理个人信息的活动予以监督，包括合同终止后受托人是否及时返还或删除。第 3 款对于不得转委托的规定也是委托合同的应有之义。

【产业实践】

1. 数据委托处理能够通过合同安排实现数据在数据处理者的控制范围内由受托人进行有限的处理，风险较低但效率较高，因此在产业实践中十分常见。典型的数据委托处理如 IDC（Internet Data Center，互联网数据中心）服务，服务商作为受托人提供数据存储或托管服务，并按照数据处理者的服务要求在授权范围内使用及披露。与其他委托处理不同的是，IDC 服务商通常数据处理能力更强，合规水平较高，数据处理者基于对专业服务商的信任，其本身需要负担的评估和监督义务较通常情况更低。双方可以在委托协议（通常表现为服务协议）中约定授权委托事项以及服务终止后的操作。

2. 目前产业实践中不断产生一些新的业务模式和场景，如数据众包等，也会有发包人与承包人之间的数据交互，尤其是一些数据采集标注的工作，可能涉及图像识别、语音识别、视频识别里的相关个人信息。无论是采取个人分包还是企业分包的方式，发包人与承包人采取委托处理的方式进行数据流转的安排成本更低，合规程度更高。此外，数字化广告等场景需要在做到去标识化的前提下得到用户的授权同意，数据处理者需要注意在隐私权协议中应当尽可能具体说明数字化广告的模式和提供对象。

【合规指引】

1. 委托处理前尽可能对受托人进行安全影响评估

委托合同的本质要求是受托人是以委托人的名义处理事务，法律后果由委托人承受。本条第 1 款也明确规定了个人信息处理者的监督义务，委托人要对受托人处理个人信息的活动进行监督，一旦发生个人信息违规行为，委托人应当向个人信息主体承担责任，同时有权依据委托合同追究受托人的违约责任。因此，在个人信息处理者委托他人处理个人信息前，应当对受托人是否具备充分的数据安全能力、数据处理能力进行评估，确保其能够遵守委托指示严格、有效地处理个人信息。

2. 个人信息处理者应通过合同、审计等方式对受托人进行持续监督

个人信息处理者对受托人的个人信息处理活动进行监督可以采取多种方式：

（1）通过合同和授权书等方式约定受托人的义务和责任，并对履约过程进行监督；

（2）定期对受托人的个人信息处理活动进行审计，并定期评估委托处理的风险与合规性。

除采取必要的事前和事中监督措施外，个人信息处理者发现受托人未按照委托协议的约定处理个人信息的，或可能导致个人信息处理者违反合规义务时，应采取必要措施，必要措施包括及时制止、要求纠正，或采取相应的补救措施，防止损失进一步扩大。

3. 委托合同应当详细约定双方的权利义务，确保条款具体、明晰

个人信息处理者与受托人应当签订委托合同，明确约定双方的权利义务，合同内容一般应包括：

（1）委托处理的范围，且不应超出个人信息控制者有权进行的个人信息处理范围；

（2）委托的个人信息处理目的以及遵守该处理目的的要求；

（3）委托处理期限，以及提前终止委托或委托期限届满时个人信息的处理方式，如返还或删除等；

（4）个人信息处理者的监督管理权利与方式，应能够确保处理者有权对委托的个人信息处理进行审计和定期评估委托处理的风险；

（5）约定是否可以转委托，以及转委托的范围和方式，并对儿童个人信息的转委托进行限制；

（6）明确要求受托人按照法律、行政法规的规定和个人信息处理者的要求处理个人信息；

（7）在个人信息处理者要求时协助其响应个人信息主体请求的约定；

（8）约定采取措施保障信息安全的义务和具体要求；

（9）发生个人信息安全事件时及时向个人信息控制者报告的义务。

4. 做好信息留存和备份

个人信息处理者应针对委托处理个人信息的情况留存完整的材料，并根据最新的委托处理情况及时更新。材料清单应包括：各时期版本的受托人名单、身份、委托事项名录；委托合同；授权委托书；审计评估材料；采取必要措施的证据；要求及时返还或删除的证据。

5. 在隐私政策中明示委托处理条款

为更符合合规要求，建议在隐私政策中明确委托处理的内容，条款内容应当包括委托处理的原因，委托方式，委托对象，对受托人个人信息处理活动进行监督的方式，安全管理举措以及委托关系终止后的个人信息处理方式等。

第二十二条 【合并、分立、解散、被宣告破产后的情形】 个人信息处理者因合并、分立、解散、被宣告破产等原因需要转移个人信息的，应当向个人告知接收方的名称或者姓名和联系方式。接收方应当继续履行个人信息处理者的义务。接收方变更原先的处理目的、处理方式的，应当依照本法规定重新取得个人同意。

【条文理解】

本条旨在明确在个人信息处理者的法律主体发生合并、分立、解散、被宣告破产等中重大变动时，个人信息作为原公司的重要财产，可能需要从原法律主体转移到新法律主体，新法律主体应当遵循的个人信息处理规则，以及应当承担的法定义务。

公司合并是指两个或两个以上的公司，订立合并协议，依照公司法的规定，不经过清算程序，直接结合为一个公司的法律行为。公司合并有两种形式：一是吸收合并，是指一个公司吸收其他公司后存续，被吸收的公司解散；二是新设合并，是指两个或两个以上的公司合并设立一个新的公司，合并各方解散。

公司分立是指一个公司通过依法签订分立协议，不经过清算程序，分为两个或两个以上公司的法律行为。公司分立有两种形式：一是派生分立，是指公司以其部分资产另设一个或数个新的公司，原公司存续；二是新设分立，是指公司全部资产分别划归两个或两个以上的新公司，原公司解散。

公司的解散是指已成立的公司基于一定的合法事由而使公司消灭的法律行为。依据公司法的规定，公司解散的原因一般包括，公司章程规定的营业期限届满或者公司章程规定的其他解散事由出现；股东会或者股东大会决议解散；因公司合并或者分立需要解散；依法被吊销营业执照、责令关闭或者被撤销；人民法院依照《公司法》第 182 条的规定予以解散。

在公司解散时，依法成立的清算组在清理公司财产、编制资产负债表和财产清单后，发现公司财产不足清偿债务的，应当依法向人民法院申请宣告破产。

除上述情形外，实践中经常会出现某业务的 App 或网站因为公司内部的工作安排，如因为证照持牌合规、业务拆分、产品停止运营、产品重大更新等原因改变法律主体。在这些情形下，类似前述四类法律主体重大变动，新的业务法律主体应当向个人告知接收方的名称或者姓名和联系方式，如果接收方变更原先的处理目的、处理方式的，应当依照本法规定重新取得个人同意。

另外，实践中的很多业务在投资、并购活动发生后，某业务的 App 或网站的法律主体本身并不会发生改变，只是股东结构乃至公司的控制权发生重大变化，在这样的情形下，如果原先的处理目的、处理方式不发生任何实质性改变，用户个人信息权益保障水平没有任何减损，则不需要重新取得个人同意，但是一旦发生改变的，则应当依照个人信息保护法的规定重新取得个人同意。

【典型案例】

鉴于《个人信息保护法》首次对合并、分立、解散、被宣告破产等情形下的个人信息处理者与接收方的合规义务进行设定，以下我们主要对境外类似场景下案例进行介绍，以供参考。

（一）破产案件引发的个人信息转移合规

某科技公司破产案件引发个人信息转移合规问题的比较多，其解决方案往往是公司在隐私政策中作出相应的说明，且不能出现虚假的承诺，如公司不会与第三方公司分享个人信息，同时对接收方公司的个人信息保护水平有相应的要求，在并购过程中需充分保障用户个人信息权利，如退出权。以下介绍三个案例：

（1）Toysmart 案①

某网上玩具零售商曾在其隐私声明中承诺绝不与第三方分享用户的个人信息，但该公司于进入破产程序后，试图出售其用户数据库中的内容。之后 Toysmart 与联邦贸易委员会达成了和解协议，该公司被允许出售客户数据，但必须符合协议要求。

根据本案中和解协议的内容，在特定条件下，企业可以转让用户信息，而不需要经其同意。其前提是：①收购方与目标公司来自同一行业；②用户个人信息不能单独转让；③收购方必须采取与目标公司实质相同的隐私政策。

（2）Borders 案和 RadioShake 案②

2011 年 B 公司进入破产程序，其竞争对手 BN 公司收购了部分资产，包括用户的个人信息。破产法院许可了这一交易，并对交易事宜作了相关规定，即用户作为个人信息权利人有选择退出相关变动的权利。此后，R 公司案也适用了这一退出权方案。

---

① 案号：Civ. Action No. 00-11341-RGS（FTC July 21，2000）.

② 案号：re Borders Group，Inc. et al. No. 11-10614 MG（Bankr. S. D. N. Y. Sept. 27，2011）.

退出权方案，即在并购交割后一定期限内，允许用户选择“退出交易”。如果用户选择退出，则收购方应删除其个人信息；如果用户在期限内没有行使该权利或者表示同意，则交易正式完成，收购方可以合法使用相关个人信息。其前提是：①收购方必须采取与目标公司实质相同的隐私政策；②充分地提示用户行使退出权。

（二）涉及反垄断问题的个人信息转移合规

对竞争行为的规制与数据合规融合，是全球性趋势。在很多个人信息转移场景中，因涉及大型互联网公司，往往还会涉及竞争合规的问题。在此过程中，个人信息接收方不仅需要关注个人信息保护的合规，还需要关注反垄断的合规。

G 公司收购 F 公司案①

2019 年 11 月，可穿戴设备厂商 F 公司宣布与 G 公司签署最终协议，G 公司将以每股 7.35 美元的现金收购 F 公司，为 F 公司估值 21 亿美元。欧洲数据保护委员会（EDPB）咨询委员会在其第 18 次全体会议上发表声明，对此次收购带来重大隐私风险表示关注。EDPB 还在一份声明中警告说：“大型科技公司之间兼并并不断积累欧洲人敏感个人数据，可能会对隐私和数据保护构成高风险。”同时，一名欧盟反垄断专员称：“这笔交易将进一步增加 G 公司通过可穿戴设备收集的数据量，而此次调查旨在确保 G 公司对这些数据的控制，不会扭曲市场竞争。”

2020 年 12 月，欧盟委员会宣布，由于 G 公司在使用用户健康数据方面作出让步，已批准 G 公司以 21 亿美元收购健康追踪公司 F 公司交易。欧盟委员会称，G 公司作出的承诺有效期为 10 年，而且还可能再延长 10 年，这消除了欧盟对 G 公司进军健康数据和设备领域的担忧。欧盟反垄断专员在一份声明中称：“这些承诺将决定 G 公司如何将收集的数据用于广告目的，如何保障竞争对手可穿戴设备和 Android 之间的互操作性，以及

---

① 《G 公司完成对 F 公司收购：可穿戴式设备引发隐私担忧，仍面临美澳反垄断不确定性》，载南方财经网，http：//www.sfccn.com/2021/1-17/1MMDE0MDdfMTYyMDU1Mw.html，2021 年 11 月 2 日访问。

用户如何继续分享健康和健身数据。”

该并购案还受到澳大利亚监管部门的关注。2020 年 6 月，澳大利亚竞争和消费者委员会（ACCC）表达对 G 公司收购 F 公司交易的担忧，警告称这笔收购将让 G 公司获得过多的用户数据，损害健康和互联网广告市场的竞争。在欧盟委员会宣布批准该并购案后，ACCC 在声明中表示：“尽管我们知道欧盟委员会最近接受了 G 公司的类似承诺，但在这样一个复杂而快速变化的行业中，我们并不觉得这种长期行为承诺能在澳大利亚得到有效的监督和执行。”对此，G 公司公布了在澳大利亚境内有关收购 F 公司的一些自律条款。如果这些条款被接受，将由澳大利亚 ACCC 法院强制执行，这些条款包括个人信息保护和第三方使用（反垄断）承诺：

（1）不将 F 公司和 G 公司可穿戴设备收集的某些用户数据用于 G 公司的广告目的，并且 ACCC 可以选择将此责任期延长至 10 年；

（2）保持第三方应用（如健康和健身应用程序）对通过 F 公司和 G 公司可穿戴设备收集的某些用户数据的访问权限长达 10 年；

（3）保持第三方可穿戴设备与 Android 智能手机之间的互操作性水平达 10 年。

根据承诺，G 公司将把 F 公司用户数据与用于广告的 G 公司数据分开存储，不会将来自 F 公司和其他可穿戴设备的数据用于 G 公司广告。而且，用户可以决定是否将他们的健康数据存储在他们的 G 公司或 F 公司账户中。

此外，G 公司将通过 F 公司 Web API 软件，保持软件应用程序对用户健康和健身数据的访问权限，不收取访问费用，并经用户同意。G 公司还将继续向 Android 设备制造商提供免费的 API 软件授权，确保他们的设备与 Android 智能手机兼容。

在并购案件中，个人信息的转移不仅需要充分考虑对用户个人信息权益的影响，同时也需要充分考虑对竞争秩序的影响。在 G 公司收购 F 公司案中，相关监管部门并没有简单禁止 G 公司使用 F 公司相关的用户数据，而是把握了两个红线，一是并购后在用户授权同意的基础上，G 公司和 F 公司仍然保持相关数据接口的开放。二是 G 公司一定期间内不得将 F 公司收集的数据用于广告目的。

【产业实践】

市场经济环境下，公司的合并、分立、解散、被宣告破产，以及业务的法律主体发生重大变更是常态，企业应当在个人信息转移活动中充分做好合规准备。

国家标准《信息安全技术 个人信息安全规范》（GB/T 35273-2020）9.3 对收购、兼并、重组、破产时的个人信息转让规定了详细的操作指引和要求。即当个人信息控制者发生收购、兼并、重组、破产等变更时，对个人信息控制者的要求包括：（1）向个人信息主体告知有关情况；（2）变更后的个人信息控制者应继续履行原个人信息控制者的责任和义务，如变更个人信息使用目的时，应重新取得个人信息主体的明示同意；（3）如破产且无承接方的，对数据做删除处理。

实践中，参考境外收购、兼并、重组、破产案例，本条规定的落地执行，除应当关注对用户的告知，以及接收方可能变更个人信息处理目的、处理方式的需重新取得个人同意这两个问题外，还应当注意：

1. 原个人信息处理者的隐私政策承诺

部分公司在隐私政策中没有提及其可能会在合并、分立、解散、被宣告破产等的场景下，发生个人信息转移，或者直接排除了向这类第三方提供个人信息的可能性。这类公司可能需要先修改公司的隐私政策，并告知用户。如果公司将不转移个人信息作为重要商业模式宣传的，不排除这样的变更属于重大变更，需重新获得用户的同意。

2. 个人信息转移的合法性基础

我国《个人信息保护法》第 13 条规定的个人信息处理合法性基础，虽然没有正当利益的条款，但在未来不排除其他条款，如基于公共利益、履行法定职责或法定义务等条款发挥类似的作用。

3. 个人信息转移的反垄断合规

从境外合规实践看，当大型互联网平台作为收购方时，监管部门会格外关注收购方是否将目标公司收集的个人信息未经用户同意，直接用作广告、精准推荐算法的数据基础（如 Google 收购 Fitbit、Facebook 收购 WhatsApp）。监管部门主要担忧是，一方面，企业可能会忽略用户的知情同意权，将目标公司的数据库默认共享给收购方，或强制用户同意授权给收购方；另一方面，这可能会带来大型互联网企业滥用市场支配地位的问题，阻碍交易自由和市场创新。对此，合理的解决方案有两个：一是在交易过程中保障用户的选择权，即用户可以选择随时退出，并且用户可以对可能的数据共享自由选择同意或者不同意。二是收购企业可能需要就数据接口的开放进行承诺，确保中小企业仍然可以参与享受原市场格局下的数字红利，甚至获得更大的开放力度。

4. 业务停止运营后的数据资产处置

实践中随着公司的合并、分立、解散、被宣告破产等重大变动，还会经常出现某业务停止运营。在这个过程中，也应当重点关注用户个人信息权益的保护。例如，某音乐播放 App 在停止运营前两个月就发出公告，通过各种渠道告知用户，将先停止新用户注册，同时给予用户充分的时间处置相关数据资产，提供便捷的歌单数据下载、导出等工具。两个月届满，再彻底停止对消费者的运营服务并关闭服务器。停止服务后，该 App 在履行法定保存期后删除相关数据资产。

第二十三条　【对外提供个人信息】 个人信息处理者向其他个人信息处理者提供其处理的个人信息的，应当向个人告知接收方的名称或者姓名、联系方式、处理目的、处理方式和个人信息的种类，并取得个人的单独同意。接收方应当在上述处理目的、处理方式和个人信息的种类等范围内处理个人信息。

接收方变更原先的处理目的、处理方式的，应当依照本法规定重新取得个人同意。

【条文理解】

本条旨在明确个人信息处理者向其他个人信息处理者“提供”个人信息的，且不属于本法第 13 条第 2 项到第 7 项规定情形的，应当在第 17 条的告知基础上，向个人履行告知义务，并且取得个人的单独同意。这里的“提供”，与此前产业实践中常用的“共享”概念基本一致，不包括本法第 21 条规定的“委托处理个人信息”行为。

接收方应当在原个人信息处理者向用户告知并取得单独授权的处理目的、处理方式范围内，使用个人信息。如果接收方超出该授权的处理目的、处理方式使用个人信息，如有隐私政策中未说明的目的、方式收集使用用户个人信息，或者将现有业务合法收集的个人信息用于新增的非必要业务功能，则应当通过修改隐私政策并弹窗申请用户同意，或者在新的业务功能开通时单独申请用户同意等方式再次取得个人的单独同意。

《民法典》第 1038 条对个人信息的共享有类似的同意要求，但没有强调同意的形式是单独同意。即“信息处理者不得泄露或者篡改其收集、存储的个人信息；未经自然人同意，不得向他人非法提供其个人信息，但是经过加工无法识别特定个人且不能复原的除外”。更早之前的《网络安全法》第 42 条也有类似规定，即“网络运营者不得泄露、篡改、毁损其收集的个人信息；未经被收集者同意，不得向他人提供个人信息。但是，经过处理无法识别特定个人且不能复原的除外”。

中央网信办、工信部、公安部、市场监督管理总局等四部委发布的《App 违法违规收集使用个人信息行为认定方法》对基于同意的个人信息共享有更具体的解读，第 5 条规定：“以下行为可被认定为‘未经同意向他人提供个人信息’：（1）既未经用户同意，也未做匿名化处理，App 客户端直接向第三方提供个人信息，包括通过客户端嵌入的第三方代码、插件等方式向第三方提供个人信息；（2）既未经用户同意，也未做匿名化处理，数据传输至 App 后台服务器后，向第三方提供其收集的个人信息；（3）App 接入第三方应用，未经用户同意，向第三方应用提供个人信息。”

需要注意的是，有两类个人信息共享活动，不需要取得个人的单独同意：

一是对个人信息进行匿名化处理。实践中很多个人信息的提供活动，会对个人信息进行无法识别特定自然人且不能复原的处理，在处理符合相关国家标准规定且有实际有效的前提下，如《民法典》《网络安全法》等相关法律所反复强调的，该类个人信息的提供可不经过个人的单独同意。

二是根据《个人信息保护法》第 13 条第 1 款第 2 项至第 7 项，不需要取得个人同意的事项。具体包括三大类：

第一类是三个必需场景。为订立、履行个人作为一方当事人的合同所必需，或者按照依法制定的劳动规章制度和依法签订的集体合同实施人力资源管理所必需；为履行法定职责或者法定义务所必需；为应对突发公共卫生事件，或者紧急情况下为保护自然人的生命健康和财产安全所必需。

第二类是两种合理场景。为公共利益实施新闻报道、舆论监督等行为，在合理的范围内处理个人信息依照本法规定在合理的范围内处理个人自行公开或者其他已经合法公开的个人信息。

第三类是法律、行政法规规定的其他情形。主要是一些法律、行政法规对个人信息收集使用有专门规定。例如，《身份证法》对居民身份证的信息，包括姓名、性别、民族、出生日期、常住户口所在地住址、公民身份号码、本人相片、指纹信息、证件的有效期和签发机关等信息的登记，以及居民身份证的使用有特别规定。

【合规指引】

个人信息共享的单独同意，是个人行使个人信息自决权的一种基本方式，也是未来个人信息数据要素流通的基本常态。本条确定了企业之间

“个人信息共享”的基本规则，一般而言，企业A采用免费或者有偿的方式，向不属于受托人（分包商）角色的另一家企业B，提供基于企业B处理目的所需的个人信息，这些个人信息是经由分享数据的企业A生成或收集的。在这一过程中，用户需要对企业B的名称或者姓名、联系方式、处理目的、处理方式和个人信息的种类充分知悉，并给出明示的同意。

另外，实践中还很可能发生“个人信息再使用”的情况。即企业B将从企业A获取的个人信息，基于企业B处理目的进行再次使用的过程，乃至有可能基于企业C处理目的提供给企业C。这些再使用的情形，同样需要用户充分知悉，并给出明示的同意。除非企业B使用的过程，实现了对个人信息进行匿名化处理，或者属于《个人信息保护法》第13条第1款第2项至第7项的情形。抑或这种使用属于委托处理行为，受托方仅在企业B符合法律规定的指令决定下对个人信息进行处理。

数字化时代，个人信息共享是企业日常生产经营活动的关键场景。鉴于个人信息共享对数据要素市场中的极端重要性，以下从个人信息共享的通用合规要点，以及匿名化个人信息的共享两个维度，说明第23条背后的个人信息共享合规。

（一）个人信息共享的通用合规要点

2019年4月10日，公安部网络安全保卫局联合北京网络行业协会、公安部第三研究所正式发布了《互联网个人信息安全保护指南》（以下简称《指南》）。第6.8条明确给出了个人信息共享、转让的基本要求：（1）共享和转让行为应经过合法性、必要性评估；（2）在对个人信息进行共享和转让时应进行个人信息安全影响评估，应对受让方的数据安全能力进行评估确保受让方具备足够的数据安全能力，并按照评估结果采取有效的保护个人信息主体的措施；（3）在共享、转让前应向个人信息主体告知转让该信息的目的、规模、公开范围数据接收方的类型等信息；（4）在共享、转让前应得到个人信息主体的授权同意，与国家安全、国防安全、公共安全、公共卫生、重大公共利益或与犯罪侦查、起诉、审判和判决执行等直接相关的情形除外；（5）应记录共享、转让信息内容，将共享、转让情况中包括共享、转让的日期、数据量、目的和数据接收方的基本情况在内的信息进行登记；（6）在共享、转让后应了解接收方对个人信息的保存、使用情况和个人信息主体的权利，例如访问、更正、删除、注销等；（7）当个人信息持有者发生收购、兼并、重组、破产等变更时，个人信息持有者应向个人信息主体告知有关情况，并继续履行原个人信息持有者的责任和义务，如变更个人信息使用目的时，应重新取得个人信息主体的明示同意。

国家标准《信息安全技术 个人信息安全规范》（GB/T 35273-2020）第 9.2 条也对个人信息共享规定了详细的操作指引和要求。共享个人信息，应符合：（1）事先开展个人信息安全影响评估，并依评估结果采取有效的保护措施。（2）向个人信息主体告知共享的目的、数据接收方的类型以及可能产生的后果，并事先征得个人信息主体的授权同意。（3）共享个人敏感信息前，还应告知涉及的敏感信息类型、数据接收方的身份和数据安全能力，并事先征得个人信息主体的明示同意。（4）通过合同等方式规定数据接收方的责任和义务。（5）准确记录共享情况；个人信息控制者发现数据接收方违反法律法规要求或双方约定处理个人信息的，应立即要求数据接收方停止相关行为，且采取或要求数据接收方采取有效补救措施（如更改口令、回收权限、断开网络连接等）控制或消除个人信息面临的安全风险；必要时个人信息控制者应解除与数据接收方的业务关系，并要求数据接收方及时删除从个人信息控制者获得的个人信息。（6）因共享、转让个人信息发生安全事件而对个人信息主体合法权益造成损害的，个人信息控制者应承担相应的责任。（7）帮助个人信息主体了解数据接收方对个人信息的存储、使用等情况，以及个人信息主体的权利，例如，访问、更正、删除、注销账户等。（8）个人生物识别信息原则上不应共享，确需共享的应告知相关内容并征得个人信息主体明示同意。

参照以上两份文件，以及境外相关个人信息保护机构的合规指南，实践中个人信息的共享，应当把握以下几点：

1. 确定个人信息共享活动中的法律主体及其法律角色

个人信息共享的前提，是相关业务的法律主体已经合法地收集和保存了用户的个人信息，该法律主体即是个人信息共享的信息发送方主体。信息发送方主体，向代表接收方的法律主体提供数据时，也需要明确自身的法律角色。从风险隔离的角度看，信息发送方主体应尽可能地通过与接收方的合同约定，以及两个主体与用户的协议约定实现信息发送方和接收方各自是独立的个人信息处理者，并在实践中加以落实，避免成为可能构成连带责任的共同个人信息处理者。

2. 开展个人信息保护的影响

根据《个人信息保护法》第55条的规定，在开展个人信息共享之前，个人信息处理者应当开展个人信息保护影响评估，综合考虑以下三个因素，一是个人信息的处理目的、处理方式等是否合法、正当、必要；二是对个人权益的影响及安全风险；三是所采取的保护措施是否合法、有效并与风险程度相适应。相关个人信息共享记录及评估记录，需要至少保存三年。

英国的信息转移办公室（ICO）《数据共享行为守则》对个人信息共享前的个人信息保护影响评估有非常细致的建议，某种程度上可供我们参考理解个人信息共享时需要关注的具体问题，以更好地得出评估结论。ICO建议，通过DPIA对个人信息共享活动进行评估，应当综合考虑：（1）个人信息共享目的；（2）共享个人信息的类型；（3）目的实现是否可以通过不共享个人信息或共享匿名化个人信息方式达成；（4）共享个人信息对个人信息主体可能造成的侵害；（5）共享个人信息对社会和个人潜在的收益与风险；（6）不共享个人信息是否会造成损害；（7）是否有任何法定限制或其他因素对个人信息共享的限制；（8）谁会访问这些共享的个人信息；（9）共享个人信息是持续性的还是临时性的；（10）共享个人信息的方式；（11）共享个人信息是否已经达成目的，是否需要继续共享个人信息；（12）动态重新审查DPIA，是否有新的变化。

3. 签署个人信息共享的协议

个人信息发送方主体应当与接收方主体签署个人信息共享协议。该协议可以帮助所有各方明确各自的法律角色，分配相应的法律责任，包括对用户的个人信息保护责任。该协议的生效，也需要个人信息共享取得《个人信息保护法》第 13 条规定的合法性基础。

参照 ICO 的《数据共享行为守则》及实践中个人信息共享中的可能风险，个人信息共享协议应当包含以下内容：（1）个人信息共享的双方甚至多方法律主体，列明所有参与共享的法律主体，包括其个人信息保护负责人和协议联系人的联系方式；（2）个人信息共享的目的：为何个人信息共享是必要的、共享个人信息的具体目的、为个人或者社会带来的好处；（3）共享个人信息的类型：详细说明共享个人信息的类型，对于某些个人信息还应当仅允许特定员工访问；（4）明确个人信息共享的合法性基础：若以同意作为共享个人信息合法性基础的，建议是将个人信息授权同意相关的页面截图、授权文件（如隐私政策或者单独授权同意书）作为协议附件；（5）用户个人信息权利实现相关的条款约定：解决用户的有关拒绝或撤回同意的问题，以及双方协作以及时响应用户的查询、更正、删除等个人信息权利请求；（6）需采取的相应数据安全管理措施及合作；（7）个人信息泄露、毁损、丢失相关事件的通知；（8）审计及检查相关的要求：这个是信息发送方主体与合规风险较高企业开展合作时，控制自身风险的重要措施。

个人信息共享协议在满足上述条件外，还应当能够应对个人信息共享时出现的主要实际问题。包括发送方、接收方在舆情事件、监管事件中，涉嫌违法违规的，协议相关方能够中止协议的权力。同时，需要明确参与个人信息共享的企业，应当坚持个人信息共享的合法、正当、必要、诚信、准确性、最小够用共享、最短期限保存、安全保障等基本原则。为应对复杂的网络环境和产业实践，协议各方也应当避免签署过长有效性的协议，定期审核协议的有效性。

4. 确保个人信息共享取得合法性基础

当前个人信息共享的合法性基础，主要是基于《个人信息保护法》第 13 条第 1 款第 1 项规定的同意，且这样的同意是要实现第 23 条规定的充分告知和单独同意。当然，第 13 条第 1 款第 2 项至第 7 项的情形，也可以构成个人信息共享的合法性基础，只是相应的合规风险控制难度较大，需开展更细致的合规审查并保存审查记录，如履行法律职责或法定义务，需明确定位到具体法律规定，并确认相应规定发生的场景。

5. 保障用户的知情权、决定权及其他合法权益

个人信息主体对个人信息共享具有知情权和决定权。这意味着，在提供个人信息前，信息发送主体或者接收主体需要充分告知用户共享的相关情况；在提供个人信息后，个人信息主体有权随时撤回同意，或者要求信息发送主体或者接收主体响应其个人信息查询、更正、删除等各类法定请求。

6. 涉及跨境的个人信息共享，需遵循个人信息跨境提供规则

当发生个人信息跨境共享时，将出现法条竞合，可能同时触发本条的个人信息共享规则和个人信息跨境提供规则。在这样的情形下，特别规则优于一般规则，个人信息处理者需要按照个人信息跨境共享背后的个人信息跨境提供的规则（《个人信息保护法》第三章个人信息跨境提供的规则）进行合规。

7. 采取必要的安全技术措施，保障共享安全性

基于个人单独同意的个人信息共享，若基于在线 API 接口等方式实现，应当确保相应的技术接口有必要的权限管控，确保在验证并记录用户授权指令后再传输相应的数据。信息发送主体或者接收主体同时对共享的日志进行记录，确认发送或接收的具体来源或目的地、时间、字段信息等。同时，相应的信息传输必须使用安全加密技术，确保不被无授权的第三方监听或窃取。另外，信息发送主体可以额外通过个人信息共享协议，要求接收方履行额外的安全技术措施，甚至接受安全审计。另外，实践中，个人信息发送主体或者接收主体的安全技术措施，也要符合实际被认定的网络安全等级保护级别要求，甚至是关键信息基础设施的安全保护。

8. 持续性的合规自证

鉴于《个人信息保护法》设定了过错推定的归责原则，倒逼个人信息处理者积极合规自证。对此，个人信息处理者可借鉴新加坡个人保护委员

会发布的《可信赖的数据共享框架》推进合规自证（问责制）。核心是要实现两点：

（1）确保透明度和问责制的要求

在个人信息共享过程中，企业应寻求在如何使用共享个人信息方面保持透明。例如，个人信息发送主体和接收主体都应该能够访问并知晓数据是如何被处理或操作的，以满足约定的目标。由于个人信息共享和分析是一个迭代过程，如果出现歧义，个人信息共享的合作伙伴应参考已制定的个人信息共享协议。企业可以准备审计日志（与访问管理、监控和风险管理相关）和来源记录，以展示个人信息共享合作伙伴关系中的问责制和透明度。这有助于企业确保共享的个人信息以商定的形式进行管理。

（2）持续的监管与合规义务

对于收到的个人信息，企业应持续观察法律和监管义务可能出现的任何变化，并且企业应采取所有必要措施，确保其行为符合不断变化的法律和监管义务（例如，监管对于个人信息收集使用的技术要求）。企业还应监控员工的访问和使用，以确保他们遵守个人信息共享协议或任何其他适用的治理政策和规则中规定的范围。

（二）匿名化个人信息的共享

鉴于取得个人单独同意的难度，以及未来数据要素市场中个人信息共享的频率和效率，个人信息的匿名化处理技术的成熟与规模化应用，将成为平衡个人信息共享背后个人信息权益保护与个人信息合理利用的关键。

目前主要互联网公司纷纷推出能够实现匿名化或接近匿名化处理的技术服务平台。例如，某互联网金融公司的多方安全计算平台，基于 MPC、隐私保护、区块链等技术，实现数据可用不可见，解决企业数据协同计算过程中的数据安全和隐私保护问题，助力机构安全高效完成联合风控、联合营销、联合科研等跨机构数据合作任务。B 网络安全公司的联邦计算平台，提供基于多方安全计算（MPC）、可信计算环境（TEE）、联邦学习（FL）等技术的多方联合计算平台，为跨机构数据流通提供“可用不可见，相逢不相识”的极致安全体验，可以解决客户在联合风控、联合营销、联合分析等场景的数据安全和隐私保护需求。A 云计算厂商数据中台的 Data Trust 隐私增强计算平台，也是基于 MPC、TEE、FL 技术提供多方数据联合分析、联合训练、联合预测的服务。B 云计算厂商的可信智能计算服务 TICS 也是提供类似的技术服务。可以说，当前匿名化技术的发展和商业化应用已然具有相当的技术基础、产业基础。

实践中，匿名化也面临很多争议，焦点之一就是匿名化的判断标准。从匿名化的概念缘起和全球实践看，匿名化无疑具有相对性。计算机技术半个多世纪的发展和应用，使得产业界基本达成了技术上不存在彻底、绝对匿名的共识。随着元数据集越来越大、数据更新越来越快、数据集交互越来越多，匿名化的难度将会越来越高，绝对匿名化更不可能。因此，承认匿名化的相对性，是《个人信息保护法》的立法原意所在，匿名化的相对性既是指随着技术发展、数据量的增加复原可能性的增加，也是指针对主体的相对性，这与主体的识别能力相关。例如，《德国联邦数据保护法》（2002 年版）第 3 条第 5 款将之界定为“改变个人数据以致有关个人或客观情况的信息不能够确定为或必须付出相当大的时间、经费和劳动才能确定为归属于认定的个人”。即只要达到难以识别或复原困难就属于匿名数据，而非要求“无法识别”或“不能复原”。

当然，匿名化要求的存在，也倒逼企业积极尽己所能地采取可能的技术、方式进行匿名化。当前，在各类科技企业积极提供行业先进的匿名化技术方案的情况下，企业也没有道理采用明显安全性较差的技术措施。

第二十四条　【自动化决策】 个人信息处理者利用个人信息进行自动化决策，应当保证决策的透明度和结果公平、公正，不得对个人在交易价格等交易条件上实行不合理的差别待遇。

通过自动化决策方式向个人进行信息推送、商业营销，应当同时提供不针对其个人特征的选项，或者向个人提供便捷的拒绝方式。

通过自动化决策方式作出对个人权益有重大影响的决定，个人有权要求个人信息处理者予以说明，并有权拒绝个人信息处理者仅通过自动化决策的方式作出决定。

【条文理解】

本条是对自动化决策的特别规定。

“自动化决策”问题已成为近年来个人信息保护领域的热门话题之一。在产业实践中也确实存在不良企业利用个人信息进行自动化决策、损害个人权益的情形，引发社会舆论关注。利用自动化决策，虽然可以在很大程度上节约社会资源，提高效率，但是随着人工智能和大数据技术的发展，自动化决策在被广泛应用的同时，对个人的影响也越来越大，需要进行立法规制。为此，《个人信息保护法》在个人信息一般处理规则的基础上对自动化决策进行了特别规定，以保障个人信息权益。

（一）自动化决策的定义

《个人信息保护法》第 73 条对“自动化决策”作出界定：自动化决策，是指通过计算机程序自动分析、评估个人的行为习惯、兴趣爱好或者经济、健康、信用状况等，并进行决策的活动。在个人信息保护的法律范畴中，自动化决策需满足三个要素：（1）自动化决策需通过计算机程序自动进行；（2）需对个人进行分析、评估；（3）需进行决策。

这与我们在一般情况下认知的自动化决策有所不同。通常情况下，我们理解的自动化决策是人们利用计算机程序对数据进行识别、分析、学习，进而代替人脑自动做出决策的活动。例如，通过分析路况信息等交通数据，决策出一条最优的行车路线；通过分析产品数据，决策出哪个产品可能会具有质量问题，等等。在很多场景中，自动化决策并不需要对个人的某些方面进行分析、评估。随着人工智能技术的应用，自动化决策的场景体现在社会经济发展的方方面面，对个人进行分析、评估并决策的活动，只是自动化决策的其中一小部分。

而在《个人信息保护法》的语境下，自动化决策并非广义的通过计算机程序自动作出决策的活动，而是进行了限缩：只有对个人进行自动的分析、评估并决策的活动，才属于《个人信息保护法》意义上的自动化决策，也即自动化决策必须与个人相关。如果自动化决策系统并没有对个人进行分析、评估，比如一些工业场景中的自动化决策，在通常情况下，我们不认为其属于《个人信息保护法》的规制范围。

延伸阅读：自动化决策与画像的差异

从公众感知角度，很容易将画像与自动化决策混为一谈，但实际上二者存在一定的差异：

首先，“画像”是指通过对个人信息的分析、挖掘，对个人属性、特征进行的一种具象描绘，通常以标签的形式存在，如性别、年龄阶段、爱好，等等。画像是基于个人信息衍生或推导出的一类数据，并不需要决策。

其次，《个人信息保护法》意义上的自动化决策需要对个人进行分析、评估并决策。其中，对个人进行分析、评估这一过程，可能包含画像，也可能不包含画像。包含画像的自动化决策，如利用个人画像数据推荐个人感兴趣的新闻资讯；不包含画像的自动化决策，如直接利用人脸信息来判断是否为本人等。

综上，画像与自动化决策有不同，但也有重叠，并不是完全分开的。不同之处在于画像并不需要决策，自动化决策也并不一定需要画像。重叠之处在于，部分自动化决策需要对用户进行画像，并使用画像数据进行决策。

（二）《个人信息保护法》对自动化决策的特别规定

《个人信息保护法》第 24 条对自动化决策进行了三个方面的特别规定，主要针对自动化决策的输出结果：

1. 个人信息处理者利用个人信息进行自动化决策，应当保证决策的透明度和结果公平、公正，不得对个人在交易价格等交易条件上实行不合理的差别待遇。这主要是对算法歧视、大数据杀熟等问题的回应。当自动化决策需要利用个人信息时，除决策要保证一定的透明度，充分保障个人知情权外，对于自动化决策的结果，个人信息处理者也需要保证输出的结果是公平、公正的。也即个人信息处理者需要对自动化决策的结果负责，不能以技术中立或者人为无法干预决策的理由，逃避对决策结果的责任。除此之外，针对“大数据杀熟”等社会热点，《个人信息保护法》也专门进行了回应，要求不得对个人在价格等交易条件上实行不合理的差别待遇，以保证待遇的公平、公正。

2. 通过自动化决策方式向个人进行商业营销、信息推送，应当同时提供不针对其个人特征的选项，或者向个人提供拒绝的方式。此款主要对自动化决策的典型应用——个性化推荐进行了专门规定，回应的是社会各界热议的信息茧房和个人信息滥用的问题。无论个性化推荐所推荐的内容是广告还是信息，个人信息处理者都应当给予个人选择是否接受个性化推荐内容的权利：要么同时提供非个性化的内容版本，要么给予个人拒绝个性化推荐的通道。总之，个人信息处理者要给予个人退出个性化推荐的通道。

3. 通过自动化决策方式作出对个人权益有重大影响的决定，个人有权要求个人信息处理者予以说明，并有权拒绝个人信息处理者仅通过自动化决策的方式作出决定。此款主要规定的是个人对自动化决策的拒绝权。当然，并不是在任何条件下，个人都有权利拒绝自动化决策。法律对个人行使拒绝权的条件进行了明确限制：首先，自动化决策所作出的决定需要对个人权益具有重大影响，如决定个人是否能申请贷款、决定个人是否能够录用等。评判是否对个人权益有重大影响，主要依据是客观标准，而非个人认为，这样可以更好地平衡各方的利益，维护法律的公平公正。其次，所能拒绝的决定只针对那些完全没有人工干预，只通过自动化决策的方式作出的决定。如果自动化决策后的决定，还需要人工进行评判，或人工可以干预，个人就不能随便拒绝。最后，对于使用自动化决策方式所作出的、对个人权益有重大影响的决定，个人可以要求个人信息处理者进行说明，解释自动化决策作出的决定是否公平、公正。

除第25条对自动化决策作出特别规定外，《个人信息保护法》第55条还规定了自动化决策的事前评估义务：个人信息处理者利用个人信息进行自动化决策的，应当事前进行个人信息保护影响评估，并对处理情况进行记录。个人信息保护影响评估的内容应当包括：(1) 个人信息的处理目的、处理方式等是否合法、正当、必要；(2) 对个人权益的影响及安全风险；(3) 所采取的安全保护措施是否合法、有效并与风险程度相适应。个人信息保护影响评估报告和处理情况记录应当至少保存三年。

【典型案例】

(一) 朱某诉某搜索引擎公司 Cookie 隐私案[①]

朱某在利用家中和单位网络上网浏览相关网站过程中，发现利用某搜索引擎搜索相关关键词后，会在特定的网站上出现与关键词有关的广告。朱某认为，该搜索引擎公司利用网络技术，未经自己的知情和选择，便记录和跟踪了其所搜索的关键词，将其兴趣爱好、生活学习工作特点等显露在相关网站上，并利用记录的关键词，对自己浏览的网页进行广告投放，侵害了自己的隐私权。

法院认为，第一，关于搜索记录是否属于个人信息，法院认为，网络用户通过使用搜索引擎形成的检索关键词记录，虽然反映了网络用户的网络活动轨迹及上网偏好，具有隐私属性，但该搜索引擎公司个性化推荐服务收集和推送信息的终端是浏览器，没有定向识别使用该浏览器的网络用户身份，这种网络活动轨迹及上网偏好一旦与网络用户身份相分离，便无法确定具体的信息归属主体，不再属于个人信息范畴。第二，网络服务提供者对个性化推荐服务应当依法明示告知。Cookie 技术是当前互联网领域普遍采用的一种信息技术，基于此而产生的个性化推荐服务仅涉及匿名信息的收集、利用，且使用方式仅为将该匿名信息作为触发相关个性化推荐

① 案号：(2014) 宁民终字第5028号。

信息的算法之一，网络服务提供者对个性化推荐服务依法明示告知即可。第三，该搜索引擎公司在《使用前必读》中已经明确告知网络用户可以使用包括禁用 Cookie、清除 Cookie 或者提供禁用按钮等方式阻止个性化推荐内容的展现，尊重了网络用户的选择权，没有对网络用户的生活安宁产生实质性损害。因而该行为不构成侵犯隐私权。

自动化决策方式向个人进行商业营销的典型情景。虽然本案发生时间较早，但却是 Cookie 隐私第一案，具有典型意义。从本案可以看出，一方面，个性化推荐服务提供者需要对自身提供的推荐服务明示告知；另一方面，还要给予用户阻止个性化推荐内容的选择权。

（二）胡某诉某在线旅游公司侵权纠纷案[①]

2020 年 7 月，胡某通过某在线旅游公司 App 订购的房间，不仅没有享受到星级客户应当享受的优惠，反而多支付了一倍的房价。胡某以该在线旅游公司采集其个人非必要信息，进行“大数据杀熟”等为由诉至法院，要求“退一赔三”并要求为其增加不同意“服务协议”和“隐私政策”时仍可继续使用的选项，以避免被告采集其个人信息，掌握原告数据。

法院经审理认为：（1）涉案 App 作为中介平台对标的实际价值有如实报告义务，其未如实报告。涉案公司向原告承诺钻石贵宾享有优惠价，却无价格监管措施，向原告展现了一个溢价 100%的失实价格，未践行承诺。而且，涉案公司在处理原告投诉时告知原告无法退全部差价的理由，经调查也与事实不符，存在欺骗。故认定被告存在虚假宣传、价格欺诈和欺骗行为，支持原告要求的“退一赔三”。（2）该涉案 App 在下载后，用户必须点击同意“服务协议”“隐私政策”方能使用，如不同意，将直接退出，是以拒绝提供服务形成对用户的强制。（3）涉案 App“服务协议”“隐私政策”均要求用户特别授权该在线旅游公司及其关联公司、业务合作伙伴共享用户的注册信息、交易、支付数据，并允许该公司及其关联公司、业务合作伙伴对用户信息进行数据分析，且对分析结果进一步商业利

① 《浙江一女子以某在线旅游公司采集非必要信息“杀熟”诉请退一赔三获支持》，载《人民法院报》2021 年 7 月 13 日。

用。此外，涉案 App 的“隐私政策”还要求用户授权其自动收集用户的个人信息（包括日志信息、设备信息、软件信息、位置信息）要求用户许可其使用用户信息进行营销活动、形成个性化推荐，同时要求用户同意其将用户的订单数据进行分析，从而形成用户画像，以便能够了解用户偏好等，上述信息超越了形成订单必需的要素信息，属于非必要信息的采集和使用，其中用户信息分享给被告可随意界定的关联公司、业务合作伙伴进行进一步商业利用更是既无必要性，又无限提高了用户个人信息使用风险。因此，判决该在线旅游公司应在其运营的涉案 App 中为原告增加不同意其现有“服务协议”和“隐私政策”仍可继续使用的选项，或者为原告修订涉案 App 的“服务协议”和“隐私政策”，去除对用户非必要信息采集和使用的相关内容，修订版本需经法院审定同意。

本案是消费者对“大数据杀熟”成功维权的重要案例。从本案来看，个人信息处理者既不能通过拒绝提供服务的方式强迫用户同意，也不能超过提供服务的必要范围收集不必要的个人信息，更不能进行大数据杀熟。个人信息处理者在收集个人信息时，应当赋予个人更多的选择权，在必要范围内进行个人信息的采集和使用。

（三）陈某诉某搜索引擎公司个人信息保护纠纷案①

2020 年 5 月，原告在使用某搜索引擎公司社区产品过程中，发现其服务内容含精准推送一些足以确认原告城市位置的广告与媒体内容，于是原告取消对涉案产品地理位置获取的授权，但在其所提供的首页广告服务中仍包含原告位置信息。同时，原告在使用电脑上网时发现，自己在使用该公司搜索引擎搜索如“留学”“借贷”“蛋糕”“减肥”“整形”等关键词后，再浏览涉案产品 App，首页推荐页面上会出现与其搜索过的关键词高度相关的广告。原告认为，该公司在没有经过原告同意且没有任何提醒的情况下，跟踪、记录了原告搜索的信息，利用该信息进行精准广告的投放并获取利益，侵犯了其隐私。

---

① 案号：（2020）鄂 1126 民初 2000 号。

法院经审理认为：(1) 涉案公司通过其公示的隐私政策、用户协议、使用产品前的“同意”等，对其处理用户个人信息的目的、方式和范围进行了明确告知，上述告知的信息处理范围包含了原告诉称的IP地址搜索浏览记录，并告知会基于收集的信息对位置、偏好等作特征分析和用户画像，在其平台展现或推荐相关程度更高的广告。(2) 涉案公司通过隐私政策等约定对用户的一般个人信息采取概括授权方式获取权限，但对于位置(发帖添加的位置)、相册、相机、录音、通讯录、通知等权限的调用则采取了另行单独获取授权方式，对于个人信息的共享、转让、公开则以取得用户事先授权同意为前提。即其隐私政策的概括同意并非不分情况的“一揽子”同意，不违反法律强制性规定，属于有效授权。其在关联产品中对获取的上述信息合理使用的行为亦未超出正当限度。(3) 本案争议所涉原告的个人信息均为一般个人信息，而非私密信息，且未向第三方披露；涉案公司依据上述信息进行的广告推送也仅展示于原告使用的涉案平台产品中，在信息内容之中偶尔出现，不影响用户的正常产品体验。故涉案公司处理案涉陈某个人信息的行为未侵犯其个人信息权益。

值得注意的是，在个性化推荐是否具有正当性方面，法院认为，原告使用的涉案公司App均为免费软件，而公司进行产品开发和运营维护过程中必然要投入大量成本，而通过送广告来获取经济效益是大部分提供免费产品服务的互联网行生存的基本商业模式。与原告援引的《消费者权益保护法》的情况不同，原告在使用互联网免费产品时并未实际消费，非传统意义上的消费者，不应苛求产品服务提供者未经其允许就不得进行广告推送。用户对于在享受免费的产品服务过程中接收部分商业广告应当具有一定的容忍度。相较于一般广告，基于对用户使用产品时的特征信息进行分析，预测其偏好而推送的个性化广告更有利于提升广告的有效触达率。个性化广告推送属于对个人信息的商业利用，但这种利用并未被法律所禁止。而对于用户来说，个性化广告相较于一般广告而言，更好地过滤掉了无价值广告对个人空间的占用和打扰，也可能给用户个人生活带来便利，实际上个性化广告也得到了很多人的喜爱。故在未对用户个人信息进行不当收集利用的情况下，涉案向用户推送广告包括个性化广告的行为具有正当性。

本案是关于个性化推荐广告的典型案例。在产业界，利用个性化推荐技术推送广告已成为商业广告的一种普遍模式，是产业优胜劣汰，自然选择的结果。对广告主而言，精准广告不仅能够最大限度地节约营销成本，还可以提高商品或服务的传播效果和营销效果。尤其对中小企业而言，精准广告是获客最有效的方式，在广告预算无法与大企业抗衡的处境下，精准广告给中小企业带来了“一线生机”。对互联网服务提供者而言，如今的互联网服务提供者之所以能向用户提供大量免费、优质的服务，并且不断地进行技术创新的背后大多都是靠广告费用来养活、支撑。普通的banner广告已经越来越少有人点击和观看，而精准广告的出现可以大大提高用户的广告点击率和转化率，从而迅速提高互联网服务提供者的广告收入，以便支持新技术、新业务的研发和开拓。对普通用户而言，精准广告在没有增加广告展示数量的基础上，为用户展示了用户更关心、更喜爱、更有需求的广告，提高用户选择商品或服务的效率；倘若真的取消了精准广告，用户所享受的免费的互联网服务很可能在未来只能靠向用户收取费用才能继续维持企业生存。从免费的网络服务转为收费服务，并不是每个普通消费者都能接受的后果。

因此，个性化推荐机制本身并没有原罪，关键要看整个机制当中对个人信息的使用是否符合法律的规定，是否损害个人正当的权益。从本案中看，对于个性化推荐而言，个人信息处理者要给予用户充分的知情权和选择权，这与《个人信息保护法》的要求也不谋而合。

【合规指引】

在人工智能和大数据技术的推动下，自动化决策的能力越来越强，可以应用的领域也越来越广，小到信息的展示顺序，大到疾病诊断，在AI时代，自动化决策已成为人工智能的发展方向之一。正如Cloudera联合创始人兼首席技术官所说："我不喜欢人工智能这个说法，更准确的说法是决策的自动化，我们如何来收集数据，利用数据进行分析，并尽可能多地让机器作出一部分的决定。"

因此，自动化决策的合规几乎是每一个互联网企业、人工智能企业所必须面临的问题。尤其是利用个人信息的自动化决策，更应当审慎发展，防止技术损害人们的正当权益。为此，《个人信息保护法》对自动化决策进行了较为全面的规制。

（一）事前个人信息保护影响评估

《个人信息保护法》第55条规定，利用个人信息进行自动化决策的，需事前进行个人信息保护影响评估。企业首先要判断自身产品是否运用了自动化决策，其次要判断该自动化决策是否收集、使用了个人信息，如果该产品需要利用用户个人信息进行自动化决策，那么在产品上线前需要开展以下工作：(1) 评估个人信息收集、使用、处理的目的及处理方式是否符合个人信息处理合法、正当、必要的原则。(2) 评估该产品会对个人造成怎样的影响，以及会产生怎样的安全和风险。如自动化决策结果是否会导致歧视、决策的内容是否公正等。(3) 评估是否采取合法、有效的安全措施来应对可能遇到的安全和风险问题，如当自动化决策结果损害个人合法权益的时候，人工是否能够干预，并保证最终的结果是公平公正的。(4) 将以上评估内容形成评估报告，并至少保存3年以上。

（二）遵守自动化决策的特殊规则

1. 保证自动化决策处理的透明度和结果的公平公正。

一方面，保证自动化决策的透明度，这与个人信息公开透明的原则相对应，给予个人充分的知情权。根据《个人信息保护法》的规定，实践中除特殊情况外，利用个人信息进行自动化决策前，个人信息处理者需要用显著的方式和清晰易懂的语言，向个人告知如下事项：(1) 告知自己的身份和联系方式；(2) 告知自己处理这些个人信息的目的是什么，怎样处理，需要处理哪些个人信息，以及这些个人信息会保存多久等；(3) 告知个人如何行使以及怎样行使自己针对个人信息的权利；(4) 如果涉及处理敏感个人信息的，还需要向个人告知处理敏感个人信息的必要性以及对个人权益的影响；（5）如果因合并、分立、解散、被宣告破产等原因需要转移个人信息的，需要向个人告知接收方的身份、联系方式；（6）如果涉及向其他个人信息处理者提供其处理的个人信息的，应当向个人告知接收方的身份、联系方式、处理目的、处理方式和个人信息的种类；（7）其他法律、行政法规规定需要向个人告知的事项。

此外，包含如上内容的个人信息处理规则需要公开、便于查阅和保存。

另一方面，保证自动化决策处理结果的公平公正，则需要个人信息处理者提前制定相应的内部管理制度和操作规程，对从业人员进行安全教育和培训，在产品设计阶段进行防患，并在事前评估阶段进行把控，避免违规产品上线。除此之外，当个人反馈/投诉此类产品问题时，应充分重视，查明原因，避免出现结果不公正（尤其是“大数据杀熟”）的情形。

2. 提供个性化推荐“一键关闭”按钮，允许用户“选择—退出”。考虑到在现有产业实践中同时提供不针对其个人特征的选项比较困难，同时存在两个版本也会影响用户体验。因此，提供个性化推荐“一键关闭”按钮，是相对影响较小的选择。个人信息处理者在进行产品设计开发时，要考虑到关闭利用个人信息进行个性化推荐的情形，并设计关闭按钮、配置相关功能。已经上线的产品，也需在法律生效前进行产品升级，增加关闭选项。

3. 审慎应用仅通过自动化决策的方式作出决定的产品，尽量做到自动化决策结果可以人工干预。《个人信息保护法》规定，个人有权拒绝那些对自身权益有重大影响、仅通过自动化决策的方式作出的决定。因此，那些仅通过自动化决策的方式作出决定的产品，在很大程度上会面临用户拒绝使用的风险，此外，这些产品由于人工无法干预，也难以保证决策结果的公平合理。因此，建议个人信息处理者从风险管控的角度考虑，尽量避免设计、应用那些无法进行人工干预或人工决定结果的自动化决策，对个人有重大影响的自动化决策结果，也建议个人信息处理者进行人工核验，以保证自动化决策结果的公平合理。

（三）遵守个人信息处理的一般规则

1. 遵守个人信息处理的原则。《个人信息保护法》第 5 条至第 10 条规定了个人信息处理的基本原则：包括合法正当诚信、最小必要、目的明确、公开透明、质量原则、安全保障原则等。

2. 以显著方式、清晰易懂的语言向个人告知。《个人信息保护法》第 17 条和第 18 条明确了个人信息处理者的告知义务，体现了法律对个人知情权的保障，也是对个人信息处理公开透明的要求。

3. 收集个人信息要有合法基础。《个人信息保护法》第 13 条规定了个人信息收集的合法性基础。对自动化决策而言，获取个人本人的同意以及与个人订立并履行合同是最主要的合法基础。需要注意的是，如果个人信息处理者与个人签订了与自动化决策相关的合同，在履行合同时需要使用个人信息的，则不需要再取得个人的同意，可以基于合同来处理个人信息。如果个人信息处理者与个人没有订立合同，也不是为了订立合同而处理个人信息且没有《个人信息保护法》第 13 条提到的其他合法基础事由的，则需要获得个人的同意。

根据自动化决策利用的个人信息的不同，取得同意的要求也不一致：（1）涉及利用敏感个人信息的，需要取得个人单独的同意。如疾病诊断自动化决策系统在处理个人医疗健康信息时，需要单独就医疗健康信息向个人告知并取得同意；再比如，根据个人日常的行踪轨迹，向个人推荐交通路线时，也需要单独向个人告知并取得个人对个人行踪轨迹的单独同意。（2）涉及利用儿童（不满 14 周岁未成年人）个人信息的，需要取得儿童父母或者其他监护人的同意。如利用自动化决策给儿童推荐相关内容，要获得其父母或其他监护人的同意。（3）涉及向其他个人信息处理者提供其处理的个人信息的，需要取得个人单独同意。（4）从其他个人信息处理者处接收个人信息的，如果要变更原先的处理目的、处理方式的，需要重新取得个人同意。（5）处理已公开的个人信息，对个人权益有重大影响的，需要取得个人同意。（6）所有个人信息的同意需保证个人充分知情且是自愿、明确作出的同意。(7) 个人对于个人信息的同意并不是永久的，当用户不再同意时，要给予个人撤回同意的便捷路径。

4. 注意个人信息的存储期限，在实现处理目的后，要及时删除或进行匿名化处理。

5. 与其他个人信息处理者共同处理个人信息的，需要与对方约定各自的权利和义务。

6. 委托第三方处理个人信息的，需要与受托方约定委托处理的目的、期限、处理方式、个人信息的种类、保护措施以及双方的权利和义务等，并对受托方的个人信息处理活动进行监督。

7. 建立个人行使权利的申请受理和处理机制，包括：(1) 提供个人信息查阅、复制通道；(2) 提供个人信息转移途径；(3) 更正、补充核实后的个人信息；(4) 根据要求提供个人信息转移的途径；(5) 根据个人请求删除个人信息；(6) 对个人信息处理规则进行解释说明。

8. 履行个人信息安全保护义务，包括：(1) 制定内部管理制度和操作规程；(2) 对个人信息实行分类管理；(3) 采取相应的加密、去标识化等安全技术措施；(4) 合理确定个人信息处理的操作权限，并定期对从业人员进行安全教育和培训；(5) 制定并组织实施个人信息安全事件应急预案；(6) 必要时指定个人信息保护负责人进行监督；(7) 法律、行政法规规定的其他措施。

9. 定期进行合规审计。

10. 其他应当遵循的法律法规等。

【澳门相关规定】

澳门

不受自动化决定约束的权利

一、任何人有权不受对其权利义务范围产生效力或对其有明显影响并仅基于对资料的自动化处理而作出的决定的约束，且有关资料仅用作对该人人格某些方面，尤其是专业能力、信誉、应有的信任或其行为方面的评定。

二、在不妨碍遵守本法律其他规定的情况下，个人得受根据第一款作出决定的约束，只要有关决定：

（一）是在订定或执行一合同范围内，以订定或执行该合同的要求得到满足为条件，或已有适当的措施保障其正当利益尤其是其申述权和表达权时；

（二）经订明保护资料当事人权利及正当利益的保障措施的法律许可。①

第二十五条 【禁止公开个人信息原则】 个人信息处理者不得公开其处理的个人信息，取得个人单独同意的除外。

【条文理解】

本条旨在明确个人信息处理者在获取个人信息后、信息处理的过程中的规范、原则和例外情形，对信息处理的公开环节提出了有针对性的要求。从原则角度分析，以不公开为常态，这是出于对个人信息权益受到侵犯风险的充分考虑。因为未经许可的随意公开会导致大范围、后果难以预计的信息泄露，也会在一定程度上侵犯被收集者的知情权。但与信息处理原则和一般规定的立法思路保持一致的，本条也规定了以个人单独同意情况为例外，即允许个人信息处理者在向个人告知并确有必要公开的情形。此处强调单独同意，意即贯彻“告知—同意”的体系，对于增加个人风险承担的公开行为，提出更高的保护要求和知情标准。本法针对“向第三方提供其处理的个人信息”“基于个人同意处理敏感个人信息的”以及“向中华人民共和国境外提供个人信息”这三种情况，提出了征得单独同意的

① 《澳门个人资料保护法》第13条。

要求。针对这一标准，个人信息处理者在合规管理和保障个人信息安全等义务方面，需要按照规定针对公开或对外提供个人信息获取同意制定内部管理制度和操作规程，指定负责人对个人信息公开操作规范进行监督和定期合规审计，对高风险处理活动进行事前影响评估。

【合规指引】

从个人信息处理前的同意、处理过程中反对和拒绝的权利，再到处理后的停止、删除等救济权，个人意志实际上贯彻于个人信息处理活动的全过程，信息公开也是十分重要的一个环节。对于普遍意义上禁止的个人信息公开而言，“同意”是作为一项重要的合法性事由存在的，因而其对于企业证明自己履行了合规义务十分重要。

一般同意，即“一揽子概括式同意”，需要个人对信息收集和处理充分知情，针对处理方式、目的以及个人信息种类的内容确定，个人自愿做出并明确做出同意。而与之相区别的单独同意则是针对特定事项的同意，这要求个人信息处理者在公开前就该特定公开事项向个人明示个人信息公开的具体内容、范围、时限，在确保个人充分知情的基础上，由个人自主明确的意思表示。从实践角度，对于需要用户单独同意才能公开用户个人信息，则需要通过个人信息授权文本，向用户充分说明公开个人信息的必要性和公开方式，并由用户个人手动点击确认、手动勾选同意等明确表示自主同意的方式来体现获得用户的同意。

第二十六条　【公共场合采集个人信息的要求】 在公共场所安装图像采集、个人身份识别设备，应当为维护公共安全所必需，遵守国家有关规定，并设置显著的提示标识。所收集的个人图像、身份识别信息只能用于维护公共安全的目的，不得用于其他目的；取得个人单独同意的除外。

【条文理解】

第26条通过法律条文的形式明确了特定情形下在公共场所安装图像采集、个人身份识别设备的合法性以及需要满足的相关要求。

符合目的性和必要性是在公共场所安装图像采集设备及个人身份识别设备并进行相关信息的处理必须首先满足的两大要求。合目的性是指：该种情况下的个人信息处理必须以维护公共安全为目的；必要性是指：所实施的个人信息处理行为应当是维护公共安全所必需的。通过在公共场所安装摄像监控设备、人脸识别设备以及其他身份识别设备所采集到的个人信息可能包含大量的生物识别信息、行踪轨迹以及特定身份信息等敏感个人信息。《个人信息保护法》第2节对于敏感个人信息的处理作出了专门的规定，其中第28条规定，敏感个人信息一旦泄露或非法使用，容易导致自然人的人格尊严受到侵害或者人身、财产安全受到危害。由于，敏感个人信息相比于一般个人信息对于信息主体权益的影响更大，因此处理敏感个人信息必须具备特定的目的和充分的必要性，采取严格保护措施。本条中所提出的"为维护公共安全所必需"正是第28条中对处理敏感个人信息目的性、必要性要求的具体体现，体现了《个人信息保护法》的体系性和系统性。

《个人信息保护法》第4条规定，个人信息的"处理"包含个人信息的收集、存储、使用、加工、传输、提供、公开、删除等；第29条则明确要求处理个人敏感信息应当取得个人单独同意。然而，第26条仅明确了个人信息处理者的提示义务以保障个人信息主体的知情权，即规定除满足"为维护公共安全所必需"外，安装相关设备的主体应当遵守国家有关规定，并应设置显著的提示标识。可以看出，第26条属于处理个人敏感信息的特殊条款，而第29条是处理个人敏感信息的一般条款。显然通过在公共场所安装图像采集、个人身份识别设备并为公共安全目的"收集"信息的行为无须征得用户单独同意，仅在后续因维护公共安全以外的目的处理所采集的信息时需要取得个人单独同意，因此第 26 条中对在公共场所为公共安全目的采集个人信息的单独同意的“豁免”可以视为《个人信息保护法》对于本法第 2 节敏感个人信息处理相关规则的例外规定。据笔者理解，法律之所以这样规定也是考虑到在公共场所进行图像采集、身份识别信息采集工作前获取不特定人群的“单独同意”不具备实际可操作性，因此就要在公共利益和个人私权利之间寻求适当的平衡，第 26 条很好地解决了这一问题，在保障个人信息主体知情权的前提下也为相关信息采集的机构提供了操作上的可行性。

另外，对于前述设备收集到的个人图像、身份识别信息的后续处理活动，本条明确规定，除非取得了个人单独同意，否则仅能用于维护公共安全的目的，不得用于任何其他目的。也就是说，如果获得信息主体的单独同意，则可以将收集到的个人信息用于“公共安全”以外的目的。但需要注意的是，此处个人单独同意仅仅作为对已收集个人信息进行后续处理的例外，而非在公共场所安装相关设备收集信息的例外。即，获得单独同意，并不能够使得任何主体基于非公共安全的目的在公共场所安装图像采集、个人身份识别设备。

【典型案例】

（一）郭某诉某野生动物世界服务合同纠纷案①

原告郭某于 2019 年 4 月 27 日从被告处购买了野生动物世界双人年卡，向被告支付年卡卡费 1360 元，并留下姓名、电话号码、身份证号码，拍照并录入指纹。后被告因提高游客检票入园的通行效率等原因，决定将入园方式从指纹识别入园调整为人脸识别入园，并以店堂告示形式公示涉及人脸识别的“年卡办理流程”和“年卡使用说明”。随后，被告分别在 2019 年 7 月、2019 年 10 月向年卡客户群发短信告知入园识别方式变更事宜。

① 《“人脸识别第一案”二审宣判》，载《人民法院报》2021 年 4 月 10 日，第 2 版。

原告郭某向法院起诉，主张确认被告“年卡办理流程”及“年卡使用说明”中关于指纹识别入园、人脸识别入园相关内容以及被告短信通知中关于人脸识别入园相关内容无效，退还原告年卡卡费并删除原告在办理年卡及使用年卡时提交的全部个人信息。被告野生动物世界主张原告选择使用优惠价格办理年卡，是在考虑到个人信息泄露风险下充分自主选择的结果，原被告订立的服务合同内容合法有效，原告不符合行使信息删除权的条件。

一审法院认为，首先，针对被告所公示的“年卡办理流程”及“年卡使用说明”中关于指纹识别入园内容的效力问题，被告基于年卡用户可在有效期内无限次入园畅游的实际情况，使用指纹识别、人脸识别等生物识别技术，以达到甄别年卡用户身份、提高年卡用户入园效率的目的，该行为本身符合“合法、正当、必要" 三原则的要求。原告办理年卡时，被告的店堂告示以醒目的文字告知购卡人需要提供包括指纹在内的部分个人信息，原告自行决定提供该信息成为年卡客户，上述内容不存在法律规定的无效情形。其次，针对被告的短信通知、“年卡办理流程”及“年卡使用说明”中关于人脸识别入园内容效力问题，被告将原已达成的指纹识别入园方式变更为人脸识别入园方式的短信不对原告构成合同的变更，而是一个新的要约，被告关于人脸识别的店内告示主要针对新办卡用于，亦对郭某不发生法律效力，与其无利害关系，因此被告的短信通知、“年卡办理流程”及“年卡使用说明”中关于人脸识别入园的内容自始不对原告发生效力。最后，针对原告要求删除其办卡时提交的个人信息的诉请，原告与被告签订的合同中并没有关于删除个人信息的约定。被告为更好地履行案涉服务合同，在订立合同之时，经征得原告同意收集案涉信息，对于办卡时除人脸识别信息之外的其他信息收集行为，符合法律规定，原告请求判令报告删除相关信息不予支持；对于原告的人脸识别信息，因办卡合同明确约定采用指纹识别方式入园，被告在办卡时收集原告信息超出了必要原则的要求，不具有正当性，应当删除；对于被告产生的入园记录，法院认为该信息既属于原告的行踪信息，同时也是作为合同另一方的被告的经营信息。在没有证据证明被告发生泄露、篡改、丢失和其他违法使用前述信息行为，对原告的个人信息权益已经造成损害或有发生损害较大可能的情况下，原告要求删除前述入园记录信息法院不予支持。

原告上诉后，二审法院经审理认为，鉴于野生动物世界停止使用指纹识别闸机，致使原约定的入园服务方式无法实现，故而增判野生动物世界删除郭某办理指纹年卡时提交的指纹识别信息。其他内容维持原判。

（二）某市市场监管局对某房地产公司侵害消费者个人信息权利予以行政处罚[①]

温岭某房地产公司因侵害消费者个人信息权利被处以 25 万元罚款。该房地产公司为了确认客户是营销渠道介绍还是自然来访，于 2020 年 9 月开始安装和使用“明源云客”人脸识别系统，该系统由人脸识别摄像头、人脸一体机、路由器、交换机、服务器等组成。对于通过营销渠道介绍而来的客户，分销商、推荐人会提前将客户信息向该房地产公司进行报备，该报备信息上传明源云客系统；系统自动存储人脸识别摄像头抓拍的所有到访售楼处客户的人脸生物识别信息；通过分销商、推荐人介绍的客户正式签订购房合同时，该房地产公司通过人脸一体机对客户人脸生物识别信息和身份证信息进行集中采集，系统自动将之前与该客户相关的报备信息、历次到访售楼处所摄取的人脸生物识别信息归集至该客户名下，如该客户首次到访售楼处时间与分销商、推荐人报备时间对应符合，该房地产公司据此向分销商、推荐人结算佣金。截至 2021 年 4 月 12 日停止使用时，该系统进行人脸认证数据 159 条，其中有人脸抓拍信息 151 条。另未进行认证的人脸抓拍数据系统无显示，无法统计。2021 年 7 月 13 日，浙江省某市市场监督管理局出具行政处罚决定，认定该房地产公司违反了《消费者权益保护法》第 29 条第 1 款之规定，违反必要原则，属于未明示收集、使用信息的目的、方式和范围，并未经消费者同意而收集、使用消费者个人信息的行为。

---

① 案号：温市监处（2021）1262 号。

（三）瑞典数据监管机构就学校通过摄像头监控学生出席情况事宜予以处罚[①]

2019 年 8 月 21 日，瑞典数据监管机构（Swedish Data Protection Authority）向瑞典一家学校开出 20 万瑞典克朗的罚单，认为该学校用摄像头监控学生出席情况的行为违反了欧盟 GDPR。这是瑞典数据监管机构以 GDPR 为依据开出的第一张罚单。

瑞典数据监管机构认为，该学校通过一种对学生个体权利更具侵犯性的手段，超出其特定目的（监督学生出席情况）所必要的限度收集个人数据，违反了 GDPR 第 5 条；处理法律禁止的特定种类个人数据（生物信息）而并不具备合法例外情形，违反了 GDPR 第 9 条；未采取数据保护影响评估并且未与瑞典数据监管机构进行事先咨询，违反了 GDPR 第 35 条及第 36 条。因此，瑞典数据监管机构根据瑞典数据保护法第 6 章第 2 节以及 GDPR 第 58. 2 条、第 83 条，做出该等处罚安排。在就该项处罚的论证过程中，学校方表示其已就设置监控摄像头一事获得了学生的同意，但瑞典数据监管机构认为做出该同意的数据主体与数据控制方之间存在明显的不平衡地位，因此不认可该等同意具备有效法律基础。

在此之后，瑞典数据监管机构还针对健康缺陷人员看护中心、房地产公司的非法视频监控行为开出罚单。

【合规指引】

1. 谨慎理解“公共场所”与“公共安全”

本条明确，在“公共场所”安装图像采集、个人身份识别设备必须以维护“公共安全”为目的并且遵循必要的限度，对于“公共场所”和“公共安全”内容的解释与限定是本条款的适用前提与核心要素。

---

① Facial recognition in school renders Sweden´s first GDPR fine，载瑞典 IMY SAPP 网，https：//www. imy. se/en/about- us/arkiv/nyhetsarkiv/facial - recognition - in - school - renders - swedens - first - gdpr - fine/，2021 年 10 月 14 日访问。

《最高人民法院关于审理使用人脸识别技术处理个人信息相关民事案件适用法律若干问题的规定》第2条对于“经营场所、公共场所”的列举包含宾馆、商场、银行、车站、机场、体育场馆、娱乐场所。我国《刑法》第291条对“公共场所”的列举包含车站、码头、民用航空站、商场、公园、影剧院、展览会、运动场等，但显然，通过列举的方式对名词进行解释有其固有缺陷，并不能够穷尽“公共场所”的所有情形。笔者认为，对公共场所的理解不应拘泥于对特定场景的列举，而应把握公共场所的重要特征，即公共属性。基于对公共属性的理解，凡向不特定多数人开放的空间均应构成公共场所。结合特征描述和特定场景列举两种方法，方可对“公共场所”的范围作出较为全面、明确的界定。

对于“公共安全”的讨论，主要集中在刑法学领域，一直以来，学界对“公共安全”所代表的含义也存在不同理解，一些观点认为公共安全是指不特定多数人的生命、身体或财产的安全；一些观点认为公共安全是指不特定或多数人的生命、身体或财产的安全；还有观点认为公共安全是指不特定或者多数人的生命、身体的安全以及公众生活的平稳与安宁①。

根据本条规定，相关主体在安装图像采集或身份识别设备时，首先需要判断其安装设备的场所是否属于公共场所，如是，则应当进一步考察安装该设备是否为公共安全所必需。对于“公共场所”与“公共安全”的含义，鉴于现行法律法规并未对其作出一般性界定或就个人信息保护领域明确其内涵与外延，学界亦存在不同理解，笔者建议相关个人信息处理者在进行合规判断时，应当从保护不特定社会公众个人信息相关权利的角度出发，从本条的立法目的出发，采取较为谨慎的态度理解“公共场所”与“公共安全”。相关主体可以考虑以是否向不特定多数的公众开放作为“公共场所”的判定依据。例如，除明显属于公共场所的广场、公园等地之外，建筑物大门门口、建筑物走廊、未限制进出的院落等，如具备向不特

① 张明楷：《刑法学》，法律出版社2016年版，第687-689页。

定多数人开放的特征，均应理解为公共场所。出于控制合规风险的考虑，对于受到进入限制的集体办公区、住宅小区、俱乐部、教室、图书馆等，也建议将其理解为具备一定公共属性的场所从而受到本条款的约束，而私人住宅、私人办公室内部等则明显不属于公共场所。在前两类场景下，个人信息处理者安装图像采集、身份识别设备应能够确保为“公共安全”所必需，即应是为了不特定多数人的生命、健康或财产安全，且不能超过必要限度。如果仅为维护特定人的生命、健康或财产权利不受侵犯，如为了保证自家住所的安全而面向公共走廊安装监控摄像头，或仅以维护公众生活安宁为理由在不具备公共危险的地区安装前述设备，其合法性基础可能会受到监管机关质疑。

2. 避免将个人身份识别设备与人脸识别设备等同

虽然在通常情况下通过指纹、人脸等生物识别特征进行个人身份识别已被广泛使用，但是对于本条文中个人身份识别设备的理解，应以“身份识别”为落脚点，即具备个人身份识别功能的各类设备均应被包含进入本条范畴，而不能仅仅局限于指纹识别设备与人脸识别等生物特征识别设备。例如，通过扫描身份证、护照等包含个人身份信息的材料验证识别个人身份的设备、利用 Wi-Fi 探针等技术手段识别个人身份的设备都应属于第 26 条所述的个人身份识别设备。

3. 设置显著提示标识

在公共场所安装图像采集、个人身份识别设备，应当设置显著的提示标识。法律条文中虽然没有对于显著的提示标识作出明确定义，但个人信息处理者可以根据识别设备部署的具体场景结合基本的文义解释对其作出定义，从而确保个人信息主体的知情权不受侵犯。具体而言，至少应当在图像采集、个人身份识别设备所在位置通过图像、文字等形式明确体现设备所处位置与设备类型，能够让信息主体直接、清晰地了解到设备所采集信息的类型。同时，笔者建议通过标识明确设备采集信息所覆盖的区域边界，并提供设立机构的名称与联系方式，以供公众在必要情况下联系设立机构。

4. 单独同意的取得应保存证据

针对所收集的个人图像、身份识别信息，如个人信息处理者希望将其运用于维护公共安全以外的其他目的，需就该目的取得信息主体的单独同意，建议个人信息处理者向信息主体明确告知处理目的、必要性、处理方式、处理的信息种类、对个人的影响等，充分履行告知义务，获取信息主体针对特定信息处理活动的单独同意，同时，应向信息主体明确披露信息处理方的身份、联系方式。由于《个人信息保护法》第69条规定，在民事侵权案件的认定上，个人信息处理者需承担过错推定责任，因此在获取信息主体的单独同意时，个人信息处理者应当注意留存相关证明材料，具体可通过请信息主体在纸质文件上书写同意、签字的方式，也可通过由信息主体在设备上阅读信息、点击同意按钮，或通过录像口述方式给予同意。可以根据具体的业务场景选择适合自身的具体操作形式，无论采取何种形式，最终应当能够确保留存直接证据，方便检查与审计，避免可能产生的合规风险。

5. 对于所采集的敏感个人信息采取严格保护措施

《个人信息保护法》第28条规定，敏感个人信息应当采取严格保护措施。而第26条所规定的相关机构安装图像采集、个人身份识别设备收集不特定多数公众的个人信息，其中便很可能涉及对包括生物识别、行踪轨迹、特定身份等信息在内的各类敏感个人信息进行处理。处理此类敏感个人信息，应当特别注意采取合法、有效并且与风险程度相适应的保护措施，包括对于所采集的信息使用加密、去标识化、匿名化等技术进行传输与存储，就敏感个人信息的管理在机构制度、权限匹配、人员培训、突发事件应对方面做好全面安排等。

6. 关注与“国家有关规定”的衔接问题

在本条款中特别指出，在公共场所安装图像采集、个人身份识别设备，不仅应当为维护公共安全所必需，还应遵守国家有关规定。因此，在实际操作中，建议相关主体在公共场所安装图像采集与身份识别设备时，不仅要满足《个人信息保护法》的要求，还应满足国家有关规定，并关注图像采集、身份识别的相关国家标准、行业标准，包括但不限于：

名称	发布部门	实施日期
《最高人民法院关于审理使用人脸识别技术处理个人信息相关民事案件适用法律若干问题的规定》	最高人民法院	2021 年 8 月 1 日
《中华人民共和国未成年人保护法（2020 修订）》	全国人大常委会	2021 年 6 月 1 日
《中华人民共和国行政处罚法》	全国人大常委会	2021 年 7 月 15 日
《海关监管作业场所（场地）监控摄像头设置规范（2021 修订）》	海关总署	2021 年 1 月 7 日
《娱乐场所管理条例（2020 修订）》	国务院	2020 年 11 月 29 日
《保安服务管理条例（2020 修订）》	国务院	2020 年 11 月 29 日
《民政部办公厅关于全面应用人脸识别技术提升流浪乞讨人员救助管理服务能力的通知》	民政部	2020 年 3 月 23 日
《邮政业寄递安全监督管理办法》	交通运输部	2020 年 2 月 15 日
《公安部关于规范使用道路交通技术监控设备的通知》	公安部	2007 年 7 月 20 日

第二十七条 【合理处理已公开的个人信息】 个人信息处理者可以在合理的范围内处理个人自行公开或者其他已经合法公开的个人信息；个人明确拒绝的除外。个人信息处理者处理已公开的个人信息，对个人权益有重大影响的，应当依照本法规定取得个人同意。

【条文理解】

该条与《民法典》第 1036 条第 2 项基本保持一致，旨在明确处理已公开的个人信息的规则。据此，处理已公开个人信息仍需以“合理”为限，在判断“合理”范围时，应考虑个人信息被公开时的用途、个人的隐私期待、使用公开信息对个人权益的影响等因素，具体标准仍有待监管执法与司法裁判明确。

（一）“已公开的个人信息”范围的界定

《民法典》第1036条规定了处理个人信息的免责情形：“处理个人信息，有下列情形之一的，行为人不承担民事责任……（二）合理处理该自然人自行公开的或者其他已经合法公开的信息，但是该自然人明确拒绝或者处理该信息侵害其重大利益的除外……”

《信息安全技术 个人信息安全规范》（GB/T 35273-2020）第5.6条规定收集使用个人信息的征得授权同意的例外，第9.5条规定共享、转让、公开披露个人信息时事先征得授权同意的例外，均将（1）个人信息主体自行向社会公众公开的个人信息以及（2）从合法公开披露的信息中收集个人信息的，如合法的新闻报道、政府信息公开等渠道纳入，表明处理上述两种“已公开的个人信息”无须获得个人信息主体的授权同意。

因此，综合上述《民法典》《信息安全技术 个人信息安全规范》的规定，已公开个人信息的范围一般包括：（1）自行公开的个人信息；（2）合法的新闻报道中的个人信息；（3）政府公开信息中的个人信息；（4）其他（如司法机关在裁判文书中公开的个人信息）。

（二）“重大影响”的判断标准

对于认定个人信息处理行为是否对个人信息主体的合法权益构成重大不利影响，有如下考量之处：

（1）个人信息的公开和对已公开之个人信息的处理，是否符合或服务于公共利益，如公共服务、公共管理、舆论监督或司法公开等，如是，个人信息主体应对已公开之个人信息的处理负有一定的容忍义务。

（2）个人信息的公开和对已公开之个人信息的处理，是否切实地造成了个人信息主体利益的受损。对此，从如下几个层面进行考虑：个人信息主体是否明确表示了拒绝；对个人信息的处理行为是否符合法律法规的规定；个人信息主体是否有充分证据证明或从社会常理可以认定对已公开之个人信息的处理活动已对其个人合法权益构成重大不利影响。

(3) 已公开之个人信息的信息主体是否明确予以拒绝。虽然《民法典》将个人信息主体的拒绝与严重侵权二者并列作为不可处理已公开个人信息的理由，但是从已有案例可以看出，个人信息主体在《民法典》第1036条第2项下的拒绝权并非绝对：对于个人主动公开的个人信息，个人信息主体可以拒绝与其公开目的不符之个人信息处理行为；对于其他方式公开的个人信息，则需首先衡量公开个人信息这一行为所服务的法益与个人信息主体的个人权益之间的先后，在不侵犯个人隐私的情形下，要求个人信息主体对该情形下的个人信息处理行为有一定的容忍度。

【典型案例】

(一) 孙某某诉某搜索引擎软件人格权纠纷案[①]

2020年9月北京互联网法院发布的“校友录”头像被爬案是数据主体主动公开的个人信息处理的典型案例。法院在该案中认为，超过被收集者授权同意的范围内处理个人信息，属于违法使用个人信息，但中立的网络服务提供者可因“通知—删除”而免责。该案对于认识搜索引擎在此类案件中的责任承担具有重要的指导意义。

该案中，原告作为“chinaren校友录”网站的注册用户，上传了自己的真实姓名、个人证件照作为用户信息，后该网站于2012年对外停止访问。2018年原告通过被告的搜索引擎软件搜索自己的名字，发现其个人证件照被置顶在图片搜索结果中。原告遂要求被告删除证件照及其姓名的关联关系，被告未予回复。

法院认为，搜索引擎是互联网信息查询和信息定位工具，根据《最高人民法院关于审理利用信息网络侵害人身权益民事纠纷案件适用法律若干问题的规定（2020年修正）》第6条的规定，其对公开呈现检索结果的

① 案号：(2019) 京0491民初10989号。

审查和注意义务，应结合是否进行人工编辑整理、应具备的信息管理能力、涉案信息侵权类型和明显程度、涉案信息社会影响程度以及是否采取了预防侵权的合理措施等因素综合进行判定：第一，目前尚无证据表明，被告在涉案行为过程中，对涉案信息进行了超越搜索引擎中立服务目的的选取、编辑、推荐；第二，被告作为全网信息搜索引擎服务提供者，需对海量互联网信息进行搜索、存储、归目等技术处理，不应苛求其对所有信息是否侵权进行逐条甄别和主动审查；第三，涉案信息不属于裸照、身份证号码等明显侵权或者极具引发侵权风险的信息，作为一般个人信息，存在权利人愿意积极公开、一定范围公开或不愿公开等多种可能的情形，为鼓励网络信息的利用和流通，对于网络公开的一般个人信息，应推定权利人同意公开，故被告在接到权利人的通知前，难以预见涉案信息是未经授权公开的信息；第四，现有证据不能显示涉案信息被大规模搜索或使用，以至于达到搜索引擎运营者可明显感知的程度；第五，被告已开通渠道，供权利人对可能存在的侵权行为进行投诉。对于涉案信息并非明显侵权或存在高度侵权风险的个人信息，不应对网络服务提供者科以事先审查责任，被告亦不具备预见涉案信息构成侵权的可能性，故在通知删除前，被告对涉案信息不存在明知或应知的主观过错，不构成对原告个人信息权益的侵害。

（二）某网站抓取中国裁判文书网和人民法院公告网上文书判决、裁定书案①

2020 年 6 月 10 日，苏州市中级人民法院二审宣判了某网站抓取中国裁判文书网和人民法院公告网上文书判决、裁定书案，本案中，被告将中国裁判文书网发布的三条判决、裁定书和人民法院公告网上公开发布的送达判决的公告文书转载到了其所运营的网站，任何人均可在该网站上搜索、查询到上述文书，本案原告系上述文书的案件当事人。本案的争议焦点之一是该网站转载中国裁判文书网及人民法院公告网上发布的涉案文书

---

① 案号：（2019）苏 05 民终 4745 号。

是否侵犯原告的个人信息权益。法院认为，在原告通知被告删除相关文书之前，涉案文书已在互联网上合法公开，被告基于公开的渠道收集后在其合法经营范围内向客户提供、公开相关法律文书，属于对已合法公开信息的合理使用，原告对此负有容忍义务。但在原告通知被告删除之后，被告拒绝删除则构成对原告个人信息的非法公开使用。个人信息权益的核心在于自然人对其个人信息的知情同意权和对信息传播的控制权。应尊重原告本人对于其已被合法公开信息进行二次传播的个人意愿，赋予原告应有的选择权利，当原告进行通知要求网站删除后，网站不予处理，有悖于原告对已公开信息进行传播控制的意思表示，违反了合法性、正当性和必要性原则，对原告构成重大利益影响，侵犯了其个人信息权益。

以上两案均涉及公开个人信息的再利用问题，法院的总体观点倾向于认为，合法公开的个人信息流通与个人信息主体对已公开个人信息的再次传播控制之间，个人信息主体对信息传播控制的人格权益显然高于已经合法公开的个人信息流通所产生的潜在财产权益，个人信息主体对其个人信息传播控制的权利更不因个人信息已经合法公开而被当然剥夺。

（三）李某某诉某市某区人民政府案①

2013 年，某市某区人民政府对李某某作出《房屋征收补偿决定》，并在征收范围内张贴公告。该《房屋征收补偿决定》中含有李某某完整的居民身份证号码。李某某以某区政府张贴的公告《房屋征收补偿决定》泄露其居民身份信息为由，向某市中级人民法院提起行政诉讼。

一审法院认为，为有效区分不同的被征收人，且仅仅在房屋征收范围内，公告被征收人完整的居民身份信息，并无不当。当然如果隐去身份证信息的部分数字在处理上更合理，但是否合理的问题，不影响其合法性的认定。因此，一审法院判决驳回原告的所有诉讼请求。对此，原告向二审法院提出上诉。二审法院审理时认为行政机关在公开政府信息前应当依照

---

① 案号：（2015）湘高法行终字第 10 号。

有关法律法规对拟公开的政府信息进行审查，对依法公开的政府信息中含有不应当公开的内容，但是能够作区分处理的应当提供可以公开的信息内容。包含被征收房屋权利人基本情况的《房屋征收补偿决定》依法应当在房屋征收范围内予以公告，但包含公民身份号码的该公告不属于法律、行政法规规定的应当公开公民身份号码的情形。故被上诉人将被征收房屋权利人的全部公民身份号码公开，违反了《居民身份证法》等法律规定对履行职责或者提供服务过程中获得居民身份证记载的公民个人信息应当予以保密的要求。由此，二审法院确认了被上诉人公开上诉人公民身份号码的行为违法。

【产业实践】

欧盟 GDPR 并未将“已公开的个人数据”纳入 GDPR 个人数据处理的合法基础，而是对于已公开个人数据的处理，体现在对特殊种类个人数据的处理的例外条款。根据 GDPR 第 9.1 条的规定，特殊种类的个人数据的处理，对于那些显示种族或民族背景、政治观念、宗教或哲学信仰或工会成员的个人数据、基因数据、为了特定识别自然人的生物性识别数据、以及和自然人健康、个人性生活等相关的数据，应当禁止处理。但是，根据 GDPR 第 9.2 条的规定，如果对数据主体已经明显公开的相关个人数据的处理，则不适用上述条款，也即允许处理已经明显公开的特殊种类的个人数据。对于如何判断“明显公开的个人数据”，欧盟数据保护委员会（以下简称“EDPB”）在一份《关于定位社交媒体用户的指南（Guidelines 8/2020 on the targeting of social media users）》中进行阐释。根据该指南，由于对特殊种类的个人数据采取禁止处理的方式，因此“明显”一词意味着必须具有高门槛，才构成该等豁免情形。EDPB 指出，单个元素的存在可能并不总是足以证明数据已“明显”公开。在实践中，可能需要考虑以下或其他要素的组合证明数据主体已明确表明意图：（1）社交媒体平台的默认设置（即数据主体是否采取了更改默认隐私设置的操作，将其设置为公开可见的状态）；（2）社交媒体平台的性质［即该平台是否是本质上为数据主体提供熟人联系或建立亲密关系（如在线约会平台）的平台，或者旨在提供更广泛的人际关系，如职业关系、媒体分享、社交分享等的平台］；（3）发布敏感信息的页面的可访问性（即该信息是否可以被公开访问，或者在访问该信息之前需要创建账户）；（4）数据主体是否被告知他们发布的信息将被公开（如是否有连续的横幅页面，或者存在发布按钮，通知数据主体该信息将被公开）；（5）该信息是否是数据主体自行公布，或由第三方公布（如朋友发布的暴露敏感个人数据的照片）。

由于自然人自行公开自己的个人信息意味着其在一定程度上同意他人对这些个人信息的处理，因此判断是否属于“自行公开的个人信息”在一定程度上也是在探寻公开个人信息所标识自然人的意思表示。欧盟《关于定位社交媒体用户的指南（Guidelines 8/2020 on the targeting of social media users）》提供了从客观行为层面对该等场景下判断用户意思表示的参考标准。因此，在网络环境下判断某一信息是否属于已公开个人信息时，也可以参考下述标准予以判断：（1）发布个人信息平台的性质；（2）个人对于网络平台的隐私设置；（3）发布个人信息的页面的可访问性；（4）网络平台是否告知个人信息将被公开以及告知后个人的选择。

【合规指引】

1. 网络服务提供者应当合理、谨慎地处理已公开的个人信息

即便是对已经公开的个人信息进行处理，也必须是在合理的范围内，即遵循合法、正当、必要等原则。如果使用不合理，依然会构成对自然人的个人信息权益的侵害行为。这是因为，个人信息的保护对于维护自然人的人格尊严和人格自由具有很重要的意义，所以即便是已经合法公开的个人信息，也不得任意进行处理。所谓合理与否，必须考虑两方面：一是处理的目的是否合理；二是处理的方式是否合理，即如果有侵害性更小的处理方式时，就不能采取侵害性更大的处理方式。

2. 完善隐私政策中处理已公开个人信息的相关条款表述

由于根据《民法典》《个人信息保护法》等法律法规的规定，已公开个人信息的范围一般包括：（1）自行公开的个人信息；（2）合法的新闻报道中的个人信息；（3）政府公开信息中的个人信息；（4）其他（例如，司法机关在裁判文书中公开的个人信息）。因此，有必要完善隐私政策中个人信息控制者处理已公开个人信息的相关表述，如在向第三方共享、转让、公开披露个人信息的例外情形，可表述为“您自行公开的个人信息；以及从合法公开披露的信息中收集的您的个人信息，如合法的新闻报道、政府信息公开、司法机关公开的裁判文书等渠道”。

3. 即使获取或提供的是已经依法公开的个人信息，如果未经公民个人同意，仍然可能构成侵权甚至犯罪

《个人信息保护法》对公开信息的处理区分了两种：一种是能够判断公开目的的，另一种是不能判断公开目的的。对于能够判断公开目的的，应该在合理的范围内使用，对于不能判断公开目的的，应该审慎合理使用；但是有一个需要注意的地方是，是否需要履行告知义务。按照《个人信息保护法》第 18 条的规定，这种情况下并没有豁免个人信息处理者包括公开个人信息的收集者的告知义务。那么，如果通过爬虫爬取个人信息是否应当告知？按照《个人信息保护法》规定，其实是应当告知的。如果不告知则违反规定，但如果要告知，基本不可能，除非通过被爬取者去告知。基于此，企业在收集、使用已经公开的个人信息时，仍然应当秉持合理审慎的原则，可以参考欧盟 GDPR 的做法，如果有电子文件可以确定该个人的话就应当告知。

第二节 敏感个人信息的处理规则

【导言】

第二节是敏感个人信息的处理规则。由于敏感个人信息本身所具有的高度人身指向性以及泄露后对个人造成的损害的不确定性，世界多数国家都对其采取了特殊保护，尤其是金融信息、医疗信息、基因信息、个人生物特征信息、个人行踪以及体现种族、民族、宗教信仰的信息。我国《个人信息保护法》第 28 条明确了敏感个人信息处理的范围，即敏感个人信息是一旦泄露或者非法使用，容易导致自然人的人格尊严受到侵害或者人身、财产安全受到危害的个人信息，包括生物识别、宗教信仰、特定身份、医疗健康、金融账户、行踪轨迹等信息，以及不满十四周岁未成年人的个人信息。对于处理敏感个人信息的合法性要求，只有在具有特定的目的和充分的必要性，并采取严格保护措施的情形下，个人信息处理者方可处理敏感个人信息。这就要求个人信息处理者尽到更加严格的告知义务，否则就会存在违法风险。第 29 条进一步明确了敏感个人信息的同意规则，即个人信息处理者应当取得个人的单独同意。法律、行政法规规定处理敏感个人信息应当取得书面同意的，从其规定。在此前的疫情健康码应用中，多地采取了人脸识别方式验证个人身份，这就需要在应用程序或小程序中通过单独的人脸识别功能协议来征得个人同意。2021 年 7 月 28 日，《最高人民法院关于审理使用人脸识别技术处理个人信息相关民事案件适用法律若干问题的规定》正式发布，第 2 条就明确，基于个人同意处理人脸信息的，未征得自然人或者其监护人的单独同意，或者未按照法律、行政法规的规定征得自然人或者其监护人的书面同意的，人民法院应当认定属于侵害自然人人格权益的行为。[①] 在告知内容上，第 30 条在第 17 条第 1 款的基础上，要求个人信息处理者还应当向个人告知处理敏感个人信息的必要性以及对个人权益的影响。尽管在现实应用中，多数用户并不会仔细阅读冗长的隐私政策或用户服务协议，但是要求个人信息处理者尽可能详细地告知用户敏感个人信息处理的必要性和影响将在一定程度上增加企业的审慎义务，这些告知内容将会成为日后执法和侵权责任认定的依据和基础。对于未成年人这类特殊群体，考虑到其对个人信息处理活动的影响缺乏全面充分的认知，第 31 条规定，个人信息处理者处理不满十四周岁未成年人个人信息的，应当取得未成年人的父母或者其他监护人的同意。个人信息处理者处理不满十四周岁未成年人个人信息的，应当制定专门的个人信息处理规则。通过这种方式帮助未成年人理性上网，及早树立个人信息保护意识。第 32 条是一个转介条款，其本身并无明确的规范内涵，而是将规范内容引致其他法律和行政法规关于敏感个人信息的特殊规定。《个人信息保护法》是个人信息处理领域的基础性法律，它无法对所有当下以及未来无法预测的法律关系做出事无巨细的规定，尤其是人脸识别、远程医疗、金融科技等新技术新应用的迅速发展，这些新的应用场景也必将带来新的法律问题，因此法律、行政法规以及部门规章等将在《个人信息保护法》的基础上，对特定类型的敏感个人信息，如医疗信息、金融信息、个人征信信息等进行专门立法保护，从而不断丰富敏感个人信息的法律保护体系。

---

① 《最高人民法院关于审理使用人脸识别技术处理个人信息相关民事案件适用法律若干问题的规定》（法释〔2021〕15 号）第 2 条规定，信息处理者处理人脸信息有下列情形之一的，人民法院应当认定属于侵害自然人人格权益的行为：（1）在宾馆、商场、银行、车站、机场、体育场馆、娱乐场所等经营场所、公共场所违反法律、行政法规的规定使用人脸识别技术进行人脸验证、辨识或者分析；（2）未公开处理人脸信息的规则或者未明示处理的目的、方式、范围；（3）基于个人同意处理人脸信息的，未征得自然人或者其监护人的单独同意，或者未按照法律、行政法规的规定征得自然人或者其监护人的书面同意；（4）违反信息处理者明示或者双方约定的处理人脸信息的目的、方式、范围等；（5）未采取应有的技术措施或者其他必要措施确保其收集、存储的人脸信息安全，致使人脸信息泄露、篡改、丢失；（6）违反法律、行政法规的规定或者双方的约定，向他人提供人脸信息；（7）违背公序良俗处理人脸信息；（8）违反合法、正当、必要原则处理人脸信息的其他情形。

第二十八条 【敏感个人信息的定义及处理规则】 敏感个人信息是一旦泄露或者非法使用，容易导致自然人的人格尊严受到侵害或者人身、财产安全受到危害的个人信息，包括生物识别、宗教信仰、特定身份、医疗健康、金融账户、行踪轨迹等信息，以及不满十四周岁未成年人的个人信息。

只有在具有特定的目的和充分的必要性，并采取严格保护措施的情形下，个人信息处理者方可处理敏感个人信息。

【条文理解】

本条旨在申明敏感个人信息区别于普通个人信息的定义，通过特点描述加列举的方式对敏感信息的边界进行了全面的规范，也为时代和技术发展对敏感信息边界的影响留下了充分的解释余地。除此之外，本条也规范了敏感个人信息的处理原则，从合法性基础和处理过程两个角度对敏感个人信息的处理提出了更高的要求。

从敏感个人信息的定义角度来分析，此前《最高人民法院、最高人民检察院关于办理侵犯公民个人信息刑事案件适用法律若干问题的解释》中将有关行踪轨迹信息、通信内容、征信信息、财产信息、住宿信息、通信记录、健康生理信息、交易信息等其他可能影响人身、财产安全的公民个人信息作为判定“非法获取、出售或者提供公民个人信息情节严重”的因素，本条相较而言所涵盖的范围更广，保护程度更甚。而相较于《信息安全技术 个人信息安全规范》第3.2条给“个人敏感信息”这一概念所下的定义，《个人信息保护法》对敏感个人信息的定义划分更为严格。本条用“严重”对“侵害”做出了程度上的限定，在对“敏感个人信息”的列举式定义中未列举“身份证件号码、通信记录和内容、财产信息、征信信息、住所信息、交易信息”，也没有强调对“个人名誉”的影响。但应当注意的是，《个人信息保护法》对于处理敏感个人信息规定了更为严格的规范要求：其中“特定的目的”和“充分的必要性”两个要件较为抽象，实践中体现为更为严苛的标准。随着云数据、万物互联的发展，现实生活中大量出现收集人脸数据的情况，如出入小区、学校、公司等门禁需要刷脸，以及“中国人脸识别第一案”中动物园入园也需要刷脸，而对于其是否能够满足“充分的必要性”这一条件，在证明程度和损益比的分析上，仍有较大争议。

【合规指引】

在敏感个人信息的保护规制中，对于敏感信息范围认定和利用必要性的论证是比较核心的合规要求，如“行踪轨迹”这一特定的信息种类，该词包括一维的点和二维的线的双重语义。在现有的司法实践中对行踪轨迹信息的形态认定有两种观点：第一种观点认为，行踪轨迹信息形态应为二维线性的，如交通购票信息、出入境记录、车辆卡口信息串联、GPS 车辆轨迹信息。而第二种观点认为，提供根据用户当前位置或其他人或移动设备当前位置而创建、编译、选择或过滤的信息的移动服务，包括餐厅查找器、好友跟踪器等应用程序位置服务涉及自然人或电子设备的当前地理位置，不讨论地理位置点是否“串联”成轨迹。欧盟禁止未经同意，收集、分析位置与活动信息，也不讨论位置信息是否串联成轨迹。由此，形成轨迹不是构成行踪轨迹信息的必要条件。所以对于具体使用场景中的信息是否适用关于敏感个人信息的保护机制仍需要进一步的分析确认。国家标准化管理委员会 2020 年出台的《信息安全技术 个人信息安全规范》中对如何判定个人敏感信息给出了多角度、具体翔实的判断标准：如从泄露和滥用的后果来反向论证个人信息敏感程度，并从个人财产、健康生理、生物识别、身份等方面作了具体举例，为敏感个人信息保护的合规提供了具体的参考。

【澳门相关规定】

澳门

敏感资料的处理

一、禁止处理与世界观或政治信仰、政治社团或工会关系、宗教信仰、私人生活、种族和民族本源以及与健康和性生活有关的个人资料，包括遗传资料。

二、在保障非歧视原则以及第 16 条所规定的安全措施的前提下，得对上款所指的资料在下列任一情况下进行处理：

（一）法律规定或具组织性质的规章性规定明确许可处理上款所指的资料；

（二）当基于重大公共利益且资料的处理对负责处理的实体行使职责及权限所必需时，经公共当局许可；

（三）资料当事人对处理给予明确许可。

三、当出现下列任一情况时，亦得处理第 1 款所指的资料：

（一）保护资料当事人或其他人重大利益所必需，且资料当事人在身体上或法律上无能力作出同意；

（二）经资料当事人同意，由具有政治、哲学、宗教或工会性质的非牟利法人或机构在其正当活动范围内处理资料，只要该处理仅涉及这些机构的成员或基于有关实体的宗旨与他们有定期接触的人士，且有关资料未经资料当事人同意不得告知第三人；

（三）要处理的资料明显已被资料当事人公开，只要从其声明可依法推断出资料当事人同意处理有关资料；

（四）处理资料是在司法诉讼中宣告、行使或维护一权利所必需的，且只为该目的而处理资料。

四、如处理与健康、性生活和遗传有关的资料是医学上的预防、诊断、医疗护理、治疗或卫生部门管理所必需的，只要由负有保密义务的医务专业人员或其他同样受职业保密义务约束的人进行，并根据第 21 条规定通知公共当局和采取适当措施确保资讯安全，得处理有关资料。[①]

第二十九条　【处理敏感个人信息应单独同意】 处理敏感个人信息应当取得个人的单独同意；法律、行政法规规定处理敏感个人信息应当取得书面同意的，从其规定。

【条文理解】

1.《个人信息保护法》中的单独同意规则

本法第 29 条明确了处理敏感信息时应当以取得数据主体个人的单独同意为前提。《个人信息保护法》是我国首次在法律层面提出“单独同意”这一概念，本法第 14 条规定了单独同意的一般原则，并规定了个人信息处理者需要取得单独同意的五种具体情形，包括：个人信息处理者向第三方提供其处理的个人信息（第 23 条）；个人信息处理者公开其处理的个人信息（第 25 条）；将收集的个人图像、身份识别信息用于维护公共安全目的以外的目的（第 26 条）；处理敏感个人信息（第 29 条）；个人信息处理者向境外提供个人信息（第 39 条）。“单独同意”是在一般同意的基础上对于包括处理敏感信息在内的上述五种情形进行的进一步保护。充分体现了立法者在进行个人信息保护时没有采取“一刀切”的方式，而是在个人信息处理的便捷性和安全性之间寻求平衡，针对不同类型的信息、不同的处理场景提出了分层级、分强度的保护要求。

本法虽然规定了单独同意的一般原则，并列举了应当取得单独同意的情形，但并没有对单独同意作出具体的定义，也没有规定统一的单独同意形式。因此，单独同意规则的有效落实还需要通过出台下位法、实施细则或司法解释的方式对其予以明确。

① 《澳门个人资料保护法》第 7 条。

2.《个人信息保护法》中关于敏感个人信息的有关规定

《个人信息保护法》第28条至第32条对于敏感个人信息的处理进行了专门的规定。第28条明确了敏感个人信息的定义，对处理敏感个人信息提出了需基于特定目的和处分必要的要求，而且将采取严格保护措施作为处理个人敏感信息的前提条件；第29条要求处理敏感信息需取得单独同意；第30条给个人信息处理者在处理敏感个人信息时施以特殊的告知义务，强化了数据主体的知情权；第31条将不满14周岁的未成年人个人信息也列为敏感个人信息，体现了对未成年人的特别保护；第32条为兜底条款，为将来适用特殊领域的法律、行政法规提供了依据。

【产业实践】

当前各个网络平台或App厂商在获取个人信息处理许可时，通常是通过《个人信息保护政策》或《隐私政策》的一揽子规定向数据主体获取处理个人信息的同意。此种获得同意的方式一般只能被认定为符合《个人信息保护法》第13条取得“概括同意”的规定，而不能被认定为获得了数据主体的“单独同意”。2021年5月1日实施的《网络交易监督管理办法》第13条规定，收集、使用个人生物特征、医疗健康、金融账户、个人行踪等敏感信息的，应当逐项取得消费者同意。该条文内容与此处的“单独同意”相近似，同时揭示了不同类型的敏感信息之间具有平行关系，需要逐项取得数据主体同意后方可收集、使用。

因此，个人信息处理者需要根据法律法规的最新规定，及时修改相应产品的设计方案或交互方式，如可以在实际触发处理敏感个人信息之前，通过单独弹窗等方式获得数据主体的单独同意。原有通过《个人信息保护政策》或《隐私政策》等文件一次性获得数据主体同意的方式，在对敏感个人信息处理监管越发严格的趋势下已经不再适用。

第三十条 【处理敏感个人信息的告知义务】 个人信息处理者处理敏感个人信息的，除本法第十七条第一款规定的事项外，还应当向个人告知处理敏感个人信息的必要性以及对个人权益的影响；依照本法规定可以不向个人告知的除外。

【条文理解】

《个人信息保护法》第 17 条第 1 款规定，个人信息处理者在处理个人信息前应当向数据主体履行一般告知义务，该条款规定的事项属于在处理个人信息时如无例外均须告知的一般事项。鉴于敏感个人信息的处理可能给个人的人格尊严、人身安全及财产安全带来更深层次的影响。因此，第 30 条则在此基础上进一步扩大了个人信息处理者告知义务的范围，即处理者还应当告知处理敏感个人信息的必要性以及对个人权益的影响，从而协助数据主体清楚地了解到对其敏感个人信息所进行的处理行为将会给自身的权益造成怎样的影响。通过这种充分保障数据主体知情权的方式，为个人真正的自主作出决定提供制度保障。

同时，本条也规定了上述告知义务的例外情形，与其他条文的告知义务例外情形相呼应，体现了《个人信息保护法》整体规定的统一与协调。根据《个人信息保护法》第 18 条第 1 款以及第 35 条的规定，有法律、行政法规规定应当保密或者不需要告知的情形的，或者国家机关为履行法定职责处理个人信息时，告知将妨碍国家机关履行法定职责的，个人信息处理者可以不向个人告知前述事项。

【产业实践】

部分互联网平台《个人信息保护政策》或《隐私政策》中与敏感信息有关的规定举例：

1. 《微博个人信息保护政策》①

当您在微博中使用接入的第三方应用时，我们为提供对接技术支持等目的，可能从此类第三方应用的开发者及其技术服务提供商处获取您必要的个人信息，例如设备信息、操作行为日志信息。如果涉及您的个人敏感信息，我们将单独向您取得授权。如您拒绝我们收集相关个人信息，可能导致第三方应用的全部或部分功能无法实现，但是不影响您使用微博的其他功能。

2. 《新浪网隐私保护》②

我们将采取适当的步骤保护您的隐私。每当您提供给我们敏感信息时，我们将采取合理的步骤保护您的敏感信息，我们也将采取合理的安全手段保护已存储的个人信息。除非根据法律或政府的强制性规定，在未得到您的许可之前，我们不会把您的任何个人信息提供给无关的第三方（包括公司或个人）。但是，如果您要求我们提供特定客户支援服务或把一些物品送交给您，我们则需要把您的姓名和地址提供给第三者如运输公司。我们的网站将会提供第三者网站的链接。由于我们不能控制这些网站，所以我们建议您细阅这些第三者网站的个人信息保密制度。

3. 《腾讯隐私政策》③

我们的部分服务可能需要您提供特定的个人敏感信息来实现特定功能。若您选择不提供该类信息，则可能无法正常使用服务中的特定功能，但不影响您使用服务中的其他功能。若您主动提供您的个人敏感信息即表示您同意我们按本政策所述目的和方式来处理您的个人敏感信息。

4. 《WECHAT 隐私政策》④

在某些司法管辖区，某些类型的个人信息（如有关您的种族或人种、

---

① 《微博个人信息保护政策》（更新日期：2021 年 8 月 6 日），https：//m. weibo. cn/c/privacy，2021 年 9 月 18 日访问。

② 《新浪网隐私保护》，https：//corp. sina. com. cn/chn/sina_ priv. html，2021 年 9 月 18 日访问。

③ 《腾讯隐私政策》（更新日期：2020 年 12 月 21 日），https：//privacy. qq. com/policy/tencent-privacypolicy，2021 年 9 月 18 日访问。

④ 《WECHAT 隐私政策》（更新日期：2021 年 8 月 19 日），https：//www. wechat. com/zh_ CN/privacy_ policy. html，2021 年 9 月 18 日访问。

宗教或哲学观点或者个人健康的信息）可被视为“敏感信息”，并受到比其他类型个人信息更严格的监管。请注意，您输入到 WeChat 的内容和信息，例如关于您的社交活动的照片或信息，可能向其他人泄露敏感个人信息，所以请考虑这样做是否恰当。

完全由您自行决定是否共享该等信息，使用 WeChat 不需要“敏感”个人信息。在 WeChat 中发布或传递任何敏感个人信息，即表示您同意可在您选择的隐私控制范围内提供该等信息。

5.《淘宝网隐私权政策》①

（1）个人敏感信息：是指包括身份证件号码、个人生物识别信息、银行账号、财产信息、行踪轨迹、交易信息、14 岁以下（含）儿童信息等的个人信息（我们将在本政策中对具体个人敏感信息以粗体进行显著标识）。

（2）精确地理位置信息属于个人敏感信息，如您关闭位置权限，我们将不会根据精确地理位置信息向您推荐信息，且不会影响淘宝网其他功能的正常使用）。

（3）请注意，您公开发布的信息中可能会涉及您或他人的个人信息甚至个人敏感信息，如您在评价时选择上传包含个人信息的图片。请您更加谨慎地考虑，是否在使用我们的服务时共享甚至公开分享相关信息。若您公开发布的信息中涉及他人个人信息的，您需在发布前征得他人的同意。

（4）与关联公司间共享：为便于我们基于淘宝平台账户向您提供产品和服务，推荐您可能感兴趣的信息，识别会员账户异常，保护淘宝网关联公司或其他用户或公众的人身财产安全免遭侵害，您的个人信息可能会与我们的关联公司和/或其指定的服务提供商共享。我们只会共享必要的个人信息，且受本政策中所声明目的的约束，如果我们共享您的个人敏感信息或关联公司改变个人信息的使用及处理目的，将再次征求您的授权同意。

---

①《淘宝网隐私权政策》（最新版本生效日期：2021 年 7 月 22 日），https：//terms. alicdn. com/legal-agreement/terms/suit_ bu1_ taobao/suit_ bu1_ taobao201703241622_ 61002. html，2021 年 9 月 18 日访问。

6.《"抖音"隐私政策》[①]

（1）通讯录、精确地理位置、摄像头、麦克风、相册权限，均不会默认开启，只有经过您的明示授权才会在为实现特定功能或服务时使用，您也可以撤回授权。特别需要指出的是，即使经过您的授权，我们获得了这些敏感权限，也不会在相关功能或服务不需要时而收集您的信息。

（2）基于我们与通信运营商的合作，当您使用抖音"一键登录"功能时，经过您的明示同意，运营商会将您的手机号码发送给我们，便于我们为您提供快捷的登录服务。手机号码属于个人敏感信息，如果拒绝提供将无法使用"一键登录"方式注册登录抖音，但不影响您通过其他方式注册登录，也不影响其他功能的正常使用。

（3）GPS 地理位置是个人敏感信息，若您拒绝提供，我们将不会根据 GPS 信息向您推荐信息，且不会影响抖音其他功能的正常使用。

（4）您在使用开通直播功能时，根据法律法规的要求，可能需要通过"人脸识别"的方式进行实名认证，以验证您的身份。在实名认证的过程中，我们和提供认证服务的第三方认证机构需要您提供真实姓名、身份证号码及面部特征值信息。这些信息是个人敏感信息，您可以拒绝提供，且不会影响抖音其他功能的正常使用。这些信息仅供实名认证及法律法规所规定的用途，未经您明示授权，不会用作其他目的。

（5）我们可能会请求通讯录权限，并将通讯录中的信息进行高强度加密算法处理后，用于向用户推荐通讯录中的好友。通讯录信息属于个人敏感信息，拒绝提供该信息仅会使用户无法使用上述功能，但不影响用户正常使用抖音及相关服务的其他功能。请知悉，如果其他用户上传的通讯录中包含您的联系方式等信息，系统也可能会基于该信息向您推荐好友或者把您推荐给相应用户。

（6）支付功能由与我们合作的第三方支付机构向您提供服务。第三方

① 《"抖音"隐私政策》（生效日期：2020 年 2 月 20 日），https：//privacy. bytedance. com/zh/policy？ id=19，2021 年 9 月 18 日访问。

支付机构可能需要收集您的姓名、银行卡类型及卡号、有效期及手机号码。银行卡号、有效期及手机号码是个人敏感信息，这些信息是支付功能所必需的信息，拒绝提供将导致您无法使用该功能，但不影响其他功能的正常使用。

（7）当您选择参加我们及我们的关联方或第三方举办的有关营销活动时，可能需要您提供姓名、通信地址、联系方式、银行账号信息。这些信息是个人敏感信息，拒绝提供可能会影响您参加相关活动，但不会影响其他功能。只有经过您的同意，我们才会将这些信息与关联方或第三方共享，以保障您在联合活动中获得体验一致的服务，或委托第三方及时向您兑现奖励。

（8）改变或撤回敏感权限设置：①您可以在设备本身操作系统中关闭GPS地理位置、通讯录、摄像头、麦克风、相册权限改变同意范围或撤回您的授权。撤回授权后我们将不再收集与这些权限相关信息。②当您使用小游戏、小程序后，您可以在小游戏、小程序界面中管理小程序、小游戏获得的应用权限，您可以撤回对小程序、小游戏的应用权限授权。

总体来看，由于各大平台现行有效的《隐私政策》或《个人信息保护政策》均生效于《个人信息保护法》出台之前，因此对于“敏感个人信息”的界限没有一个统一的标准，部分公司对于敏感个人信息作出了自己的定义与解释。各大个人信息处理者应当及时响应法律法规的最新规定，更新并细化相关政策文件以确保企业在收集个人信息时符合监管的最新要求。

第三十一条　【未成年人个人信息的处理规则】 个人信息处理者处理不满十四周岁未成年人个人信息的，应当取得未成年人的父母或者其他监护人的同意。

个人信息处理者处理不满十四周岁未成年人个人信息的，应当制定专门的个人信息处理规则。

【条文理解】

根据本法的规定，对于不满 14 周岁的未成年人个人信息的收集、存储、使用、加工、传输、提供、公开、删除等处理，应当取得未成年人的父母或其他监护人的同意。本法将不满 14 周岁未成年人的个人信息作为敏感个人信息并且要求个人信息处理者为此制定专门的个人信息处理规则。这与《儿童个人信息网络保护规定》的理念和要求一致，将对未成年人个人信息的保护提升至法律的高度，充分回应了社会热点，体现了对未成年人保护问题的关注，这也是此次立法广受关注的亮点。

【典型案例】

国内某大学利用人脸识别技术管理学生日常考勤①

国内某大学于今年 8 月下旬在学校各大校门、学生公寓、试点教室等部分场所安装了人脸识别系统收集学生的面部识别特征等个人敏感信息，以支持门禁管理、日常考勤等管理目的，引发了社会高度关注。从个人信息保护角度出发，该应用场景涉及的个人信息主体数量较大、数据类型高度敏感、数据使用目的多样，主要存在以下争议：

（1）通过收集学生面部识别特征等个人敏感信息以支持门禁管理、日常考勤等管理目的，是否满足《网络安全法》规定的正当、必要的原则，以及《信息安全技术 个人信息安全规范》（GB/T 35273-2017）规定的最小必要要求。

（2）学校及相应供应商处理学生面部识别特征等个人敏感信息，是否满足知情同意的原则，即，是否获得学生或其监护人的真实、有效的授权

---

① 《我校在江苏省高校中率先全面使用人脸识别系统》，载某大学新闻网，http：//news.cpu.edu.cn/d4/b4/c243a119988/page.htm，2021 年 10 月 4 日访问；《某大学用人脸识别考勤引争议 校方回应》，载江苏经济新闻网，http：//www.jswnews.com/article/3150.html，2021 年 10 月 4 日访问。

同意。

（3）学校与系统供应商之间就学生个人信息保护的工作是否到位，通过何种机制规制各方的数据保护义务。

【产业实践】

对于处理不满 14 周岁未成年人个人信息，应当取得未成年人父母或者其他监护人的同意，以下几种产业实践可以参考、借鉴：在用户注册环节开发儿童用户实名认证流程。对于年龄小于 14 周岁的用户作实名认证时，可以要求其填入真实姓名、身份证号、手机号，通过校检后进入下一步，填写监护人相关信息；随后平台可以根据所填监护人信息联系监护人，征求其授权同意，同时告知监护人未成年人保护相关条款，包括“儿童个人信息保护规则及监护人须知”和“儿童守护协议及监护人须知”等；监护人授权同意后，账号方可实现认证；如未成功获得授权，系统将重新返回认证最初界面，并删除已收集到的儿童信息。为防止虚假监护关系认证，平台除要求监护人进行人脸识别外，还可以规定单个监护人不能绑定 3 个以上的儿童用户，并对监护关系进行交叉核验，尽可能保障信息的安全和准确。在监护人通知和授权同意过程中，平台可就是否开启青少年模式、是否允许被监护人发布作品并被推送等问题征求监护人同意，保障账号使用过程中的隐私、内容安全，切实保护未成年人权益。

对于个人信息处理者处理不满 14 周岁未成年人个人信息的，应当制定专门的个人信息处理规则。在行业实践中，也可以多种灵活方式落地，例如：

1. 制定单独的“儿童个人信息保护规则”。在注册流程中，规则设置于填入手机号环节页面正下方；在 14 岁以下实名认证流程中，规则设置于通知家长环节家长实名认证后的阅读条款页面正下方。规则中向儿童及其监护人明示平台对儿童信息收集、存储、使用、处理的目的、方式和范围；儿童信息的安全保障措施；拒绝的后果；投诉、举报的渠道和方式；

更正、删除的途径等内容，保障监护人知情、同意和拒绝的权利。

2. 制定单独的“儿童用户协议”。在用户注册流程以及 14 岁以下实名认证流程中，上线《儿童守护协议》。在注册流程中，协议设置于填入手机号环节页面正下方；在 14 岁以下实名认证流程中，协议设置于通知家长环节家长实名认证后的阅读条款页面正下方。协议着重向儿童及其监护人介绍青少年模式、时间锁以及其他各项平台为未成年人提供的保护功能，同时明确平台、儿童用户各自的权利义务及监护人的监护职责等，并从保护儿童个人信息安全举措、保障青少年健康使用指引，平台、监护人及儿童用户三方共同守护愿景等维度，详细描述儿童使用平台的法律应知和注意事项。

3. 未成年人保护工程中重要的一环，就是青少年模式保护。在青少年模式，平台应当引入多个保护功能。涉及未成年人个人信息的功能，可以进行特殊管控，如主要隐私开关开启进行社交管控，可以有效地保障未成年人的合法权益。对完成实名认证的未成年人账户，平台以强制对未成年人的社交特殊管控，如启动隐私保护功能，隔离与陌生人的私信互动，阻断来自通讯录等渠道的互动，其他用户也不会在同城“在线状态”里看到未成年用户，避免个人信息泄露带来的潜在风险。

4. 隐私保护不仅仅应针对已实名认证的儿童用户，有部分未成年人用户会从其他渠道获取账号，或暂时未进行实名认证，平台可以通过风控策略抓取，然后针对这类被识别为高度疑似未成年用户的账号，也建立一套较为完备的识别、引导和保护机制，实施主动保护。

【合规指引】

未成年人是网络一个特殊而又重要的群体。在近年召开的全国两会上，未成年人个人信息保护话题一直受到热议。由于个人信息泄露导致的电信诈骗、恶意骚扰、网络暴力等现象，仍在严重危害着未成年人的身心健康。如何以全球的视角来规划未成年人的网络个人信息保护工作，是一个复杂的历史命题，也是我们当前面临的一个重大挑战。

根据国家统计局公布的第七次全国人口普查结果显示，我国总人口2021年已经达到141178万人，并以每年1000多万人的速度递增。[①] 而受国家最新公布的“三孩儿”政策的影响，预计增长速度会继续加大。根据第48次《中国互联网络发展状况统计报告》显示，截至2021年6月，我国网民规模达10.11亿，其中19岁及以下的网民群体占比15.7%。[②] 另外，根据《青少年蓝皮书：中国未成年人互联网运用报告2020》显示，可以说未成年人已经是“互联网原住民”，对于互联网的接触和使用非常频繁。[③]

在这种高频互动的环境下，未成年人接触互联网的过程中也面临违法侵害、不良信息影响、个人信息泄露、网络沉迷成瘾四大网络风险。为了保护在网络世界遨游的未成年人，国家近几年高度重视对未成年人的网络保护工作。制定了一系列有关未成年人网络保护的法律、法规、部门规章、地方性法规等规范性文件。从法律角度回顾：

2017.01.06	国务院法制办公室《未成年网络保护条例（送审稿）》
2017.06.01	全国人大常委会《网络安全法》
2018.08.30	教育部等八部门《综合防控儿童青少年近视实施方案》
2018.09.25	国家卫生健康委员会《中国青少年健康教育核心信息及释义（2018版）》
2018.10.26	全国人大常委会《广告法》
2019.01	中国网络视听节目服务协会《网络短视频平台管理规范》
2019.01	中国网络视听节目服务协会《网络短视频内容审核标准细则》
2019.04.30	国家广播电视总局《未成年人节目管理规定》
2019.05.05	违法违规收集使用个人信息专项治理工作组关于征求《App违法违规收集使用个人信息行为认定方法（征求意见稿）》意见的通知

① 《第七次全国人口普查公报（第二号）》，载国家统计局网站，http：//www.stats.gov.cn/ztjc/zdtjgz/zgrkpc/dqcrkpc/ggl/202105/t20210519_1817695.html，2021年10月7日访问。

② 《第48次〈中国互联网络发展状况统计报告〉发布：我国网民规模超十亿》，载中新网，https：//www.chinanews.com.cn/gn/2021/08-27/9552404.shtml，2021年10月8日访问。

③ 《〈青少年蓝皮书：中国未成年人互联网运用报告（2020）〉在京发布》，载中国社会科学网，http：//www.cssn.cn/zx/bwyc/202009/t20200922_5185844.shtml，2021年10月7日访问。

续表

2019.05.28	国家互联网信息办公室关于《数据安全管理办法（征求意见稿）》公开征求意见的通知
2019.06.26	人民网《游戏适龄提示草案》
2019.10.01	国家互联网信息办公室《儿童个人信息网络保护规定》
2019.10.25	国家新闻出版署《关于防止未成年人沉迷网络游戏的通知》
2019.12.13	司法部关于《文化产业促进法（草案送审稿）》公开征求意见的通知
2020.03.01	国家互联网信息办公室《网络信息内容生态治理规定》
2020.06.05	八部门开展网络直播行业专项整治行动
2020.07.01	中国广告协会《网络直播营销行为规范》
2020.07.03	全国人大常委会《未成年人保护法（修订草案二次审议稿）》
2020.07.13	网络网信办秘书局《关于开展2020“清朗”未成年人暑期网络环境专项整治的通知》

其中有一些规范性文件是专门为针对未成年人网络保护制定的法律法规和部门文件。

整体来看，有关未成年人个人信息保护，我们国家虽然起步晚，但是目前立法成效显著，包括持续推进的清朗专项整治工作等，都是非常有特色的，并且涉及未成年人网络保护的方方面面，涉及未成年人信息保护中的问题，比如实名认证、功能限制、内容审核、算法推荐等。

可以发现，国家在监管层面上对于未成年人的网络保护相对偏向于网络环境安全和内容的整治，强调未成年人防沉迷系统的开发、时长功能限制等。但我们也会发现，就未成年人个人信息保护问题，由于涉及权利主体与权利行使主体的分离，其在制度落地中还是遇到了很多实践问题，有待我们在实践中探索和检验。

【香港相关规定】

香港

未成年人的照顾及监护

凡香港警务处或香港海关向未成年人的有关人士转移或披露该未成年人的个人资料，如以下条件获符合，该资料获豁免而不受第3保障资料原则的条文所管限

（a）该项转移或披露的目的，是利便该有关人士对该未成年人行使妥善照顾及监护；

（b）该项转移或披露符合该未成年人的利益；及

（c）该等条文就该项转移或披露而适用，便相当可能会损害该有关人士对该未成年人行使妥善照顾及监护，或相当可能会损害该未成年人的利益。[①]

第三十二条　【处理敏感个人信息的特殊规定】 法律、行政法规对处理敏感个人信息规定应当取得相关行政许可或者作出其他限制的，从其规定。

【条文理解】

本条为《个人信息保护法》对于处理敏感个人信息相关规定的兜底条款，以便于通过其他特别领域的法律、行政法规进一步丰富、补充处理敏感个人信息应当遵守的规定。值得一提的是，二审稿将原一审稿的“更严格”修改为“其他”，最终通过稿维持了这一变更。之所以进行上述修改是因为行政许可或者法律、行政法规对于处理敏感个人信息的限制可能是多维度、多层次的，不一定与《个人信息保护法》的规定形成严格程度的

① 《香港个人资料（私隐）条例》第59A条。

区别。

从事个人征信业务的征信机构所处理的个人信息中明显存在大量的敏感个人信息，现在个人征信行业的管理规定即符合第 32 条所述的需要取得行政许可方可处理敏感个人信息的情形。2013 年颁布的《征信业管理条例》（国务院令第 631 号）第 7 条明确规定，从事个人征信业务的征信机构需经国务院征信监督管理部门批准，取得经营许可后方可设立。《征信业管理条例》只是在特殊行业领域处理敏感个人信息时应当取得行政许可或作出其他限制的冰山一角，随着国家对于个人信息保护问题的重视程度逐渐提高，相信相关的法律、行政法规在不久的将来也会陆续出台。

【产业实践】

对于个人信息处理者而言，不管是纵向的加强监管还是横向的多领域特殊制约，都将给其施加更多的个人信息保护与数据合规义务，处理者应当积极拥抱监管，在合法、合规的框架下处理敏感个人信息，谋求个人信息保护与商业价值的平衡。

第三节 国家机关处理个人信息的特别规定

【导言】

国家机关在履行维护国家安全、打击犯罪、维护社会经济秩序稳定、保障公民生命财产安全等重要公共职责时不可避免地需要处理大量相关的公民个人信息，如公安机关调查收集犯罪嫌疑人身份信息，国务院卫生行政部门收集使用传染病病人有关行程信息等。因此，《个人信息保护法》一方面，应当确保国家机关为履行法定职责所进行的个人信息处理活动能够正常实施。另一方面，也要将国家机关行使公权力的行为纳入法律规制的范围内，使得国家机关因履行法定职责处理个人信息时有法可依，进一步规范国家机关履职行为，避免权力滥用，防止公民合法的私权利遭到公权力机关的侵害，提高政府公信力和执政水平，确保我国宪法尊重和保障公民人权以及公民人格尊严不受侵犯有关规定的有效落实。因此，本节对国家机关处理个人信息进行了专门规定。一是明确适用范围。从《个人信息保护法》的立法体系上来看，对于本节有专门规定的，适用本节规定；没有专门规定的，适用其他章节有关规定。从本节规定适用的主体范围上来看，除国家机关外，明确具有管理公共事务职能的组织适用国家机关有关规定。二是规范处理行为。国家机关处理个人信息应当依照法律、行政法规规定的权限、程序进行，禁止超出范围和限度进行处理，严格规范国家机关个人信息处理。三是确保告知义务。除法律、行政法规规定的保密及妨碍履职情形外，国家机关处理个人信息应当告知个人，保证个人知情权。四是规定跨境评估。国家机关处理的个人信息应当在境内存储，确需向境外提供的，应当进行安全评估。

第三十三条　【国家机关处理个人信息】 国家机关处理个人信息的活动，适用本法；本节有特别规定的，适用本节规定。

【条文理解】

本条主要规定国家机关处理个人信息的法律适用，体现了一般法和特别法两个层次规定的关系。一方面，国家机关进行个人信息处理应当遵守本法的一般性规定。例如，应当遵循合法、正当、必要、诚信以及公开、透明等一般性原则；同时，还应当具有明确合理的目的，采取对个人权益影响最小的方式，采取必要措施保障所处理个人信息安全等。另一方面，本节作为专门规范国家机关处理个人信息的章节，有特别规定的，则应当适用本节规定，而不适用本法其他章节的一般性规定。例如，国家机关履行法定职责处理个人信息应当按照本法一般性规定进行告知，但影响法定职责履行的，按照本节规定可以免除国家机关的告知义务。又如，本法第38条规定，一般主体进行跨境个人信息传输的，可以在安全评估、专业机构认证、签订标准合同等条件中选择一项即可；但国家机关向境外提供个人信息的，必须按照本节规定进行安全评估。此外需要注意的是，适用本节规定的前提不仅要求个人信息处理者是国家机关，而且要求国家机关是为履行法定职责而实施的个人信息处理行为。因此，当国家机关因法定职责以外的事由处理个人信息时，应当适用本法的一般规定。例如，国家机关对其工作人员进行有关个人信息收集使用等处理的，一般不涉及法定职责的履行，应当适用本法的规定取得个人同意，但如果符合本法第13条第1款第2项关于人力资源管理处理个人信息的有关规定的除外。

本法未对国家机关进行明确定义，可参照其他法律法规对国家机关进行的相关界定。例如，根据《宪法》对于国家机构设置的有关规定，行使国家权力的机关包括立法机关、行政机关、监察机关、审判机关、检察机关、军事机关等。又如，国家外汇管理局发布的《国家外汇管理局来信来访制度》指出国家机关为“各级国家权力机关、行政机关、审判机关和检察机关”。另外，最高人民法院在《全国法院审理经济犯罪案件工作座谈会纪要》（2003年）中讨论刑法对于国家机关工作人员的认定时，指出国家机关包括“各级国家权力机关、行政机关、司法机关和军事机关”。由于不同的法律、规定适用于不同的情形，因此对于国家机关的列举范围并不完全一致，但总体上均体现了国家机关进行国家管理和行使国家权力的本质特点。本法第37条规定，法律、法规授权的具有管理公共事务职能的组织为履行法定职责处理个人信息，适用本法关于国家机关处理个人信息的规定，体现了本法广泛纳入具有社会管理职能主体进行规制的立法目的。同时，结合本法对权力机关个人信息处理的严格规范态度及确保个人信息权益不受非法侵犯的立法思想，应当从广义角度理解本法对国家机关的认定，即具备上述国家管理职能的机关均适用本节规定，至少包括国家立法、行政、司法、审判、监察、军事等机关。

第三十四条 【依法处理个人信息】 国家机关为履行法定职责处理个人信息，应当依照法律、行政法规规定的权限、程序进行，不得超出履行法定职责所必需的范围和限度。

【条文理解】

国家机关为履行法定职责可以处理个人信息，但这种处理行为应当是合法的、合规的。本条规定的目的在于避免国家机关权力被不合理扩张使用，切实保护个人信息主体的合法权益不受公权力侵犯，因此应当对国家机关处理个人信息的行为进行必要的限制，这也是依法行政、建设法治政府的客观要求。《数据安全法》第38条也有类似规定“国家机关为履行法定职责的需要收集、使用数据，应当在其履行法定职责的范围内依照法律、行政法规规定的条件和程序进行；对在履行职责中知悉的个人隐私、个人信息、商业秘密、保密商务信息等数据应当依法予以保密，不得泄露或者非法向他人提供”，同样体现了对国家机关数据处理行为进行合理限制的立法理念。

本条款从三个方面对国家机关处理个人信息进行了规制。一是应当严格在法律、行政法规授权权限范围内处理个人信息。国家机关履行法定职责具有正当性，是维护国家社会管理秩序的需要，法定职权由法律法规按照有关法定程序赋予，但是国家权力的行使也不是无限制的，不能超出法律、行政法规的授权权限。例如，《反恐怖主义法》第51条规定，“公安机关调查恐怖活动嫌疑，有权向有关单位和个人收集、调取相关信息和材料。有关单位和个人应当如实提供”。该条款在赋予公安机关收集个人信息权利的同时，也将处理权限限制在“调查恐怖活动嫌疑”的范围，公安机关应当严格遵守。又如，《刑事诉讼法》第52条规定“人民法院、人民检察院和公安机关有权向有关单位和个人收集、调取证据。有关单位和个人应当如实提供证据”，同时也规定“对于涉及个人隐私的证据应当保密”，在授权有关国家机关处理个人信息的前提下，要求其履行保密义务。

二是国家机关处理个人信息，应当按照法律、行政法规所规定的程序执行，本条体现了程序正义的要求。例如，《监察法》规定，监察机关对涉嫌违法的公职人员进行调查，应当由二名以上工作人员进行，并且“严禁以威胁、引诱、欺骗及其他非法方式收集证据”。因此，监察机关应当严格遵守有关程序要求，不得仅以一名工作人员或以非法手段获取收集调查所需的个人信息。又如，《刑事诉讼法》第 152 条规定：“采取技术侦查措施，必须严格按照批准的措施种类、适用对象和期限执行。侦查人员对采取技术侦查措施过程中知悉的国家秘密、商业秘密和个人隐私，应当保密；对采取技术侦查措施获取的与案件无关的材料，必须及时销毁。”由此可见，由于技术侦查手段能够在未经信息主体同意的情况下获取大量的个人隐私信息，因此即便公安部门、检察机关是基于维护国家安全或公共利益的原因而采取的技术侦查措施，但为了防止权力滥用，法律对利用技术侦查手段获取个人信息的行为设置了严格的程序性规定。一方面，在获取个人信息前，应当履行严格的审批程序，确定措施种类、适用对象和期限；另一方面，当获取的有关个人信息与案件无关的，必须及时销毁，以确保个人信息主体的合法权益。三是国家机关不得超出履行法定职责所必需的范围和限度处理个人信息。例如，《预防未成年人犯罪法》第 59 条明确规定：“未成年人的犯罪记录依法被封存的，公安机关、人民检察院、人民法院和司法行政部门不得向任何单位或者个人提供，但司法机关因办案需要或者有关单位根据国家有关规定进行查询的除外。”因此，除“司法机关因办案需要或者有关单位根据国家有关规定进行查询”外，公安机关、人民检察院、人民法院和司法行政部门不得对外提供被封存的未成年人犯罪记录，以保护未成年人权益。

第三十五条　【依法告知原则】 国家机关为履行法定职责处理个人信息，应当依照本法规定履行告知义务；有本法第十八条第一款规定的情形，或者告知将妨碍国家机关履行法定职责的除外。

【条文理解】

本条款的内容在《个人信息保护法》的立法过程中经历较为曲折，最终稿内容对一审、二审稿进行了较大程度修改。《个人信息保护法（草案二次审议稿）》规定："国家机关为履行法定职责处理个人信息，应当依照本法规定向个人告知并取得其同意。法律、行政法规规定应当保密，或者告知、取得同意将妨碍国家机关履行法定职责的除外。"原条款采用"告知—同意"处理方式，形式上统一了国家机关与一般主体处理个人信息的标准，但实质上却加重了国家机关的负担，对国家机关履行法定职责设置了较大障碍，最终可能对社会整体的公共利益产生不利影响，并进一步最终损害个人利益。特别是本条作为特别法的规定，还将排除第 13 条有关免除同意的情形，《个人信息保护法（草案二次审议稿）》中的条款可能导致的后果是：国家机关依据法律规定合法履行法定职责时，依然不能免除国家机关处理个人信息的取得相对人同意义务，客观上此种规定将使国家机关承担比一般私主体更重的合规义务，极大影响其法定职权的行使。本法正式稿最终对上述内容进行了较大修改，在公共利益和个人私权利之间取得了较好的平衡，不再要求国家机关处理个人信息时获得个人同意，而是仅要求履行告知义务，在确保国家机关正常履行职责的前提下，充分保障个人知情权的实现。

本条款围绕国家机关为履行法定职责处理个人信息的"告知"义务，主要从以下两个方面对国家机关处理个人信息进行了规定。一是国家机关处理个人信息以"告知"为原则。与一般条款的"告知—同意"规则不同，由于国家机关履行法定职责的需要，其在进行个人信息处理行为时只要依法将信息处理的有关情况告知信息主体即可，而无须获得信息主体同意。信息主体对其个人信息处理仍享有知情权，且国家机关应当通过"告知"信息处理有关情况的方式，保障其知情权不受侵犯。在告知内容和形式方面，《网络安全法》对个人信息处理告知的形式和内容进行过规定，该法第41条要求网络运营者在收集、使用个人信息前，公开收集、使用规则，明示收集、使用信息的目的、方式和范围。由于《网络安全法》仅适用于网络场景，而本法适用于我国境内处理自然人个人信息的所有活动。因此，本法对《网络安全法》的“告知”规定进行了部分调整和进一步细化，相关要求同样适用于国家机关。根据本法第17条要求，国家机关在处理个人信息前，应当准确、完整地向个人告知国家机关的名称和联系方式、处理目的、处理方式，处理的个人信息种类、保存期限以及个人行使本法规定权利的方式和程序等。例如，根据《传染病防治法》第12条规定，在中华人民共和国领域内的一切单位和个人，必须接受疾病预防控制机构、医疗机构有关传染病的调查、检验、采集样本，如实提供有关情况。但是，疾病预防控制机构、医疗机构在收集使用个人信息前，应当按照本法第17条规定向个人信息主体告知其处理的有关内容。二是国家机关处理个人信息以“不告知”为例外。对个人知情权利益的保护不是绝对的，而应当与国家利益、社会利益等进行协调。因此，本法也规定了“告知”义务的例外情形，包括“法律、行政法规规定应当保密或者不需要告知的情形”以及“告知将妨碍国家机关履行法定职责”。例如，公安机关在进行刑事侦查时，收集处理嫌疑人及有关人员的信息具有保密性，告知信息主体可能导致销毁证据或者嫌疑人外逃等后果，也不利于公安机关法定职责的履行，因此，在遵守刑事侦查的相关审批程序的前提下就不应适用本法关于告知个人信息主体的有关规定。另外，国家机关适用本“告知”义务条款的前提是履行法定职责，因此，对于国家机关由于非实施法定职责而处理个人信息的，除非可适用本法第13条规定的免除同意的有关条款，否则不仅应当按照本法有关要求履行告知义务，还应当获得个人同意，方可进行个人信息处理。

第三十六条 【境内存储原则】 国家机关处理的个人信息应当在中华人民共和国境内存储；确需向境外提供的，应当进行安全评估。安全评估可以要求有关部门提供支持与协助。

【条文理解】

本条款是国家机关处理个人信息跨境的专门条款，从信息存储和跨境提供两个方面对国家机关处理个人信息进行规制。

一是规定国家机关处理的个人信息应当本地化存储。随着数字经济的不断发展，数据资源的重要性不断提升，各国纷纷制定有关法律法规，加强对本国产生个人信息的控制或管理，“数据本地化”逐渐成为国际趋势。根据联合国贸易和发展会议（United Nations Conference on Trade and Development，以下简称“UNCTAD”）2016年的报告，数据本地化是指“通过直接的法律限制或其他规定要求，将个人数据保留在其原始管辖范围内”。数据本地化要求产生的有关数据应当在其境内进行保存、加工以及其他信息处理。此前，我国关于数据本地化的规定主要针对的是关键信息基础设施所处理的信息。例如，《网络安全法》第37条规定：“关键信息基础设施的运营者在中华人民共和国境内运营中收集和产生的个人信息和重要数据应当在境内存储。”由于国家机关行使国家、社会管理职能，其处理的个人信息具有公共属性，可能涉及国家安全、经济秩序稳定等重要公共利益，因此本法不仅要求关键信息基础设施产生的个人信息境内存储，并且首次明确国家机关处理的个人信息也应当在境内存储，以加强对国家机关处理个人信息的管理。

二是跨境提供应当进行安全评估。国家机关处理的个人信息通常涉及国家安全、公共利益等领域，原则上应当在境内进行存储以确保数据安全，但国家机关处理信息的数据本地化与允许数据跨境传输并不是绝对排斥的，本条也为其向境外提供设置了例外规定。数据本地化体现了一国对数据境内管理的要求，但并不代表对数据跨境流动的禁止，而是针对跨境传输设定有关标准或要求，这也是国际通行做法。例如，欧盟《一般数据保护条例》从数据保护机构、第三国数据保护水平评估、数据主体权益保障等多方面对个人信息出境提出要求。我国目前主要采用安全评估的方式对个人信息出境进行管理，例如，《网络安全法》第 37 条规定，关键信息基础设施运营者向境外提供个人信息的，应当按照国家网信部门会同国务院有关部门制定的办法进行安全评估。本法不仅对关键信息基础设施运营者对外提供个人信息进行了规定，还首次对国家机关境外传输个人信息进行了专门规定。同时，与本法第 38 条以及第 40 条明确国家网信部门组织对一般个人信息处理者和关键信息基础设施运营者进行安全评估不同，本条款未明确评估部门，而是规定“国家机关向外提供个人信息的，应当评估，必要时可要求有关部门提供支持与协助”，为未来跨部门协同评估提供了法律依据。此外，安全评估的具体要求仍需进一步明确。国家网信部门分别于 2017 年和 2019 年发布了《个人信息和重要数据出境安全评估办法》《个人信息出境安全评估办法》的征求意见稿，并向全社会征求意见，但上述办法均未最终出台。由于安全评估的配套制度还未建立，特别是国家机关处理个人信息的安全评估是本法首次规定，未来需要持续关注有关规定的制定和出台，明确安全评估的具体要求，确保国家机关个人信息跨境传输的合规性。

第三十七条　【公共事务职能组织的处理原则】法律、法规授权的具有管理公共事务职能的组织为履行法定职责处理个人信息，适用本法关于国家机关处理个人信息的规定。

【条文理解】

本条款所指的“组织”范围较为广，只要具备法律法规授权，履行公共管理事务职能的，都属于本条款所称“组织”的范围。所述“组织”具体包括，一是具有公共管理职能的事业单位及其派出机构。《事业单位登记管理暂行条例》第 2 条规定，事业单位是指国家为了社会公益目的，由国家机关举办或者其他组织利用国有资产举办的，从事教育、科技、文化、卫生等活动的社会服务组织，体现了事业单位具有社会公益性质。但是需要注意的是，并非所有的事业单位都受本法的规制，本法规制的是具有社会公共管理职能的事业单位，相关社会管理职能的赋予需要具备法律法规授权。例如，《银行业监督管理法》第 2 条规定，国务院银行业监督管理机构负责对全国银行业金融机构及其业务活动监督管理的工作。同时其第 8 条明确规定，国务院银行业监督管理机构根据履行职责的需要设立派出机构，对中国银行保险监督管理委员会（以下简称银保监会）及其分支机构有关行政管理职能进行了规定。又如，《证券法》第 7 条规定，国务院证券监督管理机构依法对全国证券市场实行集中统一监督管理，赋予了中国证券监督管理委员会（以下简称证监会）行政管理的职能，该条款还规定，国务院证券监督管理机构根据需要可以设立派出机构，按照授权履行监督管理职责，同时，《中国证监会派出机构监管职责规定》第 3 条、第 49 条规定，中国证监会派驻各省、自治区、直辖市和计划单列市监管局是其法定派出机构，负责证券期货市场一线监管工作，为其派出机构执法提供法规依据。二是具有公共管理职能的群团组织，如中华全国总工会、中华全国妇女联合会、中国残疾人联合会等，相关授权体现在《工会法》《妇女权益保障法》《残疾人保障法》等有关法律法规中。三是具备社会管理职能的特定企业。一般情况下，企业以营利为目的，通过自主经营，向市场提供商品或服务，不具有社会管理职能。但是在关系公共利益的重要行业，在法律法规授权下，特定国有企业也具备一定的社会管理职能。例如，《铁路法》第 3 条规定，国家铁路运输企业行使法律、行政法规授予的行政管理职能，表明铁路运输企业承担一定行政管理职责。此外，本条款适用于具有管理公共事务职能组织的前提是履行法定职责，对于相关组织履行法定职责以外的个人信息处理行为不适用本章节国家机关的特别规定，而应当适用本法的一般规定。

第三章 个人信息跨境提供的规则

【导言】

数据跨境流动，一般指数据跨越国界的传输、处理与存储，以及境外远程访问境内数据。数字经济下，数据跨境流动已成为常态。一方面，数据跨境流动在促进数字创新、提高经济增长、推动全球化等方面发挥着积极作用。另一方面，随着风险认知和管控需求的深入，各国加快构建自身的数据跨境流动规则体系。

近年来，数据跨境流动逐渐与地缘政治、国家安全、产业培育、市场准入相关联，成为国家地区间政策博弈最为复杂的领域之一。如何在“数据自由流动”与“数据本地化”，“安全性”与“成长性”中寻求平衡，成为各国数据跨境流动规则设计的重要考量。当前，各国呈现不同政策特征，包括维护竞争优势和强化长臂管辖，鼓励与限制并行；构筑区域统一规则和单一市场，高标准引领规则话语权；对接主流数据跨境流动监管框架，灵活融入减少障碍；承接全球数据枢纽或流动节点，主动转化竞争优势；实施数据本地化或限制性流动，维护网络和数据安全等。

我国个人信息跨境提供规则以保护个人信息权益为出发点，确立了在确保安全的前提下实现跨境流动的基本要求，对于我国融入并参与当前个人信息跨境规则体系，影响和主导数据跨境国际规则意义显著。作为《个人信息保护法》的核心内容之一，本章阐明了向境外提供个人信息的条件，告知义务和同意原则（第 39 条），特定处理者的境内存储默认基准和境外提供安全评估，外国司法执法机构批准机制，限制禁止措施，对等反制措施等。

境外提供个人信息的基本条件。本法第38条明确了个人信息处理者向境外提供所需要具备的四类条件之一，包括安全评估、认证、合同和其他，纳入了我国在国际条约、约定下境外提供的规定遵从，境外接收方处理个人信息需要达到同等保护标准。

境外提供的告知义务和单独同意原则。本法第39条明确了向境外提供个人信息需征得个人单独同意的要求，约定了应向个人告知的事项内容。

境内存储默认基准和境外提供安全评估。本法第40条规定了关键信息基础设施运营者、大规模处理个人信息的个人信息处理者的境内存储要求，对于确需向境外提供的应当通过安全评估。

外国司法执法机构主管机关批准机制。本法第41条明确了外国司法或者执法机构提供存储于境内的个人数据请求的主管机关职责，未经主管机关批准个人信息处理者不得提供的限制条件。

限制禁止措施和对等反制措施。本法第42条对境外的组织、个人侵害我国公民个人信息权益，或者国家安全、公共利益的个人信息处理活动进行规制，明确了可采取限制或者禁止措施。本法第43条对在个人信息保护方面对我国采取歧视性的禁止、限制或者其他类似措施的国家或者地区，明确了可对等采取措施。

第三十八条　【个人信息跨境条件】个人信息处理者因业务等需要，确需向中华人民共和国境外提供个人信息的，应当具备下列条件之一：

（一）依照本法第四十条的规定通过国家网信部门组织的安全评估；

（二）按照国家网信部门的规定经专业机构进行个人信息保护认证；

（三）按照国家网信部门制定的标准合同与境外接收方订

立合同，约定双方的权利和义务；

（四）法律、行政法规或者国家网信部门规定的其他条件。

中华人民共和国缔结或者参加的国际条约、协定对向中华人民共和国境外提供个人信息的条件等有规定的，可以按照其规定执行。

个人信息处理者应当采取必要措施，保障境外接收方处理个人信息的活动达到本法规定的个人信息保护标准。

【条文理解】

本条明确了在个人信息跨境上，采取安全评估、保护认证、标准合同等多元化的出境条件。个人信息处理者确需出境的，需要满足四种可选条件（国家网信部门组织安全评估、专业机构认证、签订国家网信部门的标准合同、法律法规规定的其他条件），同时需要采取各项措施保障境外接收方满足个人信息保护标准。我国缔结参加的国际条约、协定有其他规定的，从其规定。

（一）背景介绍

经济全球化时代，数据跨境流动是数字全球化的伴生物，个人信息出境已经成为国际经济发展不可或缺的部分。但个人信息出境可能影响个人信息主体权益保护，同时在数据作为国家基础性战略资源的背景下，个人信息出境也可能会影响国家安全、损害社会公共利益。因此，个人信息出境需要明确规则及监管。

《网络安全法》出台前，对于个人信息出境监管，主要为分散化的行业监管要求，如《征信业管理条例》《地图管理条例》等。自2016年《网络安全法》实施以来，数据的本地化存储要求和个人信息跨境合规一直备受关注。在《网络安全法》框架下，关键信息基础设施运营者在我国境内运营中产生的个人信息和重要数据如需向境外提供的，需按照国家网信部门会同国务院有关部门制定的办法。《网络安全法》规制的主要对象为关键信息基础设施运营者，对于非关键信息基础设施运营者未明确要求；规制的客体是个人信息和重要数据。2017 年 4 月 11 日，国家网信部门发布的《个人信息和重要数据出境安全评估办法（征求意见稿）》则对网络运营者在中华人民共和国境内运营中收集和产生的个人信息和重要数据向境外提供的行为设置了安全评估的要求，将主体扩大为所有网络运营者。2017 年 8 月 30 日，国家标准《信息安全技术 数据出境安全评估指南（征求意见稿）》规定了数据出境安全评估流程、评估要点、评估方法等内容。2019 年 6 月 13 日，国家网信部门公布的《个人信息出境安全评估办法（征求意见稿）》则要求所有网络运营者的个人信息出境均需经过网信部门安全评估。《数据安全法》将重要数据的出境安全管理同样进行了二分监管，即对与关键信息基础设施运营者重要数据出境直接援引《网络安全法》，对于其他数据处理者重要数据出境由国家网信部门会同有关部门制定出境安全管理办法，这也填补了非关键信息基础设施运营者重要数据出境的监管空白。《个人信息保护法》给个人信息处理者开展个人信息出境前置条件提供可选方案，较《个人信息出境安全评估办法（征求意见稿）》，在一定程度上放宽了个人信息出境问题的监管态势，系统地设计了符合中国国情的个人信息跨境传输方案，提出了多元化的合法传输路径，展现了在促进数据流动、推动经济发展的目标下综合平衡考量。

（二）条款解读

1. 第 1 款：该条款明确个人信息出境的四种可选条件：即国家网信部门组织安全评估、专业机构认证、签订国家网信部门的标准合同、法律法规规定的其他条件四种可选条件，个人信息处理者可任选其一。其中：

（1）安全评估方面：由国家网信部门组织安全评估，既能强化个人信息出境安全，也便于监管部门更加清晰了解我国整体个人信息出境情况，及时发现可能存在的其他风险。安全评估的重点在于评估个人信息跨境传输是否符合法律法规及政策规定，传输方与接收方所签署的合同是否能够保障个人信息主体合法权益，是否都得到了有效执行，传输方与接收方是否发生过个人信息泄露等不良事件。

国家网信部门组织的安全评估的内容、程序、期间、是否为最终决定等待进一步明确。2017 年 8 月 25 日，国家标准《信息安全技术 数据出境安全评估指南（征求意见稿）》中明确评估要点，主要表现在：出境目的需要满足合法性、正当性、必要性的要求；综合考虑出境数据的属性和数据出境发生安全事件的可能性即影响程度评估数据出境的安全风险；数据发送方和数据接收方分别的安全保护能力（主体背景情况、管理制度保障能力、技术手段保障能力）；数据接收方所在国家或区域的政治法律环境等方面开展综合评估，对于出境安全风险为高或者极高的，个人信息不得出境。《个人信息出境安全评估办法（征求意见稿）》第 6 条规定，个人信息出境安全评估重点评估以下内容：（一）是否符合国家有关法律法规和政策规定。（二）合同条款是否能够充分保障个人信息主体合法权益。（三）合同能否得到有效执行。

（2）专业机构认证方面：专业机构认证的资质、认证标准、程序等待进一步明确。

（3）标准合同方面：国家网信部门正在制定标准合同，待进一步明确。参考欧盟《一般数据保护条例》下的 SCCs（Standard Contractual Clauses）、东盟（ASEAN）发布的 MCCs（Model Contractual Clauses）等跨境传输条款，传输范围、方式、频率等事实的明确以及不同数据处理关系下双方的权利义务的约定等内容。

（4）法律法规规定的其他条件，依据其他法律法规的要求。企业还需关注所在的行业领域是否有其他特别的要求。如汽车行业，2021 年 10 月 1 日起实施的《汽车数据安全管理若干规定（试行）》，汽车数据处理者应该在中国境内依法存储重要数据（包括涉及个人信息主体超过 10 万人的个人信息），确需向境外提供的，应当通过国家网信部门组织的数据出境安全评估并满足其他相关要求。

2. 第 2 款：该条款明确个人信息出境如果有相关国际条约、协定等特殊规定的，从其规定。

3. 第 3 款：该条款强调了企业所需采取的各项措施、需满足的各项要求所要达成的效果。在相关实施细节未出台之前，建议企业可采取签订合同、审计评估、技术监测等措施来实现。

（三）亟待制定配套规则

上述相关具体规则还需要配套法规、国家标准进一步澄清，例如，"向境外提供"即个人信息出境的含义及认定标准待进一步明确。

《信息安全技术 数据出境安全评估指南（征求意见稿）》规定了数据出境的含义以及三类属于出境以及两类不属于出境的情况：

数据出境：是指网络运营者通过网络等方式，将其在中华人民共和国境内运营中收集和产生的个人信息和重要数据，通过直接提供或开展业务、提供服务、产品等方式提供给境外的机构、组织或个人的一次性活动或连续性活动。

属于个人信息出境的三种情况：

a. 向本国境内，但不属于本国司法管辖或未在境内注册的主体提供个人信息和重要数据；

b. 数据未转移存储在本国以外的地方，但被境外的机构、组织、个人访问查看的（公开信息、网页访问除外）；

c. 网络运营者集团内部数据由境内转移至境外，涉及其在境内运营中收集和产生的个人信息和重要数据的。

不属于个人信息出境的两个例外：

a. 非在境内运营中收集和产生的个人信息和重要数据经由本国出境，未经任何变动或加工处理的，不属于数据出境。

b. 非在境内运营中收集和产生的个人信息和重要数据在境内存储、加工处理后出境，不涉及境内运营者中收集和产生的个人信息和重要数据的，不属于数据出境。

四种可选条件相关的配套规则：

a. 国家网信部门组织的安全评估的内容、程序、期间、是否为最终决定等规制。

b. 专业机构认证的资质、认证标准、程序等待进一步明确。

c. 标准合同待出台明确。

d. 其他规定，从其规定。

【典型案例】

国内某医院未经许可将人类遗传信息网上传递出境被罚①

上海某医院与深圳某基因科技服务有限公司与英国某大学开展中国人类遗传资源国际合作研究（“中国女性单相抑郁症的大样本病例对照研究”国际科研），该医院未经许可将部分人类遗传资源信息从网上传递出境。上述行为违反了《人类遗传资源管理暂行办法》第 4 条、第 11 条、第 16 条规定。处罚结果：（1）接到本决定书之日起立即停止该研究工作的执行。（2）销毁该研究工作中所有未出境的遗传资源材料及相关研究数据。（3）自本决定书送达之日起停止该医院涉及我国人类遗传资源的国际合作，整改验收合格后，再行开展。

按照《人类遗传资源管理暂行办法》第 4 条的规定，国家对重要遗传家系和特定地区遗传资源实行申报登记制度；未经许可，任何单位和个人不得擅自采集、收集、买卖、出口、出境或以其他形式对外提供。《人类遗传资源管理暂行办法》第 21 条规定，我国单位和个人违反本办法的规定，未经批准，私自携带、邮寄、运输人类遗传资源材料出口、出境的，由海关没收其携带、邮寄、运输的人类遗传资源材料，视情节轻重，给予行政处罚直至移送司法机关处理；未经批准擅自向外方机构或者个人提供人类遗传资源材料的，没收所提供的人类遗传资源材料并处以罚款；情节严重的，给予行政处罚直至追究法律责任。医疗数据，涉及患者个人隐私（个人信息）、社会公序良俗、国家安全等安全风险。如确需个人信息出境

---

① 案号：国科罚（2015）2 号。

的，需考虑待出境的个人信息是否法律禁止出境的类型，是否必须经过安全评估，还是可以四种出境条件择其一，采取安全保障措施且征得个人信息主体的单独同意后方可安全出境。

【合规指引】

考虑到目前国家网信部门尚未发布标准合同，尚未明确个人信息保护认证机构的资质、要求、程序等要求，相应的国家网信部门的安全评估制度亦未成型。为了满足日趋严格的监管要求，建议参考尚未正式生效的相关草案、指南、标准，企业自行组织安全评估，同时加强与监管部门的沟通。

1. 个人信息处理者自评估：针对个人信息出境场景，个人信息处理者应在首次向境外提供前以及在此后开展定期安全影响评估，可以用合法正当必要、风险可控两个方面开展自评估，并留存评估记录：

（1）合法、正当、必要：包括个人信息合法性（不属于法律法规禁止出境的类型、不属于国家网信部门等有关部门认定不能出境的类型）、正当性（取得个人信息主体单独告知同意）、必要性（与相关业务具有直接关联、最小传输频率、最小传输数量）等。

（2）风险可控：包括但不限于个人信息类型维度（个人信息类型、敏感度、数量、范围、技术处理方式等）、个人信息处理者和境外接收者的技术和管理能力、接收者所在国家或地区的政治法律环境等。

如评估结果显示存在较高风险的，建议修正个人信息出境计划后重新评估；同时定期重新评估。

2. 记录留存：妥善留存从评估到最后实施相关的书面文件，如向境外提供个人信息有关的合同、用户告知同意的证明、境外接收方清单和相关日志、技术措施等，详细记录个人信息出境的全过程。

3. 必经四种可选条件：国家网信部门组织安全评估、专业机构认证、签订国家网信部门的标准合同、法律法规规定的其他条件四种可选条件。

如果法律法规要求必须经过安全评估的，只能采取安全评估一种方式。

4. 数据传输安全性：采用加密通道或数据加密等保护措施确保个人信息的完整性、保密性、可用性；对通信双方进行身份鉴别和认证，采用程序编程接口传输个人信息时，应采取措施防止未经授权方访问和使用；境外接收者接收个人信息后，应进行完整性校验。

5. 保障措施：需要采取各项措施保障境外接收方满足个人信息保护标准。如合同约束、技术限制、定期复核、合规审计等。

需要注意的是，向境外提供个人信息的具体实现方式可能是向境外共享、转让、存储、委托处理等环节，此处的个人信息出境并未包含对于前述环节等的讨论，个人信息出境往往伴随着集团个人信息融合共享、公司对外共享个人信息等环节，因此亦可能涉及《个人信息保护法》中相关环节的合规要求。同时还需要考虑法律法规禁止向境外提供特定类型的个人信息，不应向境外提供。

【港澳相关规定】

1. 香港

禁止除在指明情况外将个人资料移转至香港以外地方

（1）除——

（a）其收集、持有、处理或使用是在香港进行的个人资料；或

（b）其收集、持有、处理或使用是由主要业务地点是在香港的人所控制的个人资料，外，本条不适用于任何个人资料。

（2）除非符合以下条件，否则资料使用者不得将个人资料移转至香港以外的地方 ——

（a）该地方是为本条的施行而在第（3）款下的公告中指明的；

（b）该使用者有合理理由相信在该地方有与本条例大体上相似或达致与本条例的目的相同的目的之法律正在生效；

（c）有关的资料当事人已以书面同意该项移转；

（d）该使用者有合理理由相信在有关个案的所有情况下——（i）该项移转是为避免针对资料当事人的不利行动或减轻该等行动的影响而作出的；（ii）获取资料当事人对该项移转的书面同意不是切实可行的；及（iii）如获取书面同意是切实可行的，则资料当事人是会给予上述同意的；

（e）该资料凭借第 8 部获豁免而不受第 3 保障资料原则所管限；

（f）凡假使该资料在香港以某方式收集、持有、处理或使用，便会属违反本条例下的规定，该使用者已采取所有合理的预防措施及已作出所有应作出的努力，以确保该资料不会在该地方以该方式收集、持有、处理或使用。①

2. 澳门

将个人资料转移到特区以外的地方

一、仅得在遵守本法律规定，且接收转移资料当地的法律体系能确保适当的保护程度的情况下，方可将个人资料转移到特区以外的地方。

二、上款所指的适当的保护程度应根据转移的所有情况或转移资料的整体进行审议，尤其应考虑资料的性质、处理资料的目的、期间或处理计划、资料来源地和最终目的地，以及有关法律体系现行的一般或特定的法律规则及所遵守的专业规则和安全措施。

三、由公共当局决定某一法律体系是否能确保上款规定的适当保护程度②

第三十九条　【个人信息跨境的告知与同意】 个人信息处理者向中华人民共和国境外提供个人信息的，应当向个人告知境外接收方的名称或者姓名、联系方式、处理目的、处理方式、个人信息的种类以及个人向境外接收方行使本法规定权利的方式和程序等事项，并取得个人的单独同意。

---

① 《香港个人资料（私隐）条例》第 33 条。

② 《澳门个人资料保护法》第 19 条。

【条文理解】

本条明确个人信息出境的告知同意机制。

（一）告知方面：应当向个人告知境外接收方的名称或者姓名、联系方式、处理目的、处理方式、个人信息的种类以及个人向境外接收方行使本法规定权利的方式和程序等事项。

（二）同意方面：需要取得个人的单独同意。实践中 App 以单独弹窗等方式实现单独同意，由用户自主点击同意。如果涉及不满 14 周岁未成年人个人信息的，应获得监护人的同意。同时，应向个人信息主体提供选择退出机制，如撤回授权同意。

同时个人信息保护政策中，也应同步明确是否涉及向境外提供个人信息，如有，应在个人信息保护政策中明确境外接收方的名称或者姓名、联系方式、处理目的、处理方式、个人信息的种类以及个人向境外接收方行使本法规定权利的方式和程序等事项。

【合规指引】

《个人信息保护法》建立了全面的个人信息出境管理机制，将非关键信息基础设施运营者个人信息出境管理纳入法律规定范围。企业应当对数据出境事项进行梳理，通过修改个人信息保护政策或其他方式，将出境情况充分告知个人，并征得其单独同意，除非可以依赖其他合法性基础；在此基础上，应当与境外接收方签署标准合同（国家网信部门正在制定），并采取必要措施（如合同约束、技术限制、定期复核、合规审计等），确保接收方妥善保护个人信息。未来国家出台个人信息保护认证规则以后，也可以采用认证路径来开展个人信息出境。

个人信息出境前，应对境外接收者尽职调查并签订合同明确双方权责；确保个人信息主体的告知同意机制得以真正落实。

1. 对境外接收者尽职调查并签订合同明确双方权责

对境外接收者尽调，包括但不限于对接收者主体安全能力尽调（包括但不限于接收者背景情况、管理制度保障能力、技术手段保障能力，并实施一定的技术检测等方式核验其保护能力是否可靠等）、接收者所在国家或地区的政治法律环境，对现实和潜在的风险进行把控。

签署合同明确与境外接收者的权利、义务，并进行留存。

2. 确保个人信息主体的告知同意机制得以真正落实

个人信息处理者需要充分告知，且经过个人信息主体单独同意，如涉及未满14周岁以下未成年人个人信息的，应获得监护人的同意；并在个人信息保护政策中逐项列出并显著标识，说明境外接收方的名称或者姓名、联系方式、处理目的、处理方式、个人信息的种类以及个人向境外接收方行使本法规定权利的方式和程序等事项。

<table>
<tr><th>主体身份</th><th>通用要求</th><th>特殊要求</th></tr>
<tr><td>关键信息基础设施运营者</td><td rowspan="3">1. 采取必要措施，保障境外接收方处理个人信息的活动达到本法规定的个人信息保护标准。
参见：《个人信息保护法》第38条。
2. 告知并取得个人的单独同意。
参见：《个人信息保护法》第38条。
3. 事前进行个人信息保护影响评估，并对处理情况进行记录。
参见：《个人信息保护法》第55条。</td><td rowspan="2">应当将在中华人民共和国境内收集和产生的个人信息存储在境内。
确需向境外提供的，应当通过国家网信部门组织的安全评估；法律、行政法规和国家网信部门规定可以不进行安全评估的，从其规定。
参见：《个人信息保护法》第40条。</td></tr>
<tr><td>处理个人信息达到国家网信部门规定数量的个人信息处理者</td></tr>
<tr><td>一般个人信息处理者</td><td>具备下列条件之一：
1. 依照本法第40条的规定通过国家网信部门组织的安全评估；
2. 按照国家网信部门的规定经专业机构进行个人信息保护认证；
3. 按照国家网信部门制定的标准合同与境外接收方订立合同，约定双方的权利和义务；
4. 法律、行政法规或者国家网信部门规定的其他条件。
参见：《个人信息保护法》第38条。</td></tr>
</table>

第四十条 【关键信息基础设施运营者的存储义务及境外提供】 关键信息基础设施运营者和处理个人信息达到国家网信部门规定数量的个人信息处理者，应当将在中华人民共和国境内收集和产生的个人信息存储在境内。确需向境外提供的，应当通过国家网信部门组织的安全评估；法律、行政法规和国家网信部门规定可以不进行安全评估的，从其规定。

【条文理解】

本条文旨在明确两类主体，即关键信息基础设施运营者以及处理个人信息达到国家网信部门规定数量的个人信息处理者，在原则上具有个人信息境内存储义务。若该两类主体确有向境外提供个人信息的需求的，应当通过国家网信部门组织的安全评估。同时，第 40 条给出了豁免性规定，指出若“法律、行政法规和国家网信部门规定可以不进行安全评估的，从其规定”。

【典型案例】

某互联网公司因违反个人数据法规被俄罗斯地方法院罚款 26 万元[①]

2021 年 7 月 29 日，因违反个人数据法未将俄罗斯用户数据存储在俄罗斯境内，俄罗斯莫斯科塔甘斯基法院（Moscow's Tagansky District Court）对某互联网公司处以 300 万卢布（约合 26 万元人民币）的罚款。

2021 年 6 月，俄罗斯联邦通信、信息技术和大众传媒监督局（Roskomnadzor）表示，已对该公司提起行政诉讼，原因是其未按照相关法律要求将俄罗斯用户的个人数据存储在俄罗斯境内的数据库中。

---

① 《法院首次因某互联网公司拒绝将俄罗斯人的数据本地化对其处以罚款》，载俄罗斯卫星通讯社中文网，https：//sputniknews. cn/russia/202107291034168818/，2021 年 10 月 7 日访问。

俄罗斯数据本地化立法《Federal Law No. 242-FZ》于2014年12月31日通过，并于2015年9月1日生效。根据其规定，运营者对俄罗斯联邦公民的个人数据需要进行本地化处理，且有义务向政府告知其于俄罗斯境内的数据库地址。

【产业实践】

1. 2021年5月，某电动汽车厂商发布公开声明，称其已经在中国建立数据中心，并将陆续增加更多数据中心。所有在中国大陆市场销售车辆所产生的数据，都将存储在中国境内，以实现数据存储本地化。①

2. 2017年7月，外国某科技公司与贵州省政府签署云服务战略合作框架协议，建设该公司云服务的全国主数据中心。该数据中心为该公司在中国的第一个数据中心，用于存储国内用户上传至云端的照片、视频、文档、个人信息等数据。②

【合规指引】

1. 企业应首先明确自身是否为《个人信息保护法》所规制的个人信息境内存储义务主体

首先，企业需要判断其是否为关键信息基础设施运营者。《网络安全法》第31条中列举了“公共通信和信息服务、能源、交通、水利、金融、公共服务、电子政务”等重要行业与领域，并将“其他一旦遭到破坏、丧失功能或者数据泄露，可能严重危害国家安全、国计民生、公共利益的关键信息基础设施”纳入关键信息基础设施的概念。

---

① 《在中国建立数据中心，某电动汽车厂商不再“蒙眼狂奔”?》，载中国新闻网，http://www.chinanews.com/cj/2021/05-26/9486180.shtml，2021年11月3日访问。

② 《某科技公司投10亿美元在贵州建设iCloud数据中心》，载新华网，http://www.xinhuanet.com/zgjx/2017-07/13/c_136440645.htm，2021年11月3日访问。

公安部于 2020 年发布的《贯彻落实网络安全等级保护制度和关键信息基础设施安全保护制度的指导意见》要求，重要行业、领域的主管、监管部门应制定关键信息基础设施认定规则并报公安部备案，并将“符合认定条件的基础网络、大型专网、核心业务系统、云平台、大数据平台、物联网、工业控制系统、智能制造系统、新型互联网、新兴通讯设施等重点保护对象纳入关键信息基础设施”。

根据实务经验，行业主管机关会向该行业内属于关键信息基础设施运营者的企业寄送官方通知。《关键信息基础设施安全保护条例》第 10 条也明确指出，保护工作部门根据认定规则负责组织认定本行业、本领域的关键信息基础设施，及时将认定结果通知运营者，并通报国务院公安部门。

对于如何判断企业是否属于“处理个人信息达到国家网信部门规定数量的个人信息处理者”，2017 年 4 月 11 日，《个人信息和重要数据出境安全评估办法（征求意见稿）》第 9 条规定，“含有或累计含有 50 万人以上的个人信息”或“数据量超过 1000GB”（2019 年 6 月 13 日版已无此项规定），2021 年 7 月 10 日《网络安全审查办法（修订草案征求意见稿）》第 6 条规定，“掌握超过 100 万用户个人信息的运营者赴国外上市，必须向网络安全审查办公室申报网络安全审查”等有关数量表述具有一定参考价值，但详细的规定需要参照我国网信部门后续出台的规则指引。

2. 若企业已明确自身为关键信息基础设施运营者或处理个人信息达到规定数量的个人信息处理者，应履行个人信息本地化存储义务

若企业为《个人信息保护法》所规定的个人信息本地化存储义务的主体，则应履行其个人信息境内存储义务。企业可根据成本及运营等因素考量，在中国境内建立数据中心，或将个人信息存储于第三方提供的境内服务器上。应注意的是，若企业选择将个人信息存储于第三方的境内服务器上以实现其本地化义务，应当通过签署协议等方式确认第三方采取了严格的技术和组织措施以确保相关数据的安全。

3. 对于企业明确的个人信息出境需求，提前进行评估准备

若企业属于关键信息基础设施运营者或其处理的个人信息达到了国家

网信部门规定的标准，企业对境外提供个人信息原则上应通过国家网信部门组织的安全评估。虽然目前没有正式出台的评估标准，企业可以适当参考《个人信息出境安全评估办法（征求意见稿）》，对于自身及境外接收方当前的数据安全能力进行预评估，并着手准备可能需要在之后正式评估中提交的相关文件，如企业与境外个人信息接收者签订的合同、个人信息出境安全风险及安全保障措施分析报告等。对于评估重点，企业可以着重关注合同条款是否能够充分保障个人信息主体合法权益，合同能否得到有效执行，企业以及境外个人信息接收者是否有损害个人信息主体合法权益的历史，是否发生过重大网络安全事件、网络运营者获得个人信息是否合法、正当等。

4. 企业应持续关注国家网信部门及相关机关后续就个人信息本地化存储及出境安全管理发布的规范或细则

鉴于目前无论是针对个人信息本地化存储的义务主体、个人信息出境的安全评估流程或是安全评估的豁免情况都没有明确规定，企业需要持续关注国家网信部门及相关机关后续发布的相关规范细则，及时作出合规调整。

第四十一条　【境外司法或执法机构调取个人信息程序】 中华人民共和国主管机关根据有关法律和中华人民共和国缔结或者参加的国际条约、协定，或者按照平等互惠原则，处理外国司法或者执法机构关于提供存储于境内个人信息的请求。非经中华人民共和国主管机关批准，个人信息处理者不得向外国司法或者执法机构提供存储于中华人民共和国境内的个人信息。

【条文理解】

本条文对配合境外执法或司法机构要求而启动的境内个人信息出境行为明确采用了原则性禁止规定，仅在经过主管机关批准的情况下可以向境外执法或司法机构提供存储于境内的个人信息。同时，该条规定了可能的例外情形，即中国缔结或参加的国际条约或协定中另有规定的，可以按照相关规定处理，但此例外规定不具有强制性。

【典型案例】

某出行服务公司网络安全审查案[①]

2021 年 7 月 2 日，网络安全审查办公室发布公告宣布，“为防范国家数据安全风险，维护国家安全，保障公共利益”，将对某出行服务公司启动网络安全审查。7 月 4 日，国家网信办经检测核实，认定某出行服务公司 App 存在严重违法违规收集个人信息问题，通知应用商店下架该 App。随后国家网信办宣布对其他三家企业启动网络安全审查。

上述审查中涉及的对重要数据和公民个人信息的出境安全风险值得关注，停止新用户注册被认为是对数据进行保护的一种措施。尽管目前审查尚未完成，此次网络安全审查的具体原因尚未公布，但与个人信息及重要数据的出境安全管理有紧密关联。

【合规指引】

1. 企业应明确要求提供个人信息的主体是否为境外司法或执法机构

企业应首先判断向其提出个人信息需求的主体是否为境外司法或执法机构。若境外司法机构（如法院）或是执法机构直接向企业发送信函或传票要求企业提供相关个人信息，企业据此提供数据的行为很有可能被认定为向境外司法或执法机构提交个人信息。

在不涉及直接向境外司法或执法机构提交个人信息的场景中，企业仍需关注向其要求提供个人信息的主体是否与境外司法或执法机构存在关联。在实践中，存在境外司法或执法机构委派第三方主体对企业进行合规

---

① 《网络安全审查办公室关于对“某出行服务公司”启动网络安全审查的公告》，载国家网信办，http：//www. cac. gov. cn/2021-07/02/c_ 1626811521011934. htm，2021 年 10 月 7 日访问。

监管的情形，虽然第三方主体主要以其自身名义向企业发送个人信息需求，但是其往往具有定期向境外司法或执法机构汇报并提交报告的义务。若该类报告中包含了存储于境内的个人信息，在《个人信息保护法》相关细则尚未发布的情况下，不能排除相关主管机关会将企业向此类第三方机构提供个人信息的行为认定为向境外司法或执法机构提供个人信息。

2. 企业应确认要求提供的信息是否为存储于中国境内的个人信息

《个人信息保护法》将禁止向境外提供的数据客体明确为任何存储于中国境内的个人信息。因此，企业在中国境内收集管理并存储于境内服务器中的个人信息将落入第 41 条的规制范围。需要注意的是，由于《个人信息保护法》并未对“存储于境内”的概念进行明确定义和解释，对于来源于中国境内，但是因技术或其他原因直接存储于境外服务器的个人信息，仍需要等待后续文件细则或执法案例对此的进一步说明。考虑到中国个人信息保护立法实践日趋严格，企业应审慎对待。

3. 企业对于境外司法或执法机构提出的个人信息需求原则上应履行报主管机关批准义务

若企业接收到了境外司法或执法机构提供存储于境内的个人信息的需求，则应履行报主管机关批准的义务。目前，国家对于主管机关的具体身份和审批程序均未作出明确规定。从《个人信息保护法（草案二次审议稿）》采用的较为模糊的“主管机关”的概念来看，可能是考虑到在境外诉讼或其他涉外纠纷中往往涉及多部门的联动，如司法局、外交部、国家网信部门、证监会、最高人民法院、最高人民检察院等，都可能成为主管部门从中协调。对于具体的审批方式，鉴于目前立法对于基于境外司法、执法机构的要求而提供相关个人信息或数据的整体态度趋于严格，就无明显关联性的数个案件配合境外调查而提供个人信息或数据，主管机关采取批量审批方式的可能性不大，详细规定需参照主管机关后续出台的规则指引。

4. 企业可事先对向境外司法或执法机构提交的文件进行筛查处理

对于境外司法或执法机构提出的文件需求，企业可先对相关数据进行审查和筛选，在境外司法或执法机构无明确要求提供具体个人信息的情况下，将文件中的个人信息进行相应删改处理，并进行内部审查，以评估向境外司法或执法机构出示此类文件可能面临的中国法律下的风险。

5. 企业应密切关注相关机关后续发布的解释文件或相关细则

在目前具体监管方式尚不明朗的情况下，建议企业密切关注国家网信部门、国家安全机关以及其他相关部门的官方动态，对于《个人信息保护法》的解释文件或相关细则进行持续跟踪，尤其关注第41条主管机关审批流程的相关问题。

第四十二条　【境外主体个人信息提供黑名单制度】 境外的组织、个人从事侵害中华人民共和国公民的个人信息权益，或者危害中华人民共和国国家安全、公共利益的个人信息处理活动的，国家网信部门可以将其列入限制或者禁止个人信息提供清单，予以公告，并采取限制或者禁止向其提供个人信息等措施。

【条文理解】

本条旨在赋予我国个人信息跨境时采取反制和限制措施的权利，主要针对从事损害我国公民个人信息权益等活动的境外组织、个人，以及在个人信息保护方面对我国采取不合理措施的国家和地区。本条所规定的反制措施实质上是一种“黑名单制度”，即对于从事损害我国公民权益、危害我国国家安全、公共利益个人信息处理活动的境外主体，网信部门有权将其列入限制或禁止提供个人信息的清单，并采取限制或禁止措施。

（一）“黑名单”制度的理解与适用

本条明确构建了“个人信息提供黑名单制度”，立法目的类似于商务部《不可靠实体清单规定》对“不可靠实体清单”的构建。确立限制或者禁止个人信息提供清单制度，限制、禁止向境外从事损害我国公民个人信息权益，或者危害我国国家安全、公共利益的个人信息处理活动的组织、个人提供个人信息，有助于在一定程度上降低个人信息出境环节中危害国家安全、公共利益或损害个人信息权益的风险，亦可以起到一定的威慑和警示作用。从实施主体来看，限制或者禁止个人信息提供清单制度的实施主体为国家网信部门，针对被列入清单的组织或个人可以采取的措施包括限制或者禁止向其提供个人信息。这条赋予国家网信部门以具有建构黑名单的决定权和就危害国家安全和公共利益的行为进行判定的权利。

（二）比较法分析：欧盟 GDPR 中的数据跨境规则

欧盟 GDPR 第 5 章专门规定了个人数据向非成员国跨境转移的规则，即欧盟认定第三国为个人信息提供了充足适当水平的保护。该条例第 5 章第 45 条第 2 款规定，欧盟委员会对第三国进行适当性评估时应当考虑的因素包括："（a）法治、对基本自由的尊重、包括关于公共安全、国防、国家安全、刑法和公共机构访问个人数据的一般性与部门性立法……（b）在国际组织是主体的情形中，第三国内存在一个或多个有效运作的独立监管机构，保证数据保护规则的实施，包括具有充分的执行权力，在数据主体行使其权利时和与成员国的监管机构合作时提供帮助和建议；（c）第三国或国际组织已经许下的国际性承诺，或者承诺愿意承担有法律约束力的条约或法律文件所引起的其他责任，以及参加多边或地区性的体系，特别是和数据保护相关的体系所引起的其他责任。"①

① *Article* 45 Transfers on the basis of an adequacy decision When assessing the adequacy of the level of protection, the Commission shall, in particular, take account of the following elements: (a) the rule of law, and fundamental freedoms, relevant legislation, both general and sectoral, including concerning public security, defence, national security and criminal law and the access of public authorities to personal data, as well as the implementation of such legislation, data protection rules, professional rules and security measures, including rules for the onward transfer of personal data to another third country or international organisation which are complied with in that country or international organisation, case-law, as well as effective and enforceable data subject rights and effective administrative and judicial redress for the data subjects whose personal data are being transferred; (b) the existence and effective functioning of one or more independent supervisory authorities in the third country or to which an international organisation is subject, with responsibility for ensuring and enforcing compliance with the data protection rules, including adequate enforcement powers, for assisting and advising the data subjects in exercising their rights and for cooperation with the supervisory authorities of the Member States; and (c) the international commitments the third country or international organisation concerned has entered into, or other obligations arising from legally binding conventions or instruments as well as from its participation in multilateral or regional systems, in particular in relation to the protection of personal data.

从条文来看，欧盟 GDPR 中对数据跨境传输有着非常严格的限制，欧盟 GDPR 将欧盟境外的数据接收地分为有充分保护的和没有充分保护的地区。对于没有充分保护的地区，控制者或处理者只有提供适当的保护措施，以及为数据主体提供可以执行的权利与有效的法律救济措施，才能将个人数据转移到该地区。欧盟 GDPR 为个人数据权利提供了强有力的保护，有利于防止第三国或国际组织由于对个人数据立法保护水平差异而造成对个人数据权利的侵害，但由于欧盟对保护程度认定的高标准，至今获得欧盟充分性认证的国家和地区数量十分有限。针对未获得欧盟充分性认证的国家和地区，欧盟规定了一些替代性方案，包括约束性企业规则、标准合同条款、经批准的行为准则以及认证机制等。总的来说，欧盟对数据跨境采用的是第三国充分性评估模式，这有利于本国政府把握主动权，依法对请求数据跨境的第三国进行保护程度的充分性评估，但也相对更具抽象和主观性，可能存在政府对他国歧视性评估的质疑。

欧盟 GDPR 的数据跨境规则与我国《个人信息保护法》第 42 条主要存在两方面差异：一是欧盟 GDPR 侧重保护自然人的数据权利，而《个人信息保护法》第 42 条包含对国家安全因素的考虑。个人合法权益始终是欧盟个人信息保护立法的出发点，欧盟 GDPR 也对个人信息提供了高强度保护。对我国而言，考虑到大数据下的个人信息经过加工分析，可能构成对国家安全的威胁的情况，《个人信息保护法》第 42 条主要基于总体国家安全观视角，进一步完善和加强我国个人信息保护在立法层面的保护，防止可能危害国家安全的个人信息被他国收集的情形。二是欧盟 GDPR 规定了数据跨境的白名单制度，而《个人信息保护法》第 42 条主要针对危害我国国家安全的境外组织采取黑名单制度。欧盟 GDPR 在个人数据跨境方面采取的是“充分性认定白名单”制度，即进入欧盟“白名单”的国家或地区可以较为自由地与欧盟进行个人数据跨境流动，没有进入“白名单”的国家或地区则需要满足替代性情况。通过设定“白名单”，欧盟间接地将本国的数据跨境标准施加于其他国家，促使他国接受统一标准，有利于维护欧盟数据保护基本价值观。我国的“黑名单”制度则是严格限制重要个人数据出境至黑名单内国家和地区，有利于在经济发展和数据安全之间作出一定平衡。

【产业实践】

《个人信息保护法》第 42 条规定，意味着对境内外企业收集用户个人信息提出了新的要求。对境外企业来说，境外企业在向中国用户提供注册服务而收集用户信息时，需要根据《个人信息保护法》《数据安全法》《网络安全法》等法律法规，合法、合理地收集用户个人信息，并建立健全用户信息保护制度。对于用户敏感信息，境外企业应当根据《个人信息保护法》第 31 条的规定，取得个人的单独同意，并向个人告知处理敏感个人信息的必要性以及对个人的影响。此外，也要采用特殊的加密措施传输和存储所收集到的用户敏感信息。对境内企业来说，如果需要向境外第三方提供个人信息，也要根据《个人信息保护法》第 36 条的规定，在事前进行自行风险评估，或申请风险评估。

【合规指引】

互联网企业在实践中往往掌握着大量的数据资源，因此企业在维护个人数据安全方面的责任不容忽视，企业可以通过完善个人数据保护制度、梳理个人数据合规风险等方式，履行自身在个人数据保护方面的义务。

1. 个人数据合规风险的再梳理

企业应当针对《个人信息保护法》的具体制度，对潜在的数据合规风险进行全面梳理，并进行分类处置：对于《个人信息保护法》及其他法律法规已经明确界定的内容，发现问题后，应及时进行整改；对于有关法律草案有界定，但尚未生效，且通过其他法律法规、规则无法进行合规风险判断的内容，作出有前瞻性的整改进程安排。

2. 完善企业自身个人数据保护

现如今随着互联网人口红利的消失，竞争变得愈加激烈，很多企业的网站与 App 等会受到恶意网络攻击，恶意爬虫、撞库攻击、账户泄露、盗刷等问题层出不穷，而这些问题将给企业所收集的个人数据安全带来非常直接的风险隐患。总之，导致这些问题的恶意机器流量可能已经渗透至企业核心业务场景之中，企业必须提前发现并及时处理恶意机器流量，做好保障自身个人数据安全的关键一环。

第四十三条 【歧视性、限制措施的对等原则】 任何国家或者地区在个人信息保护方面对中华人民共和国采取歧视性的禁止、限制或者其他类似措施的，中华人民共和国可以根据实际情况对该国家或者地区对等采取措施。

【条文理解】

本条旨在赋予我国个人信息跨境时采取反制和限制措施的权利，主要针对在个人信息保护方面对我国采取歧视性禁止、限制或者其他类似措施的国家和地区。本条所规定的反制措施实质上是一种对等措施，体现出“以限制抵制限制”的原则，即在国家间互相给予平等待遇的前提下，若一方违反，则会导致对方的限制性或报复性措施。按照本条，如果他国或地区对我国在个人信息保护方面采取了歧视性的禁止或限制措施，我国则可以根据实际情况对该国或地区采取相应的报复和反制措施。

（一）对等反制措施的理解与适用

本条明确了个人信息保护领域的对等反制措施。对等反制措施基于国际法上的“对等原则”，亦与《出口管制法》第 48 条、《数据安全法》第 26 条所体现的立法精神相协同，有助于维护我国国家利益、公共利益及我国个人的合法权益。近年来，个别国家在政治、经济、外交等领域对我国采取了歧视性的禁止、限制或者其他类似措施，对我国国家利益和我国“出海”企业的利益造成了较大影响，采取正当且必要的对等反制措施，是维护我国国家利益的重要手段。《个人信息保护法》第43条有助于推动建立公平的数据流动国际环境，为我国在数据跨境流动中依法、合法采取反制措施赋权，增大我国在数据跨境流动过程中域外保护管辖权，保障了我国企业在数字领域的公平竞争。

（二）对等反制措施在外国相关规则中的应用

约束性公司规制（Binding Corporate Rules，BCRs），BCRs是个人数据从欧盟出口到其他没有被欧盟确认满足充分性保护的国家，而提供的对个人数据足够保护的法律手段。与“白名单”所带来的广泛性自由传输不同，BCRs是一种内部的数据传输规则，即只有在特定的企业集团、国际组织范围内是自由的、安全的。同时，有效的BCRs建立在有权机关的批准基础上，欧盟委员会以及各成员国的数据保护机构会将已授权BCRs的企业进行公示，花旗银行、GE、爱马仕等跨国公司都在此公示名单上。欧盟委员会十分鼓励跨国集团采用BCRs的方式完成合规要求，在我国的特定环境下，BCRs的适用将为国内企业带来极大的机遇。

（三）对等反制措施在我国相关规则中的应用

针对歧视的“对等反制措施”在国际私法、贸易等领域已有先例，我国近期在涉及数据安全、个人信息保护、国家安全的基本法中重申这一原则，既表明我国拥护数据自由流动、跨境安全的坚定立场，又对他国如有不正当的歧视待遇行为作出了有力的回应。

1.《数据安全法》

我国于2021年6月10日通过了《数据安全法》，这部法律是数据领域的基础性法律，也是国家安全领域的一部重要法律，已于2021年9月1日起施行。《数据安全法》第2章第26条规定：“任何国家或者地区在与数据和数据开发利用技术等有关的投资、贸易等方面对中华人民共和国采取歧视性的禁止、限制或者其他类似措施的，中华人民共和国可以根据实际情况对该国家或者地区对等采取措施。”

随着我国科技企业的兴起和5G等尖端技术的开发，一些国家针对我国企业出台限制性措施。《数据安全法》第26条强化了应对态度，将根据实际情况采取“对等反制措施”。该条款明确了我国维护中国企业利益的决心，无疑给中国企业打了一枚强心剂。

2.《出口管制法》

我国于2020年10月17日通过《出口管制法》，2020年12月1日起施行。《出口管制法》第2章第48条规定：“任何国家或者地区滥用出口管制措施危害中华人民共和国国家安全和利益的，中华人民共和国可以根据实际情况对该国家或者地区对等采取措施。”这项法律的出台有利于我国反制滥用出口管制措施来损害我国核心利益的国家，对保护我国核心利益不受损害具有重要作用。

3.《反外国制裁法》

我国于2021年6月10日通过《反外国制裁法》，《反外国制裁法》的出台和实施，有利于依法反制一些外国国家和组织对我国的遏制打压。《反外国制裁法》第3条规定：“外国国家违反国际法和国际关系基本准则，以各种借口或者依据其本国法律对我国进行遏制、打压，对我国公民、组织采取歧视性限制措施，干涉我国内政的，我国有权采取相应反制措施”；第13条规定：“对于危害我国主权、安全、发展利益的行为，除本法规定外，有关法律、行政法规、部门规章可以规定采取其他必要的反制措施。”《反外国制裁法》还专门在第13条中作出一个衔接性、兼容性规定，以便在法律上预留空间。

【典型案例】

德国制裁外国某地图软件公司[①]

2007年5月30日，某地图软件公司正式推出街景功能，能够浏览美

① 《某地图软件公司受到德国政府严厉谴责》，载《光明日报》2010年5月18日，第2版。

国旧金山、纽约等城市街景。该范围已经扩展到美国、法国、西班牙、意大利、荷兰、英国、澳大利亚、新西兰、日本9个国家的135个城市。这一服务虽然使枯燥乏味的地图阅读工作变得简单有趣，但也引发诸多争议。

2009年5月15日，该公司承认，在过去4年中，该公司街景服务采集车在拍摄街景图片的同时，也记录了一些通过无线Wi-Fi网络访问互联网网民的非加密信息，其中包括用户的电子邮件信息和浏览网页情况。该公司称，是由于“疏忽大意”和程序错误导致收集了这些信息，并非该公司有意行为。该公司强调它从未在谷歌其他服务中使用过此类消费者信息。它还表示，将配合政府部门，将此类信息予以删除。

2009年5月19日，德国数据保护部门官员警告该公司，如果它们不依照德国隐私保护法律修改公司的“街景”搜索服务，那么将会受到“某种制裁”。该公司德国总部所在地汉堡的数据保护官员称，双方的争端主要集中在该公司未经许可拍摄居民房屋与私人财产。德国隐私保护法禁止传播未经当事人同意发布的个人或财产照片，而该公司自2008年便开始为“街景”制作德国主要街道的图像库。

2011年3月30日，瑞士行政法院裁决称，该公司在该国的街景地图服务侵犯了公民的隐私权。瑞士法院通过声明要求“该公司将照片上传网站之前，必须对照片中所有人的面部和汽车牌照进行模糊处理，以绝对保证人物的隐私”。

【产业实践】

一方面，随着我国与各国国际交往的加深，无法避免产生利益冲突，此时企业可以积极采取跨国诉讼等法律手段维护自身权益。在进行跨国诉讼时，企业需要注意以下几点：首先，在诉讼前要做好充分准备，对各种突发情况做好预案，不打无准备之战或慌忙应诉。企业在前期接触和谈判过程中，也要做到万无一失，切忌不诚信行为。其次，要慎重选择诉讼地点，可以先对方一步提起诉讼，以确保诉讼管辖法对己方有利。企业要深入研究该外国法律规定，了解其法院判决，以维护自身的合法权益。最后，在平时注意提升自身跨国诉讼水平，密切关注相关企业在跨国领域的实践，打造精英诉讼团队，同时注意强化证据意识并贯穿于企业一切活动的始终。

另一方面，仅依靠政府监管也无法规制海量的、种类繁多的个人数据，必须完善并充分发挥企业自我监管的能力。具体来讲，可以加强数据安全保护法治教育，提高企业自我监管意识，尤其是对掌握众多数据资源的互联网企业，应推动它们积极建立数据管理机构。另外，行业组织要发挥引领导向作用，充分考虑所属行业和领域的专业性与独特性，推动企业建立并完善符合国家数据发展要求的数据管理体系。

【合规指引】

1. 强化数据安全的技术建设

《个人信息保护法（草案二次审议稿）》第43条的反制措施可以作为特殊情形下个人信息保护的手段之一，在日常工作中，企业还应加大对自身大数据管理系统和工具软件的自主研发，大力培养相关人才，为本公司在核心个人信息保护技术上的自主研发能力提供智力支持。

2. 建立全流程个人数据安全管理制度

企业应将保护数据安全作为经营的底线和红线，切实维护国家主权、安全；并在此基础上，采取相应技术措施开展风险监测和应急处置，加强重要数据安全风险评估和出境管理。企业应建立健全包括个人数据收集、传输、储存、共享在内的全流程数据安全管理制度，采取相应的技术措施，保障合法合规处理数据。此外，企业还应当在履行个人数据安全保护义务的基础上，明确数据安全负责人和管理机构，建立全生命周期的数据安全管理体系和机制，落实安全保护责任。

3. 推进行业自律制度建设

由于大量的数据涉及国家安全、基础设施状况和个人隐私等信息，掌握数据的企业有义务保障其控制范围内数据的安全，防止数据泄露损害国家利益及侵犯个人隐私。各行业应根据自身特点确立行业保护个人数据、信息安全的保障义务，并通过行业规章、标准等予以具体落实。

第四章 个人在个人信息处理活动中的权利

【导言】

《个人信息保护法》的特点之一是规定了广泛的个人信息权利，赋予个人在个人信息处理活动中的权利来提升数据主体对自身权利保护的能力。长期以来，无论是在侵犯个人信息的维权诉讼中，还是向个人信息处理者要求承担信息侵权责任的投诉中，由于缺乏查询访问、更正删除等权利，面临着维权法律依据模糊，权责不平衡等突出问题，导致个人维权成本高，不利于对个人信息权益保护的现象突出。对此，个人信息保护法设置专章规定个人在个人信息处理活动中的相关权利，赋予个人更多的保护自身权益的法律基础：(1) 赋予个人信息主体更广泛的访问、查询权，保障个人可以有权了解数据收集、处理的方式是否符合双方约定与法律要求(第45条)，进而做出对自身权利的保障请求。(2) 在《网络安全法》第43条的基础上，对个人信息的更正权作出更广泛的规定，确保数据质量避免个人权益因此受损（第46条)。(3) 进一步细化删除权（第47条）行使条件的规定，扩展删除权行使的条件与范围，以保障个人对其数据的可控和数据处理符合目的限制、最小必要等基本原则。欧盟关于删除权的规定过于繁复，我国《个人信息保护法》在参考欧盟规定的基础上，规定了个人可行使删除权的几种情况：“(一) 处理目的已实现、无法实现或者为实现处理目的不再必要；(二) 个人信息处理者停止提供产品或者服务，或者保存期限已届满；(三) 个人撤回同意；(四) 个人信息处理者违反法律、行政法规或者违反约定处理个人信息；(五) 法律、行政法规规定的其他情形。”可以看出，我国关于删除权的规定较为符合实际需求，且该规定为未来留有修改空间，是较为合理的规定。

此外，为了保护死者近亲属合法、正当的利益，同时也为了尊重死者的遗愿并保护死者本人及其交往者的隐私和通信秘密，《个人信息保护法》允许死者的近亲属可以对死者的相关个人信息行使查阅、复制、更正、删除等权利。《个人信息保护法》同时也规定了此条的例外，即死者生前有安排的除外。《个人信息保护法》在广泛规定个人的信息权利的同时，要求个人信息处理者建立便捷的个人行使权利申请受理和处理机制。个人信息处理者拒绝个人行使权利的请求的，应当说明理由。而个人也可以依法向人民法院提起诉讼以寻求司法救济。另外，为了更好地保障上述个人权利的实现，个人信息保护法还专门赋予这些权利可诉性，也规定了侵害个人信息权益的侵权赔偿责任适用过错推定责任。

可以看出，《个人信息保护法》在《网络安全法》《民法典》规定的基础上，立足于我国个人信息保护实践的要求，吸收借鉴比较法上的优秀成果，对个人在个人信息处理活动中的权利作出系统全面的规定。这有利于改变目前企业强势、用户弱势的现状，也使得个人拥有与信息处理者相抗衡的武器，有利于对个人信息进行保护。

第四十四条　【个人的知情权、决定权、限制/拒绝权】 个人对其个人信息的处理享有知情权、决定权，有权限制或者拒绝他人对其个人信息进行处理；法律、行政法规另有规定的除外。

【条文理解】

本条规定了个人的知情权和决定权。

（一）知情权

知情权是个人在个人信息处理活动中享有的最基本权利，是其他各项权利行使的前提和基础。知情权与《个人信息保护法》公开透明原则以及个人信息“告知—同意”的处理规则相对应，主要指个人有权知悉其个人信息被处理的情况，如是否收集其个人信息，收集哪些个人信息，为什么收集等。个人只有在充分知悉其个人信息被处理的情况下，才能有效保护自身的权益。

（二）决定权

决定权是《个人信息保护法》赋予个人最重要的权利之一，在学界也被称为个人信息自决权，主要指个人可以自由地决定其个人信息何时、何地以何种方式被他人处理，对其个人信息的处理享有决定权，有权限制或者拒绝他人对自己的个人信息进行处理。如个人可以拒绝个人信息处理者处理其个人信息，当个人信息处理者向第三方提供个人信息时，个人有权进行限制等。

未经个人决定而处理个人信息是个人信息被滥用的主要原因。现实中，个人在提供个人信息后，很难再对其个人信息实行决定权。此次《个人信息保护法》明确将决定权写入法条，目的也是进一步明确个人在个人信息处理活动中的权利，个人信息处理者若想合规地处理个人信息，须符合个人的决定，包括处理个人信息获得个人同意、允许个人撤回同意等。

（三）例外情形

当然，权利并非没有边界，在国家利益和公共利益面前，个人利益需要进行让步。因此，个人的知情权和决定权在法律、行政法规另有规定的情况下，有所例外。例如，《个人信息保护法》第 13 条规定，当个人信息处理者为了履行法定职责或法定义务或者紧急情况下为保护自然人的生命健康和财产安全等情况下，可以不经过个人的同意处理个人信息；再例如，《个人信息保护法》第 18 条规定，个人信息处理者处理个人信息，有法律、行政法规规定应当保密或者不需要告知的情形的，可以不向个人告知前条第 1 款规定的事项等。充分体现了法律的平衡和对各方利益的保护。

【合规指引】

此次《个人信息保护法》并没有详细规定个人知情权和决定权的具体内容，但从个人信息处理者的义务和个人信息处理规则来看，个人信息处理者需在以下方面保障个人的知情权和决定权。

（一）充分披露个人信息处理情况，保障个人知情权

1. 个人信息处理者需要主动公开的内容：（1）自己的身份和联系方式。（2）处理这些个人信息的目的是什么，怎样处理，需要处理哪些个人信息，以及这些个人信息会保存多久等；告知个人如何行使以及怎样行使自己针对其个人信息的权利。（3）如果涉及处理敏感个人信息的，还需要向个人告知处理敏感个人信息的必要性以及对个人权益的影响。（4）如果因合并、分立、解散、被宣告破产等原因需要转移个人信息的，需要向个人告知接收方的身份、联系方式。（5）如果涉及向其他个人信息处理者提供其处理的个人信息的，应当向个人告知接收方的身份、联系方式、处理目的、处理方式和个人信息的种类。（6）在公共场所安装图像采集、个人身份识别设备应当设置显著的提示标识。（7）其他法律、行政法规规定需要向个人告知的事项。

2. 个人信息处理者需响应个人申请公开的内容：（1）通过自动化决策方式作出的对个人权益有重大影响的决定，当个人要求时，个人信息处理者要对相关内容进行说明；（2）响应个人要求，对个人信息处理规则进行解释和说明。

3. 保障个人知情权的方式：一方面，个人信息处理者可以通过隐私政策、用户协议等方式，公开个人信息处理的规则；另一方面，当个人申请公开或解释个人信息处理规则时，个人信息处理者应当及时予以回应。

（二）个人信息的处理需由个人决定，并为个人提供行使决定权的通道

1. 个人信息处理需要让个人进行决定（同意）的情形：（1）除《个

人信息保护法》第 13 条规定的情形外，处理个人信息前需取得个人同意；（2）个人信息的处理目的、处理方式以及处理的个人信息种类等发生变更的，应当重新取得个人同意；（3）收集不满 14 周岁未成年人个人信息的，需获得未成年人父母或者其他监护人的同意；（4）向其他个人信息处理者提供处理的个人信息的，应该取得个人的单独同意；（5）公开处理的个人信息，应当取得个人的单独同意；（6）在公共场所安装的个人信息采集设备收集的个人信息超出维护公共安全目的使用的，需要取得个人的单独同意；（7）处理敏感的个人信息，如种族、民族、宗教信仰、生物识别、医疗健康、行踪轨迹等信息需要取得个人的单独同意等。

2. 个人信息处理者需响应个人决定的情形：（1）提供便捷的个人撤回之前同意的方式，当个人撤回同意时进行处理；（2）通过自动化决策方式进行个性化推荐的，当个人不愿接受个性化推荐时，需提供不针对个人特征的选项或拒绝自动化决策的方式；（3）当个人拒绝仅通过自动化决策方式作出的对个人权益有重大影响的决定，个人信息处理者应当进行处理；（4）当个人明确拒绝处理其公开的个人信息时，不得处理相关个人信息；（5）当个人请求删除其个人信息的，个人信息处理者应当删除。

（三）知情权和决定权的例外情形

1. 法律、行政法规规定应当保密或者不需要告知的情形。

2. 紧急情况下为保护自然人的生命健康和财产安全无法及时告知的，可以进行事后告知。

3. 告知将妨碍国家机关履行法定职责的，国家机关可以不予告知。

4. 其他法律、行政法规另有规定的情形。

【产业实践】

产业中，许多互联网平台为保障用户更好地享有知情权与决定权，纷纷设立了单独的隐私保护中心保护用户个人信息权益。例如，某搜索平台以及某短视频平台分别成立了专门的隐私保护平台与保护中心，将公司的隐私政策总则以及各产品的隐私政策进行集中、统一的披露，并通过图文介绍等清晰易懂的方式分别介绍旗下产品不同的隐私管理设计，给予用户充分的知情权和控制权，让用户切实感受到“信息被保护，意愿被尊重，服务有价值”。

【澳门相关规定】

澳门

反对权

一、除法律有相反规定者外，资料当事人有权在任何时候，以与其私人情况有关的正当和重大的理由反对处理与其有关的个人资料。当反对理由合理时，负责实体不得再对该等资料进行处理。

二、资料当事人亦有权在无须费用的情况下，反对负责处理资料的实体以直接促销或其他方式的商业考察为目的而对与其有关的个人资料进行处理；或免费要求负责处理资料的实体，在基于直接促销目的或为第三人利益使用有关资料而第一次向第三人通告前，向其作出告知，且在无须费用的情况下，明确反对负责处理资料的实体通告或使用有关资料。①

---

① 《澳门个人资料保护法》第 12 条。

第四十五条 【个人的查阅权、复制权及个人信息转移的规定】个人有权向个人信息处理者查阅、复制其个人信息；有本法第十八条第一款、第三十五条规定情形的除外。

个人请求查阅、复制其个人信息的，个人信息处理者应当及时提供。

个人请求将个人信息转移至其指定的个人信息处理者，符合国家网信部门规定条件的，个人信息处理者应当提供转移的途径。

【条文理解】

本条规定了个人的查阅、复制权和可携带权。

（一）查阅、复制权

查阅、复制权是个人对其个人信息享有的重要权利之一，也是维护个人信息知情权的重要保障。一方面，个人需要通过行使查阅、复制权，了解自身哪些个人信息被处理，从而更好地行使知情权和决定权；另一方面，查阅、复制权也是个人行使更正、补充权的前提，只有个人信息能够被查阅、复制，才能知悉自身被收集的个人信息是否有误，从而进行更正、补充。

《个人信息保护法》规定，当个人向个人信息处理者提出查阅、复制个人信息的请求时，个人信息处理者应当及时提供收集的个人信息。至于什么时间范围内提供属于及时提供，《个人信息保护法》并没有进行详细规定，需要在个案中综合具体情况、响应成本等因素具体讨论。在产业实践中，一般情况下个人信息都是可以随时查阅的。

与知情权、决定权类似，《个人信息保护法》同样对查阅、复制权规定了例外情形：（1）当个人信息属于法律、行政法规规定应当保密或者不需要告知的情形时，个人无权查阅、复制其个人信息。（2）国家机关为履行法定职责处理的个人信息，个人无权查阅、复制。

（二）可携带权

《个人信息保护法》赋予了个人获取、传输、转移个人信息的权利，是个人信息决定权的进一步体现。当个人转移其个人信息的请求符合国家网信部门规定的条件时，个人信息处理者应当向个人提供转移的途径。基于此条规定，《个人信息保护法》对可携带权的规定有二：一是对个人的可携带权进行了一定的限制，即个人转移个人信息的请求需要符合网信部门规定的条件；二是规定个人信息处理者应当向个人提供转移个人信息的途径，包括为个人信息转移提供接口或者通道或提供个人信息的副本等。

数据可携带权的规定最早出现于欧盟 GDPR，主要目的是限制企业对个人数据的封锁和垄断，加强个人的信息控制权。但在实际实践中，因为存在数据传输要件、格式规定模糊、企业间技术难以互认、不同场景之间难以融合等现实困难，数据可携带权的规定渐渐流于形式。因此，在我国《个人信息保护法》语境下，可携带权的实现还有赖于国家网信部门作出更加细致且具有产业实践性的配套规定。

【产业实践】

某搜索 App 专门为用户建立了个人信息的管理网站，并详细列明了各类个人信息的查询路径，包括：

账户信息：您可以随时登录该网站，访问或编辑您的账户中的人资料信息、更改您的密码、添加安全信息、进行账户关联或身份认证等。

使用信息：您可以在移动应用中查阅或清除您的搜索记录、浏览记录。

订单信息：您可以在移动应用或接入移动应用的第三方平台中查阅或清除包括但不限于您的订单记录，交易记录、积分兑换记录及卡券包信息。

【合规指引】

个人查阅、复制权的规定并非《个人信息保护法》的专有条款，《民法典》以及《电子商务法》都曾提及。其中，《民法典》第 1037 条第 1 款规定，自然人可以依法向信息处理者查阅或者复制其个人信息；《电子商务法》第 24 条规定，电子商务经营者应当明示用户信息查询的方式、程序，不得对用户信息查询设置不合理条件。电子商务经营者收到用户信息查询申请的，应当在核实身份后及时提供查询。依照法律、行政法规的规定或者双方约定保存的，依照其规定。

个人信息处理者需建立个人行使查询、复制权的申请受理和处理机制。一般情况下，该功能常被设置在“个人中心”或“个人设置”当中，个人信息处理者可以在隐私政策中详细列明进入个人信息界面的操作方法、步骤等。

除此之外，对于符合国家网信部门规定条件的，个人信息处理者还要提供转移个人信息给其他个人信息处理者的途径。具体要求还有待主管部门进行详细规定，大平台之间的互联互通可能是未来率先实现个人信息转移途径打通的领域。

【澳门相关规定】

澳门

查阅权

一、在不得拖延的合理期限内及无须支付过高费用的情况下，资料当事人享有自由地、不受限制地从负责处理个人资料的实体获知以下事项的权利：

（一）确认与当事人有关的资料是否被处理、处理目的、被处理资料的类别、资料接收者或接收者的类别；

（二）被清楚地告知需要处理的资料及有关资料的来源；

（三）了解对与其有关的资料的自动化处理原因；

（四）对未依据本法律规定处理的资料，尤其是对不完整或不准确的资料的更正、删除或封存；

（五）将根据上项规定对资料进行的更正、删除或封存，通知曾知悉有关资料的第三人，第三人亦应同样对资料进行更正、删除、销毁或封存，但证实不可能通知或作出通知的成本过高者除外。

二、当处理与安全、预防犯罪或刑事侦查有关的个人资料时，查阅权通过在该情形下有权限的当局行使。

三、在上条第六款规定的情况下，查阅权通过公共当局行使，以确保现行适用的规定，主要是确保言论和资讯自由、出版自由、新闻工作者的职业独立和保密规定的实施。

四、在第二款和第三款规定的情况下，如告知资料当事人可能妨害安全、预防犯罪或刑事侦查、或者妨害言论和资讯自由或出版自由时，分别由在该情形下有权限的当局或公共当局，在不损害本款所拟保护价值的限度内，将所采取的措施告知资料当事人。

五、关于健康资料，包括遗传资料的查阅权由资料当事人选择的医生行使。

六、当资料不被用作对特定的人采取措施或作出决定之用时，在明显没有侵犯资料当事人的权利、自由和保障，尤其是私人生活权利危险的情况下，以及当上述资料专用于科学研究，或专为统计所必需的时间内以个人资料形式储存时，法律得限制查阅权。①

第四十六条　【个人的更正权、补充权】个人发现其个人信息不准确或者不完整的，有权请求个人信息处理者更正、补充。

---

① 《澳门个人资料保护法》第11条。

个人请求更正、补充其个人信息的，个人信息处理者应当对其个人信息予以核实，并及时更正、补充。

【条文理解】

本条规定了个人的更正、补充权。

个人信息的准确和完整，影响个人信息的处理质量，一旦个人信息不准确或不完整，不仅会对个人权益产生不利影响，还会影响产业正常的数据开发、利用。《个人信息保护法》第1章也明确规定，个人信息应当保证个人信息的质量，避免因个人信息不准确、不完整对个人权益造成不利影响。

关于个人的更正、补充权，《个人信息保护法》首先规定了个人行使该权利的前提条件。即个人只有在发现其个人信息不准确或者不完整的情况下，才能行使更正、补充权。其次规定了个人信息处理者对个人更正、补充请求的处理要求：个人信息处理者需对个人的个人信息进行核实，并在核实后及时更正、补充。如果个人信息未经核实，不仅不利于个人信息的准确和完整，还会干扰个人信息处理者正常的处理活动，因此《个人信息保护法》专门对核实过程进行了明确规定。

【产业实践】

某搜索 App 对于更正权的规定已将《个人信息保护法》中关于“核实”的规定写入隐私政策：当您发现我们处理的关于您的个人信息有错误时，经对您的身份进行验证，且更正不影响信息的客观性和准确性的情况下，您有权对错误或不完整的信息作出更正或更新，您可以自行在移动应用内进行更正，或通过反馈与报错等将您的更正申请提交给我们。

某外卖 App 按照个人信息的种类对更正权的行权程序进行了细分：

账户信息——您可以访问、更正您账户中的个人资料及账号信息（身份认证信息除外）、支付信息、账号绑定信息等，也可以更改您的密码、添加安全信息或进行第三方账号和银行卡的解绑等，您可以通过访问网页及 App 在设置中执行此类操作。

地址信息——您可以通过访问网页/App 页面上的“设置”—“收货地址”或“我的地址”中随时添加、更改、删除您的收货地址信息（包括收货人姓名、性别、收货地址、电话号码等）。

搜索浏览信息——您可以在网页/App 中访问或清除您的搜索历史记录、查看和修改兴趣以及管理其他数据。

订单信息——您可以通过访问“我的订单”页面查看您的所有已经完成、待付款、待售后、待评价的订单。您可以选择删除已完成的订单信息，但这样可能导致我们无法根据您的购买信息而准确提供相应的售后服务。

评论信息——您可以通过访问网页/App 页面上的“评价”“评价中心”访问、更正、清除您的评论内容。

如果个人无法通过上述链接管理这些个人信息，还可以随时通过隐私政策中提供的反馈方式联系我们，回复时间为 15 个工作日。

【合规指引】

关于个人更正、补充权的规定，早在《网络安全法》《民法典》《电子商务法》中就已被提及。《网络安全法》规定，个人发现网络运营者收集、存储的其个人信息有错误的，有权要求网络运营者予以更正。网络运营者应当采取措施予以删除或者更正。《民法典》规定，自然人发现信息有错误的，有权提出异议并请求及时采取更正等必要措施。《电子商务法》规定，电子商务经营者应当明示用户信息更正的方式、程序，不得对用户信息更正设置不合理条件。电子商务经营者收到用户信息更正申请的，应当在核实身份后及时更正用户信息。

对于个人信息处理者而言，应当给予个人更正、补充其个人信息的申请受理和处理机制。这里重点要关注“核实”要求，需要个人信息处理者具备“实名认证”的相关能力。首先，要给予个人更正、补充其个人信息的方式和通道，对于一般的个人信息可以让个人自行修改；其次，对于更正的个人信息要进行核实，如进行身份认证等；最后，当个人无法自行更正、补充其个人信息时，个人信息处理者要安排专人以及专门的渠道，处理个人的更正、补充请求。

【香港相关规定】

香港

关于改正资料的要求

（1）在不抵触第（1A）及（2）款的条文下，如——

（a）资料使用者已依从查阅资料要求而提供个人资料的复本；

（b）属有关的资料当事人的个人或代表该名个人的有关人士认为该资料不准确，则该名个人或有关人士（视属何情况而定）可提出要该资料使用者对该资料作出所需的改正的要求。

（1A）如某名个人以书面授权某人代表该名个人作出查阅资料要求，而该人仅因为该项授权而属该名个人的有关人士，该人无权提出改正资料要求。

（2）就个人资料而言，如某资料使用者——

（a）不是持有该资料的；但

（b）控制该资料的处理，而控制的方式，禁止实际持有该资料的另一资料使用者就关乎该资料的改正资料要求遵守（不论是完全遵守或部分遵守）第 23（1）条，则他须当作可向其提出该项要求的资料使用者，而本条例的条文（包括第（1）款）须据此解释。

（3）在不损害第 23（1）（c）及 25（2）条的概括性原则下，任何资料使用者如在接获一项改正资料要求后，但在依据第 23 条依从该要求前或在依据第 25 条拒绝依从该项要求前，向第三者披露该项要求所关乎的个人资料，则该使用者须采取所有切实可行的步骤，以告知该第三者该资料为该使用者仍在考虑中的改正资料要求的标的（或相似意思的字眼）。

（4）任何人在改正资料要求中，为了令有关的个人资料得以按该要求所示的方式改正，而提供在要项上属虚假或具误导性的资讯，即属犯罪，一经定罪，可处第3级罚款及监禁6个月。[①]

第四十七条　【个人行使删除权的情形】有下列情形之一的，个人信息处理者应当主动删除个人信息；个人信息处理者未删除的，个人有权请求删除：

（一）处理目的已实现、无法实现或者为实现处理目的不再必要；

（二）个人信息处理者停止提供产品或者服务，或者保存期限已届满；

（三）个人撤回同意；

（四）个人信息处理者违反法律、行政法规或者违反约定处理个人信息；

（五）法律、行政法规规定的其他情形。

法律、行政法规规定的保存期限未届满，或者删除个人信息从技术上难以实现的，个人信息处理者应当停止除存储和采取必要的安全保护措施之外的处理。

【条文理解】

1. 个人信息删除权的时代背景和原则基础

传统农业和工业时代，个人信息的收集和存储成本高，需要被刻意地记录才会予以保留。而数字化时代，数字化技术的发展使得个人信息被“存储”的方式、范围、成本和销毁的方式发生了巨大变化。数字化技术

---

① 《香港个人资料（私隐）条例》第21条。

把个人信息转化为机器可读的通用数字符号，并可以无差别地、以极低的成本和极高的效率在系统和网络中被存储、被检索发现，和在全球范围内流通。这使得个人信息从传统农业和工业时代“默认被遗忘”的状态，转化到数字化时代“默认被记忆”的状态，这种默认被记忆的状态导致了几个新的问题。首先，这可能导致个人在多年前的某一次行为，发布的某一张照片，发表过的某个言论，随时可能被再次引用影响今天的生活。这种担忧可能阻碍个人的自由表达。其次，过去的某个负面评价可能已经被信息主体通过正向行为予以更正，或关于信息主体的某条信息本身就是不准确的，或未经个人信息主体授权采集信息的，那么已过时的、不准确、不合理的信息应该被删除。最后，信息一直存续，可能被流转到不被信任的第三方，被再次挖掘生成衍生数据，也可能被滥用。这种担忧让个人在必要的场景中也不敢提供个人信息。为了避免个人信息被永久“镌刻”在互联网上，让个人失去控制权，从保护全数据生命周期的视角看，个人信息从收集直至销毁的全生命周期均应置于法律保护之下，而“个人信息删除权”也成了终端个人信息处理的最终、最强的武器。

目前世界上各个国家和地区的个人数据保护法普遍采用了“目的限制”和“最小化”原则，包括个人信息存储期限应为实现个人信息主体授权使用的目的所必需的最短时间，超出上述个人信息存储期限后，应对个人信息进行删除或匿名化处理，“删除权”也是个人信息保护“目的限制”和“最小化”原则的自然延伸。如我国《个人信息保护法》第 6 条规定，处理个人信息应当具有明确、合理的目的，并应当与处理目的直接相关，采取对个人权益影响最小的方式。第 19 条规定，除法律、行政法规另有规定外，个人信息的保存期限应当为实现处理目的所必要的最短时间。前述两条规定与删除权的要求也是有逻辑顺承关系的。

2. 国际层面个人信息删除权的立法、司法和执法实践

“被遗忘权”由欧盟法院于 2014 年通过“谷歌西班牙诉冈萨雷斯案”首次被提出。该案起因于 1998 年西班牙报纸《先锋报》发表的一则关于举行财产强制拍卖活动的公告。该公报包含了冈萨雷斯的财产被强制拍卖

的信息，此后谷歌搜索引擎收录了《先锋报》的这则公告信息。2010年，冈萨雷斯向西班牙数据保护局（the Agencia Española de Protección de Datos，AEDP）投诉了《先锋报》和搜索引擎谷歌，称关于自己的财产保全程序多年前就已经解决，仍就该信息建立链接已经无必要，要求删除链接并保证通过搜索引擎无法打开该信息。西班牙数据保护局支持了针对谷歌的请求。

随后谷歌西班牙分部和谷歌总部分别单独向西班牙国立高等法院提出诉讼，西班牙国立高等法院在将两个诉讼合并后，将该案提交给了欧盟法院（ECJ）。2014年5月13日，欧盟法院宣布判决，第一，欧盟法院认为谷歌作为搜索引擎服务提供商，应被视为《欧洲数据保护指令》适用范围内的数据控制者；第二，基于《欧洲数据保护指令》第6条关于“目的限定性原则”的规定，谷歌已经没有必要就该公告建立索引和链接；第三，基于利益平衡原则，欧盟法院认为本案中谷歌自身的经济利益和公众利益都弱于冈萨雷斯的个人权益。最终，欧盟法院裁决谷歌西班牙分部、谷歌公司败诉，应按冈萨雷斯的请求删除相关链接。由此，该案确立了“删除权”的概念。

在立法层面，《95欧盟数据保护指令》（Directive 95/46/EC，以下简称《指令》）中即有删除权的体现。《指令》第6条第d款第1项规定，“对于不准确不合理的个人信息，不论其处理目的为何，都应被纠正或清除”。第12条第b款规定，“成员国应当保证信息主体在控制者不符合本法规定处理信息，特别是信息不完整不准确时，有权要求信息控制者修正、删除及封锁该信息”。2018年5月25日生效的欧盟GDPR则首次将个人信息删除权法典化，并列明了删除权的行使条件和诸多例外情形。

在执法层面，根据CMS的不完全统计，截至2021年2月，其收录的欧盟GDPR生效以来的557起执法案例中，有23起涉及删除权，占到了全部案例样本的4%。这23起案件中的数据控制者均被责令履行数据主体的删除要求。

3. 我国个人信息删除权的立法和执法实践

《民法典》第1195条规定，信息主体可以要求网络服务提供者采取删除、屏蔽、断开链接等方式保护自己的合法权益。该条款是网络信息侵权问题的里程碑式突破，但其中的“删除”指向的是“网络信息内容层”的侵权救济问题，而非“个人信息数据层”的控制权问题。当信息未达到“侵权认定标准”时则该条无法适用。2012年12月28日发布的《全国人民代表大会常务委员会关于加强网络信息保护的决定》第8条规定，当公民发现侵害其合法权益的网络信息时，有权要求网络服务提供者删除有关信息或者采取其他必要措施予以制止。其中“删除”的指向性与《侵权责任法》相似。2013年7月16日，《电信和互联网用户个人信息保护规定》（工信部第24号令）明确规定，电信业务经营者、互联网信息服务提供者有义务为用户提供注销号码或者账号的服务。该项规定通过给“电信业务经营者、互联网信息服务提供者”施加义务，来实现个人信息在账号注销时的删除。2017年6月，《网络安全法》正式施行，其第43条规定，信息主体发现网络运营者违反法律法规或者与个人的约定而对个人信息进行处理时，可以要求网络运营者删除该信息。存储、收集的个人信息不正确时，信息主体有权要求网络运营者更改或删除。该条文首次在法律条款中提出“个人信息数据层”的删除权。但是其适用范围非常窄，以网络运营者违约和错误收集、存储、使用个人信息为前提。对于已经没有收集必要的信息，或者不希望被继续披露的信息，用户并没有权利要求删除。

此后，在《网络安全法》的基础上，推荐性国家标准《信息安全技术 个人信息安全规范》（2017年首次颁布，2020年颁布修订版本）对删除权的适用情形进行了适度补充，并对注销权的行使方式进行了细化。为落实《网络安全法》对个人信息保护提出的明确要求，2017年，中央网信办、工信部、公安部、国家标准委指导10家互联网企业开展了个人信息保护提升行动之隐私条款专项工作。其中一项评价内容就是对照《信息安全技术 个人信息安全规范》的要求评价十大互联网产品是否为用户提供删除信息和在线注销账户等功能。此后，中央网信办App专项治理工作组、工信部又均发动关于在线注销账户等功能的专项治理。

《个人信息保护法》第47条首次在立法中以“目的限制”和“最小

化”原则为基础，将“删除权”的范围扩大到一般的个人信息处理活动中。

4. 个人信息删除权中“删除”的含义

通过纸质载体存储的个人信息是否被删除容易验证，但通过数字载体存储的个人信息是否被删除则很难界定。把数据不可复原地删除，或转移至未清空的电子垃圾空间，或把数据从实时系统中删除，或把数据从备案系统中删除，或把数据与生产环境隔离，切断数据的处理路径等方式均可以在不同程度上让数据处于“删除”的状态。

《个人信息保护法》和欧盟GDPR本身都没有对“删除”作定义。英国数据保护机关（ICO）2014年发布的《数据删除指引》中对“删除”的判断采取的是“不再使用”标准（put beyond use），即“个人信息控制者不能，也没有意图以任何方式将个人信息应用于影响个人信息主体的任何情形，且个人信息控制者没有赋予任何第三方机构触达个人信息的权限，同时采取了足够的技术和组织措施保障个人信息的安全，并承诺在条件成熟时，彻底删除个人信息”。《信息安全规范 个人信息安全规范》采取的是“逻辑删除”标准，即“删除在实现日常业务功能所涉及的系统中去除个人信息的行为，使其保持不可被检索、访问的状态。”

【产业实践】

1. 个人在什么条件下可以行使删除权

根据《个人信息保护法》的规定，在如下情况下，个人有权请求个人信息处理者删除其个人信息：

（1）个人信息的留存或处理的原因已经不复存在，包括处理目的已实现，处理目的无法实现，为实现处理目的不再必要，个人撤回同意。

例如，个人在健身房的健身卡已经到期。个人信息处理者为个人提供特定产品功能已经不再依赖该个人信息。

（2）个人信息处理者停止提供产品或者服务，或者保存期限已届满。

例如，如App停止提供服务。个人信息处理者隐私政策公示的存储期限已经到期等。同时需要确保，保存期限不短于法律法规关于个人信息存储期限的要求。例如，《反洗钱法》第 19 条要求客户身份资料在业务关系结束后、客户交易信息在交易结束后，至少保存 5 年。

(3) 个人信息处理者违反法律、行政法规或者违反约定处理个人信息。

例如，个人信息处理者缺乏合法事由处理个人信息，或滥用个人信息。

(4) 法律、行政法规规定的其他情形。

2. 删除权的行使流程

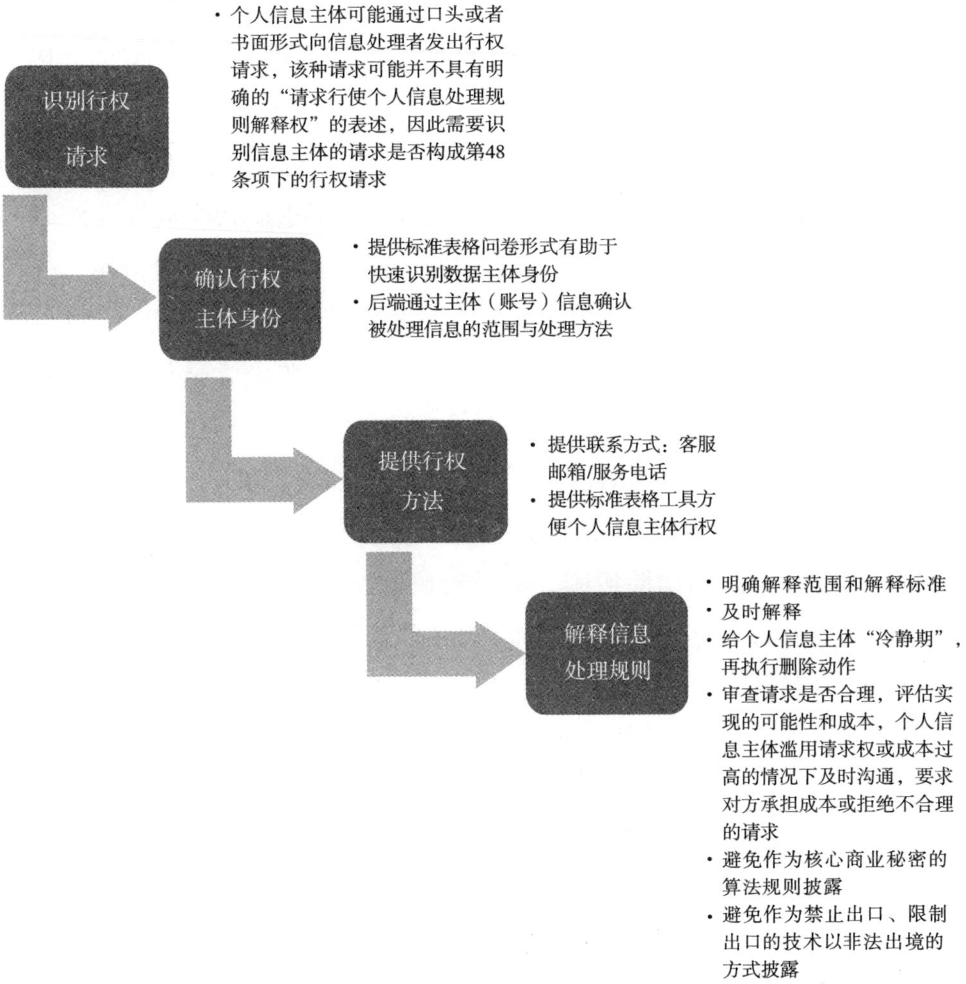

3. 个人信息处理者在什么条件下可以拒绝删除权请求

个人信息删除权并非绝对权，尤其在与其他权利或价值冲突时。如前所述，欧盟法院在首个遗忘权案例（“谷歌西班牙诉冈萨雷斯案”）中就采用了“利益平衡原则”，对个人的该项权益与给第三方和个人信息处理者的正当利益造成损害的原则进行比较。欧盟 GDPR 第 17 条第 3 项规定了多种不适用于删除权的情形，包括为了行使言论和信息自由权的；为了遵守对数据控制者生效的欧盟或欧盟成员国法律规定的义务，为公共利益执行职务或受托行使公权力的；为了公共卫生领域的公共利益的；为了公共利益的存档目的、科学或历史研究目的或统计目的所进行的数据处理；为了确立、行使或抗辩法律请求的。另外，欧盟 GDPR 还规定了两种删除权不适用于特殊类别数据，包括如果出于公共利益目的或出于公共卫生目的，进行的必要的处理（例如，防止疾病的国际威胁，或确保医疗保健和医药产品或医疗设备的高质量和安全标准）；如果出于预防或职业医学的目的，处理是必要的（例如，对于雇员的工作能力；用于医学诊断；提供健康或社会护理；或者用于健康或社会护理系统或服务的管理）。这仅适用于由专业人员（如卫生专业人员）处理数据或由专业人员负责处理数据的情况。特殊场景的删除权实现机制：

（1）数据已经被分享的情况下“删除权”如何实现

在开放的互联网环境下，相关个人数据已被公开，若数据主体要求删除数据且存在合法的删除原因，除及时删除用户在自身数据后台的数据外，还需要将用户的行权要求通知参与了与该特定数据相关的数据处理所有相关方（包括数据控制者与处理者）、告知其必须删除与该个人数据有关的所有链接以及个人数据的副本。

欧盟 GDPR 规定了两种情况，企业应告知其他组织有关个人数据的删除：一是个人数据已被泄露，二是个人数据已在在线环境中公开（如在社交网络、论坛上）。除非事实证明这是不可能的或付出了过多的努力。如果被要求，企业还需要将这些收件人告知个人。

（2）多位数据主体下的同意的达成

在很多业务场景下，一份数据涉及不同用户主体的个人隐私数据，比如交易数据，可能涉及一桩交易的双方（或多方）的个人信息、合同信息、履约信息等。再如社交数据，当一方数据主体要求删除的相关数据是双方或多方的共有数据，则往往需要多方达成删除合意，故若就此发生分歧，且若技术上亦无法将要求行权的数据主体的数据从共有数据中剥离，将会影响数据删除权的行使。

（3）区块链技术下“删除权”如何实现

“删除权”与区块链技术之间的矛盾是区块链行业发展过程中的重要课题。一方面，“防止数据被肆意篡改/删除”是区块链的底层设计逻辑之一。区块链的价值出发点之一是通过去中心化、分布式存储数据，防止数据被中心化机构篡改或删除，从而解决机构之间的信任问题，进而促进交易。而当通过区块链存储的数据在性质上属于个人信息（包括加密的个人信息）时，就出现了上链的“个人信息”技术逻辑上的不可删除与法律逻辑上的“个人信息删除权”之间产生冲突。另一方面，区块链与个人信息保护法也有相通的价值取向，两者的目标之一都是缓和中心化的数字服务提供商与终端用户之间的数据权力不平等问题。例如，通过智能合约，用户可以通过区块链和可信硬件来管理数据权限，从而将数据的控制权返回给用户。在这个意义上，区块链可以作为个人信息保护的工具。

考虑到区块链和个人信息保护是可能相向而行的，且在法律层面“删除权”并非“绝对的权利”，而技术层面上链数据的“不可删除”也并非“绝对的不可删除”，可以在两者的价值交叉点中寻找合规路径。例如，通过设置数据访问权限或在数据加密之后销毁密钥来执行“删除”。同时考虑到一旦访问权限控制被绕过或对数据进行加密的密码遭到破坏，数据仍可能重新处于“可检索、可访问的状态”。因此，需要对访问控制措施、加密算法的安全程度进行评估，降低限制措施被破解的可能性。

（4）法律、法规、部门规章等对数据的留存期限有明确要求

<table>
<tr><th>法律法规</th><th>留存数据</th><th>留存期限</th><th>备注</th></tr>
<tr><td>《网络安全法》</td><td>网络日志</td><td>不少于 6 个月</td><td>日志留存类型与期限有赖于其他法律法规要求，但最低不少于 6 个月：采取监测、记录网络运行状态、网络安全事件的技术措施，并按照规定留存相关的网络日志不少于 6 个月</td></tr>
<tr><td>《电子商务法》</td><td>商品信息、服务信息、交易信息</td><td>自交易完成之日起不少于 3 年</td><td>商品 item、下单、支付、配送、购物列表、客服等信息、接入第三方商家基本信息、联系方式等信息</td></tr>
<tr><td>《移动互联网应用程序信息服务管理规定》</td><td>用户日志信息</td><td>不少于 60 日</td><td>移动互联网应用程序提供者应当严格落实信息安全管理责任，依法履行记录用户日志信息，并保存 60 日之义务</td></tr>
<tr><td>《互联网新闻信息服务管理规定》（2017）</td><td>用户身份信息、日志信息</td><td>长期</td><td>互联网新闻信息服务提供者对用户身份信息和日志信息负有保密的义务，不得泄露、篡改、毁损，不得出售或非法向他人提供</td></tr>
<tr><td rowspan="2">《互联网信息服务管理办法》</td><td>信息服务提供者：信息内容及发布时间、互联网地址或者域名</td><td rowspan="2">不少于 60 日</td><td rowspan="2">对象：从事新闻、出版以及电子公告等服务项目的互联网信息服务提供者、网络接入服务提供者</td></tr>
<tr><td>网络接入服务提供者：用户上网时间、用户账号、互联网地址或者域名、主叫电话号码</td></tr>
</table>

续表

法律法规	留存数据	留存期限	备注
《互联网安全保护技术措施规定》	注册信息、登录和退出时间、主叫号码、账号、互联网地址或域名、系统维护日志的技术措施	不少于 60 日	监测记录日志不少于 60 日，对于注册信息应为长期保存
	用户使用互联网网络地址和内部网络地址对应关系		
	记录、跟踪网络运行状态，监测、记录网络安全事件		
	违法信息及相关记录	长期	针对公共信息服务
	发布的信息内容及发布时间		针对提供新闻、出版以及电子公告等服务
《互联网群组信息服务管理规定》	群组识别编码、群名称、群成员、成员数量、群类别、群建立者、管理者、成员身份信息、黑名单信息	长期	日志信息不少于 6 个月，基础信息应为长期保存
	群组建立、活动、解散等行为日志信息	不少于 6 个月	互联网群组信息服务提供者应当按规定留存网络日志不少于 6 个月

续表

法律法规	留存数据	留存期限	备注
《互联网用户公众账号信息服务管理规定》	账号信息、服务资质、服务范围、同一主体账号注册数量	长期	办法规定平台应对前述信息进行管理，因此推定前述信息需长期保留
	公众账号的注册主体、发布内容、账号订阅数、文章阅读量	长期	
	留言、跟帖、评论及相关日志信息	不少于6个月	使用者发布内容和日志信息，并按规定留存不少于6个月
《移动智能终端应用软件预置和分发管理暂行规定》	收费企业对用户确认信息和计费原始数据	不少于5个月	生产企业和互联网信息服务提供者应依法依规提供移动智能终端应用软件，采取有效措施，维护网络安全，切实保护用户合法权益……（三）为移动智能终端应用软件提供代收费的企业，应当采取必要措施，加强对计费、收费行为的管理，杜绝不明扣费；收费企业应对用户确认信息和计费原始数据至少保存5个月，并为用户查询提供方便
	所提供应用软件，以及该软件有关版本、上线时间、功能简介、用途、MD5（消息摘要算法5）等校验值、服务器接入等信息	不少于60日	从事应用商店等移动应用分发平台服务的互联网信息服务提供者，以及在移动智能终端中预置了移动应用分发平台的生产企业对所提供的应用软件负有以下管理责任……（四）应留存所提供应用软件，以及该软件有关版本、上线时间、功能简介、用途、MD5（消息摘要算法5）等校验值、服务器接入等信息以备追溯检测，相关信息的留存时间不短于60日

续表

法律法规	留存数据	留存期限	备注
《互联网跟帖评论服务管理规定》	“弹幕”静态版信息内容、评论相关日志信息、黑名单	长期/不少于6个月	法规未直接规定，但配合监管内容管理需要，建议黑名单、违法信息相关日志信息等长期保存，静态内容等信息不少于6个月
《互联网论坛社区服务管理规定》	板块名称、用户虚拟身份、论坛板块建立发起时间	长期/不少于6个月	法规未直接规定，但配合监管内容管理需要，建议创建者、管理者相关日志信息等长期保存，相关行为日志信息不少于6个月
《互联网信息搜索服务管理规定》	违法链接、信息	长期	未直接规定，根据内容管理需要建议长期留存
《规范促销行为暂行规定》	设奖规则、公示信息、兑奖结果、获奖人员等	2年	经营者应当建立档案，如实、准确、完整地记录设奖规则、公示信息、兑奖结果、获奖人员等内容，妥善保存2年并依法接受监督检查
《征信业管理条例》	个人不良信息	5年（到期后必须删除）	征信机构对个人不良信息的保存期限，自不良行为或者事件终止之日起为5年；超过5年的，应当予以删除
《网络交易监督管理办法》	网络交易活动的直播视频/平台内经营者身份信息/商品或者服务信息，支付记录、物流快递、退换货以及售后等交易信息	3年	网络直播服务提供者对网络交易活动的直播视频保存时间自直播结束之日起不少于3年。网络交易平台经营者对平台内经营者身份信息的保存时间自其退出平台之日起不少于3年；对商品或者服务信息，支付记录、物流快递、退换货以及售后等交易信息的保存时间自交易完成之日起不少于3年。法律、行政法规另有规定的，依照其规定

【香港相关规定】

香港

删除不再需要的个人资料

（1）凡资料使用者持有的个人资料是用于某目的（包括与该目的有直接关系的目的），但已不再为该等目的而属有需要的，则除在以下情况外，该资料使用者须采取所有切实可行步骤删除该资料——

（a）该等删除根据任何法律是被禁止的；或

（b）不删除该资料是符合公共利益（包括历史方面的利益）的。

（2）为免生疑问，现声明——

（a）即使任何其他资料使用者（前者）控制（不论是完全控制或部分控制）该资料的处理，持有有关资料的资料使用者（后者）须按照第（1）款，采取所有切实可行步骤删除个人资料；

（b）后者不得就该等删除而在前者为损害赔偿而提出的诉讼中负法律责任。①

第四十八条　【处理规则的可解释权】个人有权要求个人信息处理者对其个人信息处理规则进行解释说明。

【条文理解】

个人信息保护法确立了以“告知—同意”为核心的一系列个人信息处理规则。“告知—同意”规则是指网络经营者需主动将其收集、使用个人信息的情形告知于网络用户，使得网络用户在充分知情的前提下做出自愿有效的同意允诺，并授权网络经营者在其同意的范围内处理其个

① 《香港个人资料（私隐）条例》第26条。

人信息。然而实际情况是，因网络经营者往往有意列出内容繁复冗长的个人信息使用条款，加之个人信息主体的法律知识水平不一，故条款的阅读理解本身就存在不低的难度。同时，网络经营者时常将已通过列明个人信息使用条款的方式履行告知义务作为规避风险的避风港，以此申明对于“告知—同意”规则的遵守，使得个人信息被侵犯的受害者更加难以得到有效的救济。

在上述背景下，本条规定，个人有权要求信息处理者公开个人信息处理规则，并向其作出解释说明，以此保障信息主体的知情权。一方面，便于信息主体能够阅读并理解个人信息使用条款之内容，从而可以进一步有效行使同意或者拒绝的权利。另一方面，解释成本的增加也能够倒逼网络运营者以更加通俗易懂的方式向信息主体履行告知义务。

【产业实践】

针对个人信息主体行使第 48 条项下解释请求权的行权场景，参考数据合规实务经验，现提供以下合规流程和考量维度作为参考：

（一）行权主体的身份确认

根据第 48 条的规定，“个人”是被处理信息的权利主体这一要件，是行使解释请求权的最重要的（就本条来看，几乎是唯一的）基础，故个人信息处理者应首先判断行使解释请求权主体是否为被处理信息的信息主体。

个人信息处理者应当在收到权利人请求后及时确认行权主体身份，要求个人信息主体提供相关资料说明（证明）自己是信息主体。常见可行做法是通过提供标准格式化问卷等途径，在获取行权主体身份信息后进行确认。

（二）个人信息主体解释请求权的行权路径设计

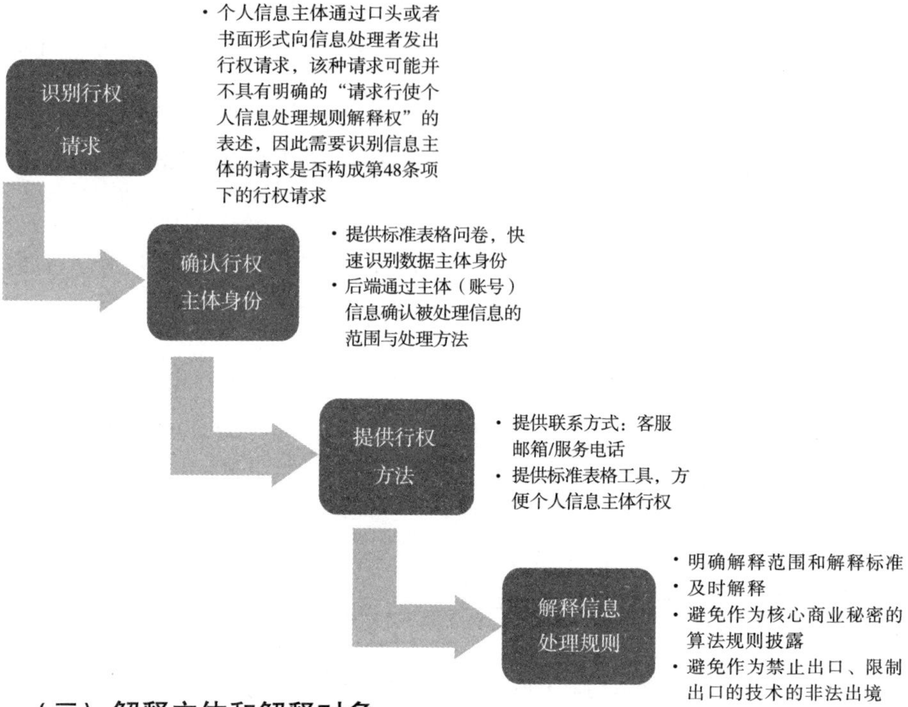

（三）解释主体和解释对象

1. 解释主体

第48条明确规定了解释主体是个人信息的处理者。在有多个信息处理者的情况下，按文义解释原则，信息主体可以向任一信息处理者请求解释个人信息处理规则，任一信息处理者皆有解释权。

2. 解释对象

解释对象是指文本层面的“处理规则”。此内容有待立法机关、司法机关作出进一步的规定。

第四十九条　【死者个人信息利益保护】 自然人死亡的，其近亲属为了自身的合法、正当利益，可以对死者的相关个人信息行使本章规定的查阅、复制、更正、删除等权利；死者生前另有安排的除外。

【条文理解】

本条款将近亲属对死者个人信息相关权利行使的目的限定为“自身的合法、正当利益”，行使的内容限定为“查阅、复制、更正、删除等”，且明确“死者生前另有安排的除外”，缩小了死者近亲属行使死者个人信息相关权利的范围。

【典型案例】

德国一母亲诉某社交软件公司查看亡女社交账号案

2012 年，一位年仅 15 岁的少女在德国柏林地铁站被列车撞击而去世，她的母亲想要弄明白女儿是不是自杀，故要求查看女儿的社交账户。该社交软件公司以数据保护原则为由拒绝了这位母亲的要求，于是被这位母亲起诉。

一审法院认为，社交账号存储在网络服务提供者的服务器中，虽不占据物理空间但以数字形式客观存在。根据服务协议的约定，账号所有权归网络服务提供者所有，用户仅享有使用权，且该权利是一种基于服务合同取得的债权。依据服务协议第 8 条、第 9 条，禁止用户向第三方提供密码，禁止未经书面同意的账号转让。该公司看似为用户提供高度个人化的人身专属性的服务内容，但实际上这两条属于合同第四部分“注册与账号安全”的内容，目的在于保护社交网络安全，而非当然导致服务内容具有人身专属性。而允许继承，并不会损害社交网络安全、违背服务协议的上述约定。[①]

该公司不服该判决，提出上诉。上诉法院审理后认为，原告的请求源于《德国民法典》第 1922 条，即在某人死亡（继承开始），其财产（遗产）作为总体转移给一个或两个以上的他人（继承人），且既包括通信内容，也包括账号所有内容。若判决执行该主张，则需由该公司对账号所有内

---

① 判决全文见 LG Berlin: Digitaler Nachlass, in DNotZ 2016, S. 537-549.

容数据进行审查，并判断具体内容的情况。此举会违反《电信法》第 88 条规定的电信保密原则。另外，第 1922 条并没有为继承死者的账号提供直接依据。所以，上诉法院判决支持了该公司的上诉请求，推翻了一审判决。①

死者父母不服上诉判决，向德国联邦最高法院提出诉讼。联邦法院推翻上诉法院的判决，恢复了一审判决。由于判决原文还未公开，所以我们只能从报道中看到最高法院的主要考量因素②：其一，《德国民法典》第 1922 条规定了死者遗产的普遍继承原则，死者的父母可以继承女儿的遗产，包括其享有的合法债权；其二，该公司网络服务协议作为格式条款，不能限制死者父母对死者享有的合同权利的继承；其三，死者账户的数字资产内容类似于传统的日记和信件，从继承的角度来看，没有理由排除继承人对账户中数字化内容的继承。

【产业实践】

该条款的适用前提之一是：近亲属是“为了自身的合法、正当利益”，这一点也体现出立法的审慎和平衡。

（一）账号注册人和实际使用人不一致

关于账号注册人和实际使用人不一致的问题，近些年来，账号权属问题引发的纠纷屡见不鲜。除了本身在注册阶段借用他人有效证件外，还存在合作运营的问题，例如基于商业合作或夫妻共同运营账号，对账号权属及虚拟财产产生争议。上述原因都可能导致生前实际使用账号的死者与账号注册人不一致，近亲属就个人信息处理、虚拟财产继承问题产生纠纷。

（二）如何确认近亲属身份

《民法典》第 1045 条第 2 款规定：“配偶、父母、子女、兄弟姐妹、祖

① 判决全文见 KG Berlin：Kein Zugang zum Facebook-Account des verstorbenen minderj hrigen Kindes für die Eltern，in DNotZ 2018，S. 286-311.

② 参见 BGH：Vertragüber ein Benutzerkonto bei einemsozialen Netzwerk ist vererbbar，载 Bundesgerichtshof，http：//juris. bundesgerichtshof. de/cgi-bin/rechtsprechung/document. py？Gericht = bgh&Art = pm&Datum = 2018&Sort = 3&nr = 85390&pos = 5&anz = 120，2021 年 10 月 5 日访问。

父母、外祖父母、孙子女、外孙子女为近亲属。”《民法典》第994条规定：“死者的姓名、肖像、名誉、荣誉、隐私、遗体等受到侵害的，其配偶、子女、父母有权依法请求行为人承担民事责任；死者没有配偶、子女且父母已经死亡的，其他近亲属有权依法请求行为人承担民事责任。”实践中，可参照上述规定行使权利。

对此，平台可建立具有可操作性的近亲属身份确认机制，比如，要求近亲属提交经公证处公证过的亲属关系证明文件、死者死亡证明、申请人的身份证件等。在近亲属提供证明材料后，平台可以允许其查阅死者相关个人信息。权利人主张行使查阅权后如提出复制的请求，同样参照复制的要求处理。

（三）认定“为了自身的合法、正当利益”

如果不对近亲属的主观目的加以限定，可能会出现不当利用或者侵害相关个人信息的情况，为此，平台在认定近亲属是否具有上述主观合法合理性时，可以依据近亲属能够提供的相关证明材料，如死者生前的同意文书、与申请目的有关的法院相关判决、裁定等，综合、审慎审核判断其申请的目的和必要性。如果认为该近亲属的请求不合理，依据《个人信息保护法》第50条规定，平台拒绝后会存在被诉风险，因此建议平台说明理由后拒绝。具体的情形需要结合实际个案情况进行综合分析和考量。

【合规指引】

自然人死亡后，传统意义上的实体财产依据《民法典》中与继承相关的体系规则得以分配处理，然而，在科技发达的互联网时代，死者的网络数据、虚拟财产却不能就此一了百了，它们可能会长期存在，甚至发挥越来越多的价值，当然，死者近亲属的权利也有可能遭到侵害。世界各国根据不同的风俗习惯，对此有不同的制度。

死者个人信息有关权利，涉及多方面的问题，其内容非常复杂，比如，死者使用各类网站、APP的账号名、账户和密码信息、使用过程中产生的图文、视频、音频、邮件信息，使用过程中产生的数字资产，比如虚拟货币、虚拟道具、收入等。而上述个人信息、数字资产，又会涉及网络账号的定性、继承问题，虚拟财产的界定和继承问题、跟虚拟账号、虚拟财产关联的隐私问题等。这些问题可能并未在现行的法律法规中予以明确。

第五十条　【申请受理和处理机制】个人信息处理者应当建立便捷的个人行使权利的申请受理和处理机制。拒绝个人行使权利的请求的，应当说明理由。

个人信息处理者拒绝个人行使权利的请求的，个人可以依法向人民法院提起诉讼。

【条文理解】

本条明确了建立个人行权的申请受理和处理机制的要求，这项机制为个人在信息处理中各项权利的落实提供了保障。只有个人信息处理者建立起了相应机制，《个人信息保护法》在第四章中详细规定的更正权、可携带权、知情权、决定权等具体权利才能真正实现。本条规定，申请受理和处理机制的义务应当由个人信息处理者承担，因为个人信息处理者与信息主体之间存在直接的合同关系，个人信息处理者便应当对信息主体负责。本条还规定，个人信息处理者在拒绝信息主体请求时，应当说明理由。此外，为了进一步强化对信息主体的权利保障，本条在第 2 款中还规定了个人信息处理者拒绝个人行使权利这一行为的可诉性。

本条与《网络安全法》第 49 条较为相似，后者规定："网络运营者应当建立网络信息安全投诉、举报制度，公布投诉、举报方式等信息，及时受理并处理有关网络信息安全的投诉和举报。网络运营者对网信部门和有关部门依法实施的监督检查，应当予以配合。"总的来说，个人信息保护法与网络安全法都将申请和受理机制规定为个人信息处理者的义务。

【产业实践】

在产业实践中，个人信息处理者要注意搭建合理有效、能够触达信息主体的处理机制，例如通过业务短信、客服专线、邮件提醒、站内消息提醒、自媒体宣传等方式，让信息主体尽可能地知晓个人信息处理者的处理机制。在机制触达方式上，还可以借鉴个人信息保护法负责人制度中的相关理念，构建更为高效透明的处理机制。

除本条外，个人信息处理者还要注意个人信息保护法中其他法条对个人信息权利处理者处理方式的规定，并及时建立起相应机制。另外，个人信息处理者在面对信息主体行权申请时，也要综合考量多方面，对恶意举报投诉的行为予以拒绝并说明理由，筛选出真正有维权需求的信息。

第五章　个人信息处理者的义务

【导言】

对个人信息的有效保护，除保障赋予个人信息处理的各项权益外，还需通过各项制度、流程及技术保护措施来规制信息处理者在个人信息处理流程中的行为，从而以法律约束来保证个人信息处理的安全。个人信息处理者是保护个人信息的首要责任人，因此个人信息保护法本着个人信息处理者应当对其进行的个人信息处理活动全面负责的立场，要求其采取必要措施保障所处理的个人信息的安全。在此基础上，本章专章明确了个人信息处理者保障个人信息安全和合规管理等义务，具体而言，即要求个人信息处理者按照规定制定内部管理制度和操作规程，采取相应的安全技术措施，指定负责人对其个人信息处理活动进行监督，定期对其个人信息活动进行合规审计，对处理敏感个人信息、利用个人信息进行自动化决策、对外提供或公开个人信息等高风险处理活动进行事前影响评估，履行个人信息泄露通知和补救义务等。

本章与《民法典》第1038条第1款“信息处理者不得泄露或者篡改其收集、存储的个人信息；未经自然人同意，不得向他人非法提供其个人信息，但是经过加工无法识别特定个人且不能复原的除外”一脉相承，是对民法典宏观要求的具体和细化。从积极方面对个人信息处理者提出了建立健全信息管理机制、完善操作流程等要求，加大了保护力度。对提供重要互联网平台服务、用户数量巨大、业务类型复杂的个人信息处理者则具体进行了四项义务规定，包括建立健全个人信息保护合规制度体系、制定平台规则、对违法违规者停止服务义务、定期发布个人信息保护社会责任报告义务等。另外，对于小型个人信息处理者、处理敏感个人信息以及人脸识别、人工智能等新技术、新应用，将由国家网信部门依据本法统筹协调有关部门进行推进。

个人信息保护影响评估机制是首次被个人信息保护法纳入我国法律体系当中（第 55 条、第 56 条），在我国肇始于国家推荐标准《信息安全技术 个人信息安全影响评估指南》（GB/T 39335-2020），该机制明确要求，对高风险场景下的个人信处理活动开展评估，防止个人权利遭受侵害。这一规定是个人信息保护法专门为应对数据处理和使用环节所面临的新的安全风险所制定的，与国家标准以及欧盟 GDPR 中的“数据保护影响评估（DPIA）”之间具有发展关系，即规定：个人信息处理者（GDPR 中的数据控制者）以可自我证明合规的方式开展个人信息处理活动，并确保数据利用过程中不侵犯个人信息主体的权利。开展 DPIA 评估工作，是面向欧盟区域提供服务或产品的企业在 GDPR 的“责任制原则”下的一项关键义务。欧盟数据保护机构认为，一个好的 DPIA 可以帮助数据控制者证明其已经预见到数据处理活动中存在的风险，并且采取了相关措施以履行数据保护义务。这是由于虽然“告知—同意”原则是个人信息处理活动的关键要素，但是复杂的数据处理活动对于个人而言是“黑箱”状态，所以依赖个人对其信息的自主控制是不现实的。同时，对于监管部门而言，对于数据处理活动的检测也多围绕客户端采集数据类型、频率等浅层问题开展，对数据处理的合法性依据选择是否正确、数据处理过程中是否保障了个人的合法权利、数据处理的目的是否正当，是否在收集数据后改变了处理目的等核心关键问题均难以覆盖。因此法律需要构建一套负责任的数据保护框架，以确保数据能够被以可预期、可接受和可证明的方式进行处理，而适配这一框架的就是个人信息保护影响评估机制。通过这样的制度设计充分地调动了数据处理活动中的合规评估的积极性，可以将大规模处理数据活动的合规性、安全性控制责任切实落脚在个人信息处理者（GDPR 中的数据控制者）内部的治理结构中，在很大程度上解决了依赖监督检查所带来的前述问题。

第五十一条　【个人信息安全保障义务】 个人信息处理者应当根据个人信息的处理目的、处理方式、个人信息的种类以及对个人权益的影响、可能存在的安全风险等，采取下列措施确保个人信息处理活动符合法律、行政法规的规定，并防止未经授权的访问以及个人信息泄露、篡改、丢失：

（一）制定内部管理制度和操作规程；

（二）对个人信息实行分类管理；

（三）采取相应的加密、去标识化等安全技术措施；

（四）合理确定个人信息处理的操作权限，并定期对从业人员进行安全教育和培训；

（五）制定并组织实施个人信息安全事件应急预案；

（六）法律、行政法规规定的其他措施。

【条文理解】

本条详细规定了个人信息处理者保证个人信息安全应采取的具体措施。依照本条的规定，个人信息处理者应当加强内控管理，对个人信息实行分类管理，采取加密、去标识化等安全技术措施，合理确定个人信息处理的操作权限，并定期对从业人员进行安全教育和培训，结合个人信息处理活动的具体情况，采取严格措施来充分保障个人信息安全。此外，一旦发生个人信息“泄露、篡改、丢失”情形，个人信息处理者应立即采取补救措施，并通知履行个人信息保护职责的部门。

【合规指引】

（一）制定内部管理制度和流程

数据处理者内控管理方面，最直接的体现就是内部管理制度和流程。

比如个人的安全管理规范、内部人员数据的权限管理制度、外部数据接口管理制度、数据分类、分级制度、数据安全存储制度和审批流程等。安全管理要求ISO/IEC 27001系列认定中，对个人信息处理者的制度保护建构要求可供参考，其包括：信息安全风险评估管理规范、文件和记录控制管理规范、风险纠正和预防控制管理规范、系统开发安全管理规范、网络安全管理规范、密钥管理及密码学安全规范、访问控制安全管理规范、操作安全管理规范、信息资产安全管理规范、信息安全连续性管理规范、法律法规符合性管理规范、物理和环境安全管理规范、用户主体权利响应流程、隐私影响评估流程、信息安全与隐私管理章程、信息安全与隐私管理体系管理评审规范、信息安全与隐私策略、有效性测量管理规范、人力资源安全管理规范、内部审核管理规范、供应商安全管理规范等。

（二）个人信息实行分类分级

根据一旦泄露或者非法使用，是否容易导致自然人的人格尊严受到侵害或者人身、财产安全受到危害，《个人信息保护法》将个人信息区分为敏感个人信息与一般个人信息。敏感个人信息包括生物识别、特定身份、医疗健康、金融账户、行踪轨迹等信息，以及不满14周岁未成年人的个人信息。只有在具有特定的目的和充分必要性，并采取严格保护措施的情形下，个人信息处理者方可处理敏感个人信息。这里的严格保护措施包括需要根据本法第55条规定的个人信息保护影响评估要求进行的评估。对于敏感个人信息的保护措施，《个人信息保护法》第62条第1项规定，国家网信部门统筹协调有关部门依据本法推进制定处理敏感个人信息制定专门的个人信息保护规则、标准。《信息安全技术 个人信息安全规范》第6条对敏感信息的安全保护措施进行了细化：个人敏感信息传输和存储个人敏感信息时，应采用加密等安全措施；个人生物识别信息应与个人身份信息分开存储；原则上不应存储原始个人生物识别信息（如样本、图像等），同时规定对个人敏感信息的访问、修改等操作行为，宜在对角色权限控制的基础上，按照业务流程的需求触发操作授权。

（三）采取相应的加密、去标识化等安全技术措施

数据安全技术措施是个人信息保护的必要手段。《个人信息保护法》列举的加密和去标识化等措施，是数据安全的基础性防护技术。数据安全是以密码作为核心技术，融合多种安全技术，构建全方位的数据安全技术体系。加强数据安全防护，需要应用多种技术和方法，包括密码技术、访问控制技术、匿名化技术、数据脱敏、差分隐私、隐私计算、零知识证明、群签名和环签名等。数据安全技术包含的内容非常丰富，而且相互交叉融合。个人信息处理者应当根据个人信息的处理目的、处理方式、个人信息的种类以及对个人权益的影响、可能存在的安全风险进行适用。

（四）合理确定个人信息处理的操作权限，并定期对从业人员进行安全教育和培训

从个人信息处理者内部入手，合理确定个人信息处理的操作权限，并定期对从业人员进行安全教育和培训，对保护个人信息有重大的意义。

（五）制定并组织实施个人信息安全事件应急预案

数据安全是动态的而不是静态的，是相对的而不是绝对的。维护数据安全必须“防患于未然”。制定并组织实施个人信息安全事件应急预案不仅是《个人信息保护法》的要求，也是《网络安全法》和《数据安全法》的要求。《信息安全技术 个人信息安全规范》第 10 条对个人信息安全事件的应急预案和实施作了具体规定。对个人信息控制者的要求包括：个人信息处理者应制定个人信息安全事件应急预案。应定期（至少每年一次）组织内部相关人员进行应急响应培训和应急演练，使其掌握岗位职责和应急处置策略和规程。发生个人信息安全事件后，应根据应急响应预案进行以下处置：（1）记录事件内容，包括但不限于：发现事件的人员、时间、地点，涉及的个人信息及人数，发生事件的系统名称，对其他互联系统的影响，是否已联系执法机关或有关部门；（2）评估事件可能造成的影响，并采取必要措施控制事态，消除隐患；（3）按照《国家网络安全事件应急预案》等有关规定及时上报，报告内容包括但不限于：涉及个人信息主体的类型、数量、内容、性质等总体情况，事件可能造成的影响，已采取或将要采取的处置措施，事件处置相关人员的联系方式；(4) 个人信息泄露事件可能会给个人信息主体的合法权益造成严重危害的，如个人敏感信息的泄露，按照要求实施安全事件的告知。根据相关法律法规变化情况，以及事件处置情况，及时更新应急预案。

对个人信息控制者安全事件告知义务的要求有：应及时将事件相关情况以邮件、信函、电话、推送通知等方式告知受影响的个人信息主体。难以逐一告知个人信息主体时，应采取合理、有效的方式发布与公众有关的警示信息；告知内容应包括但不限于：(1) 安全事件的内容和影响；(2) 已采取或将要采取的处置措施；(3) 个人信息主体自主防范和降低风险的建议；(4) 针对个人信息主体提供的补救措施；(5) 个人信息保护负责人和个人信息保护工作机构的联系方式。

第五十二条　【个人信息保护负责人制度】处理个人信息达到国家网信部门规定数量的个人信息处理者应当指定个人信息保护负责人，负责对个人信息处理活动以及采取的保护措施等进行监督。

个人信息处理者应当公开个人信息保护负责人的联系方式，并将个人信息保护负责人的姓名、联系方式等报送履行个人信息保护职责的部门。

【条文理解】

个人信息保护负责人制度是实现个人信息保护规范化和常态化的组织保障。欧盟 GDPR 第 37 条也规定了数据保护官制度。本条第 1 款要求处理个人信息达到国家网信部门规定数量的个人信息处理者应当指定个人信息保护负责人。第 2 款要求个人信息处理者应当公开个人信息保护负责人的联系方式，并将个人信息保护负责人的姓名、联系方式等报送履行个人信息保护职责的部门。在具体实施上，本条尚并未具体规定个人信息保护负责人的指定条件，需要后续规则的进一步细化。欧盟 GDPR 第 37 条规定，数据保护官应当依据专业资质，尤其是与数据保护法和实践相关的专业知识，为完成数据保护官的职务所需的职业能力来指定。因此，在该条的适用中，个人信息处理者应当根据国家网信部门的具体规定，结合自身实际情况，设立合格的个人信息保护负责人。对于未达到规定条件的个人信息处理者，可以根据其业务需要及合规要求，自行决定是否设置个人信息保护负责人。

【产业实践】

1.《深圳市首席数据官制度试点实施方案》①

在市智慧城市和数字政府建设领导小组统一领导下，开展首席数据官制度试点工作。在市政府、试点区政府、试点部门分别设立本级政府和本部门首席数据官，原则上首席数据官由本级政府或本部门分管数字政府建设工作的行政副职及以上领导兼任。市、试点区政府首席数据官由市智慧城市和数字政府建设领导小组统一任免；试点部门首席数据官由本部门任免，报市智慧城市和数字政府建设领导小组办公室备案。市智慧城市和数字政府建设领导小组办公室负责牵头协调推进相关工作。

数据官的职责包括：（1）推进智慧城市和数字政府建设；（2）完善数据标准化管理；（3）推进数据融合创新应用；（4）实施常态化指导监督；（5）加强人才队伍建设；（6）开展特色数据应用探索。

2.《广州市推行首席数据官制度试点实施方案》②

广州市建立上下贯通的首席数据官组织体系，包括：（1）设立市首席

---

① 《深圳市人民政府办公厅关于印发〈深圳市首席数据官制度试点实施方案〉的通知》（深府办函〔2021〕71 号），载深圳市政务服务数据管理局政府信息公开平台，http：//www. sz. gov. cn/gkmlpt/content/9/9049/post_ 9049856. html#20044，2021 年 8 月 26 日访问。

② 《广州市人民政府办公厅关于印发广州市推行首席数据官制度试点实施方案的通知》（穗府办函〔2021〕51 号），载广州市人民政府办公厅政府信息公开平台，http：//www. gz. gov. cn/gkmlpt/content/7/7400/post_ 7400221. html#12624，2021 年 8 月 26 日访问。

数据官一名，原则上由分管政务数据管理工作的市领导兼任；（2）市“数字政府”改革建设工作领导小组办公室设首席数据执行官一名，原则上由市“数字政府”改革建设工作领导小组办公室分管数据管理工作的副主任兼任；（3）市各有关部门（含公共企事业单位）设部门首席数据官一名，原则上由本部门领导班子成员兼任；（4）各区参照建立首席数据官组织体系，设区首席数据官一名，原则上由分管政务数据管理工作的区领导兼任。

通过首席数据官组织体系，加强对数据资源全生命周期管理的整体规划和统筹协调，完善数据资源管理规章制度，建立部门职能数据清单；推进数据资源全生命周期协同管理，统筹开展数据资源普查、采集汇聚、质量管控、共享开放、流通融合、开发利用、安全保障、绩效评估等工作，以业务协同为重点，以应用需求为牵引，围绕本级、本领域特点，逐步推动数据标准化管理、规范化应用；加强数据质量管控，保证数据的真实性、准确性、完整性、时效性和可用性，充分发挥数据要素在经济社会发展和城市治理现代化的驱动作用。

3. 《江苏省企业首席数据官制度建设指南（试行）》①

企业首席数据官（以下简称 CDO）应设置在企业决策层，全面负责企业数据管理工作，领导数据归口管理部门，并直接向企业负责人汇报工作。企业应按照公开、公平、公正、择优的原则，参照副职负责人的选聘任用程序设置 CDO。条件暂不成熟的企业，可先由现任信息化主管领导兼任 CDO。

推动引导大型企业设立数据领导小组和数据管理部门。领导小组由企业主要负责人、CDO 等组成，对企业数据管理重大事项进行决策。

企业应支持 CDO 参加专业培训、加入相关社会组织、参与同行交流，并注重 CDO 后备人才的培养。CDO 培训要列入企业年度培训计划，培训

---

① 《关于在全省推行企业首席数据官制度的通知》（苏工信数据〔2021〕242 号），载江苏省工业和信息化厅官网，http：//gxt. jiangsu. gov. cn/art/2021/6/3/art_ 6299_ 9838712. html，2021 年 8 月 26 日访问。

费用在年度预算中单列。

CDO 主导数据管理战略和标准的制定，并协调各部门实施；通过整合内外部数据提升数据质量；衡量并管理数据风险，确保数据隐私与安全；利用数据促进创新，改进客户体验，提供商业建议，帮助企业不断改善策略，实现各项关键业务目标；强化数据有效管控和使用，不断挖掘数据价值，开拓与数据有关的新业务，降低运营成本，提升企业效益。

4. 腾讯公司建立隐私保护体系和搭建外部专家团队①

目前，部分互联网公司已经建立了集技术、管理和法律于一体的隐私保护体系，拥有数据隐私保护部和国内数据隐私保护中心，负责对接产品侧的数据隐私合规工作。不仅如此，越来越多的企业也开始积极搭建外部专家团队，邀请知名行业专家、学者担任隐私观察员，以提升个人信息保护的合规水平，增强社会监督。

【合规指引】

个人信息保护负责人制度是企业数据合规的有力保障。对于处理个人信息达到国家网信部门规定数量的个人信息处理者，应当按照设立个人信息保护负责人，由其全面领导负责个人信息保护制度。对此，企业应当给予人力、财力、组织上的资源支持，比如设立由技术、法务、管理人员共同组成的专业个人信息保护团队，对团队成员专业技能提升、对外交流学习等给予财力支持；设立个人信息保护负责人定期汇报制度，根据业务发展和合规要求，定期向业务负责人或公司负责人汇报个人信息保护工作；赋予个人信息保护负责人在特定情形下的一票否决权等。通过这些措施搭建组织化和体系化的个人信息保护团队，实现个人信息保护工作的专业化和常态化。

在对外关系上，企业还应建立高效透明的沟通协调机制，公开个人信

① 《腾讯首发隐私保护白皮书 数据泄露年亦是保护元年》，载新华网，http：//www.xinhuanet.com/zgjx/2018-12/29/c_ 137706082.htm，2021 年 11 月 3 日访问。

息保护负责人的联系方式，并将个人信息保护负责人的姓名、联系方式等报送履行个人信息保护职责的部门，以便进行执法沟通协调。

第五十三条 【境外个人信息处理者的境内代表制度】 本法第三条第二款规定的中华人民共和国境外的个人信息处理者，应当在中华人民共和国境内设立专门机构或者指定代表，负责处理个人信息保护相关事务，并将有关机构的名称或者代表的姓名、联系方式等报送履行个人信息保护职责的部门。

【条文理解】

本条适用于位于我国境外的个人信息处理者。《个人信息保护法》第3条第2款实施域外管辖，将符合三种条件的境外个人信息处理者纳入管辖范围。① 为了便于对这些境外的个人信息处理者实施有效的监管，本条要求其应当在中华人民共和国境内设立专门机构或者指定代表，负责处理个人信息保护相关事务，并将有关机构的名称或者代表的姓名、联系方式等报送履行个人信息保护职责的部门。如果发生违法违规行为，该专门机构或制定代表需要对相关事件的处置负责。如此规定不仅有利于个人信息保护执法监督，而且有利于个人向境外个人信息处理者行使《个人信息保护法》所赋予的各项权利，如查询权、更正权、删除权、个人信息可携带权等。

【合规指引】

本条针对的对象是境外的个人信息处理者。对于我国境内的个人信息

① 《个人信息保护法》第3条第2款：在中华人民共和国境外处理中华人民共和国境内自然人个人信息的活动，有下列情形之一的，也适用本法：（一）以向境内自然人提供产品或者服务为目的；（二）分析、评估境内自然人的行为；（三）法律、行政法规规定的其他情形。

处理者而言，需要注意的合规要点在于，如果与境外个人信息处理者存在委托、数据提供等合作关系时，应当对个人信息处理活动的地域进行审查，包括合作方本身的个人信息保护水平以及合作方所在地的个人信息保护法律制度。如果涉及个人信息跨境传输，那么还应当按照《个人信息保护法》第三章关于个人信息跨境提供的规定，进行安全评估等。

第五十四条　【个人信息处理者的合规审计义务】个人信息处理者应当定期对其处理个人信息遵守法律、行政法规的情况进行合规审计。

【条文理解】

个人信息保护合规是一个常态化工作，单纯依靠突发事件的应急处置并不能有效保护个人信息，个人信息处理者应当提高风险防范意识，主动增加自纠自查的力度和频率。本条即要求个人信息处理者应当定期对其个人信息处理活动遵守法律、行政法规的情况进行合规审计。通过这种方式，使个人信息处理者能够及早防范可能产生的风险并做好应急处置工作。

【典型案例】

（一）某网约车平台网络安全事件[①]

2021 年 7 月 2 日，网络安全审查办公室发文宣布对某网约车平台启动网络出行安全审查，审查期间停止新用户注册。对此，某网约车平台回应称，将积极配合网络安全审查。审查期间，我们将在相关部门的监督指导下，全面梳理和排查网络安全风险，持续完善网络安全体系和技术能力。

---

① 《网信办将对某网约车平台实施网络安全审查》，载央视网，https：//news. cctv. com/2021/07/03/ARTIHdpWJ8yBxQoP1K2IgdYs210703. shtml？ spm = C94212. P4YnMod9m2uD. ENPMkWvfnaiV. 36， 2021 年 11 月 3 日访问。

7月4日，国家网信办发布公告称：根据举报，经检测核实，某网约车平台App存在严重违法违规收集使用个人信息问题。国家网信办依据《网络安全法》相关规定，通知应用商店下架相关App，要求该公司严格按照法律要求，参照国家有关标准，认真整改存在的问题，切实保障广大用户个人信息安全。7月10日，某网约车平台回应称，诚恳接受并坚决服从相关主管部门的要求，严格按照法律规定，参照国家有关标准，深入排查、认真整改存在的所有问题，切实保障广大用户个人信息安全。

（二）工信部就加强用户个人信息保护约谈相关企业[①]

2018年1月11日，针对某网络支付软件年度账单事件等近期媒体报道相关手机应用软件存在侵犯用户个人隐私的问题，工信部信息通信管理局约谈了相关企业。工信部信息通信管理局指出，三家企业均存在用户个人信息收集使用规则、使用目的告知不充分的情况，要求三家企业本着充分保障用户知情权和选择权的原则立即进行整改。三家企业表示，将按照监管部门要求，对相关服务进行全面排查，加强内部管理，完善产品设计，举一反三，认真整改。今后将继续严格遵守相关法律法规和工信部有关规定，进一步规范用户个人信息收集使用行为。

【产业实践】

1. 腾讯公司打造个人信息保护专区和推出系统检测工具[②]

2021年1月15日，腾讯隐私保护平台升级上线，打造个人信息保护专区。腾讯隐私保护平台坚持以用户为本，设置了“产品隐私管理指引”“隐私问题反馈”等栏目，方便用户根据具体的产品类型查阅隐私保护指引并对相关问题进行反馈。此外，腾讯隐私保护团队还推出了专业的系统

① 《工信部就加强用户个人信息保护约谈相关企业》，载新华网，http://www.xinhuanet.com/politics/2018-01/12/c_1122250025.htm，2021年11月3日访问。

② 《腾讯隐私保护平台升级上线 打造个人信息保护专区》，载人民网，http://it.people.com.cn/n1/2021/0115/c1009-32001447.html，2021年11月3日访问。

检测工具，设置 App 合规风险扫描、SDK 合规解决方案、产品隐私合规评估、隐私政策管理等功能，助力产品全面排查隐私风险，高效实现隐私合规。

2. 华为公司构筑并全面实施端到端的全球网络安全与隐私保障体系①

华为在各业务领域从政策、流程、工具、技术和规范等方面构筑并全面实施端到端的全球网络安全与隐私保障体系。关于合规审计，建立端到端网络安全与隐私保护验证体系，例行开展度量、稽查、内部审计活动，并设立了独立于业务体系的组织对华为产品和服务进行验证，针对发现的问题持续进行管理改进；同时与第三方合作，开展测试、认证、外部审计等活动，不断提升网络安全与隐私保护管理水平。

【合规指引】

2019 年 3 月 1 日，全国信息安全标准化技术委员会发布了《App 违法违规收集使用个人信息自评估指南》，以指导 App 运营者自查自纠。2020 年 7 月 22 日，全国信息安全标准化技术委员会结合检测评估工作经验，归纳总结出 App 收集使用个人信息具体评估点，形成《网络安全标准实践指南——移动互联网应用程序（App）收集使用个人信息自评估指南》。因此，企业可以参照该指南的要求，成立由个人信息保护负责人牵头的评估团队，定期对个人信息处理活动实施合规审计，对参与合规审计的人员、审计的内容、审计结果等进行详细记录并予以保存。

第五十五条 【适用事前个人信息保护影响评估的情形】

有下列情形之一的，个人信息处理者应当事前进行个人信息保护影响评估，并对处理情况进行记录：

---

① 《端到端网络安全保障体系》，载华为官网，https：//www. huawei. com/cn/trust－center/trustworthy/we-build，2021 年 10 月 14 日访问。

（一）处理敏感个人信息；

（二）利用个人信息进行自动化决策；

（三）委托处理个人信息、向其他个人信息处理者提供个人信息、公开个人信息；

（四）向境外提供个人信息；

（五）其他对个人权益有重大影响的个人信息处理活动。

【条文理解】

本条对个人信息处理者事前的个人信息保护影响评估进行了明确规定，明确列举了需要进行评估的具体情形，这意味着企业个人信息风险评估的常态化和规范化。其中，需要个人信息保护影响评估的情形包括五种：（一）处理敏感个人信息；（二）利用个人信息进行自动化决策；（三）委托处理个人信息、向其他个人信息处理者提供个人信息、公开个人信息；（四）向境外提供个人信息；（五）其他对个人权益有重大影响的个人信息处理活动。

此外，个人信息处理者还应当注意其他法律规定的评估。例如，2021年8月17日颁布的《关键信息基础设施安全保护条例》中亦有评估要求。根据《关键信息基础设施安全保护条例》第2条，关键信息基础设施，是指公共通信和信息服务、能源、交通、水利、金融、公共服务、电子政务、国防科技工业等重要行业和领域的，以及其他一旦遭到破坏、丧失功能或者数据泄露，可能严重危害国家安全、国计民生、公共利益的重要网络设施、信息系统等。因此，《个人信息保护法》第58条中的提供重要互联网平台服务、用户数量巨大、业务类型复杂的个人信息处理者亦有可能成为关键信息基础设施运营者。《关键信息基础设施安全保护条例》第17条规定，运营者应当自行或者委托网络安全服务机构对关键信息基础设施每年至少进行一次网络安全检测和风险评估，对发现的安全问题及时整改，并按照保护工作部门要求报送情况。

我国《数据安全法》亦有关于风险评估的规定。第 30 条规定，重要数据的处理者应当按照规定对其数据处理活动定期开展风险评估，并向有关主管部门报送风险评估报告。风险评估报告应当包括处理的重要数据的种类、数量，开展数据处理活动的情况，面临的数据安全风险及其应对措施等。

【合规指引】

本条确立的评估时间为个人信息处理活动发生之前，因此，企业业务部门在实施满足风险评估条件的情形时，应当就个人信息处理活动征求企业法务或个人信息保护负责人的意见。第一，从该条列举的情形来看，主要是对个人有重大影响的个人信息处理活动，如处理敏感个人信息；利用个人信息进行自动化决策；委托处理个人信息、向他人提供个人信息、公开个人信息；向境外提供个人信息等。因此，企业应当做好个人信息的分类保护，尤其是地理位置信息、个人生物特征、个人行踪等敏感个人信息的特殊保护。第二，在委托处理个人信息或向他人提供个人信息时，要对受托方或接受方的数据保护能力进行评估，并在合同条款中予以明确，特别是个人信息的安全保障。第三，在公开个人信息时更应当慎重，根据《个人信息保护法》第 25 条的规定，个人信息处理者不得公开其处理的个人信息，取得个人单独同意的除外。因此，个人信息处理者公开个人信息前还应当注意是否取得了个人的单独同意。第四，应当评估公开行为对个人的潜在不利影响。第五，在向境外提供个人信息时，除了进行风险评估，还应遵守《个人信息保护法》第三章规定的各项义务。对于关键信息基础设施运营者和处理个人信息达到国家网信部门规定数量的个人信息处理者，在确需向境外提供时，除了法律、行政法规和国家网信部门规定可以不进行安全评估的情形之外，应当通过国家网信部门组织的安全评估。

第五十六条 【个人信息保护影响评估内容】个人信息保护影响评估应当包括下列内容：

（一）个人信息的处理目的、处理方式等是否合法、正当、必要；

（二）对个人权益的影响及安全风险；

（三）所采取的保护措施是否合法、有效并与风险程度相适应。

个人信息保护影响评估报告和处理情况记录应当至少保存三年。

【条文理解】

本条与第55条紧密相关，列明了个人信息保护影响评估应当包括的内容。这些评估内容能够反映个人信息处理活动的基本情况、个人信息处理者所面临的风险以及采取的保护措施，不仅有助于个人信息处理者谨慎决定个人信息处理活动，而且在发生民事纠纷、接受执法检查时可以作为合规的证明材料，从而做到个人信息处理活动的透明化、规范化和可追溯化。

2020年11月19日，全国信息安全标准化技术委员会归口的《信息安全技术 个人信息安全影响评估指南》（GB/T 39335-2020）国家标准正式发布，并于2021年6月1日正式实施。该国家标准为个人信息保护影响评估提供了明确指导。因为个人信息处理活动具有较为明显的风险性，因此进行事前开展评估不仅有利于个人信息权益保护，而且还有助于提升个人信息处理者处理个人信息的透明度，增进用户对个人信息处理者的信任。在评估价值上，根据《信息安全技术 个人信息安全影响评估指南》，其评估的意义主要包括：（1）识别个人信息处理过程中存在的风险，并通过风险控制确保个人合法权益得到保障；（2）个人信息安全影响评估形成的记录，可被用来证明自己个人信息保护与数据安全合规，有助于组织减轻，甚至免除相关的责任和名誉损失；（3）个人信息安全影响评估的过程可加强员工个人信息保护的意识，熟悉各种风险，增强风险处置能力；（4）通过个人信息安全影响评估可以向合作伙伴展示自身在个人信息安全方面的能力。在具体评估实施上，主要包括以下几个方面的内容：

第一，在评估主体上，应当是组织指定的具有独立性的责任部门或责任人员（可选择自行开展或外聘独立第三方）。

第二，在评估原理上，该指南以流程图形式对评估原理进行了说明。从图中可知，个人信息安全影响评估以调研产生的数据映射分析报告为基础，在分析个人信息处理活动的前提下分别判定其对个人权益的影响程度和产生安全事件的可能性，两者结合最终确定风险级别。

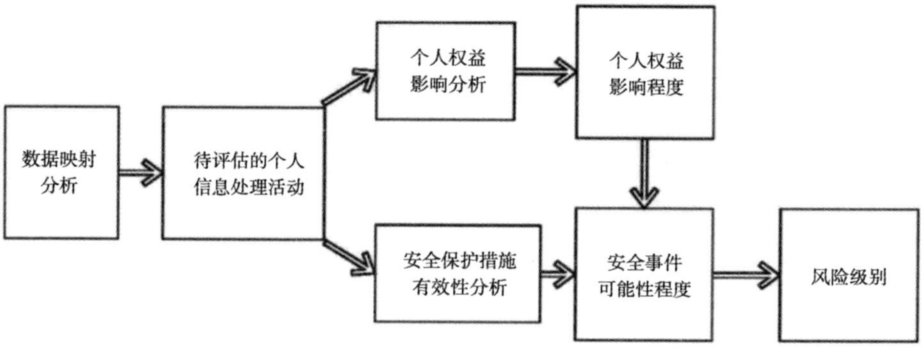

第三，在评估实施流程上，开展评估前，组织应对其新产品或服务的开发、启动、发布等环节是否需开展评估进行必要性分析。必要性分析包括合规差距评估及尽责性风险评估两个方面。根据《网络安全审查办法》第 2 条规定，若关键信息基础设施运营者采购网络产品和服务，影响或可能影响国家安全的，还应先依法进行网络安全审查。在确定评估的必要性后，组织应进行评估准备工作，该阶段包括组建评估团队、制定评估计划、确定评估对象和范围以及制订相关方咨询计划。

第四，在评估实施上，主要包含三方面：评估规模，取决于受到影响的个人信息主体范围、数量和受影响的程度；评估方法，提供了访谈、检查、测试三种基本评估方法；评估工作形式，可分为自评估和检查评估两种。影响评估的具体实施具体包括风险源识别、个人权益影响分析以及安全风险综合分析三个方面。具体而言，其一，风险源识别阶段是分析个人信息处理活动面临哪些威胁，是否有足够的安全措施，是否存在可能引发个人信息安全事件的风险的过程。风险源识别的过程需要关注网络环境和技术措施、个人信息处理流程、参与人员及第三方人员以及业务特点、规模和安全态势。识别的过程需要使用调研访谈、查阅文档、功能检查、技术测试等方式，识别已采取的措施和当前状态。其二，个人权益影响分析是对“限制个人自主决定权”“引发差别性待遇”“个人名誉受损或遭受精神压力”和“人身财产受损”四个维度进行分析，判断各维度受影响的过程。影响过程的分析可分为对个人信息敏感程度的分析、个人信息处理活动特点分析、个人信息处理活动分析及影响程度分析四个阶段。其三，安全风险综合分析是通过将安全事件发生的可能性和个人权益影响程度进行结合，进而得到的综合性结果的过程。在完成对特定个人信息处理活动影响评估后，可根据个人信息处理活动的评估结果，形成对整个评估对象（如业务部门、具体项目、具体合作等）的风险等级。

第五，在报告内容上，评估报告包括个人信息保护专员的审批页面、评估报告适用范围、实施评估及撰写报告的人员信息、参考的法律、法规和标准、个人信息安全影响评估对象、评估内容、涉及的相关方、个人权益影响分析结果、安全保护措施分析结果、安全事件发生的可能性、风险判定准则、合规性分析结果、风险分析过程及结果、风险处置建议。

【产业实践】

个人信息影响评估是一项常态化的工作，个人信息处理者应当进行全面布局，在组织上建立由个人信息保护负责人牵头的评估团队。团队成员应当包括技术、管理、法务等不同职能部门的人员，从而提升评估报告的专业性和全面性。对于提供重要互联网平台服务、用户数量巨大、业务类型复杂的个人信息处理者，还可以由外部成员组成的独立机构参与个人信息影响评估，增强社会监督。

第五十七条　【个人信息泄露、篡改、丢失时的补救和通知义务】发生或者可能发生个人信息泄露、篡改、丢失的，个人信息处理者应当立即采取补救措施，并通知履行个人信息保护职责的部门和个人。通知应当包括下列事项：

（一）发生或者可能发生个人信息泄露、篡改、丢失的信息种类、原因和可能造成的危害；

（二）个人信息处理者采取的补救措施和个人可以采取的减轻危害的措施；

（三）个人信息处理者的联系方式。

个人信息处理者采取措施能够有效避免信息泄露、篡改、丢失造成危害的，个人信息处理者可以不通知个人；履行个人信息保护职责的部门认为可能造成危害的，有权要求个人信息处理者通知个人。

【条文理解】

本条规定了数据泄露事件的应急处置。在当今的网络环境中，数据泄露事件时有发生，不仅损害了用户的个人信息权益，也破坏了用户与个人信息处理者之间的信任关系，因此必须要对数据泄露事件进行规范化处置。本条规定了个人信息处理者的两个义务，第一是立即采取补救措施，第二是通知履行个人信息保护职责的部门和个人。通知的内容包括三个方面：（1）发生或者可能发生个人信息泄露、篡改、丢失的信息种类、原因和可能造成的危害；（2）个人信息处理者采取的补救措施和个人可以采取的减轻危害的措施；（3）个人信息处理者的联系方式。考虑到数据泄露对整个行业造成的不利影响，本条第2款规定了通知的例外情形，即个人信息处理者采取措施能够有效避免信息泄露、篡改、丢失造成危害的，个人信息处理者可以不通知个人；履行个人信息保护职责的部门认为可能造成危害的，有权要求个人信息处理者通知个人。也就是说，对于数据泄露事件，立即采取补救措施是个人信息处理者必须尽到的义务。在通知义务的履行上，应当是以通知为原则，不通知为例外。

【典型案例】

（一）某快递公司数据泄露事件①

2020年7月，某快递公司内部员工与外部人员串通，利用员工账号和第三方非法工具窃取运单信息，导致大量个人信息泄露。

11月17日，某快递公司发文回应称：今年7月底，公司总部实时运行的风控系统监测到公司某省区下属加盟网点有两个账号存在非该网点运单信息的异常查询，判断其为明显的异常操作后，公司于第一时间关闭风险账号，同时立即成立由质控、安保、信息中心、网管以及河北省区组成的调查组，对此事件开展取证调查。经调查发现，疑似有加盟网点个别员工与外部人员串通，利用员工账号和第三方非法工具窃取运单信息，导致信息外泄。公司随后向当地公安部门报案，并全力配合调查。

11月19日下午，某市网信办网安处会同某区网信办、某区公安分局、区商务委、区邮政管理局约谈了该公司，责令要求该公司认真处理员工违法违纪事件，做到信息对称、及时公开、正面应对，加快建立快递运单数据的管理制度。

---

① 《40万条个人信息泄露，某快递公司被约谈》，载人民网，http：//it. people. com. cn/n1/2020/1126/c1009-31945204. html，2021年11月3日访问。

（二）某人才招聘软件数据泄露事件[①]

据报道，只要在某人才招聘软件上注册企业账号就可以轻易买到个人简历，内容包括姓名、性别、年龄、照片、联系方式、教育经历等。一位卖家透露，只要在某人才招聘软件上下单就可以下载简历。后有记者发现，其他相关人才招聘软件，企业账户只需支付费用，便可以下载到求职者的完整简历。这说明企业账户同样存在管理漏洞。警方调查发现，犯罪分子一方面通过企业账户获取简历，另一方面通过某平台用户群，批量购买简历。

对此，某人才招聘软件运营者对外回应称，将成立由公司首席运营官、安全总监负责人及开发经理业务负责人等组成的信息安全委员会，进一步升级各项信息安全及数据安全管理制度等措施。同时，强化个人用户授权流程，升级并加大明示已有的“谁看过我的简历”等一系列求职者知悉、选择和授权的程序，并接受求职者的投诉、倾听求职者意见。

另一人才招聘软件运营者表示，已于第一时间成立专项团队，对相关内容进行调查处理。对该不法行为已采取相应措施，以 CEO 为负责人进行安全委员会的后续整改工作。首先，会继续升级技术手段，包括推行电子营业执照、增强系统审核机制、利用机器学习能力识别潜在风险、后台自动报警功能，实行全天候不间断进行账号登录的环境安全性校验等，最大限度保障用户的信息安全。其次，针对多渠道贩卖企业账号的行为，会采取多种手段，共同打击站外用户信息倒卖的行为。

（三）某生活方式平台涉嫌泄露消费者个人信息案[②]

经查，当事人在消费者注册的时候，跳出对话框让注册人确认，详细内容如下：“需要使用通讯录权限，您是否允许？具体内容包括：读取联系人等权限。”注册人确认允许后，可以在 App“你可能感兴趣的人”栏

---

① 《简历隐私明码标价 个人信息保护困局如何破解?》，载央视网，https：//news. cctv. com/2021/03/17/ARTIL4SF1nKTglApjt0zfdez210317. shtml，2021 年 11 月 3 日访问。

② 《某生活方式平台“泄露”消费者个人隐私，被罚 5 万元!》，载中国质量新闻网，https：//www. cqn. com. cn/ms/content/2019-03/02/content_ 6835417. htm，2021 年 11 月 3 日访问。

目内找到本人手机通讯录内已在该生活方式平台注册过的联系人。并可进一步点击关注这部分联系人，关注后可以看到这部分人关注的人、粉丝、笔记以及标签。在隐私设置项目中，存在“允许通过手机通讯录加我为好友”选项，后面有确认条可以让用户开启或关闭，但是默认设置为开启。

当事人经营的生活方式类 App 软件隐私设置中的默认允许其他人加为好友并浏览到好友的相关信息，包括部分个人隐私的信息。这种设置致使消费者关注的笔记以及兴趣爱好被陌生人了解，属于未充分履行采取技术手段或必要措施义务，未完全尽到防止消费者个人信息泄露的义务。

当事人的上述行为，违反了《消费者权益保护法》第 29 条第 2 款“经营者及其工作人员对收集的消费者个人信息必须严格保密，不得泄露、出售或者非法向他人提供。经营者应当采取技术措施和其他必要措施，确保信息安全，防止消费者个人信息泄露、丢失。在发生或者可能发生信息泄露、丢失的情况时，应当立即采取补救措施”的规定。

本案的处罚结果：拟责令当事人改正上述违法行为，并罚款人民币 5 万元。

个人信息处理者过度收集个人信息不仅会带来违法违规收集个人信息的合规风险，而且在收集个人信息后，由于法律法规对不同类型的个人信息设定了不同的保护要求，比如敏感个人信息的保护要求更高，个人信息处理者还将投入更多的安全防护成本。因此，企业不仅应当加强对已经收集的个人信息不当泄露的风险防范，还应当从源头上做到不违法违规收集个人信息，切实遵守最小必要原则。

【合规指引】

在合规指引上，个人信息处理者可以参考全国信息安全标准化技术委员会归口的国家标准《信息安全技术 个人信息安全规范》（GB/T 35273-2020），该国家标准对个人信息安全事件处置做了更加具体、更具可操作性的要求。

在个人信息安全事件应急处置和报告方面，个人信息处理者：(a) 应制定个人信息安全事件应急预案。(b) 应定期（至少每年一次）组织内部相关人员进行应急响应培训和应急演练，使其掌握岗位职责和应急处置策略和规程。(c) 发生个人信息安全事件后，个人信息控制者应根据应急响应预案进行以下处置：(1) 记录事件内容，包括但不限于：发现事件的人员、时间、地点，涉及的个人信息及人数，发生事件的系统名称，对其他互联系统的影响，是否已联系执法机关或有关部门；(2) 评估事件可能造成的影响，并采取必要措施控制事态，消除隐患；(3) 按照《国家网络安全事件应急预案》等有关规定及时上报，报告内容包括但不限于：涉及个人信息主体的类型、数量、内容、性质等总体情况，事件可能造成的影响，已采取或将要采取的处置措施，事件处置相关人员的联系方式；(4) 个人信息泄露事件可能会给个人信息主体的合法权益造成严重危害的，如个人敏感信息的泄露，按照10.2“安全事件告知”部分的要求实施安全事件的告知。(d) 根据相关法律法规变化情况，以及事件处置情况，及时更新应急预案。

在安全事件告知方面，个人信息处理者：(a) 应及时将事件相关情况以邮件、信函、电话、推送通知等方式告知受影响的个人信息主体。难以逐一告知个人信息主体时，应采取合理、有效的方式发布与公众有关的警示信息。(b) 告知内容应包括但不限于：(1) 安全事件的内容和影响；(2) 已采取或将要采取的处置措施；(3) 个人信息主体自主防范和降低风险的建议；(4) 针对个人信息主体提供的补救措施；(5) 个人信息保护负责人和个人信息保护工作机构的联系方式。

第五十八条　【平台服务个人信息处理者的义务】 提供重要互联网平台服务、用户数量巨大、业务类型复杂的个人信息处理者，应当履行下列义务：

（一）按照国家规定建立健全个人信息保护合规制度体系，

成立主要由外部成员组成的独立机构对个人信息保护情况进行监督；

（二）遵循公开、公平、公正的原则，制定平台规则，明确平台内产品或者服务提供者处理个人信息的规范和保护个人信息的义务；

（三）对严重违反法律、行政法规处理个人信息的平台内的产品或者服务提供者，停止提供服务；

（四）定期发布个人信息保护社会责任报告，接受社会监督。

【条文理解】

本条是对提供重要互联网平台服务、用户数量巨大、业务类型复杂的个人信息处理者的特别义务规定，其立法目的在于强调数据治理的多方参与，增加独立第三方的监督。同时要求大型平台有更高的透明度，加强平台规则建设和自我管理，履行更多社会责任。本条针对的是提供重要互联网平台服务、用户数量巨大、业务类型复杂的个人信息处理者。由于这类企业的社会影响力较大，因而需要承担更多的社会责任。本条规定的义务主要体现在组织保障、规则公开、平台管理和社会责任承担四个方面。首先，在组织保障上，应当按照国家规定建立健全个人信息保护合规制度体系，成立主要由外部成员组成的独立机构，对个人信息保护情况进行监督。其次，在规则公开上，应当遵循公开、公平、公正的原则，制定平台规则，明确平台内产品或者服务提供者处理个人信息的规范和保护个人信息的义务。再次，在平台管理上，应当对严重违反法律、行政法规处理个人信息的平台内的产品或者服务提供者，停止提供服务。最后，在社会责任承担上，应当定期发布个人信息保护社会责任报告，接受社会监督。

本条规定的现实基础在于我国移动互联网产业的迅猛发展以及由此带来的平台治理问题。据工信部数据统计，截至2021年6月底，我国国内市场上监测到的App数量为302万款，对实际上控制技术资源、技术环境和运营环境的信息处理者，比如应用程序的分发平台、操作系统、大型平台App等，设置“守门人”个人信息处理的特别义务实有必要。对于该条规定中的“提供重要互联网平台服务、用户数量巨大、业务类型复杂的个人信息处理者”，从行业实践来看，主要包括三类：第一类是应用程序的分发平台，也就是应用商店。这类平台汇集了大量的应用程序，其提供了搜索功能，并向用户推荐不同类型的App，提供App下载、评价等服务。在App数量上，截至2021年6月底，我国本土第三方应用商店App数量为166万款，苹果商店（中国区）App数量为136万款。[①] 第二类是操作系统。操作系统是手机正常运转的基础，它能够为每个App提供运行所需的技术资源。移动终端的操作系统能够为大量的系统权限供App调度，比如网络访问、通讯录、摄像头、麦克风等。第三类是大型平台应用程序。这些应用程序利用从操作系统获得的技术资源和自身的流量资源，提供了丰富多样的网络服务。比如在该程序中运行的第三方小程序，它有效节约了用户下载、安装、注册、卸载App的成本，实现了即点即用。又比如应用程序内置的各类第三方服务接口，包括投资理财、网约车、电子商务、生活缴费等。大型平台应用程序提供的复杂多样的网络服务使其成为个人信息的汇集地，不仅包括一般个人信息，还包括地理位置、金融信息等敏感个人信息。

在合规义务上，本条列明了四个方面的义务，分别是组织机构、规则公开、内部管理和外部告知，其目的在于进一步增强对此类个人信息处理者的社会监督。近年来，由于大型互联网平台在用户量、网络服务范围等方面具有较大的社会影响，我国执法部门逐步加强了对这些大型互联网平台的监管力度，也出台了相关规定。本条的规制思路在工信部信息通信管理局于2021年4月26日发布的《移动互联网应用程序个人信息保护管理

---

① 参见《2021年上半年互联网和相关服务业运行情况》，载工业和信息化部官网，https://www.miit.gov.cn/jgsj/yxj/xxfb/art/2021/art_71a9adc43c2149cebcb6b527f77e654f.html，2021年8月17日访问。

暂行规定（征求意见稿）》中亦有体现，可以在具体合规中进行参考。该意见稿第9条规定，对于App分发平台，该规定要求应当履行以下个人信息保护义务：（1）登记并核验App开发运营者、提供者的真实身份、联系方式等信息；（2）在显著位置标明App运行所需获取的用户终端权限列表和个人信息收集的类型、内容、目的、范围、方式、用途及处理规则等相关信息；（3）不得欺骗误导用户下载App；（4）对新上架App实行上架前个人信息处理活动规范性审核，对已上架App在本规定实施后1个月内完成补充审核，并根据审核结果进行更新或者清理；（5）建立App开发运营者信用积分、风险App名单、平台信息共享及签名验证等管理机制；（6）按照监督管理部门的要求，完善报送机制，及时配合监督管理部门开展问题App上报、响应和处置工作；（7）设置便捷的投诉举报入口，及时处理公众对本平台所分发App的投诉举报；（8）国家规定的其他个人信息保护义务。

根据该意见稿第3条和第11条的规定，对于移动智能终端生产企业，其生产能够接入公众网络，提供预置App或者具备安装App能力的移动智能终端设备，应当履行以下个人信息保护义务：（1）完善终端权限管控机制，及时弥补权限管理漏洞，持续优化和规范敏感行为的记录能力，主动为用户权限申请和告知提供便利；（2）建立终端启动和关联启动App管理机制，为用户提供关闭自启动和关联启动的功能选项；（3）持续优化个人信息权限在用状态，特别是录音、拍照、视频等敏感权限在用状态的显著提示机制，帮助用户及时准确了解个人信息权限的使用状态；（4）建立重点App关注名单管理机制，完善移动智能终端App管理措施；（5）对预置App进行审核，持续监测预置App的个人信息安全风险；（6）在安装过程中以显著方式告知用户App申请的个人信息权限列表；（7）完善终端设备标识管理机制；（8）国家规定的其他个人信息保护义务。

【产业实践】

1. 支付宝开放平台管理规范①

在支付宝开放平台中，有专门的小程序违规处理规则。在《小程序技术平台服务协议》中，支付宝开放平台告知小程序开发者关于个人信息保护的相关规则，明确开发者在处理用户信息时，应根据法律法规、监管要求以及《信息安全技术 个人信息安全规范》的规定取得用户的必要授权（如完成隐私权政策的签署），不得通过任何技术手段收集与服务无关的其他信息。如开放平台认为小程序开发者的行为存在违反法律法规和监管政策、不符合《信息安全技术 个人信息安全规范》、本协议与小程序服务规则要求，以及存在可能损害用户体验或利益的情况，开放平台将暂停或停止提供本服务，要求小程序开发者以删除相关信息等方式进行整改，不得再以任何相同或类似方式处理用户信息，并视需要向监管部门进行报告。

在《小程序违规处理规则》中，支付宝开放平台列明了具体的违规行为及处理。在数据安全类违规行为部分，包括：（1）小程序出现因数据泄露、数据安全、恶意代码等舆情事件或存在重大数据安全风险；（2）小程序存在非必需的个人敏感信息明文和使用展示场景，包括但不限于身份证、驾照号码、护照等，未遵循开放平台的《小程序运营规范》；（3）小程序存在非必需的个人信息明文展示和使用场景，包括但不限于姓名、性别、区域、手机号、详细地址、UID②等，未遵循开放平台的《小程序运营规范》；（4）小程序在服务提供中，诱导用户输入不合理的用户信息，包括但不限于手机号，身份证号，银行卡号等，未遵循开放平台的《用户信息处理规范》；（5）小程序在服务提供中，对于用户端获取的个人信息，存在恶意骚扰、恶意转售等情况，未遵循开放平台的《小程序运营

---

① 《小程序违规处理规则》，载支付宝开放平台，https：//opendocs. alipay. com/rules/rules_ mini/nowgsa，2021 年 10 月 14 日访问。

② UID 指 User_ ID，支付宝 UID 是以 2088 开头的 16 位纯数字。

规范》。对于此类违规行为，视具体情况采取取消或调整小程序开发者部分服务权限，包括但不限于警告、版本下架、隐藏、应用下线、终止小程序业务。

在隐私和授权类违规行为部分，包括：（1）使用未经平台认可的第三方程序采集用户人脸信息；（2）在非必要采集用户信息环节要求用户提供个人信息，或要求用户授权非使用服务必要的额外信息；（3）采集用户信息后，通过线下营销、电话营销、短信营销等方式触达用户，造成用户打扰和投诉。对于此类违规行为，视具体情况采取取消或调整小程序开发者部分服务权限，包括但不限于警告、版本下架、隐藏、应用下线、终止小程序业务。

2. 小米移动应用商店《应用发布协议》①

为规范开发者发布移动应用程序的活动，小米移动应用商店发布了《应用发布协议》。在发布者的权利与义务部分，要求：发布者应当尊重用户隐私。发布的作品应当符合隐私相关的法律法规。发布者应当在作品中展示隐私政策，获得用户同意，并承诺采取充分的数据安全保护措施；发布者在未经用户同意的情况下，不得向用户发送商业广告或其他营销或促销信息；发布者保证不进行侵害用户隐私和数据安全的行为；非经用户明确同意，其不得通过任何方式、手段或途径获取用户的任何信息，或将该等信息用于非法用途或目的。发布者同意对用户之个人资料负绝对之保密义务及保管责任，未经用户之事前书面同意，绝不作超出本条款之目的范围之使用或以任何方式将其泄露、告知、交付于任何第三人。

3. 腾讯开放平台管理规范②

在腾讯开放平台中，其移动应用接入部分含有应用违规的处理规则。该规则的设立目的是规范开放平台中的应用，维护开发者的合法权益，针

① 《小米开发者站应用发布协议》，载小米开放平台，https：//dev. mi. com/docs/appsmarket/distribution/agreements/，2021 年 10 月 14 日访问。

② 《应用违规处理》，载腾讯开放平台，https：//wiki. open. qq. com/wiki/%E5%BA%94%E7%94%A8%E8%BF%9D%E8%A7%84%E5%A4%84%E7%90%86，2021 年 10 月 14 日访问。

对侵权、山寨、恶意上传等行为进行打击处理，并针对不同违法行为进行不同级别的处罚。在具体违规行为上，就隐私权限问题而言，包括两个方面：（1）首次进入应用需要用户协议和隐私政策弹窗，或者进入首页有显示，且需要用户可选择同意或拒绝操作。另外需有用户协议和隐私政策常驻入口，查询步骤不能超过 4 次。（2）应用必须有完整的“隐私政策”内容长图来告知用户所收集的信息及使用情况。长图只需完整的隐私内容，抬头无须带有手机状态栏信息（手机信号、Wi-Fi 等），字体需清晰，可参考隐私权限审核规范或“隐私政策”上传板块的示例。处理方式为下架。

对于上述违规行为的处罚，开发商可通过在线客服申诉，或者发送到指定邮箱，工作人员核实后会在 7 个工作日内进行相应处理。

4. 腾讯公司发布《腾讯隐私保护白皮书》①

2018 年 12 月 27 日，腾讯公司发布《腾讯隐私保护白皮书》，首次传递出腾讯 P · B · D（Person · Button · Data）隐私保护方法论，展示腾讯隐私保护能力和总结腾讯隐私保护经验与实践。其中，腾讯 P · B · D 中的 P 即 Person，代表以用户为中心，增强隐私保护工作的透明度、提升用户的感知度和参与度；B 即 Button，代表控制力，通过产品设计，将用户对数据的控制转化为实际的按键；D 即 Data，代表数据安全，通过系统有效的安全技术和规范流程，为用户数据安全提供全方位保障。整体上，腾讯搭建完善的隐私保护体系，以腾讯 P · B · D 为方法论，建立全生命周期的数据管理制度和多维度的隐私保护机制，将数据保护策略制度化、数据管理流程规范化。同时，在数据安全技术上，采用数据加密、数据脱敏、去识别化、量子加密等技术，通过事前防范、事中保护和事后追溯，全方位保障用户数据安全。在发布会上，腾讯还邀请 14 位知名行业专家、学者担任隐私观察员，作为外部独立观察和监督机制的重要内容。通过内部团队和外部隐私观察员，腾讯隐私团队将持续聚焦隐私保护话题，并为

① 《腾讯首发隐私保护白皮书 数据泄露年亦是保护元年》，载新华网，http：//www.xinhuanet.com/zgjx/2018-12/29/c_ 137706082.htm，2021 年 11 月 3 日访问。

互联网产业健康发展共享思路和方向，这一做法有助于腾讯履行社会责任，接受社会监督。

在个人信息保护社会交流上，2017 年 12 月 17 日，2017 大数据合作与合规峰会由腾讯集团数据与隐私保护中心、中国社会科学院法学研究所、中国法学会网络与信息法学研究会在京联合举办。除了主办方的代表，出席会议的有来自国家工商总局、中国人民银行、最高人民法院、国家行政学院、中国广告协会、中国消费者协会、中国电子技术标准化研究院、中国信息通信研究院等单位的代表人员，来自百度、京东、蚂蚁金服、高通等产业界企业的专家，来自北京大学、中国人民大学、中国政法大学、中央财经大学等院校的学者以及众多媒体界的人士。近两百名政产学研媒各界代表就大数据在金融、广告、人工智能等领域的未来趋势、合规发展等问题进行探讨，是腾讯个人信息保护团队主动推动产业、理论、执法、司法、行业协会之间的交流互动的重要举措。

在隐私保护技术前沿研究上，2021 年 4 月，腾讯研究院与腾讯数据平台部、腾讯安全、腾讯云区块链 、腾讯数据隐私保护部、腾讯安全平台部、腾讯广告联合发布《腾讯隐私计算白皮书 2021》，旨在与业界共同探讨、推动隐私计算技术产业的发展，寻求在数字治理中发展和安全的平衡点。

【合规指引】

1. 个人信息合规体系建设

根据本条规定的第一项义务，符合条件的个人信息处理者应当成立主要由外部成员组成的独立机构，对个人信息处理活动进行监督。该义务设置的目的在于利用外部力量进行社会监督，从而保证个人信息处理活动的合规。对此，需要注意的是，在外部成员在进行监督的过程中，企业应当与外部成员签订相关保密协议，约定外部成员对所获取的相关信息，如商业秘密、个人信息等予以保密。

此外，在内部合规体系的搭建上，本法第 52 条的规定同样适用于本条所规定的个人信息处理者。因此，符合本条规定的个人信息处理者应当指定个人信息保护负责人，负责对个人信息处理活动以及采取的保护措施等进行监督。应当公开个人信息保护负责人的联系方式，并将其姓名、联系方式等上报。对专门安全管理机构负责人和关键岗位人员进行安全背景审查，以此确立问责制度合规框架。在个人信息保护团队的职业能力建设上，通过培训、职业认证等方式为个人信息保护人员提供交流和学习的平台，及时跟进成熟的行业实践做法，有效提升个人信息保护水平。

2. 完善平台治理规则，加强平台内部管理

符合条件的个人信息处理者应当及时完善平台的服务协议，尤其是针对应用程序开发者的协议，明确开发者所应遵循的个人信息保护义务，并将该服务协议向社会公开。对于即将上架的App、小程序、公众号等应用，个人信息处理者应当设立专门的个人信息保护审核团队，依据《个人信息保护法》等国家法律法规、平台内的服务协议对相关应用的隐私政策以及相关处理活动进行合规审查。在应用运行中，个人信息处理者应加强对平台内各类应用的监督管理，对于违法违规处理个人信息的应用采取警告、下架、终止服务的处罚措施。

3. 定期发布社会责任报告

本条并未规定符合条件的个人信息处理者发布社会责任报告的期限，对于报告所应包含的内容，还需要后续相关配套制度的进一步细化。在国内，已经有部分高科技企业发布过隐私保护白皮书等报告，较为全面地介绍了企业的个人信息保护合规工作。[①] 因此，符合本条规定条件的个人信息处理者可以建立由内部个人信息保护人员和外部专家组成的团队，撰写并发布个人信息保护社会责任报告，接受社会监督。报告内容可以包括企业个人信息保护的理念、顶层战略、合规体系、安全体系等内容。关于社会责任的履行，企业可以介绍相关的理论研究、参与立法讨论、举办个人信息保护活动等。

---

① 《360用户隐私保护白皮书》，载360安全中心网站，http：//www.360.cn/privacy/v2/，2021年10月14日访问。

4. 与其他法律法规的衔接

2021 年 8 月，国务院公布《关键信息基础设施安全保护条例》，对关键信息基础设施范围认定、运营者责任义务等进行规定。在定义上，关键信息基础设施可能与本条规定的主体存在重合之处。因此，提供重要互联网平台服务、用户数量巨大、业务类型复杂的个人信息处理者除须履行《个人信息保护法》的合规义务外，还应注意《网络安全法》《数据安全法》《关键信息基础设施安全保护条例》等相关法律法规规定的各项义务，及早做好合规准备工作。

第五十九条　【委托处理中受托人的安全义务】接受委托处理个人信息的受托人，应当依照本法和有关法律、行政法规的规定，采取必要措施保障所处理的个人信息的安全，并协助个人信息处理者履行本法规定的义务。

【条文理解】

我国没有区分数据控制者和数据处理者，根据《个人信息保护法》第 73 条的规定，个人信息处理者是指在个人信息处理活动中自主决定处理目的、处理方式的组织、个人。个人信息处理者可以通过委托合同的方式委托他人处理个人信息。本条明确了接受委托处理个人信息的受托方应当履行的各项义务，并强调了对个人信息的安全保障。

在域外立法实践上，欧盟 GDPR 第 28 条规定了处理者的义务。首先，在处理者的选任上，控制者只能选用有充分保证的、可采取合适技术与组织措施的、其处理方式符合本条例要求并且保障数据主体权利的处理者。其次，在转委托上，如果没有控制者之前的特别授权或一般书面授权，处理者不应聘用另一个处理者。在具有一般书面授权的情形下，对于涉及补充或替换其他处理者的变动，处理者都应当告知控制者，以便使控制者有机会反对此类变化。最后，在处理活动的合规性上，处理者的处理应当受某类合同或其他欧盟法与成员国法的约束，这类合同或法律应当规定处理者相对于控制者的责任、主体事项、处理期限、处理性质与目的、个人数据的类型、数据主体的类型以及控制者的责任与权利等。

【典型案例】

（一）某跨国卫浴集团公司未经消费者同意收集个人信息案[①]

当事人某跨国卫浴集团公司于 2020 年 2 月 25 日与苏州某科技公司签订系统框架合同，约定由苏州某科技公司向当事人供应摄像设备，包括智能督导服务器、监控硬盘、会员识别感知仪等产品及软件系统等，合同签订后，由苏州某科技公司在当事人经销商门店进行安装。截至 2021 年 3 月 15 日，全国 222 家门店安装了 565 台由苏州某科技公司提供的摄像设备，当事人向苏州某科技公司支付了所购订单总费用人民币 991674 元。上述摄像设备会自动抓取到店人员的人脸信息，并通过软件系统将收集到的人脸信息图片上传至苏州某科技公司租用的云服务器，再经过算法计算筛除门店员工及重复进店的顾客，达到去重目的。当事人据此来精准统计客流，方便制定销售政策。但当事人在利用上述摄像设备收集消费者人脸信息时，并未取得消费者的明示或授权同意。截至 2021 年 3 月 15 日，当事人共抓取了 2202264 条人脸信息。[②]

上述人脸信息相关数据全部存储在苏州某科技公司租赁的云服务器上，当事人并不具有下载上述人脸信息数据的权限或端口。苏州某科技公司已经于 2021 年 3 月 16 日删除和当事人相关的全部数据，当事人已无法登录软件系统。全国 222 家装有上述设备的门店已于 2021 年 3 月 15 日、

---

① 沪市监静处（2021）062021000787 行政处罚决定书。

② 《某跨国卫浴集团公司遭市场监管处罚 50 万元 曾被曝未经消费者同意抓取人脸信息》，载中国财经网，http：//finance. china. com. cn/news/20210804/5623454. shtml？ from = ydzx，2021 年 10 月 14 日访问。

16日将所有设备全部拆除并寄回至当事人处。当事人使用苏州某科技公司的软件系统仅为精准计算门店的有效客流，未将消费者个人信息用于商业交易，故无违法所得。

本案的处罚结果是对某跨国卫浴集团公司处以罚款人民币500000元整。

本案中，在个人信息处理法律关系上，某跨国卫浴集团公司委托苏州某科技公司进行人像收集，所有的个人信息被存储在租用的云服务器上。因此，尽管某跨国卫浴集团公司作为委托方存在违法违规收集个人信息的情形，但是按照《个人信息保护法》第58条的规定，苏州某科技公司亦应当采取必要措施保障所处理的个人信息的安全，如果引起故意或重大过失导致大量个人信息泄露，那么其亦应当承担相应的法律责任。

（二）某置业公司侵害消费者依法得到保护的个人信息权利案①

从2018年7月6日起，当事人某置业公司经核准登记在中国（浙江）自由贸易试验区舟山市定海区某街道某市场××幢某路××号成立从事含房地产开发、经营的经营活动。2019年1月23日取得《预售许可证》后，当事人在舟山市定海区某街道某路设立售楼处销售其开发的某楼盘。为促销楼盘，当事人推行“全员经纪人”模式。为判别消费者是否系首次来访，以便与经纪人结算推荐费，2020年3月8日，当事人委托深圳某技术有限公司在该售楼处安装“人脸识别风控系统”，费用共计12000元。通过经纪人介绍而来的消费者，经纪人会将消费者姓名、手机号在“某幸福通”微信小程序进行报备。消费者每次前来售楼处看房时均做登记且在未取得消费者同意的情况下人脸摄像头自动实施人脸抓拍并存储。此类消费者成交时，当事人通过身份证刷证机器对客户人脸信息和身份证信息进行采集，系统自动将之前与该客户相关的报备信息、历次到访售楼处所摄取的人脸信息归集至该客户名下形成“渠道稽核”记录，并自动判断是否符合结算佣金条件，当事人据此与经纪人结算佣金。当事人通过人脸摄像头采集消费者人脸信息，全程未明示收集、使用信息的目的

---

① 《某置业公司违法广告遭罚 为某中宝旗下项目》，载中国经济网，http：//finance.ce.cn/stock/gsgdbd/202012/30/t20201230_ 36170722.shtml，2021年10月14日访问。

方式和范围，也未经消费者同意。2021 年 4 月 2 日，当事人上述违法行为被查获日止，当事人共收集并形成“渠道稽核”记录 570 条，违法所得无法计算。

本案的处罚结果是决定责令当事人立即改正侵害消费者个人信息依法得到保护的权利的违法行为，对当事人从轻处罚罚款 100000 元整。

本案情形在实践中较为常见。委托第三方安装人脸识别系统，无论是用于消费者分析还是员工绩效认定，都存在违法违规收集个人信息的法律风险，并且受托人是否有能力保障个人信息的安全亦是个人信息处理者需要考虑的问题。对于委托他人实施个人信息处理活动的，个人信息处理者不仅要确保处理个人信息的合法性，还应当在委托协议中约定受托人的个人信息安全和保密义务。

【合规指引】

1. 与《个人信息保护法》其他条文的协调

在履行本条所规定的义务时，接受委托处理个人信息的受托方还应当注意与其他条文的协调，尤其是第二章第一节个人信息处理的一般规定。第 21 条规定个人信息处理者可以委托他人处理个人信息，受托人应当按照约定处理个人信息，不得超出约定的处理目的、处理方式等处理个人信息；委托合同不生效、无效、被撤销或者终止的，受托人应当将个人信息返还个人信息处理者或者予以删除，不得保留。未经个人信息处理者同意，受托人不得转委托他人处理个人信息。

2. 与《数据安全法》的协调

接受委托处理个人信息的受托方开展数据处理活动还应当遵守《数据安全法》规定的各项义务，比如第 21 条规定的数据分级分类保护、第 23 条规定的数据安全应急处置义务等，如果所处理的数据为重要数据，那么其还应当按照规定对其数据处理活动定期开展风险评估，并向有关主管部门报送风险评估报告。

第六章 履行个人信息保护职责的部门

【导言】

个人信息保护的实际开展涉及各个领域和多个政府部门的具体职责以及其相互关联和相互配合，本章是关于履行个人信息保护职责的部门规定：明确了由在个人保护方面具有相当实践经验的国家网信部门负责统筹协调个人信息保护工作和相关管理监督工作，工信部、公安部、中国人民银行等国务院各有关部门须在各自职权范围内负责个人信息保护和监管工作，推进建立集中统一高效的个人信息保护监管体系，兼顾各部门和各行业的差异性。地方层面则由县级以上地方人民政府有关部门履行个人信息保护和监督管理职责。其中特别强调了国家网信部门统筹协调各部门工作的权限，表明了其在整体个人信息保护工作中的重要角色；以及强化新技术、新应用的立法和研究工作，表明了个人信息保护法对时代发展与技术革新的回应。从国家统一监管到部门层面，再到基层监管的实践，整体形成了严密的层级管理结构，以清晰的职责分工规范国家机关处理活动，特别强调国家机关处理个人信息的活动适用本法，并且处理个人信息应当依照法律、行政法规规定的权限和程序进行，不得超出履行法定职责所必需的范围和限度。

我国与个人信息保护相关的部门及其职责主要有：网信部门（中央网信办）作为统筹监管机构、公安机关（公安部）进行网络安全执法、工信部门（工信部）主管电信和互联网、市场监管部门（国家市场监督管理总局）、其他行业主管部门。长期以来，关于网络安全和个人信息保护的法律法规也主要是由上述几个部门配合全国人大起草制定的。

根据第 61 条规定，各个政府部门的具体监管职责主要包括宣传教育、指导监督、受理投诉和举报、组织个人信息保护情况测评和公布测评结果、调查处理违法个人信息处理活动以及兜底性的其他规定职责。从指引性的教育指导到普适性的受理反馈，再到管制性的测评和调查，履行个人信息保护职责的部门的整体职责呈现着图谱式的结构。而在这之中，第 61 条第 3 项特地为对应用程序即手机 App、小程序等的监管和执法提供强有力的法律依据，规范其相关运营行为中的个人信息保护。

在具体的工作内容部分，第 62 条进一步明确了国家网信部门统筹推进小型个人信息处理者制定相关个人信息保护规则和标准，推进网络身份认证公共服务建设，在法律层面上对网信部门的未来监管方向进行了明确。

除此之外，本章采用列举模式具体明确了履行个人信息保护职责的部门履行个人信息保护职责时可以采取的有关措施以及履行个人信息保护职责的部门在履责中发现个人信息处理活动存在较大风险时所应采取的措施，还对违反本法规定行为的处罚及侵害个人信息权益的民事赔偿、对违法个人信息处理活动的投诉、举报的处理要求等作了规定。

与此相承的责任制原则（Accountability）在欧盟 GDPR 项下的核心：一是表明有责任遵守数据保护的相关要求；二是能够证明所采取的措施满足数据保护的基本要求。在责任制原则下需要做到：(1) 在适当的情形下制定和实施数据保护制度；(2) 在设计环节默认保护隐私的方式，在数据生命周期内采取适当的保护措施；(3) 数据处理活动记录；(4) 与数据委托处理者签署书面合同；(5) 采取适当的安全技术与安全管理制度；(6) 记录并在必要时报告个人数据泄露；(7) 任命数据保护官；(8) 开展数据保护认证工作；(9) 对可能对个人利益造成高风险的个人数据的使用进行数据保护影响评估。由此可以看出，相关部门的保护职责和确立的制度成为责任制的重要环节之一。

第六十条 【履行个人信息保护职责的部门】 国家网信部门负责统筹协调个人信息保护工作和相关监督管理工作。国务院有关部门依照本法和有关法律、行政法规的规定，在各自职责范围内负责个人信息保护和监督管理工作。

县级以上地方人民政府有关部门的个人信息保护和监督管理职责，按照国家有关规定确定。

前两款规定的部门统称为履行个人信息保护职责的部门。

【条文理解】

本条是关于全国个人信息保护职责部门的规定。

本条第 1 款首先明确，国家网信部门负责统筹协调个人信息保护工作和相关监督管理工作。这有两层含义：一是在国家层面，法律授权由国家网信办来统筹协调个人信息保护的整体工作。其不是唯一的主管部门，而是作为牵头部门，做好统筹协调，具体职责参见本法第 62 条。二是根据本法等法律、行政法规的规定，国家网信办也要履行一定的个人信息保护的监督管理职责。

此外，除国家网信办外，国家有关部门如工信部、公安部，也要依据本法等法律、行政法规的规定，依法履行个人信息保护职责。

因此，在国家网信办的统筹协调下，包括工信部、公安部等部门，依据本法和其他法律、行政法规，各司其职，依法履行个人信息保护职责。如工信部此前就多次下架严重侵犯用户个人信息的 App。

根据第 2 款的规定，在地方层面，县级以上地方人民政府有关网信、工信、公安等部门，也要按照国家规定（法律、行政法规、地方性法规等）规定的职责，认真履行个人信息保护和监督管理职责。

在前两款规定的基础上，第 3 款明确，国家网信办、工信部、公安部等中央部门以及县级以上地方相关部门，构成国家整体的个人信息保护机构体系，统称为本法所规定的履行个人信息保护职责的部门，根据各自法定职责，履行个人信息保护和监督管理职责。

第六十一条　【有关部门的保护职责】履行个人信息保护职责的部门履行下列个人信息保护职责：

（一）开展个人信息保护宣传教育，指导、监督个人信息处理者开展个人信息保护工作；

（二）接受、处理与个人信息保护有关的投诉、举报；

（三）组织对应用程序等个人信息保护情况进行测评，并公布测评结果；

（四）调查、处理违法个人信息处理活动；

（五）法律、行政法规规定的其他职责。

【条文理解】

本条是关于个人信息保护职责部门职责范围的规定。

首先需要明确，本条规定的主体是履行个人信息保护职责的部门，即上一条规定的全国县级以上的、依法履行保护个人信息职责的有关部门。

根据本条规定，个人信息保护职责部门应当履行的职责，包括以下内容：

1. 宣传教育。个人信息保护职责部门应当把宣传教育放在首要位置。通过组织宣讲、举办培训班、多媒体投放等多种形式，向有关国家机关、企事业单位、其他组织和社会公众进行个人信息保护的宣传教育，提高社会各界保护个人信息的意识。

2. 监督、指导。监督、指导的对象是个人信息处理者，即在个人信息处理活动中自主决定处理目的、处理方式的组织、个人。监督指导的重点在于如何在业务处理当中保护好个人信息。监督、指导的方式可灵活多样，既可以制定合规指南，也可以和有关企业、组织合作开展现场指导。

3. 接受、处理投诉和举报。应当设立接受投诉、举报的渠道和处理机制，保证关于个人信息保护的投诉、举报渠道畅通。接到有关投诉、举报后，应当按照程序及时处理、及时反馈。

4. 组织测评。作为及时发现问题的重要方式，可以组织专业机构和人员，依据科学的标准和程序，对应用程序等个人信息保护情况进行测评，及时发现问题。测评结果应当向社会公开，让组织测评的部门、机构，以及接受测评的组织，接受社会监督。

5. 查处违法活动。有关个人信息保护部门，根据本法和其他法律、法规的授权，应当对违法处理个人信息活动进行调查。对确有违法的个人信息处理活动，应当及时处理，包括限期整改、产品下架、罚款等处罚。

个人信息保护部门的职责很广泛。除上述几项职责之外，如果其他法律、行政法规有规定其他职责的，也应当依法履行。值得注意的是，个人信息保护部门的其他职责，必须是法律、行政法规规定的，其他规范性法律文件不能另行设立个人信息保护部门的职责。

第六十二条　【国家网信部门统筹协调职能】国家网信部门统筹协调有关部门依据本法推进下列个人信息保护工作：

（一）制定个人信息保护具体规则、标准；

（二）针对小型个人信息处理者、处理敏感个人信息以及人脸识别、人工智能等新技术、新应用，制定专门的个人信息保护规则、标准；

（三）支持研究开发和推广应用安全、方便的电子身份认证技术，推进网络身份认证公共服务建设；

（四）推进个人信息保护社会化服务体系建设，支持有关机构开展个人信息保护评估、认证服务；

（五）完善个人信息保护投诉、举报工作机制。

【条文理解】

本条是关于国家网信部门的统筹协调职责的规定。

本法第60条已经明确规定，国家网信部门负责统筹协调个人信息保护工作和相关监督管理工作。为了不让“统筹协调”工作流于形式，本条规定了统筹协调工作的具体工作，具体来说，就是要推进开展以下几项工作：

1. 制定规则、标准。组织有关部门、专业机构和专家，根据本法和其他法律、行政法规，制定个人信息保护具体规则、标准，方便个人信息处理者参照执行、合规经营。

2. 针对特殊情形，制定专门的规则和标准。为了平衡鼓励创新和保护个人信息之间的平衡，针对一些特殊情形，应当制定专门的个人信息保护规则和标准。这些特殊情形是指：（1）小型个人信息处理者；（2）处理敏感个人信息；（3）人脸识别、人工智能等新技术、新应用。需要注意的是，这些专门的个人信息保护规则、标准虽然不同于一般普遍使用的规则和标准，但也不能违反本法规定的个人信息保护的基本原则。

3. 支持研发应用电子身份认证技术。电子身份认证就是利用数字签名技术，以保证有关个人和组织身份的唯一性和合法性。因此，电子身份认证技术是电子政务安全可靠运行的基础。国家网信办应当统筹、协调各有关部门和地方的人财物资源，支持研究开发和推广应用安全、方便的电子身份认证技术。

4. 推进社会化服务体系。保护个人信息不仅仅由有关部门来发挥作用，也应该利用好社会的资源和优势。因此，有必要统筹协调有关学术机构、科研单位、专业协会等社会力量，共同建设个人信息保护社会化服务体系，支持有关专业机构开展个人信息保护评估、认证服务。

5. 完善投诉、举报工作机制。涉及个人信息保护的投诉和举报，有时会涉及不同部门。因各部门有各自的投诉、举报渠道和处理机制，可能让投诉人、举报人无所适从，也可能会造成政务资源的浪费。因此，有必要由国家网信办统筹协调，在现有的投诉、举报渠道和处理机制的基础上，完善工作机制，尽可能地做到统一接收渠道和流程，统一处理机制。

第六十三条 【履行个人信息保护职责的措施】 履行个人信息保护职责的部门履行个人信息保护职责，可以采取下列措施：

（一）询问有关当事人，调查与个人信息处理活动有关的情况；

（二）查阅、复制当事人与个人信息处理活动有关的合同、记录、账簿以及其他有关资料；

（三）实施现场检查，对涉嫌违法的个人信息处理活动进行调查；

（四）检查与个人信息处理活动有关的设备、物品；对有证据证明是用于违法个人信息处理活动的设备、物品，向本部门主要负责人书面报告并经批准，可以查封或者扣押。

履行个人信息保护职责的部门依法履行职责，当事人应当予以协助、配合，不得拒绝、阻挠。

【条文理解】

本条是关于履行个人信息保护职责部门履责措施的规定。

为了保证履行个人信息保护职责部门依法、有力地履责，本条规定了履责中可以采取的法律措施：

1. 询问和调查。可以通过口头或书面的形式，询问有关当事人，包括个人信息处理者和有关个人。同时，可以行使调查权，调查与个人信息处理活动有关的情况，如收集、使用个人信息的范围等。

2. 查阅、复制资料。可以查阅、复制有关处理个人信息活动的资料，包括用户使用协议等合同、有关个人信息处理记录和台账、隐私政策等有关材料。

3. 现场检查。如果发现个人信息处理活动涉嫌违法，可以依据法定的程序，对有关企业等组织实施现场检查，对涉嫌违法的个人信息处理活动进行调查。

4. 查扣物品。为了收集和保全有关违法证据，必要时可以检查、查封、扣押与个人信息处理活动有关的设备、物品，如服务器、办公电脑、通信设备等。需要注意的是，如果要查封和扣押设备和物品，需要符合严格的条件和程序。第一，适用的前提是有证据证明该设备和物品被用于违法个人信息处理活动；第二，实施查封和扣押的人员应当向本部门主要负责人提交书面报告，说明查扣的理由和必要性以及拟查扣的物品清单；第三，该部门负责人审核报告后，作出批准查扣的决定。

第六十四条　【处理个人信息安全风险与安全事件的权限和程序】 履行个人信息保护职责的部门在履行职责中，发现个人信息处理活动存在较大风险或者发生个人信息安全事件的，可以按照规定的权限和程序对该个人信息处理者的法定代表人或者主要负责人进行约谈，或者要求个人信息处理者委托专业机构对其个人信息处理活动进行合规审计。个人信息处理者应当按照要求采取措施，进行整改，消除隐患。

履行个人信息保护职责的部门在履行职责中，发现违法处理个人信息涉嫌犯罪的，应当及时移送公安机关依法处理。

【条文理解】

本条是关于约谈、审计和移送的规定。

履行个人信息保护职责的部门在履行职责中，如果发现个人信息处理活动存在较大风险或者发生个人信息安全事件的，可以采取以下三个措施：

第一，约谈。近年来，国家网信办和地方网信办已经开始尝试在依法处罚之外，通过约谈一些违法情节严重的互联网信息服务单位，督促其采取有效措施进行整改，收到了良好效果。本法从法律上对约谈行为进行了肯定。约谈人扩大到整个履行个人信息保护职责的各部门，被约谈人是存在较大风险或发生安全事件的个人信息处理者的法定代表人或主要负责人。约谈的内容应当是警示谈话、指出问题、责令整改纠正。实施约谈与依法处罚并不矛盾，并不是以约谈替代处罚或约谈后不再处罚。进行约谈是为了加强指导监督，帮助个人信息处理者及其负责人认识问题、改正问题，更好地依法开展服务。约谈实际上也是一种行政行为，应当依据规定的权限和程序进行。如 2015 年 4 月，国家网信办发布了《互联网新闻信息服务单位约谈工作规定》，对网信部门约谈的权限和程序作出了明确的规定。其他有关部门如果实施约谈，也要由相关的国务院部门作出类似规定，规范约谈行为。

第二，合规审计。如果发现个人信息处理活动存在较大风险或者发生个人信息安全事件的，除了约谈外，有关履行个人信息保护职责的部门还可以要求个人信息处理者委托专业机构对其个人信息处理活动进行合规审计。合规审计应当对有关个人信息处理者的有关活动进行全面深入的分析，对符合法律规定的情况进行审查，并指出不合规的地方。审计结果报告完成后，应当及时反馈给委托方，并提交给有关的履行个人信息保护职责的部门。有关部门审核合规审计报告后，应当向有关的个人信息处理者提出整改建议。

个人信息处理者根据约谈、合规审计的情况，应当按照要求采取措施，进行整改，消除隐患，并根据约谈和整改的要求，将整改情况反馈给有关的履行个人信息保护职责部门。

第三，移送。履行个人信息保护职责的部门在履行职责中，发现违法处理个人信息涉嫌犯罪的，如非法出售个人信息，涉嫌侵犯公民个人信息罪的，应当及时移送公安机关依法处理。

第六十五条　【投诉、举报制度】任何组织、个人有权对违法个人信息处理活动向履行个人信息保护职责的部门进行投诉、举报。收到投诉、举报的部门应当依法及时处理，并将处理结果告知投诉、举报人。

履行个人信息保护职责的部门应当公布接受投诉、举报的联系方式。

【条文理解】

本条是关于投诉举报的规定。

本条明确，对违法个人信息处理活动，任何组织、个人都有权向履行个人信息保护职责的部门进行投诉、举报。也就是说，投诉、举报人不限于违法个人信息处理活动的受害人。

根据本法第 61 条的有关规定，接受、处理与个人信息保护有关的投诉、举报是履行个人信息保护职责的部门的一项基本职责。因此，履行个人信息保护职责的部门在收到投诉、举报后，应当依法及时处理。首先，要查清事实。其次，如果发现确有违法个人信息处理活动的，应当依法采取措施。最后，履行个人信息保护职责的部门对有关投诉、举报处理完毕后，应当将处理结果告知投诉、举报人。

既然接受、处理有关的投诉、举报是履行个人信息保护职责的部门的一项基本职责，那么各个履行个人信息保护职责的部门都应当畅通投诉、举报的渠道，提供热线电话号码、投诉举报材料邮寄地址、网站投诉举报平台网址或微信公众号等各种联系方式，方便任何组织、个人就违法个人信息处理活动向履行个人信息保护职责的部门进行投诉、举报。例如，国家网信办、工信部、公安部、国家市场监督管理总局四部门在 2020 年 App 违法违规收集使用个人信息治理工作中，就公布了微信公众号（“App 个人信息举报”）和网站（pip. tc260. org. cn）两种专门渠道，受理广大网民关于违法违规收集使用个人信息的线索举报和问题反映。同时，广大网民也可向违法和不良信息举报中心（www. 12377. cn）、网络不良与垃圾信息举报受理中心（www. 12321. cn）等平台举报和反映不法行为。[①]

① 《开展 App 违法违规收集使用 个人信息专项治理》，载国家互联网信息办公室网，http：//www. cac. gov. cn/2019-05/23/c_ 1124532020. htm，2021 年 10 月 14 日访问。

第七章 法律责任

【导言】

法律责任是保障公民个人信息权益的重要部分。《个人信息保护法》第七章虽然只有6条，但却从行政、民事、刑事等多个维度全方位地规定了违反《个人信息保护法》所要承担的法律责任。由于个人与个人信息处理者相比，地位相对弱势，单独依靠个人力量难以维护自身的合法权益，因此《个人信息保护法》还引用了行政监管、公益诉讼等手段来共同规制个人信息处理者的行为。

一、行政法律责任

行政监管是个人信息保护最高效的手段。对于违反《个人信息保护法》的行为，履行个人信息保护职责的部门可以直接进行行政处罚。近几年来，国家也在个人信息领域进行了多次专项治理，个人信息领域的行政监管已成常态化。

2019年1月，中央网信办、工信部、公安部、国家市场监督管理总局四部门联合发布《关于开展App违法违规收集使用个人信息专项治理的公告》，在全国范围组织开展App违法违规收集使用个人信息专项治理，并成立App违法违规收集使用个人信息专项治理工作组，累计受理网民有效举报信息12000余条，针对2300余款App开展深度评估、问题核查，对用户规模大、问题突出的260款App，采取了公开曝光、约谈、下架等处罚措施，个人信息保护效果显著。①

截至2021年8月，除App专项治理工作组通报之外，中央网信办已通报4批App违法违规收集使用个人信息的名单，工信部也通报了17批存在问题的应用软件名单并责令限期整改。对于未通过整改的App，则进行了下架处理。②

除此之外，个人信息保护已经成为各部门政策立法的重要领域。从2019年至今，中央网信办、工信部等多个部门制定并颁布了《儿童个人信息网络保护规定》《App违法违规收集使用个人信息自评估指南》《App违法违规收集使用个人信息行为认定方法》《常见类型移动互联网应用程序必要个人信息范围规定》等一系列政策规范，共同规制互联网行业中的违法行为。在个人信息保护领域，行政监管发挥着不可或缺的重要作用。

本次《个人信息保护法》在行政法律责任的规定上有四大特色：

1. 授予履行个人信息保护职责的部门"双罚制"的处罚权力。对于违反《个人信息保护法》的行为，履行个人信息保护职责的部门可以既处罚单位或组织，又处罚直接负责的主管人员和其他直接责任人员。

2. 罚款金额与营业额挂钩。法律规定，违反《个人信息保护法》且情节严重的行为，罚款金额最高可达营业额的5%。一般情况下，罚款金额与营业额挂钩多存在于"反垄断"和"食品安全"等重要领域。本次《个人信息保护法》将罚款金额与营业额挂钩，也体现了法律加强对个人信息的保护力度。

3. 明确信用惩戒制度。对个人信息处理者而言，一旦发生违法行为，不仅面临警告、罚款、下架等行政处罚，还会面临信用监管和声誉处罚。随着失信联合惩戒制度的完善，个人信息处理者的信用处罚将产生一系列连锁反应，无形中提高了个人信息的违法成本。除此之外，对违法行为的

---

① 《关于开展App违法违规收集使用个人信息专项治理的公告》，载国家互联网信息办公室网，http：//www. cac. gov. cn/2019-01/25/c_ 1124042599. htm，2021年10月14日访问。

② 《关于侵害用户权益行为的APP通报》，载工业和信息化部网站，https：//wap. miit. gov. cn/jgsj/xgj/gzdt/art/2021/art_ 5120818b15654d219181c1ef2e07a89a. html，2021年11月4日访问。

公示，也使个人信息处理者面临潜在的舆情压力，这也会更好地督促个人信息处理者履行合规义务。

4. 明确规定了国家机关的行政法律责任，对于违反《个人信息保护法》规定的国家机关也采用双罚制的规定，一方面对违法机关责令改正，另一方面对主要责任人员进行处分。同时，对于履行个人信息保护职责部门的工作人员，如果有尚不构成犯罪的玩忽职守、滥用职权、徇私舞弊的行为，《个人信息保护法》也设置了处分条款。

由此可见，《个人信息保护法》从一般的组织、个人到国家机关及其工作人员再到履行个人信息保护职责部门本身，对于个人信息保护环节中的各类主体，均设置了相应的行政法律责任进行规制。

二、民事法律责任

民事法律责任一般主要体现在违约责任和侵权责任两大方面：当个人信息处理者没有履行合同义务，如未按照隐私政策规定处理个人信息，未按照合同约定处理个人信息时，个人信息处理者需承担违约责任；当个人信息处理者违反法律、行政法规规定，因侵害个人信息权益造成损害的，个人信息处理者则需要承担侵权责任。

在民事侵权责任的认定上，《个人信息保护法》规定了过错推定的归责原则。这意味着，个人信息处理者只有在证明自己无过错的情况下才能免除承担民事责任。《个人信息保护法》如此规定的原因是相较于个人信息处理者而言，个人属于弱势群体，二者在事实上的地位是不平等的，因此需要个人信息处理者承担更多的注意义务：首先，个人信息处理者通常以营利为目的，其对个人信息的处理往往会给自身带来利益，故从权利义务对等的原则考虑，个人信息处理者应当承担更多的义务；其次，个人信息处理者是个人信息的控制者和技术提供者，持有、掌握了绝大部分的侵权证据，一般的归责原则使个人承担了过高的举证责任，即个人很难举证证明个人信息处理者存在主观过错。个人信息处理者承担举证责任，则更有利于查清案件事实、节约诉讼资源。

综上，在民事法律责任的承担上，《个人信息保护法》通过赋予个人信息处理者更高的注意义务，来避免个人信息权益受到损害。

三、刑事法律责任

《个人信息保护法》在刑事法律责任的规定上采用了通用条款的形式，规定构成犯罪的行为，依法追究刑事责任，从而使《个人信息保护法》的法律责任体系更加完整。

四、公益诉讼制度

此外，考虑到个人在个人信息保护领域的弱势地位，以及个人信息侵权行为通常是对众多个人权益的损害，已经涉及社会公共利益，因此，《个人信息保护法》引入公益诉讼制度，赋予检察机关、消费者权益保护组织等单位提起个人信息公益诉讼的权利，维护众多被侵害个体的个人权益，提高获取救济的可能性。其中，可以进行公益诉讼的主体包括：人民检察院、法律规定的消费者组织以及由国家网信部门确定的组织等。

从2021年4月最高人民检察院在其官网上公布的11件检察机关个人信息保护公益诉讼典型案例来看[①]，50%以上为地方检察院督促当地行政机关依法对违法收集使用个人信息的行为进行监管及处罚，加强对当地个人信息违法行为的打击力度，强化个人信息保护等的行政公益诉讼，其余则为民事公益诉讼或刑事附带民事公益诉讼的案件。由此可见，公益诉讼制度的存在可以最大限度地弥补行政机关的监管漏洞，督促监管行为。在个人信息保护领域查漏补缺，成为打击侵害个人信息权益的又一重要手段。

综上，《个人信息保护法》在法律责任制度的设计上，不仅全面规定了违法行为的行政、民事、刑事责任，还引入了多种有效手段提高个人信息领域的违法成本，以此对各类主体的违法行为形成了有效规制，全方位地保护个人信息权益。

以下是对具体法律责任的梳理：

---

① 《斩断个人信息侵权与电信网络诈骗之间的利益链条》，载最高人民检察院网，https://www.spp.gov.cn/spp/xwfbh/wsfbt/202104/t20210422_516357.shtml#1，2021年10月14日访问。

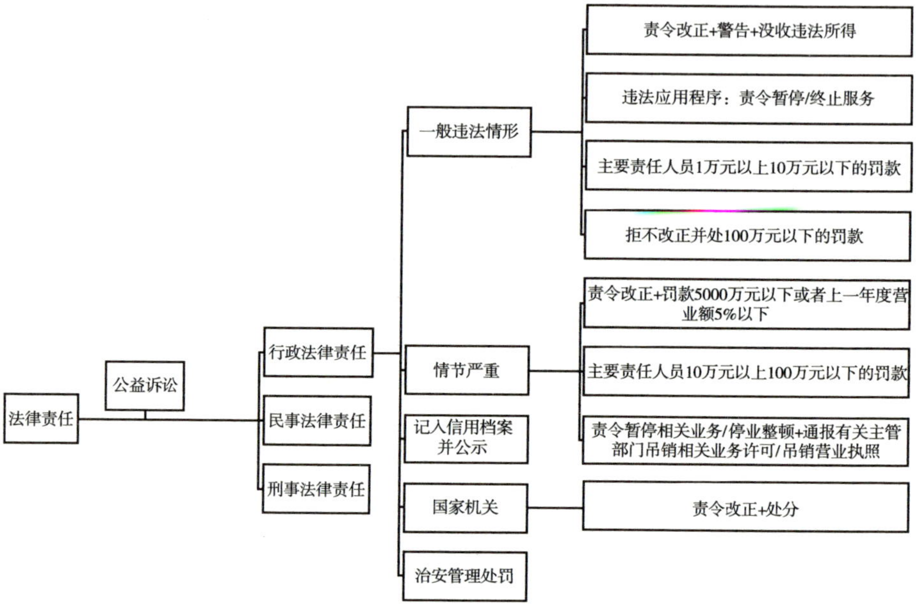

第六十六条　【个人信息处理者的法律责任】 违反本法规定处理个人信息，或者处理个人信息未履行本法规定的个人信息保护义务的，由履行个人信息保护职责的部门责令改正，给予警告，没收违法所得，对违法处理个人信息的应用程序，责令暂停或者终止提供服务；拒不改正的，并处一百万元以下罚款；对直接负责的主管人员和其他直接责任人员处一万元以上十万元以下罚款。

有前款规定的违法行为，情节严重的，由省级以上履行个人信息保护职责的部门责令改正，没收违法所得，并处五千万元以下或者上一年度营业额百分之五以下罚款，并可以责令暂停相关业务或者停业整顿、通报有关主管部门吊销相关业务许可或者吊销营业执照；对直接负责的主管人员和其他直接责任人员处十万元以上一百万元以下罚款，并可以决定禁止其在一定期限内担任相关企业的董事、监事、高级管理人员和个人信息保护负责人。

【条文理解】

本条规定了违反《个人信息保护法》的行政责任。

（一）行政处罚的实施机关

《个人信息保护法》规定行政处罚的实施机关为履行个人信息保护职责的部门。履行个人信息保护职责的部门主要为国家网信部门以及具有个人信息保护和监督管理职责的国务院有关部门和县级以上地方人民政府有关部门。

（二）行政处罚的对象

本条规定的行政处罚的对象主要是指违反《个人信息保护法》规定处理个人信息或者处理个人信息未履行《个人信息保护法》规定的个人信息保护义务的组织和个人，既包括组织本身，也包括组织中直接负责的主管人员和其他直接责任人员。需要注意的是，国家机关的行政责任在本法中有专门规定，不适用本条。

（三）行政处罚的情形及处罚种类

本条采取了双罚制的规定，对于同一违法行为，不仅对单位或组织实施行政处罚，而且对直接负责的主管人员和其他直接责任人员也要依法给予行政处罚。

1. 对于一般的违法情形，本条规定由相关部门“责令改正+警告+没收违法所得”，对于常见的违法处理个人信息的 App，则可以责令暂停或者终止提供服务；对直接负责的主管人员和其他直接责任人员进行 1 万元以上 10 万元以下的罚款。若违法主体拒不改正的，则在上述行政处罚措施的基础上，并处 100 万元以下的罚款。

2. 对于情节严重的违法情形，本条规定由相关部门“责令改正+罚款 5000 万元以下或者上一年度营业额 5%以下”，对直接负责的主管人员和其他直接责任人员进行 10 万元以上 100 万元以下的罚款，并可在一定期限内限制其担任企业董事、监事、高级管理人员以及个人信息保护负责人。此外，相关部门还可以根据情节，同时采取责令暂停相关业务或者停业整顿，以及通报有关主管部门吊销相关业务许可或者吊销营业执照的处罚。

至于一般情形和严重情形的界定，《个人信息保护法》并未进行明确，还需要依赖实践中具体案件的评判规则来明确。

【合规指引】

行政处罚是个人信息处理者面临的最常见的法律责任。实践中，个人信息的保护也多以行政手段予以贯彻落实。因此企业必须引起足够的重视，加强与网信部门、工信部等主管部门的沟通交流，尽早发现问题、解决问题，避免不必要的行政处罚。

【澳门相关规定】

澳门

履行义务的不作为或有瑕疵的履行

一、基于过失，实体未履行第 21 条第 1 款和第 5 款规定的将个人资料的处理通知公共当局的义务、提供虚假资讯或履行通知义务时未遵守第 23 条的规定，或者经公共当局通知之后，负责处理个人资料的实体继续让没有遵守本法规定者查阅其传送资料的公开网络，属行政违法行为并处以如下罚款：

（一）对自然人科处澳门币 2,000 至 20,000 元罚款；

（二）对法人或无法律人格的实体，科处澳门币 10,000 至 100,000 元罚款。

二、当处理的资料根据第 22 条规定受预先监控约束时，罚款的上下限各加重一倍。①

其他行政违法行为

一、对处理个人资料的实体不履行第 5 条、第 10 条、第 11 条、第 12 条、第 13 条、第 16 条、第 17 条和第 25 条第 3 款规定所规定义务的行政违法行为，科处澳门币 4,000 至 40,000 元罚款。

二、对处理个人资料的实体不履行第 6 条、第 7 条、第 8 条、第 9 条、第 19 条和第 20 条所规定义务的行政违法行为，科处澳门币 8,000 至 80,000 元罚款。②

未履行资料保护的义务

一、意图实施下列行为者，处最高一年徒刑或一百二十日罚金：

（一）未作出第 21 条和第 22 条所指的通知或许可请求；

（二）在通知或请求许可处理个人资料时提供虚假资讯，或在处理个人资料时实施了未经使其合法化的文书允许的修改；

（三）与收集个人资料的目的不相符或在不符合使其合法化的文书的情况下移走或使用个人资料；

（四）促使或实行个人资料的不法互联；

（五）在公共当局为履行本法律或其他保护个人资料法例规定的义务而订定的期间完结后，仍不履行义务者；

（六）在公共当局通知不得再让没有遵守本法规定者查阅之后，负责处理个人资料的实体继续让有关人士查阅其传送资料的公开网络。

二、当涉及第 7 条和第 8 条所指的个人资料时，刑罚的上下限各加重一倍。③

不当查阅

一、未经适当的许可，透过任何方法查阅被禁止查阅的个人资料者，如按特别法不科处更重刑罚，则处最高一年徒刑或一百二十日罚金。

---

① 《澳门个人资料保护法》第 32 条。

② 《澳门个人资料保护法》第 33 条。

③ 《澳门个人资料保护法》第 37 条。

二、在下列情况下查阅个人资料，刑罚的上下限各加重一倍：

(一) 透过违反技术安全规则查阅资料；

(二) 使行为人或第三人知悉个人资料；

(三) 给予行为人或第三人财产利益。

三、第 1 款规定的情况，非经告诉不得进行刑事程序。[①]

个人资料的更改或毁坏

一、未经适当许可删除、毁坏、损坏、消除或修改个人资料，使资料不能使用或影响其用途者，如按特别法不科处更重刑罚，则处最高二年徒刑或二百四十日罚金。

二、如引致的损害特别严重，刑罚上下限各加重一倍。

三、如行为人过失实施以上两款所规定的行为，处最高一年徒刑或一百二十日罚金。[②]

第六十七条　【信用档案规定】有本法规定的违法行为的，依照有关法律、行政法规的规定记入信用档案，并予以公示。

【条文理解】

本条是《个人信息保护法》对信用监管的规定。

2019 年，国务院办公厅发布了《关于加快推进社会信用体系建设构建以信用为基础的新型监管机制的指导意见》，明确提出要加强社会信用体系建设，进一步发挥信用在创新监管机制、提高监管能力和水平方面的基础性作用。2020 年 11 月 25 日，国务院常务会议确定完善失信约束制度、健全社会信用体系的措施，为发展社会主义市场经济提供支撑。会议决

① 《澳门个人资料保护法》第 38 条。

② 《澳门个人资料保护法》第 39 条。

定，坚持依法合规、保护权益、审慎适度、清单管理，规范和完善失信约束制度，有序健康推进社会信用体系建设。一是科学界定信用信息纳入范围和程序。将特定行为纳入公共信用信息，必须严格以法律、法规等为依据，并实行目录管理，向社会公开。行政机关认定失信行为必须以具有法律效力的文书为依据。二是规范信用信息共享公开范围和程序。信用信息是否及在何种范围共享和公开要坚持合法、必要原则，并在编制信用信息目录时一并明确。三是规范严重失信主体名单认定标准，按照有关规定严格限定为严重危害群众身体健康和生命安全、严重破坏市场公平竞争秩序和社会正常秩序等方面的责任主体，不得擅自增加或扩展。具体认定要严格履行程序。四是依法依规开展失信惩戒，确保过惩相当。对失信主体采取减损权益或增加义务的惩戒措施，必须基于失信事实、于法于规有据，做到轻重适度，不得随意增设或加重惩戒，不得强制要求金融机构、信用服务机构、行业协会商会、新闻媒体等惩戒失信主体。五是建立有利于自我纠错的信用修复机制。除法律法规等另有规定外，失信主体按要求纠正失信行为、消除不良影响的均可申请信用修复。对符合修复条件的，相关部门和单位要按规定及时移出失信名单。六是加强信息安全和隐私保护。严格信用信息查询使用权限和程序，严肃查处泄露、篡改、毁损、窃取信用信息或利用信用信息谋私，严厉打击非法收集、买卖信用信息违法行为。会议要求，各地各有关部门要抓紧清理已出台的失信行为认定、记录、公开、惩戒等措施，不符合要求的要及时规范。据不完全统计，已有35部法律、42部行政法规规定了专门的信用条款。[①] 就各地方而言，上海、天津、河北、辽宁、浙江、山东、河南、湖北、陕西9个地方已出台省级层面信用地方性法规，已出台或正研究出台信用地方性法规的省区市占80%以上。[②]

---

① 《李克强主持召开国务院常务会议 确定完善失信约束制度健全社会信用体系的措施等》，载中国政府网，http：//www. gov. cn/premier/2020-11/26/content_ 5565216. htm，2021年8月26日访问。

② 《国家发展改革委组织召开社会信用立法专题研讨会》，载国家发展和改革委员会官网，https：//www. ndrc. gov. cn/fzggw/wld/lwl/lddt/202012/t20201214_ 1252917. html? code = &state = 123，2021年10月14日访问。

【合规指引】

《个人信息保护法》将违法行为记入信用档案并予以公示，是国家探索信用创新监管的体现。个人信息处理者应注意自身的信用管理，密切关注国家关于信用制度的政策立法，避免进入失信惩戒名单，影响自身招投标等其他的正常经营活动。

第六十八条　【国家机关不履行保护义务的法律责任】 国家机关不履行本法规定的个人信息保护义务的，由其上级机关或者履行个人信息保护职责的部门责令改正；对直接负责的主管人员和其他直接责任人员依法给予处分。

履行个人信息保护职责的部门的工作人员玩忽职守、滥用职权、徇私舞弊，尚不构成犯罪的，依法给予处分。

【条文理解】

本条是《个人信息保护法》对国家机关行政责任的规定。

国家机关的行政责任包含两类主体：一类是作为个人信息处理者的国家机关；另一类是履行个人信息保护职责的部门工作人员。

首先，对于违反本法进行个人信息处理的国家机关，《个人信息保护法》采取的是“双罚制”的处罚措施，即处罚单位的同时又处罚个人。行政处罚的实施主体为其上级机关或者履行个人信息保护职责的部门。对于国家机关不履行《个人信息保护法》规定的个人信息保护义务的，如未依照法律、行政法规规定的权限、程序处理个人信息，或者处理个人信息超出履行法定职责所必需的范围和限度等，除责令该机关改正外，针对国家机关的处罚主要是对直接负责的主管人员和其他直接责任人员给予行政处分。

其次，对于具有个人信息保护职责的监管部门，《个人信息保护法》也规定了行政责任，主要是对其监管过程中工作人员存在的玩忽职守、滥用职权、徇私舞弊的行为给予行政处分，如应当查处滥用个人信息的行为而不查处，应当进行处罚的不处罚，或者滥用职权处罚不应当处罚的行为等。其中，需要注意工作人员玩忽职守、滥用职权、徇私舞弊的行为不能构成犯罪，否则应由刑法来进行规制。

第六十九条 【侵权中的过错推定责任】 处理个人信息侵害个人信息权益造成损害，个人信息处理者不能证明自己没有过错的，应当承担损害赔偿等侵权责任。

前款规定的损害赔偿责任按照个人因此受到的损失或者个人信息处理者因此获得的利益确定；个人因此受到的损失和个人信息处理者因此获得的利益难以确定的，根据实际情况确定赔偿数额。

【条文理解】

本条规定了侵害个人信息权益的民事法律责任。

在民事侵权案件的认定上，个人信息处理者需承担过错推定责任，即对过错的认定实行举证责任倒置。受害人只需要证明个人信息处理者实施了加害行为，造成了损害后果，加害行为与损害后果存在因果关系，无须对个人信息处理者的主观过错情况进行证明，这种情况下就可推定个人信息处理者主观上有过错，应承担相应的侵权责任。个人信息处理者要想免除其责任，则需要证明自己主观上没有过错。

损害赔偿的范围主要是依据个人因此受到的损害或者个人信息处理者实施侵害行为获得的利益来确定。如果根据上述两者仍难以确定的，则由法官根据实际情况来确定。

【典型案例】

庞某诉某航空公司、某购票网站隐私权纠纷案①

原告庞某委托他人在某购票网站购买了某航空公司的机票后，在购票时未使用本人手机号码的前提下，收到了与所购航班机票相关的疑似诈骗信息的短信。原告就此起诉某航空公司、某购票网站泄露其隐私信息（包括姓名、手机号及行程安排），要求两被告对其赔礼道歉并赔偿精神损害抚慰金1000元。

法院认为经营者违反了《消费者权益保护法》第29条第2款所规定的安全保障义务，即视为其存在过错。法院认定被告具有过错，但没有要求原告承担实质的举证义务。在信息泄露的情形下，如某些信息仅应由被告所知悉，但原告证明存在泄露，则应推定被告具有过错。不应苛责原告其他举证义务，毕竟原告无法了解被告是否采取了保障措施或采取了何种保障措施。某航空公司、某网络购票平台疏于防范导致消费者个人信息泄露，应当承担相应侵权责任。

本案案由系隐私权纠纷，法院要求原告证明被告存在侵权的高度可能性，而企业作为被告需证明已履行信息安全保护义务。个人信息由谁泄露以及泄露的具体环节的证明责任已经转移给企业。一方面降低原告的证明标准，另一方面要求企业自己证明其不存在过错。法院认为受害者难以证明企业泄露了其个人信息，以及受害者遭受的损害与企业之间存在因果关系。因此，在客观上，法律不能也不应要求庞某证明必定是涉案公司泄露了其隐私信息。而涉案公司均未证明涉案信息泄露应归因于他人，或黑客攻击，抑或是庞某本人。法院在排除其他泄露隐私信息可能性的前提下，结合相关证据认定两被告存在过错。

---

① 案号：(2017) 京01民终509号。

【合规指引】

个人信息处理者应注意留存证明自身“无过错”的相关证据。《个人信息保护法》中对个人信息处理者规定了一系列责任和义务，个人信息处理者应比照《个人信息保护法》规定的义务条款，对自己的个人信息处理行为进行检查、评估，对自身实行的安全保护措施，个人信息处理的过程进行证据留痕。必要时可以引入第三方机构，对自身个人信息处理的流程制度进行安全评估和背书，以应对“过错推定”的规定。如在方某诉某商旅公司和某航空公司合同纠纷案[①]中，该航空公司通过充分举证，就证明了自己没有过错。其举证材料包括：第三方机构对其重要信息系统所进行的等级测评报告，其与外部机构有关网络安全的合作协议，其任命数据保护官的通知以及符合信息安全管理体系标准的认证证书等。这些证据材料涵盖了该公司内部制度体系和运作模式，外部商业合作模式以及中立第三方的权威评估报告，三个层次的证明材料满足了法院关于“充分履行个人信息保护义务”的要求，可以为未来个人信息司法保护实践中企业“证明自己没有过错”提供良好借鉴。

第七十条　【个人信息保护公益诉讼】个人信息处理者违反本法规定处理个人信息，侵害众多个人的权益的，人民检察院、法律规定的消费者组织和由国家网信部门确定的组织可以依法向人民法院提起诉讼。

【条文理解】

本条是《个人信息保护法》对公益诉讼的规定。

---

① 案号：(2018) 粤 0306 民初 2 号。

《个人信息保护法》通过引入公益诉讼制度，来更好地保护处于弱势地位的个人的信息权益。类似消费者保护领域的公益诉讼，对于个人信息处理者违反《个人信息保护法》规定，侵害众多个人权益的行为，可以提起公益诉讼。

此外，可以进行公益诉讼的主体包括：人民检察院、法律规定的消费者组织以及由国家网信部门确定的组织等。

【典型案例】

（一）江门市某区人民检察院督促保护住宅小区业主信息安全行政公益诉讼案①

江门市某区“某某花园”“某某豪庭”等7个住宅小区物管公司在未向行政主管部门申请并审核验收的情况下，擅自安装“人脸信息识别”门禁系统并投入使用，且已完成大部分小区业主的人脸信息采集。小区物管公司仅口头告知收集业主的人脸信息、联系电话、住宅地址等个人信息用于安保门禁，并未明示“人脸信息”的存储、传输、提供等处理情况，涉嫌侵害不特定多数人的个人信息安全。

江门市某区人民检察院在对辖区所有封闭式管理的小区使用“人脸信息识别系统”的情况进行排查中，发现本案公益损害线索并进行立案调查。围绕“人脸信息识别系统安全监管”难点，通过“公开听证+检察建议”的方式，督促行政机关依法履行监管职责。该人民检察院向该区公安分局发出行政公益诉讼诉前检察建议，督促其对辖区擅自安装“人脸信息识别”门禁系统并投入使用的违法行为依法履职。截至2021年5月，该区公安分局已联合相关行政机关对辖区住宅小区、商场学校、楼盘销售部等进行全面检查，对依法依规安装的场所要求签订承诺书，对存在风险隐患的场所责令限时整改并接入公安网管系统，对违法安装的场所作出拆除

① 《公益诉讼检察听证典型案例》，载最高人民检察院网，https：//www. spp. gov. cn/spp/xwfbh/wsfbt/202107/t20210722_ 524481. shtml#1，2021年10月14日访问。

并清空所有数据的处理。

（二）浙江省杭州市某区人民检察院诉某网络科技有限公司侵害公民个人信息民事公益诉讼案①

浙江省杭州市某网络科技有限公司开发经营的一款音乐视频教学类App，存在未经用户同意收集使用用户个人信息、违反必要原则收集与其提供的服务无关的个人信息、未公开收集使用规则等情形，违法违规收集、存储用户个人信息，侵害了不特定公民的合法权益，致使社会公共利益受到侵害。

2019年5月，浙江省杭州市某区人民检察院（以下简称某区检院）在开展公民个人信息保护专项监督行动中发现，App强制授权、过度索权、超范围收集个人信息等问题突出，针对辖区内企业开发经营的10余款App存在违法违规收集用户个人信息的违法行为，向相关行政机关发出诉前检察建议，督促行政机关依法整治并开展专项治理。在跟进监督过程中，某区检院发现，对于公民个人信息被App违法收集后的处置问题，众多受侵害用户的合法权益无法通过行政公益诉讼得到维护，遂决定通过民事公益诉讼的路径解决这一问题。2019年10月16日，某区检院对某网络科技有限公司研发的音乐视频教学类App侵害个人信息的违法行为立案调查。通过走访询问、提取电子数据、同步录像固证等方式，发现该款App存在强制索取"访问设备上的照片、媒体内容和文件"及手机设备号等权限行为，涉及违法违规获取、存储用户个人信息数量千万条以上。

为进一步确定公益损害的后果，某区检院委托第三方机构开展社会调查，近九成受访者认为个人信息被侵害并对其正常生活和工作造成影响。该区检院先后两次组织论证会，邀请人大代表、政协委员、互联网行业代表、高校专家学者、行政机关技术人员，就网络侵权行为的界定、公民个人信息的范围、诉讼请求的确定等问题进行专题研讨和论证，并形成一致

---

① 《检察机关个人信息保护公益诉讼典型案例》，载最高人民检察院网，https://www.spp.gov.cn/spp/xwfbh/wsfbt/202104/t20210422_516357.shtml#2，2021年10月14日访问。

意见：该款 App 违法违规收集个人信息的行为已侵害不特定多数个人信息权益，致使社会公共利益受到损害，应当由检察机关提起公益诉讼。

2020 年 6 月 23 日，某区检院依法向杭州互联网法院提起民事公益诉讼，诉请被告某网络科技有限公司停止违法违规收集、储存、使用个人信息并公开赔礼道歉。同年 9 月 9 日，法院公开开庭审理本案。庭审中，公益诉讼起诉人出示案涉 App 违法违规收集个人信息的电子数据等证据，充分阐述社会公共利益受损的情况，被告同意履行检察机关提出的全部诉讼请求。双方当庭达成调解协议：被告立即删除违法违规收集、储存的全部用户个人信息 1100 万余条；在《法治日报》及案涉 App 首页公开赔礼道歉；承诺今后合法合规经营，若存在违反协议约定的行为，将自愿支付 50 万元违约金用于全国性个人信息保护公益基金的公益支出。

达成调解协议后，某区检院引入第三方代表评估，由网信部门认可的检测机构对整改情况进行合规检测，确保调解协议执行到位。2020 年 11 月 18 日，经检察机关跟进监督，调解协议内容已全部履行到位。

（三）上海市某区人民检察院诉 H 公司、韩某某等人侵犯公民个人信息刑事附带民事公益诉讼案①

H 公司主要从事网络游戏及相关产品研发和技术咨询，韩某某任经理。2019 年 2 月，该公司设立“数某网”，为数据信息交易提供平台，并雇用杨某某、黄某某、管某某参与运营。其间，韩某某明知用户上传数据中有大量个人信息，仍为非法交易个人信息提供平台。网站涉及确切有用的个人信息共 37 万余条，交易数量达 3 万余条。软件工程师管某某明知网站有买卖个人信息行为，仍帮助其推送关键字搜索。2019 年 2 月，陈某某注册“数某网”会员，并上传其在“某公司某旗舰店”就职时获取的买家姓名、手机号、收货地址等数据信息 5757 条，欲贩卖牟利。

2019 年 11 月 25 日，某区人民检察院（以下简称某区检院）对韩某某等人以侵犯公民个人信息罪向某区人民法院提起公诉。同时，对 H 公司、

---

① 《检察机关个人信息保护公益诉讼典型案例》，载最高人民检察院网，https://www.spp.gov.cn/spp/xwfbh/wsfbt/202104/t20210422_516357.shtml#2，2021 年 10 月 14 日访问。

韩某某等人侵害社会公共利益的行为提起刑事附带民事公益诉讼。针对本案中网站服务器、某账号中保存的公民个人信息仍存在被传播、买卖的危险，某区检院积极探索侵权责任承担方式，除了要求被告在国家级新闻媒体上向社会公开赔礼道歉、赔偿损失之外，还向法院提出要求关闭网站、注销侵权用某账号号码并永久删除保存在账号内的公民个人信息数据的诉讼请求。

某区人民法院经公开开庭审理，于2020年3月27日作出一审判决，在附带民事公益诉讼部分，判决被告H公司、韩某某、杨某某、管某某连带赔偿损失人民币3900元，被告黄某某在上述赔偿款3600元范围内承担连带赔偿责任；H公司关闭“数某网”网站；H公司、韩某某、杨某某、黄某某、陈某某注销买卖公民个人信息所用账号号码，并永久删除保存在某账号内的公民个人信息数据；H公司、韩某某、杨某某、黄某某、管某某、陈某某在国家级媒体上向社会公众赔礼道歉。一审判决后，刑事案件被告人提起上诉，二审判决维持原判。

为促进源头治理，某区检院将案件中“某公司某旗舰店”涉嫌违法的线索移送有管辖权的广东省广州市某区人民检察院，并就调查取证等工作开展跨省协作。该区人民检察院审查线索后以行政公益诉讼立案，并与负有监督管理职责的行政机关进行磋商。行政机关认定“某公司某旗舰店”的经营公司在执行网络安全信息制度的防范措施上存在明显漏洞，遂对该公司立案调查，并针对咨询、房地产中介、汽车销售、保险等重点行业发出预警信息公告，开展系统治理。

第七十一条　【构成违反治安或犯罪的规定】 违反本法规定，构成违反治安管理行为的，依法给予治安管理处罚；构成犯罪的，依法追究刑事责任。

【条文理解】

本条是《个人信息保护法》对其他法律责任的补充。对于构成违反治安管理行为或者犯罪行为的行为，直接按照相关法律法规给予治安管理处罚或者追究刑事责任，从而使违反《个人信息保护法》的法律责任更加全面、完善。

例如《治安管理处罚法》第 42 条规定，偷窥、偷拍、窃听、散布他人隐私的，处 5 日以下拘留或者 500 元以下罚款；情节较重的，处 5 日以以上 10 日以下拘留，可以并处 500 元以下罚款。

再如《刑法》第 253 条之一规定了侵犯公民个人信息罪：违反国家有关规定，向他人出售或者提供公民个人信息，情节严重的，处三年以下有期徒刑或者拘役，并处或者单处罚金；情节特别严重的，处三年以上七年以下有期徒刑，并处罚金。违反国家有关规定，将在履行职责或者提供服务过程中获得的公民个人信息，出售或者提供给他人的，依照前款的规定从重处罚。窃取或者以其他方法非法获取公民个人信息的，依照第一款的规定处罚。单位犯前三款罪的，对单位判处罚金，并对其直接负责的主管人员和其他直接责任人员，依照各该款的规定处罚。

2017 年 5 月 8 日，《最高人民法院、最高人民检察院关于办理侵犯公民个人信息刑事案件适用法律若干问题的解释》详细规定了“提供公民个人信息”“以其他方法非法获取公民个人信息”以及“情节严重”“情节特别严重”的具体情形。其中，该解释还特别规定了网络服务提供者的网络安全管理义务：网络服务提供者拒不履行法律、行政法规规定的信息网络安全管理义务，经监管部门责令采取改正措施而拒不改正，致使用户的个人信息泄露，造成严重后果的，应当依照刑法第二百八十六条之一的规定，以拒不履行信息网络安全管理义务罪定罪处罚。

第八章 附 则

【导言】

第八章附则共3条，对本法的适用进行了说明，包括适用例外和适用优先，也对“个人信息处理者”“自动化决策”“去标识化”“匿名化”这四个概念进行了说明，还对本法的生效时间进行了规定。

法律的适用例外实际与法律的适用范围之间具有内在的逻辑联系，个人信息保护法当然也存在适用例外的情况。本法目的在于“保护个人信息权益，规范个人信息处理活动，促进个人信息合理利用”，[①] 在某些情况下的个人信息处理活动与本法目的无关，自然不属于个人信息保护法规定的调整范围。第一，当前社会存在大量的线上或线下个人信息处理活动，法律不可能全部加以规制，否则将增加巨额的执法成本，一些对个人权益影响较小的个人信息处理活动就留给私人自决其是否放弃该权益，如个人家庭生活中的信息处理。第二，适用过度宽泛的个人信息保护规范可能打破安全与便利的平衡，影响信息的正常流动和交换，给社会生活造成不便，当前数据已经成为一种生产要素，本法的目标也还在于促进个人信息的合法有效利用，以实现正向促进社会发展的法律目标。第三，本法的核心目的虽然在于保护个人信息权益，但个人信息权益不是绝对保护的，还需要考虑到他人的同等权利（如知情权、言论自由权等）、社会公共利益（如科学研究的自由、统计的需要等）以及国家安全利益。[②]

① 《个人信息保护法》第1条。
② 《个人信息保护法》第13条。

法律的适用例外在其他国家、地区的个人信息保护立法中也较为常见。如欧盟 GDPR 第 2 条规定了不适用本条例的个人数据处理的情形，第 6 条、第 9 条、第 14 条等针对特别的个人信息保护规定进行适用的排除。关于法律适用例外的规定方式，各国也是采用了不同的立法技术。第一类是完全排除，即个人信息保护法完全不适用；第二类是部分限制，即对某些情形属于个人信息保护法适用范围，但法律给予豁免或适用限制。第一类“完全排除”，一般规定在法律的总则部分，个人信息保护法则将因个人或者家庭事务处理个人信息的适用例外规定于第八章附则。第二类“部分限制”，一般规定在法律的分则部分，针对某些具体权利或者义务进行适用限制。第一类规定方式的范围较为清晰，而第二类规定方式的范围还需要适用机关在个案运用中遇到相关事项时进行利益权衡与自由裁量。两类规定方式实质上并没有明确的界限，但第二类规定方式较为灵活，对于一些需要在个案中进行衡量才可以决定是否适用的情形采用第二类方式较为合适，如“为订立或者履行个人作为一方当事人的合同所必需”等。参考上述各国的规定方式，可以发现综合运用两种不同的适用例外规定方式，才能妥善地处理好个人信息权益、个人隐私权益与他人权利、社会公共利益和国家安全利益之间的关系。《个人信息保护法》即同时采用两种立法技术，如《个人信息保护法》第 13 条，而且还加入了第三类规定方式，即对于某些具体事项的适用采用了正向允许的规定形式，即直接规定为可以处理的情形①。这样的规定方式更为灵活，可以针对具体问题，在个案实践中平衡个人信息权益与其他利益之间的关系。对于“完全排除”的情形，《个人信息保护法》仅规定了自然人在纯粹的个人或家庭活动中所进行的个人信息处理活动。

对于法律适用的规定，除了适用例外的规定外，一般还包括法律适用规则上的说明，这属于注意性条款，即按照法律适用的规则就可推知适用方式，并非法律的单独规定，如“特殊法优于一般法”原则的注意性说明。

附则对“个人信息处理者”“自动化决策”“去标识化”“匿名化”这

① 《个人信息保护法》第 13 条。

四个概念的说明属于定义性条款，即对上述四个概念的内涵进行了阐释。在立法技术上，定义性条款一般是指对某个法律概念的内涵、外延进行阐释及说明的法律条文，包括特征描述型、概括式不完全列举型、完全列举型、反面排除型等规定范式。定义性条款一般是对法规范中的概念进行描述，对不完全法条进行补充说明以进行法律适用，通过定义性条款不能得出法规范的构成要件，但其为法律适用者提供明确有效的指引，减少适用者的恣意。因此，定义性条款的运用一般针对具有较为明确内涵或外延，且该定义是必要的，该法律概念与日常观念用语和专业科学用语含义不尽相同，一些与司法适用并不直接相关的法律概念可以交由学说理论定义或者由法官在审判实践中进行价值补充或予以类型化。关于定义性条款的体系位置，也存在集中设置定义性条款与分散式设置定义性条款两种。定义性条款属于一般性条款，为法律适用中的解释活动提供相应的法律依据，最大限度地保证法律适用的统一性。但在运用只规定了内涵的定义性法条时，还需要考虑司法解释等规范性文件的协调联动作用。已经存在法定概念并不意味着不存在灵活适用的空间，因为考虑到法典语言应当准确、简洁，只规定了内涵的定义性条款一般仅选取该范畴内那些具有法律意义的共同特征进行列举，在个案适用中还应当在法定特征下具体考虑。

第七十二条　【本法适用范围的特别规定】 自然人因个人或者家庭事务处理个人信息的，不适用本法。

法律对各级人民政府及其有关部门组织实施的统计、档案管理活动中的个人信息处理有规定的，适用其规定。

【条文理解】

本条旨在对本法的法律适用进行补充说明，明确了因个人或家庭事务进行的个人信息处理活动属于本法的适用例外，对特殊领域活动中的个人信息处理，如各级人民政府及其有关部门组织实施的统计、档案管理活动优先适用特殊法。

（一）因个人或家庭事务进行的个人信息处理活动适用例外的理解与适用

本条第 1 款对本法的法律适用例外进行了规定，即因个人或家庭事务进行的个人信息处理活动属于本法的适用例外。本法同时采用了“完全排除”和“部分限制”两种立法技术，且还对于某些具体事项的适用直接规定允许进行个人信息处理活动。本条第 1 款即属于“完全排除”类规定。这表示因个人或家庭事务进行的个人信息处理活动完全排除在本法的适用之外，而非某些个别条文的适用限制。

对于因个人或家庭事务进行的个人信息处理活动的适用例外，多个国家、地区的相关法律都规定了这一点。欧盟 GDPR 第 2 条第 2 款第（c）项规定的“自然人在纯粹个人或家庭活动中所进行的个人数据处理”不属于 GDPR 的调整范围，如通信和持有地址，或与专业或商业活动无关的在此类活动范围内进行的社交活动和在线活动。

这一适用例外规定的法理基础主要有两方面：一方面，从本法的立法目的看，本法旨在保护个人信息权益，规范个人信息处理活动，促进个人信息合理利用，即强调自然人的个人信息受法律保护，对于个人信息处理活动的规制也是出于此目的，而自然人因个人或者家庭事务进行的个人信息处理活动，如出于社会交往、亲戚往来目的，家庭成员之间共享手机号码的行为，侵犯到自然人的个人信息权益的可能性较小，若纳入本法的适用范围，将给日常生活造成不必要的麻烦。另一方面，本款规定的适用例外可以追溯到个人信息权益与隐私权的二分理论，隐私权是绝对权，任何组织或个人不得加以侵害或妨碍，因而隐私权保护在任何场合下均应适用，无论是发生在商业活动或者政府部门履职活动中，还是自然人的私人或家庭社交活动中。个人信息权益保护只针对可能给个人权益造成侵害的信息处理行为，对于不太可能造成权利损害的行为则不加规制。个人信息主体所享有的知情权、选择权、纠正权、删除权、被遗忘权、可携带权等都存在于一个特定的信息关系中，即不平等关系中的商业性或专业性的个人信息处理活动，而在平等个体之间的信息处理活动很难积极行使这些权利，如个人不可能要求访问他人所掌握的个人信息，也不可能要求纠正他人所掌握的个人信息，更不可能要求他人删除或遗忘所掌握的个人信息。这既不合理，也不现实。因此，法律对个人信息进行限定性保护与被动性保护，排除平等主体之间的个人信息处理活动，即私人或家庭事务中进行的个人信息处理活动的法律适用例外。

（二）政府及其有关部门组织实施的统计、档案管理活动中的个人信息处理优先适用特殊法的理解与适用

本条第 2 款规定了各级人民政府及其有关部门组织实施的统计、档案管理活动中的个人信息处理优先适用该领域内的法律法规，是在域外大多数立法例基础上的改良和创新。依据本条第 2 款规定，政府及其有关部门组织实施的统计、档案管理活动中的个人信息处理活动既不完全排除本法的适用，也不一律采用本法规定进行规制，为保护在统计、档案管理活动中的个人信息权益，本法明确先由其他该领域内的特殊法律法规进行规范，本法的相关规定则作为兜底性法律，在无其他特殊法律适用时，适用本法。

关于在统计、档案管理活动中的个人信息处理活动的法律适用问题，各国、各地区采用了不同的法律适用规定，但大多立法例采用的是法律适用豁免和个别权利例外的规定方式。如欧盟 GDPR 根据该法第 89 条“对基于公共利益存档目的、科学或历史研究目的、统计目的的数据处理的保护和克减”的规定，基于公共利益存档目的、科学或历史研究目的、统计目的而进行的个人数据处理行为，一方面，规定应当采取适当的保护措施，包括假名化机制，并遵守最小化原则，尽可能采取不对或不再对数据主体进行识别的深度处理方式实现这一目的，且根据第 21 条第 6 款规定，数据主体有权基于其自身特殊情况随时拒绝为科学研究或历史研究目的、统计目的而进行的处理行为；另一方面，明确相关领域法律可以对特定权利和安全保护措施设定克减条款，如第 5 条第（b）项对目的限制原则的克减、第 5 条第（e）项对存储时间限制规则的克减、第 9 条第 2 款第

（j）项对特殊类型个人数据的限制处理规则的克减、第 14 条第 5 款第（b）项对数据控制者自非数据主体处获得个人数据时的告知义务的克减、第 17 条第 3 款第（d）项对被遗忘权行使的克减，欧盟法律或成员国法律还可以对第 15 条、第 16 条、第 18 条规定的数据主体访问权、更正权、限制处理权设定克减条款，这些条款可能对特定目的的实现产生不可想象或严重的损害。

可以发现，对政府及其有关部门组织实施的统计、档案管理活动中的个人信息处理活动的规范核心在于既保证这一目的的实现，又尽可能地减小对个人信息主体产生的影响。但若在个人信息保护法中进行原则性规定，并对相关权利与义务进行克减规定，在实务中可能作用不大。因为出于统计、档案管理的个人信息处理活动是否合法、是否满足最小影响原则的判断还需结合具体的处理场景进行分析。本法则采用了另一规定方式，即统计、档案管理中的个人信息处理活动由特殊法进行规定，特殊法没有规定的，适用本法。这一法律适用规则也在其他相关法律中有所体现，如最高人民检察院发布的《检察机关办理侵犯公民个人信息案件指引》[①] 明确了《刑法修正案（九）》的“违反国家有关规定”的范围比《刑法》第 96 条规定的“国家规定”更广，除全国人大及其常委会制定的法律和决定，国务院制定的行政法规、规定的行政措施、发布的决定和命令外，还包括散见于金融、电信、交通、教育、医疗、统计、邮政等领域的法律、行政法规或部门规章。

目前，我国法律体系中存在统计、档案管理活动领域的特殊立法，且一般都明确各个人信息处理者具有保密义务，如《统计法》第 9 条规定，统计机构和统计人员对在统计工作中知悉的国家秘密、商业秘密和个人信息应当予以保密。第 25 条规定，统计调查中获得的能够识别或者推断单个统计调查对象身份的资料，任何单位和个人不得对外提供、泄露，不得用于统计以外的目的。关于统计调查中的资料提供义务，第 30 条规定，

---

① 《检察机关办理侵犯公民个人信息案件指引》，高检发侦监字〔2018〕13 号，最高人民检察院 2018 年 11 月 9 日发布。

统计人员有权就与统计有关的问题询问有关人员，要求其如实提供有关情况、资料并改正不真实、不准确的资料。关于统计资料的公开，第 26 条规定，县级以上人民政府统计机构和有关部门统计调查取得的统计资料，除依法应当保密的外，应当及时公开，供社会公众查询。再如《档案法》第 47 条规定，档案主管部门及其工作人员应当按照法定的职权和程序开展监督检查工作，做到科学、公正、严格、高效，不得利用职权牟取利益，不得泄露履职过程中知悉的国家秘密、商业秘密或者个人隐私。关于档案的利用与公布中的个人信息或个人权益保护问题，《档案法》第 28 条、第 32 条规定，利用档案涉及知识产权、个人信息的，应当遵守有关法律、行政法规的规定，明确了档案的公布者为有权机关或档案所有者，而非档案所涉内容的当事人等，未经档案馆或者有关机关同意，任何单位和个人无权公布，且公布档案应当遵守有关法律、行政法规的规定，不得损害国家安全和利益，不得侵犯他人的合法权益。关于档案数字资源的收集、保存和提供利用，《档案法》第 40 条明确了主体为档案馆。此外，在各具体的统计、档案管理领域内，相关法律还对涉及个人信息的处理活动进行规范。如根据《全国经济普查条例》① 第 31 条至第 33 条，一方面明确了各级经济普查机构可以对经济普查资料进行开发和应用，另一方面仍要求认真做好经济普查资料的保存、管理和对社会公众提供服务等项工作，各级经济普查机构及其工作人员对在经济普查中所知悉的国家秘密和经济普查对象的商业秘密、个人信息，应当依法履行保密义务，且经济普查取得的单位和个人资料应当严格限定用于经济普查的目的。

【典型案例】

（一）甲与员工一、员工二、某房地产经纪有限公司一般人格权纠纷案②

2017 年 4 月 6 日，委托人甲与受托人某房地产有限公司（以下简称经

① 《全国经济普查条例》，中华人民共和国国务院令第 702 号，国务院 2018 年 8 月 11 日发布。
② 案号：（2018）京 0105 民初 9840 号。

纪公司）签订《房屋出售委托协议》，为保证协议能够正常履行，甲于签约当日将其身份证复印件及涉案房屋产权证复印件提交给时任经纪公司经纪人的员工二、员工三。其后，时任员工一找到时任员工二，向其询问是否能提供某地区业主个人信息以便办理居住证使用，员工二遂将甲的身份证复印件、涉案房屋产权证复印件提供给员工一，之后员工一持甲的个人信息资料，伪造针对涉案房屋的租赁合同，至派出所为其和其配偶办理了北京市居住登记卡。2017 年 9 月 4 日，因被甲发现，员工一将北京市居住登记卡注销。因此甲向法院主张经纪公司及其员工一、员工二严重侵犯了其民事权益。经纪公司认为其收取甲的身份证复印件及房产证复印件具有合理依据，且对于保护客户信息具有相应的管理办法，公司出台了《北京××员工红黄线信用管理标准（试行版）》，员工一的确在担任公司员工期间擅自使用了甲的身份信息资料并伪造租赁合同以涉案房屋为住址办理了北京市居住证，对其已予以辞退处理，而经济损失没有实际发生，精神损害抚慰金不符合法律规定，因此同意书面道歉，同意在合理范围内补偿甲，但不同意甲提出的道歉方式，不同意赔偿。

本案经过法院一审后，认为员工一非法使用甲个人信息的行为构成民事侵权，经纪公司也应当承担侵权责任。故判决经纪公司在其官方网站首页以公告形式向甲赔礼道歉，员工一向甲出具书面道歉声明，向其赔礼道歉，并连带赔偿甲经济损失 10 万元。

法院在本案中，认定经纪公司应当承担侵权责任的原因在于本案侵权事实的发生与经纪公司内部对客户个人信息的保护存在监管漏洞直接相关，存在管理过错。一是因为经纪公司作为用人单位，其工作人员员工二将其在执行工作任务中获取的甲信息非法公开并提供给员工一，其侵权行为与其履行职务存在内在关联，因此，应由其用人单位经纪公司与员工一对甲承担连带侵权责任。二是因为经纪公司在利用客户信息获取利益同时，需要对客户信息承担高于一般经营实体的保管义务，在利用客户信息时，经纪公司及其经纪人应保证其对客户个人信息的使用仅系履行《房屋出售委托协议》合同目的之需要。但经纪公司作为企业员工的管理者，未建立信息安全的管理制度和操作规程，没有对客户信息进行安全风险提示，没有对客户敏感信息加密处理等严谨细致的管理制度保障客户的信息安全，从而无法确保经纪人谨慎依约合法使用公民个人信息。三是因为经纪公司要求经纪人将客户的身份证、房产证及合同信息拍照后上传至公司内网的处理方式会极大地增加侵犯客户个人信息行为发生的可能性和危险性，而经纪公司对此没有采取任何实际有效的操作规程等防范措施予以风险的防控，公司员工可以轻易将业主个人信息泄露用于非法目的。

（二）乙诉某区房屋土地管理局履行法定职责案①

原告委托律师向某区房屋土地管理局（以下简称管理局）提出书面申请函，要求向原告提供原告父亲及全家在 1968 年 7 月 16 日迁出原住所前的有关原始房地产资料供原告查阅。管理局向上述房屋的现有产权人某集团有限公司发出对上述房屋产权的相关原始资料是否同意公开的征询函，该公司未予答复。管理局属下的档案中心以书面形式正式答复原告，以“该处房屋原属外产，已由国家接管，乙不是产权人”为由，决定不予提供查阅。原告不服提起行政诉讼，要求判令管理局履行信息公开的法定职责，向原告提供所求档案资料。管理局辩称，原告及其父亲不是该房屋的产权人，故没有权利查阅其他人的原始房地产档案资料。

本案经过一审、二审后，法院认为管理局对原告申请公开房地产档案的要求不予提供查阅，并不违反我国档案管理法律、法规的规定，也没有违反《信息公开规定》对被告履行公开政府信息义务所规定的法定职责，原告要求管理局向其提供所求相关档案资料的理由不能成立，判决驳回原告的诉讼请求。

在本案中，法院认为原告要求查阅利用的房地产资料是在该市房产总登记以前形成的，其性质属于政府信息中的档案，因此是否可以公开还应根据档案管理法律、法规的特别规定办理；原告要求查阅的房地产档案一直由被告机关保存管理，未向档案馆移交过，故其档案的性质属于国家所

① 案号：（2017）沪 01 行终 582 号。

有、管理局保存的档案。对这类房地产档案是否公开利用，法律、法规将决定权授予档案保存单位，除非法律、法规有公开的特别规定，否则保存单位对是否公开利用具有考量决定权，原告不因其父亲作为曾经的房屋产权人而享有当然的查询权，这与《个人信息保护法》中的信息主体权利并不相同。

【产业实践】

尽管自然人因私人或者家庭事务进行的个人信息处理活动不适用于个人信息保护法，但在实践中，平台仍应发布相关政策，提醒用户保护好个人信息，规范平台内用户行为，履行安全保障义务。一方面，平台在用户协议中明文设定“用户注意事项”部分，告知用户平台的哪些功能可能会在用户自身使用的过程中，让第三方知晓其信息，例如用户好友可以查询用户头像、名字、昵称、社交号、简介或选择发布在平台上内容和互动信息等可公开的个人资料或信息，使用手机号码注册账号或手机号码与账号关联的用户可以被通讯录存有该号码的好友查询账号，用户关注部分类型公众账号后将成为公众账号关注用户，相关公众账号可以根据其功能权限获取关注用户头像、名字、社交号、消息评论内容、图片、视频等信息，并可通过公众账号发送消息与关注用户进行互动。关注用户的消息评论内容、向相关公众账号上传的图片和视频都可以被具备相应功能权限的微信公众账号发布在公众账号内，供第三方查阅，用户选择与其他软件或硬件信息互通后，其他软件或硬件的提供方可以获取用户在该平台主动公开或传输的相关信息，用户在选择前应充分了解其他软件或硬件的产品功能及信息保护策略。另一方面，平台对用户进行风险提示，用户需要对平台内的行为具有一定判断力，并承担因使用内容而引起的所有风险，自行承担由于不可抗拒因素可能引起的个人信息丢失、泄露等风险，在使用本软件访问第三方网站时，因第三方网站及相关内容所可能导致的风险，同时说明用户有义务为自己注册账号下的一切行为负责，包括其所发表的任何内容、评论及点赞、推荐等行为以及由此产生的任何后果。再有，平台发布“社区公约”“用户行为规范”“用户使用规范”等，对平台内用户的行为进行规范，通过平台内部自治履行合理的安全保障义务。如针对平台上用户发布的信息内容进行治理，要求用户不得利用账号或功能账号或本软件及服务制作、复制、发布、传播侵犯其他用户或第三方合法权益的内容，包括涉及他人隐私、个人信息或资料的内容，其中信息内容是指用户使用本软件及服务过程中所制作、复制、发布、传播的任何内容。对于用户从事的违规行为可以明示禁止并设定惩罚机制，如未经同意披露他人数据，要求他人提供、共享个人信息（包括但不限于手机号、身份证号码、出生日期、住址等）才可使用某种服务或从事某种活动，将用户个人信息用于其他用途，企图通过“人肉搜索”等非法或不当挖掘、获取用户个人信息。

【合规指引】

自然人因个人或者家庭事务进行的个人信息处理活动，如出于社会交往、亲戚往来目的，家庭成员之间共享手机号码的行为，不纳入本法的适用范围，主要是考虑到双方处于平等关系下，且容易造成不必要的麻烦。然而企业与用户之间的关系要复杂得多。企业对于用户的个人信息处理活动，当然属于在商业活动中不平等关系下的商业性或专业性的个人信息处理活动，此时企业对于掌握的用户个人信息具有依法处理的义务，以此保障用户的个人权益。但企业也可能只是提供一个平台作用，直观上不属于商业性的个人信息处理活动，此时平台仍应当承担一定的安全保障义务，包括告知用户平台对于其所提供、发布信息的公开情况，提示平台使用过程中注意防范个人信息风险，明确表示进行用户在平台内进行侵害他人个人信息权益的行为并设定惩罚机制，为用户提供文明健康、规范有序的网络环境。

第七十三条 【用语定义】本法下列用语的含义：

（一）个人信息处理者，是指在个人信息处理活动中自主决定处理目的、处理方式的组织、个人。

（二）自动化决策，是指通过计算机程序自动分析、评估个人的行为习惯、兴趣爱好或者经济、健康、信用状况等，并进行决策的活动。

（三）去标识化，是指个人信息经过处理，使其在不借助额外信息的情况下无法识别特定自然人的过程。

（四）匿名化，是指个人信息经过处理无法识别特定自然人且不能复原的过程。

【条文理解】

本条旨在对本法中出现的术语进行概念界定，明确了“个人信息处理者”“自动化决策”“去标识化”“匿名化”四个术语的概念内涵。

（一）个人信息处理者的概念界定

本条第1项明确了“个人信息处理者”的概念，包括三方面的内容。一是个人信息处理者能够自主决定处理活动的相关事项，如处理目的、处理方式等，相反不能够自主决定处理活动相关事项的人不能称为个人信息处理者，如网购平台上的商家、外卖平台上的骑手；二是处理的对象是个人信息，因此判断是不是个人信息处理者应该首要判断其处理的对象是不是个人信息，若处理活动的对象是数据，则是数据处理者；三是组织和个人均可能成为个人信息处理者，组织应当指《民法典》中规定的法人与非法人组织，只要其进行了个人信息处理，且满足前两项要求，就是个人信息处理者，与其处理的个人信息数量无关，与其自身的处理能力无关。

GDPR 第4条第7项规定的数据控制者是指单独或与他人共同决定个

人数据处理的目的和方式的自然人、法人、公共权力机关、代理机构或其他机构。在该法中的概念还有数据处理者[①]、数据接收者[②]、第三方[③]。

其中，需要注意的是，“自主决定”并非指独立决定，即自主决定并不意味着个人信息处理中的核心原则“知情同意”原则的减弱，而是指在告知信息主体具体的信息处理活动及其处理结果，并取得个人信息主体的同意后，技术上的具体操作可以由个人信息处理者自主决定。而且，自主决定的内容不需要包括个人信息处理活动的全过程，即处理目的和处理方式的决定者在不同的处理活动中情况是不同的。根据本法第 9 条规定，只要个人信息处理者进行了个人信息处理活动，就应当对其处理活动负责，并采取必要措施保障所处理的个人信息的安全。例如，对国家机关而言，往往是国家相关法律法规或规范性文件已经作了明确规定，国家机关依法行政即可，而非国家机关自主决定处理目的；对于一些敏感信息的处理，除了首先有法律规定外，处理目的和方式可能还需要取得自然人同意的，根据本法第 28 条至第 32 条规定，个人信息处理者具有特定的目的和充分的必要性，方可处理敏感个人信息，同时应当向个人告知处理敏感个人信息的必要性以及对个人的影响，且需要经过个人的单独同意才可以处理，法律、行政法规规定应当取得书面同意的，还需要取得书面同意；对于个人信息处理者需要进行个人同意的目的或者被公开时用途外的处理时，根据本法第 14 条、第 17 条及第 23 条规定，应当取得个人同意。

---

① GDPR 第 4 条第 8 项：数据处理者（processor）：是指代表数据控制者处理个人数据的自然人、法人、公共权力机关、代理机构或其他机构。

② GDPR 第 4 条第 9 项：数据接收者（recipient）：是指作为个人数据的披露对象的自然人、法人、公共权力机关、代理机构或其他机构，而不论其是否为第三方主体；但依据欧盟或成员国法律在特定调查范围内实施数据接收行为的公共权力机关不被视为数据接收者；公共权力机关对该部分数据的处理行为应当根据该处理行为的目的遵循可适用的数据保护规则。

③ GDPR 第 4 条第 10 项：第三方（third party）：指数据主体、数据控制者、数据处理者以及根据数据控制者或数据处理者的直接授权而处理数据的人之外的任何自然人或法人、公共权力机关、代理机构或其他机构。

（二）自动化决策的概念界定

本条第 2 项明确了"自动化决策"的概念内涵，即通过计算机程序自动分析、评估个人的行为习惯、兴趣爱好或者经济、健康、信用状况等，并进行决策的活动。本条属于定义性的不完全法条，是对本法第 24 条、第 55 条第 2 项的补充说明，上述规定包括四方面的内容：

一是自动化决策利用的对象是个人信息，属于对个人信息的处理。个人信息处理者通过程序自动分析、评估个人的行为习惯、兴趣爱好或者经济、健康、信用状况等并进行决策，一般包括用户画像、算法推荐等，因此自动化决策应当在充分告知个人信息处理相关事项的前提下取得个人信息主体的同意，不得以个人不同意为由拒绝提供产品或者服务。通过自动化决策方式进行商业营销、信息推送等商业性或专业性处理活动时，应当同时提供不针对其个人特征的选项，或者向个人提供拒绝的方式。

二是自动化决策应当保证决策的透明度和结果公平合理，这也是本法第 5 条及第 7 条规定的合法正当必要原则、诚实信用原则以及公开透明原则的要求，如不得通过自动化决策对个人在交易价格等交易条件上实行不合理的差别待遇。除此之外还应当遵循本法规定的其他个人信息处理的一般规则，包括目的明确和最小化处理原则、信息质量原则、责任原则等。

三是自动化决策可能涉及敏感个人信息或者较隐私的个人状况，因此本法赋予个人信息主体充分的权利，在通过自动化决策方式作出的决定对个人权益有重大影响时，个人有权要求个人信息处理者予以说明，并有权拒绝个人信息处理者仅通过自动化决策的方式作出决定。

四是个人信息处理者进行自动化决策时应当在事前进行风险评估，并对处理情况进行记录。本条主要回应的是当前社会对用户画像、算法推荐等新技术新应用的高度关注，社会各界对相关互联网产品和服务中存在的信息骚扰、"大数据杀熟"等问题反映较为强烈，由于自动化决策是利用可使数据长期脱离数据主体而进行的计算机数据处理方式，在运用数据逻辑运算中对获取的数据进行比较、联结、运算分析，且同时可以处理成千上万个位于不同地点的用户信息，给个人隐私和自由带来了危险，威胁个人的尊严、自由和平等。因此为维护广大人民群众的网络空间合法权益，防范个人信息的相关风险，本法自动化决策作了有针对性的规范。

GDPR 第 4 条对“识别分析（profiling）”作出了定义，即指对个人数据采取的任何自动化处理的方式，包括评估某个自然人特定方面的情况，尤其是为了分析和预测该自然人的工作表现、经济状况、健康、个人喜好、兴趣、可信度、行为举止、所在位置或行迹等，根据该法第 13 条至第 15 条及第 21 条，个人信息主体有权在事前知晓关于决策中所运用的逻辑的有用信息以及该处理的重要性和其对数据主体造成的可能后果，并享有访问权、拒绝权；同时根据该法第 22 条，数据主体有权不受仅基于自动化处理行为得出的决定的制约，以避免对个人产生法律影响或与之相类似的显著影响，除非数据主体明确同意、经规定了适当保护措施的法律授权或为缔结、履行以数据主体和数据控制者为当事人的合同所必要，但上述例外规定不适用于个人基因数据、健康数据等特殊类型数据。

（三）去标识化的概念界定

本条第 3 项明确了去标识化的概念内涵。根据本项以及本法第 51 条规定，去标识化作为一种安全技术措施，指个人信息经过处理，使其在不借助额外信息的情况下无法识别特定自然人。为确保个人信息处理活动符合法律、行政法规的规定，并防止未经授权的访问以及个人信息泄露或者被窃取、篡改、删除，个人信息处理者根据个人信息的处理目的、处理方式、个人信息的种类以及对个人的影响、可能存在的安全风险等，可以采取去标识化的安全技术措施。

2020 年 3 月 1 日，《信息安全技术 个人信息去标识化指南》（GB/T 37964-2019）开始实施，其中明确了去标识化技术（de-identification technique）包括两种：一是降低信息的区分度，使得信息不能对应到特定个人，甚至不能判定不同的信息是否对应到同一个人。二是断开和个人信息主体的关联，即将个人其他信息和标识信息分离；明确了去标识化目标、去标识化的原则以及去标识化的过程，要求个人信息处理者应以个人信息安全保护优先，根据业务目标和安全保护要求，对个人信息进行恰当的去标识化处理，在保护个人信息安全的前提下确保去标识化后的数据具有应用价值，注意技术和管理相结合，充分应用软件工具，持续改进在完成去标识化工作后应进行评估和定期重评估。2021 年 4 月，全国信息安全标准化技术委员会发布了《信息安全技术 个人信息去标识化效果分级评估规范（征求意见稿）》，基于个人信息标识度的分级划分，对去标识化效果评定以及重标识风险计算进行了细化。

（四）匿名化的概念界定

本条第 4 项明确了“匿名化”的概念内涵，强调经过处理的个人信息无法识别特定自然人且不能复原，注重技术化和个人信息的不能恢复性。根据本法第 4 条，匿名化后的信息不属于个信息，因此“匿名化”提供了一种免除个人信息保护法限制、促进数据流通和共享的路径。

其中，假名化处理作为主要的匿名化处理手段，即不附加信息即无法将个人数据归属到特定数据主体，例如以特定的标志替代姓名或其他特征或者将文字转化为特定的符号或“密码”，一般需要额外的技术与组织手段保障，如密钥的管理等。假名化的个人信息被再次识别的可能性较高，因此，假名化的信息进行共享时需要尤其考虑第三方所能够获得的数据资源、数据处理能力以及在此基础上对匿名化数据重新恢复身份的可能性。

关于阻断信息与自然人之间的识别性，除了匿名化，还有上述的去标识化处理方式。“匿名化”与“去标识化”的技术实现手段大同小异，都可能运用到假名、抑制、泛化、随机化、加密和哈希函数等技术，但去标识化在很大程度上保留了个人信息的个体颗粒度，且本法的规定较为明确：“匿名化”是将个人信息变为不受本法约束的非个人信息的数据或信息的途径，“去标识化”则是一种安全技术措施，并非去标识化的信息就可以当然不受本法约束进行处理。

【典型案例】

（一）甲与某科技公司隐私权纠纷案[①]

甲在利用家中和单位的网络上网浏览相关网站过程中，发现利用某科技公司的某网站搜索引擎搜索相关关键词后，会在特定的网站上出现与关键词有关的广告，因此其认为某科技公司利用网络技术，未经本人知情和选择，记录和跟踪了其所搜索的关键词，将本人的兴趣爱好、生活学习工作特点等显露在相关网站上，并利用记录的关键词，对本人浏览的网页进行广告投放，侵害了其隐私权，使其感到恐惧，精神高度紧张，影响了其正常的工作和生活。故甲诉至法院，请求判令某科技公司立即停止侵害隐私权的行为，赔偿精神损害抚慰金，承担公证费。某科技公司个性化推荐服务的技术原理是：当网络用户利用浏览器访问网站时，网站服务器就会自动发送一个 cookie 信息存储于网络用户浏览器，浏览器再向服务器发送请求时，都会将 cookie 信息一并发送给服务器，服务器据此可以识别独立的浏览器，通过建立 cookie 联系后，网站服务器端对浏览器浏览的网页内容通过技术分析后，推算出浏览器一方可能的个性需求，再基于此种预测向浏览器的不特定使用人提供个性化推荐服务。对于 cookie 信息的处理，某科技公司在网站首页设置了“使用手册”的链接，点击进入后页面的右侧放置了“隐私权保护声明”的链接，告知用户网站使用了 cookie 技术以及 cookie 的主要功能，用户可以通过修改浏览器设置的方式选择拒绝 cookie，拒绝 cookie 后可能无法登录或使用依赖于 cookie 的百度服务或功能，也可以通过个性化配置限制百度对 cookie 的使用，同时对“个性化配置”进行了说明。

本案经过一审、二审后，法院认定某科技公司的个性化推荐行为不构成侵犯甲的隐私权。法院认为，某科技公司在提供个性化推荐服务中运用

① 案号：（2014）宁民终字第 5028 号。

网络技术收集、利用的是未能与网络用户个人身份对应识别的数据信息，该数据信息的匿名化特征不符合“个人信息”的可识别性要求。网络用户通过使用搜索引擎形成的检索关键词记录，虽然反映了网络用户的网络活动轨迹及上网偏好，具有隐私属性，但这种网络活动轨迹及上网偏好一旦与网络用户身份相分离，便无法确定具体的信息归属主体不再属于个人信息范畴，而某科技公司个性化推荐服务收集和推送信息的终端是浏览器，没有定向识别使用该浏览器的网络用户身份。个性化推荐服务客观上存在帮助网络用户过滤海量信息的便捷功能，网络用户在免费享受该服务便利性的同时，亦应对个性化推荐服务的不便性持有一定的宽容度，且某科技公司的个性化推荐利用大数据分析提高了推荐服务的精准性，推荐服务只发生在服务器与特定浏览器之间，没有对外公开宣扬特定网络用户的网络活动轨迹及上网偏好，也没有强制网络用户必须接受个性化推荐服务，而是提供了相应的退出机制，没有对网络用户的生活安宁产生实质性损害。同时，某科技公司在“使用手册”中已经明确告知网络用户可以使用包括禁用 cookie、清除 cookie 或者提供禁用按钮等方式阻止个性化推荐内容的展现，尊重了网络用户的选择权。

（二）甲科技有限公司与乙软件有限公司不正当竞争纠纷案①

乙软件公司有限公司（以下简称软件公司）系某数据产品的开发者和运营者，该数据产品主要提供各行业中各类趋势图、排行榜、占比图等形式的预测型、指数型、统计型数据信息。

本案经过一审、二审及再审，法院最终认定软件公司收集并使用用户数据信息的行为并未违反关于个人信息保护的规定，软件公司对涉案数据产品合法享有竞争性财产权益。软件公司作为网络服务提供者，在网络上已公示了“平台服务协议”与“隐私权政策”，明确提示会根据用户浏览及搜索记录、设备信息、位置信息、订单信息等，提取浏览、搜索偏好、行为习惯等特征，并承诺会将个人信息作匿名化、去标识化处理。该数据

① 案号：（2018）浙 01 民终 7312 号。

产品所涉网络用户信息主要表现为网络用户浏览、搜索、收藏、交易等行为痕迹信息，以及由行为痕迹信息推测所得出的行为人的性别、职业、所在区域、个人偏好等标签信息，这些行为痕迹信息与标签信息并不具备能够单独或者与其他信息结合识别自然人个人身份的可能性。

【产业实践】

实践中，对于自动化决策下的个性化推送，平台会在“平台服务协议”“隐私权政策”中进行说明，明确告知用户通过使用收集的信息，会对其展示和推送定制内容，例如展现或推荐相关程度更高（而非普遍推送）的搜索结果、信息流或者广告、推广信息结果，也可能将通过某些服务所收集的信息用于另一项服务中展示个性化的内容或广告、用于用户研究分析与统计等服务，告知用户在平台进行产品和服务的改进中，会使用收集的信息进行必要的业务运营以及用于大数据分析，例如开展内部审计、数据分析和研究，评估、维护和改进产品和服务的性能，开发新的产品和服务、提供客户支持等，对产品使用情况进行统计和分析并与公众共享这些统计信息，但表示这些统计信息不包含任何身份识别信息。同时，平台会在推荐页面或用户终端的“设置”—“隐私设置”“个性化推荐”中提供相关“退订”“举报”“不感兴趣”等设置。在进行用户个人信息的统计与加工并共享或公开数据分析信息时，平台运用“脱敏”“去标识化”等安全技术措施对用户个人信息进行保护。

【合规指引】

关于“个人信息处理者”，涉及个人信息处理的主体首先需要判断自身是不是组织或个人，其次判断自己是否可以自主决定个人信息的处理事项，即是否可以在技术上实现独立运行，若满足上述条件，则应当遵守本法中关于个人信息处理者的规定。

关于“自动化决策”，目前实践中平台一般都在“平台服务协议”或“隐私权政策”中进行了告知，包括收集信息、个性化推荐的板块以及该项处理的后果，但是提供给用户的自由度仍旧不够，部分板块的个性化推荐只有“屏蔽”“不感兴趣”或“举报”等少数功能，平台在进行自动化决策时应当充分尊重用户的选择权与拒绝权。

关于“去标识化”与“匿名化”，都是主要强调隐去个人信息的识别性，甚至达到不能复原的程度，但这不只是一个技术问题，还需要与个人信息处理者的数据合规、流程管理等手段相结合。“匿名化”的技术处理过程要求对直接标识符进行技术脱敏处理，主要是将直接标识符假名化、加密、抑制或者屏蔽等，对间接标识符进行泛化或者随机化，此时信息的可用性也会受到影响，个人信息处理者需要在保证匿名化效果的前提下，提高信息的可用性。在匿名化处理后的数据共享环境，应当考虑到即使这些信息经过了匿名化处理，阻断了数据与个人身份之间的关联性，但数据共享后可能再利用，个人信息重识别的风险依旧存在，因此相关主体还是应当以保护自然人的个人信息权益和隐私权为前提进行数据共享，注意匿名化及去标识化后可能带来的人格权保护的窘境，如侮辱、诽谤他人等。

【港澳相关规定】

1. 香港

有关资料使用者——

（a）就一项视察而言，指使用某个人资料系统的资料使用者，而该系统是该项视察的对象；

（b）就一项投诉而言，指该项投诉所指明的资料使用者；

（c）就——

（i）由一项投诉引发的调查而言，指该项投诉所指明的资料使用者；（ii）其他调查而言，指属该项调查的对象的资料使用者；

(d) 就执行通知而言，指获送达该通知的资料使用者。[1]

2. 澳门

为本法律的效力，下列用词之定义为：

……

“个人资料的处理”（“处理”）：有关个人资料的任何或者一系列的操作，不管该操作是否通过自动化的方法进行，诸如资料的收集、登记、编排、保存、改编或修改、复原、查询、使用，或者以传送、传播或其他透过比较或互联的方式向他人通告，以及资料的封存、删除或者销毁……[2]

第七十四条　【施行日期】 本法自2021年11月1日起施行。

① 《香港个人资料（私隐）条例》第2条。

② 《澳门个人资料保护法》第4条第1款第3项。

第二部分
重点法条域外法参考

第三条　【效力范围】在中华人民共和国境内处理自然人个人信息的活动，适用本法。

在中华人民共和国境外处理中华人民共和国境内自然人个人信息的活动，有下列情形之一的，也适用本法：

（一）以向境内自然人提供产品或者服务为目的；

（二）分析、评估境内自然人的行为；

（三）法律、行政法规规定的其他情形。

【域外法参考】

欧盟：1. 本条例适用于在欧盟境内设立的从事个人数据处理活动的数据控制者或处理者，无论其处理数据的行为是否发生在欧盟境内。

2. 数据控制者或处理者的经营场所虽然不设置在欧盟境内，但其为位于欧盟境内的数据主体提供货物或服务的，不论数据主体是否需要付费。

3. 数据控制者或处理者的经营场所虽然不设置在欧盟境内，但其对位于欧盟境内的数据主体行为进行监控。①

新加坡：“衍生的个人数据”是指该组织在业务过程中从有关该人或该机构所管有或控制的另一人的其他个人数据所衍生的有关该人的个人数据，但不包括该组织使用任何规定的手段或方法得出的个人数据。而“个人数据”指真实的、可识别的个人数据，包括：（1）来自该组织的数据；

① *Art. 3 General Data Protection Regulation*（*GDPR*）：1. This Regulation applies to the processing of personal data in the context of the activities of an establishment of a controller or a processor in the Union, regardless of whether the processing takes place in the Union or not. 2. This Regulation applies to the processing of personal data of data subjects who are in the Union by a controller or processor not established in the Union, where the processing activities are related to：a. the offering of goods or services, irrespective of whether a payment of the data subject is required, to such data subjects in the Union; or b. the monitoring of their behaviour as far as their behaviour takes place within the Union. 原文来源于：https：//gdpr. eu/tag/gdpr/，内容由编者翻译整理。下文不再特别说明。

（2）来自该数据和组织拥有或可能访问的其他信息。[①]

巴西：个人数据是指与已识别或可识别的自然人有关的信息。个人敏感数据是指关于种族或族裔、宗教信仰、政治观点、工会或宗教、哲学或政治组织成员身份的个人数据，与自然人有关的健康或性生活数据、基因或生物数据。[②]

澳大利亚：法案适用于：

（1）宪法第55条适用的公司实体；

（2）在领地内或用于与其他国家、州、领地间商贸往来或用于保卫澳大利亚的报告实体；

（3）外国实体（在宪法第51条的含义内）第三分则的第四部分（被保护信息的使用和披露）也适用任何其他实体。[③]

加拿大：本法适用于

（a）由组织在省际或国际范围内收集、使用或披露的个人信息；

（b）由省内的组织收集、使用或披露的信息，前提是该组织不能根据

---

① *PartI Interpretation*, *Personal Data Protection ACT* (*PDPA*), "derived personal data" — (a) means personal data about an individual that is derived by an organisation in the course of business from other personal data, about the individual or another individual, in the possession or under the control of the organisation; but (b) does not include personal data derived by the organisation using any prescribed means or method; "personal data" —means data, whether true or not, about an individual who can be identified — (a) from that data; or (b) from that data and other information to which the organisation has or is likely to have access; 原文来源于：https：//sso. agc. gov. sg/Act/PDPA2012，内容由编者翻译整理。下文不再特别说明。

② Art. 5 *Lei Geral de Proteção de Dados* (*LGPD*): For purposes of this Law, the following definitions apply: I. - personal data: information related to an identified or identifiable a natural person; II. - sensitive personal data: personal data on racial or ethnic origin, religious belief, public opinion, affiliation to union or religious, philosophical or political organization, data relating to the health or sex life, genetic or biometric data, whenever related to a natural person. 原文来源于：http：//www. planalto. gov. br/ccivil_ 03/_ ato2015-2018/2018/Lei/L13709. htm，内容由编者翻译整理。下文不再特别说明。

③ Art. 13 Security of Critical Infrastructure Act (SCIA) (1) This Act applies to the following: (a) an entity that is a corporation to which paragraph 51 (xx) of the Constitution applies; (b) an entity that is a reporting entity for, or an operator of, an asset that is: (i) in a Territory; or (ii) used in the course of, or in relation to, trade or commerce with other countriesamong the States. between Territories or between a Territory and a State; or (iii) used for the purposes of the defence of Australia; (c) an entity that is an alien (within the meaning of paragraph 51 (xix) of the Constitution). (2) Division 3 of Part 4 (use and disclosure of protected information) also applies to any other entity. 原文来源于：https：//www. legislation. gov. au/Details/C2018A00029，内容由编者翻译整理。下文不再特别说明。

第 119（2）节（b）下的命令免除本法的适用。[①]

第四条　【个人信息及个人信息处理的定义】个人信息是以电子或者其他方式记录的与已识别或者可识别的自然人有关的各种信息，不包括匿名化处理后的信息。

个人信息的处理包括个人信息的收集、存储、使用、加工、传输、提供、公开、删除等。

【域外法参考】

欧盟：（1）“个人数据”是指与已识别或者可识别的自然人（“数据主体”）相关的任何数据；一个可识别的自然人是一个能够通过直接或间接的方式识别的个体，特别是通过参考诸如姓名、身份证号、位置数据、在线标识符或自然人所特有的身体、生理、遗传、精神、经济、文化或社会身份而识别个体。

（2）“数据处理”是指对个人数据进行的任何操作或者一系列操作，无论其是否通过自动化手段进行，如数据收集、记录、组织、建构、存储、改编或修改，恢复、查询、使用、通过传播、分发方式进行披露或者其他使个人数据可被他人获得、排列或组合、限制、清除或销毁的操作。[②]

---

① *Art.* 6 *The Consumer Privacy Protection Act*（*CPPA*）This Act applies in respect of personal information（a）that is collected, used or disclosed interprovincially or internationally by an organization; or（b）that is collected, used or disclosed by an organization within a province, to the extent that the organization is not exempt from the application of this Act under an order made under paragraph 119（2）（b）. 原文来源于：https://parl.ca/DocumentViewer/en/43-2/bill/C-11/first-reading#ID0E0XB0BA，内容由编者翻译整理。下文不再特别说明。

② *Art.* 4 *General Data Protection Regulation*（*GDPR*）：1. “personal data” means any information relating to an identified or identifiable natural person（“data subject”）; an identifiable natural person is one who can be identified, directly or indirectly, in particular by reference to an identifier such as a name, an identification number, location data, an online identifier or to one or more factors specific to the physical, physiological, genetic, mental, economic, cultural or social identity of that natural person; 2. “processing” means any operation or set of operations which is performed on personal data or on sets of personal data, whether or not by automated means, such as collection, recording, organisation, structuring, storage, adaptation or alteration, retrieval, consultation, use, disclosure by transmission, dissemination or otherwise making available, alignment or combination, restriction, erasure or destruction.

新加坡："衍生的个人数据"是指该组织在业务过程中从有关该人或该机构所管有或控制的另一人的其他个人数据所衍生的有关该人的个人数据，但不包括该组织使用任何规定的手段或方法得出的个人数据。而"个人数据"指真实的、可识别的个人数据，包括：（1）来自该组织的数据；（2）来自该数据和组织拥有或可能访问的其他信息。①

巴西：个人数据是指与已识别或可识别的自然人有关的信息。个人敏感数据是指关于种族或族裔、宗教信仰、政治观点、工会或宗教、哲学或政治组织成员身份的个人数据，与自然人有关的健康或性生活数据、基因或生物数据。②

澳大利亚："被保护的信息"指文件或信息符合：

1. 由自然人在本法案下行使权力、履行职责的过程中获取的；

2. 某项资产是根据第 51 条宣布为关键基建资产的事实或记录；

3. 前两条适用且被自然人根据第 4 部分的第 3 部分或按照第 46 条的授权披露方式取得的。③

加拿大：个人信息是指关于可识别个人的信息。④

---

① *PartI Interpretation*, *Personal Data Protection ACT* (*PDPA*), "derived personal data" — (a) means personal data about an individual that is derived by an organisation in the course of business from other personal data, about the individual or another individual, in the possession or under the control of the organisation; but (b) does not include personal data derived by the organisation using any prescribed means or method; "personal data" —means data, whether true or not, about an individual who can be identified — (a) from that data; or (b) from that data and other information to which the organisation has or is likely to have access.

② *Art.* 5 *Lei Geral de Proteção de Dados* (*LGPD*): For purposes of this Law, the following definitions apply: I. - personal data: information related to an identified or identifiable a natural person; II. - sensitive personal data: personal data on racial or ethnic origin, religious belief, public opinion, affiliation to union or religious, philosophical or political organization, data relating to the health or sex life, genetic or biometric data, whenever related to a natural person.

③ *Art.* 5 *Security of Critical Infrastructure Act* 2018 (*SCIA*) Protected information means a document or information that: (a) is obtained by a person in the course of exercising powers, or performing duties or functions, under this Act; or (b) records or is the fact that an asset is declared under section 51 to be a critical infrastructure asset; or (c) was a document or information to which paragraph (a) or (b) applied and is obtained by a person by way of an authorized disclosure under Division 3 of Part 4 or in accordance with section 46.

④ *Art.* 2 *Personal Information Protection and Electronic Documents Act* (*PIPEDA*) personal information means information about an identifiable individual (renseignement personnel). 原文来源于：https://laws-lois.justice.gc.ca/eng/acts/p-8.6/FullText.html，内容由编者翻译整理。下文不再特别说明。

第五条　【合法、正当、必要和诚信原则】 处理个人信息应当遵循合法、正当、必要和诚信原则，不得通过误导、欺诈、胁迫等方式处理个人信息。

【域外法参考】

欧盟： 个人数据应当：

1. 以合法的、公平的和透明的方式对与数据主体的个人数据进行处理（“合法、公平和透明”）。

2. 以具体的、明确的和合法的目的对个人数据进行收集，对个人数据的进一步处理不得违反上述目的。第 89 条第 1 款中因为公共利益、科学或历史研究或统计目的而进一步处理数据，不视为违反最初目的（“目的限制”）。

3. 个人数据应当是充分、相关且仅限于其处理目的的必要内容（“数据最小化”）。

4. 个人数据应当是准确的，如有必要应当及时更新；采取一切合理措施确保与数据处理目的相悖的错误数据被及时清除或更正（“准确性”）。

5. 以可识别出数据主体的形式存储的数据的存储时间不能长于实现个人数据处理目的所必需的时间；根据第 89 条第 1 款的规定，只有为了实现公共利益、科学或历史研究目的或数据统计目的，超过此期限的数据处理才能被允许；而且为了保障数据主体的权利和自由，个人数据还应受本条例要求的适当技术和组织措施的调整（“限期储存”）。

6. 数据处理应当以确保个人数据的适当安全性的方式进行，通过采取合理的技术手段或组织措施，避免数据未经授权即被处理或遭到非法处理，避免数据发生意外毁损或灭失（“完整性与保密性”）。[①]

新加坡：未明确规定个人数据处理活动的原则，而是通过规定个人数据保护与问责的一般规则，以及各类机构关于收集、使用或披露个人数据的范围、条件或要求来规范对数据的处理活动。

巴西：个人数据处理活动应遵循诚信和以下原则：

1. 目的性：为合法、具体、明确且数据主体已经知情的目的处理数据，无须进行与这些目的不一致的后续处理；

2. 适当性：根据处理的场景，数据处理活动与已告知数据主体的目的相兼容；

3. 必要性：将处理限制在达到其目的所需的最低限度的处理范围内，包括与数据处理目的有关的相关、成比例和非过多的数据；

4. 免费访问：保证数据主体可以就数据处理的形式和持续时间及其完整的个人数据获得便利和免费的咨询；

5. 数据质量：根据需要和为实现处理目的，向数据主体保证数据准确性、清晰度、相关性和数据更新；

6. 透明度：保证对数据主体提供清晰、准确的处理和各自处理代理的易于获取的信息，遵守商业和行业秘密；

---

① *Art. 5 General Data Protection Regulation* (*GDPR*): Personal data shall be: a. processed lawfully, fairly and in a transparent manner in relation to the data subject ("lawfulness, fairness and transparency"); b. collected for specified, explicit and legitimate purposes and not further processed in a manner that is incompatible with those purposes; further processing for archiving purposes in the public interest, scientific or historical research purposes or statistical purposes shall, in accordance with Article 89 (1), not be considered to be incompatible with the initial purposes ("purpose limitation"); c. adequate, relevant and limited to what is necessary in relation to the purposes for which they are processed ("data minimisation"); d. accurate and, where necessary, kept up to date; every reasonable step must be taken to ensure that personal data that are inaccurate, having regard to the purposes for which they are processed, are erased or rectified without delay ("accuracy"); e. kept in a form which permits identification of data subjects for no longer than is necessary for the purposes for which the personal data are processed; personal data may be stored for longer periods insofar as the personal data will be processed solely for archiving purposes in the public interest, scientific or historical research purposes or statistical purposes in accordance with Article 89 (1) subject to implementation of the appropriate technical and organisational measures required by this Regulation in order to safeguard the rights and freedoms of the data subject ("storage limitation"); f. processed in a manner that ensures appropriate security of the personal data, including protection against unauthorised or unlawful processing and against accidental loss, destruction or damage, using appropriate technical or organisational measures ("integrity and confidentiality").

7. 安全：使用技术和行政措施，保护个人数据免受未经授权的访问、破坏、损失、变更、通信或扩散情况；

8. 预防：针对个人数据处理采取措施防止损害发生；

9. 不歧视：不能出于歧视，非法或滥用目的处理数据；

10. 问责制：由代理人证明采取有效措施以证明遵守和遵守个人数据保护规则的证据，以及这些措施的有效性。①

澳大利亚：

澳大利亚隐私原则：

1. 个人信息的公开透明管理：实体必须有关于实体个人信息管理的明确表达和最新的政策。

2. 匿名和假名：在与实体就特定事项进行交流时，个人必须有权选择不表明身份或使用化名。

3. 收集被索取的个人信息：App 实体必须以合法、公平的方式收集个人信息。

4. 处理未经请求的个人信息：如果实体无法获得索取个人信息的同意且该信息未包含在联邦记录中；则实体必须在可行的情况下以合法、合理

---

① *Art.* 6 *Lei Geral de Proteção de Dados* (*LGPD*)：The personal data processing activities shall observe the good faith and the following principles：I. – purpose：processing for legitimate, specific and explicit purposes informed to the data subject, without any possibility of subsequent processing inconsistently with these purposes；II. – adequacy：compatibility of the processing with the purposes informed to the data subject, in accordance with the context of the processing；III. – necessity：limitation of the processing to the minimum processing required for achievement of its purposes, encompassing pertinent, proportional and non-excessive data in relation to the purposes of the data processing；IV. – free access：guarantee, to the data subjects, of facilitated and free consultation on the form and duration of the processing, as well as on all their personal data；V. – quality of data：guarantee, to the data subjects, of accuracy, clarity, relevance and update of the data, according to the need and for compliance with the purpose of the processing thereof；VI. – transparency：guarantee, to the data subjects, of clear, accurate and easily accessible information on the processing and the respective processing agents, subject to business and industrial secrets；VII. – security：use of technical and administrative measures able to protect the personal data from unauthorized accesses and from accidental or unlawful situations of destructions, loss, alteration, communication or diffusion；VIII. – prevention：adoption of measures to prevent the occurrence of damage in view of the processing of personal data；IX. – non-discrimination：impossibility of processing data for discriminatory, unlawful or abusive purposes；X. – responsibility and accountability：proof, by the agent, of adoption of effective measures able to prove observance of and compliance with the personal data protection rules, and also with the effectiveness of these measures.

方式尽快销毁信息或确保信息去标识化。

5. 收集个人信息的通知：在实体收集个人信息之时或之前，该实体必须在可行的情况下，尽快采取以下合理步骤：(1) 将当时情况下合理的事项通知个人；(2) 以其他方式确保个人了解任何此类事项。

6. 个人信息的使用或披露：如果实体使用或披露个人信息，该实体必须对该使用或披露作出书面说明。

7. 直接营销：如果组织持有个人的个人信息，该组织不得以直接营销为目的使用或披露该信息。

8. 个人信息的跨境披露：实体必须采取在当时情况下合理的步骤，以确保海外接收者不会违反与信息有关的澳大利亚隐私原则。

9. 采用、使用或披露政府相关标识符：组织不得采用政府相关的个人标识符作为其自身的个人标识符，除非另有规定。

10. 个人信息的质量：实体必须根据情况采取合理的步骤（如果有），以确保该实体收集的个人信息是准确、最新和完整的。

11. 个人信息的安全：如果实体持有个人信息，该实体必须采取在当时情况下合理的措施来保护信息，防止误用、干扰和丢失和未经授权的访问、修改或披露。

12. 访问个人信息：如果实体持有个人的个人信息，该实体必须根据个人的要求，给予个人访问该信息的权限。

13. 个人信息的更正：如果实体持有个人的个人信息；当主体依据信息的持有目的确信该信息不准确、过时、不完整、不相关或具有误导性；或者个人要求实体更正信息时，实体必须采取在当时情况下合理的步骤（如有）更正该信息，以确保该信息准确、及时、完整、相关且没有误导性。[①]

在特定情况下，制作记录或使用或披露受保护资料均属授权行为，但在其他情况下则属违法行为。[②]

加拿大：个人信息保护国家标准十原则：

---

① *Art.* 14 *The Privacy Act*（*PA*）1. Open and transparent management of personal information. An APP entity must have a clearly expressed and up to date policy（the APP privacy policy）about the management of personal information by the entity. 2. Anonymity and pseudonymity. Individuals must have the option of not identifying themselves, or of using a pseudonym, when dealing with an APP entity in relation to a particular matter. 3. Collection of solicited personal information：An APP entity must collect personal information only by lawful and fair means. 4. Dealing with unsolicited personal information：If the APP entity determines that the entity could not have collected the personal information；and the information is not contained in a Commonwealth record；the entity must, as soon as practicable but only if it is lawful and reasonable to do so, destroy the information or ensure that the information is de-identified. 5. Notification of the collection of personal information：At or before the time or, if that is not practicable, as soon as practicable after, an APP entity collects personal information about an individual, the entity must take such steps（if any）as are reasonable in the circumstances：to notify the individual of such matters referred to in subclause 5. 2 as are reasonable in the circumstances；or to otherwise ensure that the individual is aware of any such matters. 6. Use or disclosure of personal information：If an APP entity uses or discloses personal information in accordance with paragraph 6. 2（e）, the entity must make a written note of the use or disclosure. 7. Direct marketing：If an organisation holds personal information about an individual, the organisation must not use or disclose the information for the purpose of direct marketing. 8. Cross border disclosure of personal information：he entity must take such steps as are reasonable in the circumstances to ensure that the overseas recipient does not breach the Australian Privacy Principles（other than Australian Privacy Principle 1）in relation to the information. 9. Adoption, use or disclosure of government related identifiers：An organisation must not adopt a government related identifier of an individual as its own identifier of the individual unless he adoption of the government related identifier is required or authorised by or under an Australian law or a court/tribunal order；or subclause applies in relation to the adoption. 10. Quality of personal information：An APP entity must take such steps（if any）as are reasonable in the circumstances to ensure that the personal information that the entity collects is accurate, up to date and complete. 11. Security of personal information：If an APP entity holds personal information, the entity must take such steps as are reasonable in the circumstances to protect the information：from misuse, interference and loss；and from unauthorised access, modification or disclosure. 12. Access to personal information：If an APP entity holds personal information about an individual, the entity must, on request by the individual, give the individual access to the information. 13. Correction of personal information：If an APP entity holds personal information about an individual；and either the entity is satisfied that, having regard to a purpose for which the information is held, the information is inaccurate, out-of-date, incomplete, irrelevant or misleading；or the individual requests the entity to correct the information；the entity must take such steps（if any）as are reasonable in the circumstances to correct that information to ensure that, having regard to the purpose for which it is held, the information is accurate, up-to-date, complete, relevant and not misleading. 原文来源于：https：//www. oaic. gov. au/privacy/the-privacy-act，内容由编者翻译整理。下文不再特别说明。

② *Art.* 36 *Security of Critical Infrastructure Act* 2018（*SCIA*）The making of a record, or the use or disclosure, of protected information is authorised in particular circumstances but is otherwise an offence.

1. 承担保密义务：若机构是受《个人信息保护和电子文件法》约束，则机构的工作人员必须遵守法律。大型机构应任命一名“首席隐私保密官”负责本法律的执行。任何机构都要制订明确的方针和操作程序，保证对法律的执行。

2. 确定采集和使用个人信息的目的：收集个人信息的目的应由组织在收集信息时或之前确定，最好是在通情达理的当事人同意的情况下采集和使用其个人信息。

3. 当事人同意：如果机构需要采集、使用或披露个人信息，应当获得当事人的同意。

4. 有限采集：收集个人信息的范围应限于组织确定的目的所必需的，且应通过公平合法的方式收集信息。

5. 限制使用、披露和保留：除个人同意或法律要求外，个人信息不得用于或披露其收集目的以外的其他目的；个人信息应仅保留为实现上述目的所必需的时间。

6. 准确性：个人信息应在其使用目的所需的情况下准确、完整，并应及时更新。

7. 保障措施：个人信息应受到与信息敏感性相适应的安全保障措施的保护。

8. 公开性：组织应使被收集人易于获得其与个人信息管理有关的政策和实践的具体信息。

9. 使用公开：应要求，个人应被告知其个人信息的存在、使用和披露，并应被允许访问该信息。个人应能够质疑信息的准确性和完整性，并在适当时对其进行修改。

10. 接受申诉并核实信息：机构必须建立简单易行的当事人申诉受理程序。机构必须告诉当事人其信息是从哪里取得的，要对所有有争议的部分进行核实，并以适当的程序更正被确认为是不正确的信息。[①]

第十三条　【合法性基础】符合下列情形之一的，个人信息处理者方可处理个人信息：

（一）取得个人的同意；

（二）为订立、履行个人作为一方当事人的合同所必需，或者按照依法制定的劳动规章制度和依法签订的集体合同实施人力资源管理所必需；

（三）为履行法定职责或者法定义务所必需；

（四）为应对突发公共卫生事件，或者紧急情况下为保护自然人的生命健康和财产安全所必需；

（五）为公共利益实施新闻报道、舆论监督等行为，在合理的范围内处理个人信息；

（六）依照本法规定在合理的范围内处理个人自行公开或

---

① *Art. 4 Principles Set Out in the National Standard of Canada Entitled Model Code for the Protection of Personal Information.* Accountability: An organization is responsible for personal information under its control and shall designate an individual or individuals who are accountable for the organization's compliance with the following principles. Identifying Purposes: The purposes for which personal information is collected shall be identified by the organization at or before the time the information is collected. Consent: The knowledge and consent of the individual are required for the collection, use, or disclosure of personal information, except where inappropriate. Limiting Collection: The collection of personal information shall be limited to that which is necessary for the purposes identified by the organization. Information shall be collected by fair and lawful means. Limiting Use, Disclosure, and Retention: Personal information shall not be used or disclosed for purposes other than those for which it was collected, except with the consent of the individual or as required by law. Personal information shall be retained only as long as necessary for the fulfilment of those purposes. Accuracy: Personal information shall be as accurate, complete, and up-to-date as is necessary for the purposes for which it is to be used. Safeguards: Personal information shall be protected by security safeguards appropriate to the sensitivity of the information. Openness: An organization shall make readily available to individual specific information about its policies and practices relating to the management of personal information. Access: Upon request, an individual shall be informed of the existence, use, and disclosure of his or her personal information and shall be given access to that information. An individual shall be able to challenge the accuracy and completeness of the information and have it amended as appropriate. Challenging Compliance: An individual shall be able to address a challenge concerning compliance with the above principles to the designated individual or individuals accountable for the organization's compliance.

者其他已经合法公开的个人信息；

（七）法律、行政法规规定的其他情形。

依照本法其他有关规定，处理个人信息应当取得个人同意，但是有前款第二项至第七项规定情形的，不需取得个人同意。

【域外法参考】

欧盟：只有至少符合以下情况之一的数据处理行为才是合法的：

（a）数据主体已经对一个或多个具体目的而对其个人数据进行处理的行为表示同意；

（b）为履行数据主体作为一方当事人的合同或在订立合同前为实施数据主体要求的行为而进行的必要的数据处理；

（c）数据处理行为对于数据控制者遵守其所承担的法律义务是必要的；

（d）数据处理行为对于保护数据主体或其他自然人的重大利益是必要的；

（e）数据处理行为是实现公共利益或行使数据控制者因官方授权而执行的任务所必需的；

（f）数据处理行为对于控制者或第三方所追求的正当利益是必要的，这不包括需要通过个人数据保护以实现数据主体的优先性利益或基本权利与自由，特别是当该数据主体为儿童时。

第 1 款（f）项不适用于公共权力机构执行任务时实施的数据处理。[①]

新加坡：在指定日期或之后，任何组织不得收集、使用或披露有关个人的个人资料，除非出现以下两种情形：（1）个人根据本法给予或被视为同意收集、使用或披露；（2）根据本法或任何其他成文法律，需要或授权收集、使用或披露。[②]

巴西：个人数据只能在以下情况下被处理：

1. 数据主体同意时；

2. 控制者为遵守法律或监管义务时；

3. 根据本法第四章的规定，公共行政部门处理和共享使用为履行法律法规所要求的，或者基于合同、协议或者类似文件所必需的数据；

4. 研究机构为开展研究时，并要尽可能确保对个人数据的匿名化；

5. 应数据主体的要求，当履行以该数据主体为一方当事人的协议或者与该协议相关的初步程序为必需时；

6. 为定期行使司法、行政或仲裁程序中的权利时；

7. 为保护数据主体或第三方的生命或人身安全；

8. 为保护健康，按医护人员或医疗机构执行的程序；

9. 为满足控制者或第三方合法利益所必需的，但根据数据主体普适性

---

① *Art.* 6 *General Data Protection Regulation* (*GDPR*): a. Processing shall be lawful only if and to the extent that at least one of the following applies: a. the data subject has given consent to the processing of his or her personal data for one or more specific purposes; b. processing is necessary for the performance of a contract to which the data subject is party or in order to take steps at the request of the data subject prior to entering into a contract; c. processing is necessary for compliance with a legal obligation to which the controller is subject; d. processing is necessary in order to protect the vital interests of the data subject or of another natural person; e. processing is necessary for the performance of a task carried out in the public interest or in the exercise of official authority vested in the controller; f. processing is necessary for the purposes of the legitimate interests pursued by the controller or by a third party, except where such interests are overridden by the interests or fundamental rights and freedoms of the data subject which require protection of personal data, in particular where the data subject is a child. Point (f) of the first subparagraph shall not apply to processing carried out by public authorities in the performance of their tasks.

② *Part IV ART*13, *Personal Data Protection ACT* (*PDPA*): An organisation shall not, on or after the appointed day, collect, use or disclose personal data about an individual unless — (a) the individual gives, or is deemed to have given, hisconsent under this Act to the collection, use or disclosure, as the case may be; or (b) the collection, use or disclosure, as the case may be, without the consent of the individual is required orauthorised under this Act or any other written law.

的基本权利和自由要求保护个人数据的情况除外；

10. 为了保护信用，包括所适用的法律中关于信用的规定。①

澳大利亚：授权使用和披露——执行功能：如果实体为了以下目的而记录、使用或披露受保护信息，则该实体可以记录、使用或披露受保护信息：（1）根据本法行使实体的权力或履行实体的职能或义务；或者（2）以其他方式确保遵守本法的规定。②

加拿大：

适当用途：组织仅可因合理的人认为在当时情况下适当的目的而收集、使用或披露个人信息，即个人指定的效力。

有效同意：只有在合理理解、预期组织活动所针对的信息收集、使用或披露的性质、目的和后果的情况下，个人的同意才发挥同意处理个人信

---

① *Art.* 7 *Lei Geral de Proteção de Dados*（*LGPD*）：Article 7 The personal data can only be processed in the following circumstances：I. – by means of the data subject´s consent；II. – for compliance with a statutory or regulatory obligation by the controller；III. – by the public administration, for the processing and shared use of data required for the performance of public policies set forth in laws or regulations or supported by contracts, agreements or similar instruments, subject to the provisions of Chapter IV of this Law；IV. – for the conduction of studies by research bodies, guaranteeing, whenever possible, the anonymization of personal data；V. – whenever necessary for the performance of agreements or preliminary procedures relating to agreements to which the data subject is a party, at the request of the data subject；VI. – for the regular exercise of rights in lawsuits, administrative or arbitration proceedings, the latter pursuant to the provisions of Law No. 9. 307, of September 23, 1996（Arbitration Law）；VII. – for protection of the life or of the physical safety of the data subject or of third parties；VIII. – for health protection, exclusively, in a procedure performed by health professionals, health services or health authorities；IX. – whenever necessary to serve the legitimate interests of the controller or of third parties, except in the event of prevalence of fundamental rights and liberties of the data subject, which require protection of the personal data; or X. – for the protection of credit, including with respect to the provisions of the applicable law.

② *Art.* 41 *Security of Critical Infrastructure Act* 2018（*SCIA*）Authorised use and disclosure—performing functions etc. An entity may make a record of, use or disclose protected information if the entity makes the record, or uses or discloses the information, for the purposes of:（a）exercising the entity's powers, or performing the entity's functions or duties, under this Act; or（b）otherwise ensuring compliance with a provision of this Act. Note：This section is an authorisation for the purposes of other laws, including the Australian Privacy Principles.

息的效力[①]。

第十七条　【个人信息处理者的告知义务】 个人信息处理者在处理个人信息前，应当以显著方式、清晰易懂的语言真实、准确、完整地向个人告知下列事项：

（一）个人信息处理者的名称或者姓名和联系方式；

（二）个人信息的处理目的、处理方式，处理的个人信息种类、保存期限；

（三）个人行使本法规定权利的方式和程序；

（四）法律、行政法规规定应当告知的其他事项。

前款规定事项发生变更的，应当将变更部分告知个人。

个人信息处理者通过制定个人信息处理规则的方式告知第一款规定事项的，处理规则应当公开，并且便于查阅和保存。

【域外法参考】

欧盟： 从数据主体处收集个人数据时（数据控制者）应提供的信息

1. 从数据主体处收集与之相关的个人数据时，数据控制者应当在获取数据的同时向数据主体提供以下信息：

（a）数据控制者的身份信息和联系方式，以及数据控制者代表人（如适用）的身份信息和联系方式；

---

① *Art.* 5（3）*The Personal Data Protection Bill*（*PDPB*）Appropriate purposes（3）An organization may collect, use or disclose personal information only for purposes that a reasonable person would consider are appropriate in the circumstances. 6 The designation of an individual under clause 4. 1 of Schedule 1 does not relieve the organization of the obligation to comply with the obligations set out in that Schedule. Marginal note：Valid consent 6. 1 For the purposes of clause 4. 3 of Schedule 1, the consent of an individual is only valid if it is reasonable to expect that an individual to whom the organization's activities are directed would understand the nature, purpose and consequences of the collection, use or disclosure of the personal information to which they are consenting.

（b）数据保护官（如适用）的身份信息和联系方式；

（c）处理个人数据的目的以及其法律依据；

（d）依据第 6 条第 1 款（f）项的规定处理数据时，数据控制者或第三方所追求的合法利益；

（e）个人数据的接收者或者接收者的类别（如果有）；

（f）在适用的情况下，数据控制者打算将个人数据传输到第三国或国际组织的事实，以及欧盟委员会是否作出数据保护充分性决定的情况，或在本条例第 46 条或第 47 条或第 49 条第 1 款第 2 段规定的转移情形下获取个人数据或其副本的方式和相应的安全保障措施。

2. 除了第 1 段提到的信息之外，控制者在获取个人数据时还应向数据主体提供以下进一步必要的信息，以确保数据处理的公平和透明：

（a）个人数据的存储期限，若不可能则应提供确定存储期限的标准；

（b）数据主体享有向数据控制者请求查询、更正、删除个人数据的权利，限制、拒绝其处理个人数据的权利以及持续控制权；

（c）针对依据第 6 条第 1 款（a）项或第 9 条第 2 款（a）项的规定而进行的数据处理，数据主体享有随时撤销其同意的权利，但不影响撤销之前基于同意的处理行为合法性；

（d）向监管机构投诉的权利；

（e）提供个人数据是出于法律要求、合同要求，还是为订立合同所必需的要求，以及数据主体是否有义务提供个人数据以及未能提供此类数据可能造成的后果；

（f）本条例第 22 条第 1 款及第 4 款所规定的包括用户画像在内的自动化决策的存在，以及在这些情况下，至少提供关于决策中所运用的逻辑的有用信息以及此类处理的重要性和其对数据主体造成的可能后果。

3. 如果数据控制者打算因已收集到的个人数据目的以外的目的进一步处理个人数据，其应当在进行进一步处理之前向数据主体提供有关新目的的信息以及本条第 2 款所规定的所有相关信息。

4. 在数据主体已经拥有信息的情况下，第 1，2，3 段不应当适用。[①]

新加坡：各类机构告知目的与目的限制的义务，具体内容包括以下几方面的告知义务：（1）机构收集、使用或披露个人数据限于特定情形下理性人认为适当的目的与范围。（2）机构应当在收集个人数据之时或之前，告知个体收集、使用或披露其个人数据的目的；在个体需要的情形下，告知其收集、使用或披露个人数据问题之人的业务联系方式。（3）机构未经个体同意自其他机构收集个人数据之时或之前，应当向其他机构提供关于

---

① *Art.* 13 *General Data Protection Regulation* (*GDPR*): Where personal data relating to a data subject are collected from the data subject, the controller shall, at the time when personal data are obtained, provide the data subject with all of the following information: a. the identity and the contact details of the controller and, where applicable, of the controller's representative; b. the contact details of the data protection officer, where applicable; c. the purposes of the processing for which the personal data are intended as well as the legal basis for the processing; d. where the processing is based on point (f) of Article 6 (1), the legitimate interests pursued by the controller or by a third party; e. the recipients or categories of recipients of the personal data, if any; f. where applicable, the fact that the controller intends to transfer personal data to a third country or international organisation and the existence or absence of an adequacy decision by the Commission, or in the case of transfers referred to in Article 46 or 47, or the second subparagraph of Article 49 (1), reference to the appropriate or suitable safeguards and the means by which to obtain a copy of them or where they have been made available. 2. In addition to the information referred to in paragraph 1, the controller shall, at the time when personal data are obtained, provide the data subject with the following further information necessary to ensure fair and transparent processing: a. the period for which the personal data will be stored, or if that is not possible, the criteria used to determine that period; b. the existence of the right to request from the controller access to and rectification or erasure of personal data or restriction of processing concerning the data subject or to object to processing as well as the right to data portability; c. where the processing is based on point (a) of Article 6 (1) or point (a) of Article 9 (2), the existence of the right to withdraw consent at any time, without affecting the lawfulness of processing based on consent before its withdrawal; d. the right to lodge a complaint with a supervisory authority; e. whether the provision of personal data is a statutory or contractual requirement, or a requirement necessary to enter into a contract, as well as whether the data subject is obliged to provide the personal data and of the possible consequences of failure to provide such data; f. the existence of automated decision-making, including profiling, referred to in Article 22 (1) and (4) and, at least in those cases, meaningful information about the logic involved, as well as the significance and the envisaged consequences of such processing for the data subject. 3. Where the controller intends to further process the personal data for a purpose other than that for which the personal data were collected, the controller shall provide the data subject prior to that further processing with information on that other purpose and with any relevant further information as referred to in paragraph 4. Paragraphs 1, 2 and 3 shall not apply where and insofar as the data subject already has the information.

收集目的的充分信息，使该其他机构确定披露是否符合本法。[①]

巴西：数据主体有权获取其他数据处理的信息，包括：

1. 数据处理的特定目的；

2. 数据处理的形式和持续时间，出于遵守商业和行业秘密的目的；

3. 数据控制者的身份；

4. 数据控制者的联系方式；

5. 关于数据控制者对数据共享使用及其目的的信息；

6. 数据处理代理人的责任；和

7. 数据主体的权利，尤其是本法第 18 条明确规定的权利。[②]

澳大利亚：5. 1 在 App 运营主体收集到个人信息的同时或之前，该实体必须根据当时的情况合理地采取以下步骤（如果有的话）。如果无法实现，则需要在收集到个人的个人信息后尽快采取以下步骤：

（a）将第 5. 2 款中提及的在当时情况下合理的事项通知个人；或者

（b）以其他方式确保个人了解任何此类事项。

5. 2 第 5. 1 条中的事项如下：

---

① *Part IV 20 Interpretation*, *Personal Data Protection ACT* (*PDPA*): – (1) For the purposes of sections 14 (1) (a) and 18 (b), an organisation shall inform the individual of – (a) the purposes for the collection, use or disclosure of the personal data, as the case may be, on or before collecting the personal data; (b) any other purpose of the use or disclosure of the personal data of which the individual has not been informed under paragraph (a), before the use or disclosure of the personal data for that purpose; and (c) on request by the individual, the business contact information of a person who is able to answer on behalf of the organisation the individual's questions about the collection, use or disclosure of the personal data... (5) For the purposes of subsection (4), the organisation must inform the individual of the following: (a) the purpose for which the organisation is collecting, usingor disclosing (as the case may be) the personal data aboutthe individual; (b) on request by the individual, the business contact information of a person who is able to answer the individual's questions about that collection, use or disclosure (as the case may be) on behalf of the organisation.

② *Art. 9 Lei Geral de Proteção de Dados* (*LGPD*): Article 7 The data subjects are entitled to facilitated access to the information on the processing of their data, which shall be clearly, adequately and visibly provided, about the following, in addition to other characteristics set forth in the regulations, for compliance with the principle of free access: I. – specific purpose of the processing; II. – form and duration of the processing, observing the business and industrial secrets; III. – identification of the controller; IV. – contact information of the controller; V. – information about the shared use of data by the controller and the purpose; VI. – responsibilities of the agents who shall carry out the processing; and VII. – rights of the data subject, explicitly mentioning the rights contained in article 18 of this Law.

（a）实体的身份和联系方式；

（b）如果：

（i）实体从个人以外的其他人处收集个人信息；或者

（ii）个人可能不知道实体已经收集了个人信息；

该实体如此收集或已经收集信息以及该收集的情况的事实；

（c）如果澳大利亚法律或法院/法庭命令要求或授权收集个人信息——该收集被要求或授权的事实（包括澳大利亚法律的名称，或要求或授权收集的法院/法庭命令）；

（d）实体收集个人信息的目的；

（e）实体未收集全部或部分个人信息对个人造成的主要后果（如有）；

（f）任何其他实体、团体或个人，或任何其他实体、团体或个人的类型，该实体通常会向其披露该实体收集的此类个人信息；

（g）隐私政策包含有关个人如何访问个人信息并寻求更正该信息的信息；

（h）隐私政策包含有关个人如何投诉违反隐私原则的信息，以及实体将如何处理；

（i）实体是否可能向境外接收者披露个人信息；

（j）如果实体可能向海外接收者披露个人信息——这些接收者可能位

于的国家。[①]

加拿大： 个人访问：应请求，个人应被告知其个人信息的存在、使用和披露，并应允许访问该信息。个人应能够质疑信息的准确性和完整性，并进行适当的修改，在某些情况下，组织可能无法提供对其持有的有关个人的所有个人信息的访问权限。访问要求的例外情况应该是有限的和具体的。应根据要求向个人提供拒绝访问的原因。例外情况可能包括提供成本过高的信息，包含对其他个人引用的信息，出于法律、安全或商业专有原因无法披露的信息，以及受律师-客户或诉讼特权约束的信息。

1. 根据要求，组织应告知个人该组织是否持有该个人的个人信息。鼓励组织说明此信息的来源。组织应允许个人访问此信息。但是，组织可以选择通过医生提供敏感的医疗信息。此外，组织应提供已使用或正在使用此信息的账户以及已向其披露的第三方账户。

2. 个人可能需要提供足够的信息，以允许组织提供有关个人信息的存在、使用和披露的说明。所提供的信息仅用于此目的。

3. 在提供已向其披露个人信息的第三方账户时，组织应尽量做到具

---

① *Art.* 14 *The Privacy Act* (*PA*) 5. 1 At or before the time or, if that is not practicable, as soon as practicable after, an APP entity collects personal information about an individual, the entity must take such steps (if any) as are reasonable in the circumstances: (a) to notify the individual of such matters referred to in subclause 5. 2 as are reasonable in the circumstances. or (b) to otherwise ensure that the individual is aware of any such matters. 5. 2 The matters for the purposes of subclause 5. 1 are as follows: (a) the identity and contact details of the APP entity; (b) if: (i) the APP entity collects the personal information from someone other than the individual; or (ii) individual may not be aware that the APP entity has collected the personal information. the fact that the entity so collects, or has collected, the information and the circumstances of that collection. (c) if the collection of the personal information is required or authorised by or under an Australian law or a court/tribunal order—the fact that the collection is so required or authorised (including the name of the Australian law, or details of the court/tribunal order, that requires or authorises the collection). (d) the purposes for which the APP entity collects the personal information; (e) the main consequences (if any) for the individual if all or some of the personal information is not collected by the APP entity. (f) any other APP entity, body or person, or the types of any other APP entities, bodies or persons, to which the APP entity usually discloses personal information of the kind collected by the entity. (g) that the APP privacy policy of the APP entity contains information about how the individual may access the personal information about the individual that is held by the entity and seek the correction of such information. (h) that the APP privacy policy of the APP entity contains information about how the individual may complain about a breach of the Australian Privacy Principles, or a registered APP code (if any) that binds the entity, and how the entity will deal with such a complaint. (i) whether the APP entity is likely to disclose the personal information to overseas recipients. (j) if the APP entity is likely to disclose the personal information to overseas recipients—the countries in which such recipients are likely to be located if it is practicable to specify those countries in the notification or to otherwise make the individual aware of them.

体。当无法提供实际披露个人信息的组织名单时，该组织应提供可能向其披露个人信息的组织名单。

4. 组织应在合理的时间内响应个人的请求，并以最小的成本或免费为个人付出代价。所要求的信息应以一般可理解的形式提供。例如，如果组织使用缩写或代码来记录信息，则应提供说明。

5. 当个人成功证明个人信息不准确或不完整时，组织应按要求修改信息。根据所质疑信息的性质，修改涉及更正、删除或添加信息。在适当的情况下，修改后的信息应传送给有权访问相关信息的第三方。

6. 当挑战未得到个人满意的解决时，组织应记录未解决挑战的实质内容。在适当的情况下，未解决的质疑的存在应传送给有权访问相关信息的第三方。①

---

① *Art.* 4 (9) *Principles Set Out in the National Standard of Canada Entitled Model Code for the Protection of Personal Information* Upon request, an individual shall be informed of the existence, use, and disclosure of his or her personal information and shall be given access to that information. An individual shall be able to challenge the accuracy and completeness of the information and have it amended as appropriate. Note: In certain situations, an organization may not be able to provide access to all the personal information it holds about an individual. Exceptions to the access requirement should be limited and specific. The reasons for denying access should be provided to the individual upon request. Exceptions may include information that is prohibitively costly to provide, information that contains references to other individuals, information that cannot be disclosed for legal, security, or commercial proprietary reasons, and information that is subject to solicitor - client or litigation privilege. 4. 9. 1Upon request, an organization shall inform an individual whether or not the organization holds personal information about the individual. Organizations are encouraged to indicate the source of this information. The organization shall allow the individual access to this information. However, the organization may choose to make sensitive medical information available through a medical practitioner. In addition, the organization shall provide an account of the use that has been made or is being made of this information and an account of the third parties to which it has been disclosed. 4. 9. 2An individual may be required to provide sufficient information to permit an organization to provide an account of the existence, use, and disclosure of personal information. The information provided shall only be used for this purpose. 4. 9. 3In providing an account of third parties to which it has disclosed personal information about an individual, an organization should attempt to be as specific as possible. When it is not possible to provide a list of the organizations to which it has actually disclosed information about an individual, the organization shall provide a list of organizations to which it may have disclosed information about the individual. 4. 9. 4An organization shall respond to an individual's request within a reasonable time and at minimal or no cost to the individual. The requested information shall be provided or made available in a form that is generally understandable. For example, if the organization uses abbreviations or codes to record information, an explanation shall be provided. 4. 9. 5When an individual successfully demonstrates the inaccuracy or incompleteness of personal information, the organization shall amend the information as required. Depending upon the nature of the information challenged, amendment involves the correction, deletion, or addition of information. Where appropriate, the amended information shall be transmitted to third parties having access to the information in question. 4. 9. 6When a challenge is not resolved to the satisfaction of the individual, the substance of the unresolved challenge shall be recorded by the organization. When appropriate, the existence of the unresolved challenge shall be transmitted to third parties having access to the information in question.

第十八条 【告知义务的例外情形】 个人信息处理者处理个人信息，有法律、行政法规规定应当保密或者不需要告知的情形的，可以不向个人告知前条第一款规定的事项。

紧急情况下为保护自然人的生命健康和财产安全无法及时向个人告知的，个人信息处理者应当在紧急情况消除后及时告知。

【域外法参考】

欧盟： 数据控制者或数据处理者遵守的欧盟或成员国法律可以通过立法措施限制本法第 12 至 22 条和第 34 条规定的权利义务范围，对于第 5 条中符合第 12 至 22 条规定的权利义务的条款也同样适用，当此类限制具有尊重基本权利和自由的本质且在民主社会中对保护以下事项是必要且适当的：

（a）国家安全；

（b）防卫；

（c）公共安全；

（d）预防、调查、侦查和起诉刑事犯罪或执行刑事处罚，包括应对和预防威胁公共安全的安全保障措施；

（e）维护欧盟或某一成员国其他重要公共利益，特别是欧盟或某一成员国的重要经济或金融利益，包括货币、预算、税收、公共健康以及社会安全事务；

（f）保护司法程序；

（g）预防、调查、侦查和起诉违反职业道德规范的行为；

（h）与本条（a）至（e）和（g）项规定的行使官方权力相关的监控、检查或监管职能，即使这种关联是偶然的；

（i）保护数据主体或者他人的权利和自由；

(j) 民法上请求权的行使。[①]

新加坡：当存在下述例外情形时，数据处理者可以不履行告知义务：个体出于某种目的自愿向机构提供其个人数据且自愿提供这些数据系合理的，则该个体被视作同意机构收集、使用或披露其个人数据。[②]

巴西：没有专门规定告知义务的例外情形，但在基本规定章节说明了本法不适用的个人数据处理活动，主要包括以下几种类型：

1. 由自然人进行，仅用于私人的和非经济目的；

2. 专门针对：(1) 新闻和艺术之目的；或 (2) 本法第 7 条和第 11 条适用情形下的学术目的。

3. 仅为以下目的：(1) 公共安全；(2) 国防；(3) 国家安全；或 (4) 调查和起诉刑事犯罪。或

4. 源自境外且非通信对象，未与巴西处理代理人对数据进行共享使用，或不属于与非源出国进行国际数据传输的对象，因为源出国对个人数据提供了本法所建立的保护水平。[③]

---

① *Art.* 23 (1) *General Data Protection Regulation* (*GDPR*): Union or Member State law to which the data controller or processor is subject may restrict by way of a legislative measure the scope of the obligations and rights provided for in Articles 12 to 22 and Article 34, as well as Article 5 in so far as its provisions correspond to the rights and obligations provided for in Articles 12 to 22, when such a restriction respects the essence of the fundamental rights and freedoms and is a necessary and proportionate measure in a democratic society to safeguard: a. national security; b. defence; c. public security; d. the prevention, investigation, detection or prosecution of criminal offences or the execution of criminal penalties, including the safeguarding against and the prevention of threats to public security; e. other important objectives of general public interest of the Union or of a Member State, in particular an important economic or financial interest of the Union or of a Member State, including monetary, budgetary and taxation a matters, public health and social security; f. the protection of judicial proceedings; g. the prevention, investigation, detection and prosecution of breaches of ethics for regulated professions; h. a monitoring, inspection or regulatory function connected, even occasionally, to the exercise of official authority in the cases referred to in points (a) to (e) and (g); i. the protection of the data subject or the rights and freedoms of others; j. the enforcement of civil law claims.

② *Part IV ART*20, *Personal Data Protection ACT* (*PDPA*): (3) Subsection (1) shall not apply if - (a) the individual is deemed to have consented to the collection, use or disclosure, as the case may be, under section 15 or 15A; or (b) the organisation collects, uses or discloses the personal data without the consent of the individual in accordance with section 17.

③ *Part I ART*4, *Personal Data Protection ACT* (*PDPA*): This Law shall not apply to the processing of personal data: I. - made by a natural person for exclusively private and non-economic purposes; II. -made exclusively for: a) journalistic and artistic purposes; or b) academic purposes, in which case articles 7 and 11 of this Law shall apply; III. - made exclusively for the following purposes: c) public security; d) national defense; e) safety of the Country; orf) crime investigation and punishment activities; or IV. - originating from outside the Brazilian territory and which are not subject to communication, shared use of data with Brazilian processing agents or subject to international transfer of data with other country than the country of origin, provided the country of origin provides a degree of personal data protection consistent with the provisions of this Law.

澳大利亚：在与紧急情况或灾害相关的紧急状态声明生效的任何时候，在以下情况下，实体可以收集、使用或披露与个人有关的个人信息：

（a）该实体有理由相信该个人可能卷入了紧急情况或灾难；

（b）收集、使用或披露是为了与紧急情况或灾难有关的许可目的；

（c）在机构披露个人信息的情况下——披露是为了：

（i）代理机构；或者

（ii）州或领地当局；

（iii）一个组织；

（iv）第（i）、（ii）或（iii）项未涵盖的实体，该实体正在或可能参与管理或协助管理紧急情况或灾难；或者

（v）个人的负责人；和

（d）在个人信息被组织或其他人披露的情况下——披露是为了：

（i）代理机构；

（ii）直接参与向参与紧急情况或灾难的个人提供遣返服务、医疗或其他治疗、健康服务或财务或其他人道主义援助服务的实体；或者

（iii）为本段的目的，条例规定的个人或实体；或者

（iv）部长为了本段的目的，通过立法文书指定的个人或实体。①

加拿大：在不知情或未经同意的情况下：组织仅在以下情况下可以在

---

① *Art. 80P The Privacy Act*（*PA*）Authorisation of collection, use and disclosure of personal information（1）At any time when an emergency declaration is in force in relation to an emergency or disaster, an entity may collect, use or disclose personal information relating to an individual if:（a）the entity reasonably believes that the individual may be involved in the emergency or disaster; and（b）the collection, use or disclosure is for a permitted purpose in relation to the emergency or disaster; and（c）in the case of a disclosure of the personal information by an agency—the disclosure is to:（i）an agency; or（ii）a State or Territory authority; or（iii）an organisation; or（iv）an entity not covered by subparagraph（i）,（ii）or（iii）that is, or is likely to be, involved in managing, or assisting in the management of, the emergency or disaster; or（v）a responsible person for the individual; and（d）in the case of a disclosure of the personal information by an organisation or another person—the disclosure is to:（i）an agency; or（ii）an entity that is directly involved in providing repatriation services, medical or other treatment, health services or financial or other humanitarian assistance services to individuals involved in the emergency or disaster; or（iii）a person or entity prescribed by the regulations for the purposes of this paragraph; or（iv）a person or entity specified by the Minister, by legislative instrument, for the purposes of this paragraph; and（e）in the case of any disclosure of the personal information—the disclosure is not to a media organisation.

个人不知情或同意的情况下收集个人信息：

（a）收集明显符合个人利益，不能及时获得同意；

（b）在个人知情或同意的情况下进行的收集会损害信息的可用性或准确性是合理的，并且出于调查违反协议或违反法律的目的而收集是合理的加拿大或一个省；

（b.1）它包含在证人陈述中，并且收集是评估、处理或解决保险索赔所必需的；

（b.2）由个人在其受雇、经商或职业过程中制作，且收集与制作信息的目的一致；

（c）收藏仅用于新闻、艺术或文学目的；

（d）信息是公开可用的，并由法规规定；或者

（e）收集是为了进行披露根据第（3）（c.1）（i）或（d）（ii）项，或（ii）法律要求的。

在不知情或未经同意的情况下，组织可以仅在以下情况下在个人不知情或同意的情况下使用个人信息：

（a）在其活动过程中，该组织了解到它有合理理由相信可能有助于调查违反加拿大、省或外国司法管辖区法律的信息。或即将实施，并且该信息用于调查该违法行为；

（b）用于应对威胁个人生命、健康或安全的紧急情况；

（b.1）该信息包含在证人陈述中，并且该信息是评估、处理或解决保险索赔所必需的；

（b.2）该信息是个人在其受雇、经营或专业过程中制作的，并且使用与制作该信息的目的一致；

（c）用于统计、学术研究或研究，不使用信息就无法实现的目的，以确保其机密性的方式使用信息，获得同意是不切实际的，并且该组织通知专员在使用信息之前的用途；

（c.1）是公开可用的，并由法规规定；或者

（d）它是根据第（1）（a）、（b）或（e）段收集的。

在不知情或未经同意的情况下，组织可以在个人不知情或同意的情况下披露个人信息，但前提是披露：

（a）魁北克省或任何其他省的委托人或公证人，委托给代表该组织的大律师或律师；

（b）为了收回个人欠组织的债务；

（c）被要求遵守法院、有管辖权的个人或机构发出的传票或手令或命令，以强制提供信息，或遵守与记录有关的法院规则；

（c.1）向提出信息请求的政府机构或政府机构的一部分提出，指明其获取信息的合法权限，并表明：（i）怀疑该信息与国家安全、加拿大国防或国际事务的行为有关，（ii）要求披露是为了执行加拿大、省或外国司法管辖区的任何法律，进行与任何此类法律的执行相关的调查或为执行任何此类法律而收集情报，（iii）要求披露是为了执行加拿大或省的任何法律，或（iv）要求披露是为了与受伤、生病或死亡个人的近亲或授权代表进行交流；

（c.2）向《犯罪收益（洗钱）和恐怖主义融资法》第 7 节中提到的政府机构作出要求；

（d）由组织主动向政府机构或政府机构的一部分和组织提出：（i）有合理理由相信该信息与已经、正在或即将发生的违反加拿大、省或外国司法管辖区的法律有关，或（ii）怀疑该信息与国家安全、加拿大国防或国际事务的行为有关；

（d.1）提供给另一个组织并且是合理的，用于调查违反协议或违反加拿大或已经、正在或即将发生的加拿大或省法律的行为，并且是合理的预计在个人知情或同意的情况下披露会损害调查；

（d.2）提供给另一个组织，并且为了检测或制止欺诈或防止可能发生的欺诈是合理的，并且可以合理预期在个人知情或同意的情况下披露会损害防止、发现或制止欺诈的能力；

（d.3）由组织主动向政府机构、政府机构的一部分或个人的近亲或授权代表提出，并且

(i) 该组织有合理理由相信该个人曾经是、现在是或可能是经济虐待的受害者，(ii) 披露仅用于与防止或调查滥用相关的目的，并且 (iii) 有理由预期在个人知情或同意的情况下进行披露会损害防止或调查滥用行为的能力；

(d.4) 有必要识别受伤、生病或死亡的个人，被送到政府机构、政府机构的一部分或个人的近亲或授权代表，如果个人还活着，该组织通知该个人以书面形式不延迟披露；

(e) 向因危及个人生命、健康或安全的紧急情况而需要信息的人提供，如果信息所涉及的个人还活着，该组织立即以书面形式通知该个人披露；

(e.1) 证人陈述中包含的信息，并且披露是评估、处理或解决保险索赔所必需的；

(e.2) 个人在其受雇、业务或专业过程中产生的信息，并且披露与产生该信息的目的一致；

(f) 为统计，或学术研究或研究，不公开信息就无法实现的目的，获得同意是不切实际的，并且该组织在公开信息之前通知专员公开；

(g) 向其职能包括保护具有历史意义或档案重要性的记录的机构披露，并且披露是为了此类保护的目的；

(h) 在较早者之后作出 (i) 包含信息的记录创建一百年后，以及 (ii) 信息所涉及的个人死亡二十年后；

(h.1) 公开可用并由法规规定的信息；(i) 法律要求。

未经同意，在第 (2) 款规定的任何情况下，组织可以将个人信息用于收集目的以外的。未经同意，在第 (3) (a) 至 (h.1) 段规定的任何情况下，组织可以出于收集目的以外的目的披露个人信息。①

① *Art.* 7（1）*Personal Information Protection and Electronic Documents Act*（*PIPEDA*）For the purpose of clause 4. 3 of Schedule 1，and despite the note that accompanies that clause，an organization may collect personal information without the knowledge or consent of the individual only if（a） the collection is clearly in the interests of the individual and consent cannot be obtained in a timely way；（b） it is reasonable to expect that the collection with the knowledge or consent of the individual would compromise the availability or the accuracy of the information and the collection is reasonable for purposes related to investigating a breach of an agreement or a contravention of the laws of Canada or a province；（b. 1） it is contained in a witness statement and the collection is necessary to assess，process or settle an insurance claim；（b. 2） it was produced by the individual in the course of their employment，business or profession and the collection is consistent with the purposes for which the information was produced；（c） the collection is solely for journalistic，artistic or literarypurposes；（d） the information is publicly available and is specified by the regulations； or （e） the collection is made for the purpose of making a disclosure （i） under subparagraph （3） （c. 1） （i） or （d） （ii），or （ii） that is required by law. Marginal note：Use without knowledge or consent For the purpose of clause 4. 3 of Schedule 1，and despite the note that accompanies that clause，an organization may，without the knowledge or consent of the individual，use personal information only if（a） in the course of its activities，the organization becomes aware of information that it has reasonable grounds to believe could be useful in the investigation of a contravention of the laws of Canada，a province or a foreign jurisdiction that has been，is being or is about to be committed，and the information is used for the purpose of investigating that contravention；（b） it is used for the purpose of acting in respect of an emergency that threatens the life，health or security of an individual； （b. 1） the information is contained in a witness statement and the use is necessary to assess，process or settle an insurance claim；（b. 2） the information was produced by the individual in the course of their employment，business or profession and the use is consistent with the purposes for which the information was produced；（c） it is used for statistical，or scholarly study or research，purposes that cannot be achieved without using the information，the information is used in a manner that will ensure its confidentiality，it is impracticable to obtain consent and the organization informs the Commissioner of the use before the information is used；（c. 1） it is publicly available and is specified by the regulations； or （d） it was collected under paragraph （1） （a），（b） or （e） . Marginal note：Disclosure without knowledge or consent （3） For the purpose of clause 4. 3 of Schedule 1，and despite the note that accompanies that clause，an organization may disclose personal information without the knowledge or consent of the individual only if the disclosure is （a） made to，in the Province of Quebec，an advocate or notary or，in any other province，a barrister or solicitor who is representing the organization；（b） for the purpose of collecting a debt owed by the individual to the organization；（c） required to comply with a subpoena or warrant issued or an order made by a court，person or body with jurisdiction to compel the production of information，or to comply with rules of court relating to the production of records；（c. 1） made to a government institution or part of a government institution that has made a request for the information，identified its lawful authority to obtain the information and indicated that （i） it suspects that the information relates to national security，the defence of Canada or the conduct of international affairs，（ii） the disclosure is requested for the purpose of enforcing any law of Canada，a province or a foreign jurisdiction，carrying out an investigation relating to the enforcement of any such law or gathering intelligence for the purpose of enforcing any such law，（iii） the disclosure is requested for the purpose of administering any law of Canada or a province，or （iv） the disclosure is requested for the purpose of communicating with the next of kin or authorized representative of an injured，ill or deceased individual；（c. 2） made to the government institution mentioned in section 7 of the Proceeds of Crime（Money Laundering） and Terrorist Financing Act as required by that section；（d） made on the initiative of the organization to a government institution or （转下页注）

第十九条 【必要保存期限】除法律、行政法规另有规定外，个人信息的保存期限应当为实现处理目的所必要的最短时间。

【域外法参考】

欧盟：以可识别出数据主体身份的形式存储的数据的存储时间不能长

接上页注①

a part of a government institution and the organization (i) has reasonable grounds to believe that the information relates to a contravention of the laws of Canada, a province or a foreign jurisdiction that has been, is being or is about to be committed, or (ii) suspects that the information relates to national security, the defence of Canada or the conduct of international affairs; (d. 1) made to another organization and is reasonable for the purposes of investigating a breach of an agreement or a contravention of the laws of Canada or a province that has been, is being or is about to be committed and it is reasonable to expect that disclosure with the knowledge or consent of the individual would compromise the investigation; (d. 2) made to another organization and is reasonable for the purposes of detecting or suppressing fraud or of preventing fraud that is likely to be committed and it is reasonable to expect that the disclosure with the knowledge or consent of the individual would compromise the ability to prevent, detect or suppress the fraud; (d. 3) made on the initiative of the organization to a government institution, a part of a government institution or the individual's next of kin or authorized representative and (i) the organization has reasonable grounds to believe that the individual has been, is or may be the victim of financial abuse, (ii) the disclosure is made solely for purposes related to preventing or investigating the abuse, and (iii) it is reasonable to expect that disclosure with the knowledge or consent of the individual would compromise the ability to prevent or investigate the abuse; (d. 4) necessary to identify the individual who is injured, ill or deceased, made to a government institution, a part of a government institution or the individual's next of kin or authorized representative and, if the individual is alive, the organization informs that individual in writing without delay of the disclosure; (e) made to a person who needs the information because of an emergency that threatens the life, health or security of an individual and, if the individual whom the information is about is alive, the organization informs that individual in writing without delay of the disclosure; (e. 1) of information that is contained in a witness statement and the disclosure is necessary to assess, process or settle an insurance claim; (e. 2) of information that was produced by the individual in the course of their employment, business or profession and the disclosure is consistent with the purposes for which the information was produced; (f) for statistical, or scholarly study or research, purposes that cannot be achieved without disclosing the information, it is impracticable to obtain consent and the organization informs the Commissioner of the disclosure before the information is disclosed; (g) made to an institution whose functions include the conservation of records of historic or archival importance, and the disclosure is made for the purpose of such conservation; (h) made after the earlier of (i) one hundred years after the record containing the information was created, and (ii) twenty years after the death of the individual whom the information is about; (h. 1) of information that is publicly available and is specified by the regulations (i) required by law. (4) Despite clause 4. 5 of Schedule 1, an organization may use personal information for purposes other than those for which it was collected in any of the circumstances set out in subsection. (5) Despite clause 4. 5 of Schedule 1, an organization may disclose personal information for purposes other than those for which it was collected in any of the circumstances set out in paragraphs (3) (a) to (h. 1).

于实现个人数据处理目的所必须的时间；根据第 89 条第 1 款的规定，只有为了实现公共利益、科学或历史研究目的或数据统计目的，超过此期限的数据处理才能被允许；而且为了保障数据主体的权利和自由，个人数据还应受本条例要求的适当技术和组织措施的调整①。存储期限以及考虑到处理的性质、范围、目的或处理的类别而适用的安全保障措施②。

新加坡：一个组织将不再保留其包含个人数据的文档，当存在以下合理情况时：(1) 保留的个人数据不再符合收集个人数据的目的；(2) 保留不再是法律或商业目的所必需。③

巴西：未明确规定个人数据的储存时间，但在个人数据处理原则中规定了必要性原则，即要将处理限制在实现其目的所需的最低限度。④ 此外，在关于数据处理终止的小节中，也规定了在符合以下情形时，个人数据处理活动应当终止：(1) 数据处理目的已经实现，或个人数据不再与预期处理活动目的相关；(2) 数据处理期限已过；(3) 在不违反公共利益的前提下，数据主体提出终止活动的要求或者行使撤销同意的权利；(4) 存在违反

① *Art.* 5 *General Data Protection Regulation* (*GDPR*): e. kept in a form which permits identification of data subjects for no longer than is necessary for the purposes for which the personal data are processed; personal data may be stored for longer periods insofar as the personal data will be processed solely for archiving purposes in the public interest, scientific or historical research purposes or statistical purposes in accordance with Article 89 (1) subject to implementation of the appropriate technical and organisational measures required by this Regulation in order to safeguard the rights and freedoms of the data subject ("storage limitation").

② *Art.* 23 (2) *General Data Protection Regulation* (*GDPR*): f. the storage periods and the applicable safeguards taking into account the nature, scope and purposes of the processing or categories of processing.

③ *Part VI ART*25, *Personal Data Protection ACT* (*PDPA*): An organisation shall cease to retain its documents containing personal data, or remove the means by which the personal data can be associated with particular individuals, as soon as it is reasonable to assume that- (a) the purpose for which that personal data was collected is no longer being served by retention of the personal data; and (b) retention is no longer necessary for legal or business purposes.

④ *Art.* 6 *Lei Geral de Proteção de Dados* (*LGPD*) "The personal data processing activities shall observe the good faith and the following principles: .. III. - necessity: limitation of the processing to the minimum processing required for achievement of its purposes, encompassing pertinent, proportional and non-excessive data in relation to the purposes of the data processing.

本法情形，国家监管机构做出决定后。①

加拿大：如果一个组织拥有作为请求主体的个人信息，则该组织应保留该信息，直到该组织允许该个人用尽其根据本法规可能拥有的任何追索权为止。②

组织不得将个人信息保留超过必要的时间。

（a）实现收集、使用或披露信息的目的；或者

（b）遵守本法、联邦或省法律或合同合理条款的要求。

该组织必须在该期限之后尽快处理该信息。③

第二十条　【共同处理及其连带责任】两个以上的个人信息处理者共同决定个人信息的处理目的和处理方式的，应当约定各自的权利和义务。但是，该约定不影响个人向其中任何一个个人信息处理者要求行使本法规定的权利。

个人信息处理者共同处理个人信息，侵害个人信息权益造成损害的，应当依法承担连带责任。

---

① *Art.* 15 *Lei Geral de Proteção de Dados*（*LGPD*）：Termination of the processing of personal data shall occur in the following circumstances：I. – verification that the purpose was reached or that the data are no longer necessary or pertinent to attain the specific purpose sought；II. – lapse of the processing period；III. – communication of the data subjects，including in the exercise of their right to revoke the consent as set forth in paragraph 5 of article 8 of this Law，upon protection of the public interest；orIV. – order of the supervisory authority，in the event of breach of the provisions of this Law.

② *Art.* 8 *Personal Information Protection and Electronic Documents Act*（*PIPED*）Retention of information（8）Despite clause 4. 5 of Schedule 1，an organization that has personal information that is the subject of a request shall retain the information for as long as is necessary to allow the individual to exhaust any recourse under this Part that they may have.

③ *Art.* 53 *The Consumer Privacy Protection Act*（*CPPA*）An organization must not retain personal information for a period longer than necessary to（a）fulfil the purposes for which the information was collected，used or disclosed；or（b）comply with the requirements of this Act，of federal or provincial law or of the reasonable terms of a contract. The organization must dispose of the information as soon as feasible after that period.

【域外法参考】

欧盟：1. 两个以上数据控制者共同确定处理目的和方式的，为共同控制者。除非欧盟和成员国已经规定了数据控制者作为主体分别负担各自的责任外，他们应当共同以一种透明的方式确定各自的责任以遵守本法所规定的各项义务，尤其涉及数据主体行使权利和本法第 13 条和第 14 条规定的各自通知义务。数据控制者的安排应当包括为数据主体指定一个联络点。

2. 第 1 款所规定的安排应当适当反映各自的职责以及面对数据主体时共同数据控制者的关系。该安排的实质内容应提供给数据主体。

3. 不论第 1 款所述的安排如何规定，数据主体都可以根据本条例相关规定，向每一位数据控制者行使其权利。①

巴西：控制者或者处理者因违反数据保护法规定，处理个人数据造成他人财产、精神、个体或集体损害的，应当予以赔偿。为确保实际赔偿数据主体，具体分为如下情形：（1）如果处理者未能遵守数据保护法的义务或者未遵守控制者的合法指示，应对其造成的损害承担连带责任，在这种情况下，处理者视同控制者，但本法第 43 条规定的情况除外；（2）控制者直接参与了造成数据主体受到损害的处理行为，应承担连带责任，但本

① *Art.* 26 *General Data Protection Regulation*（*GDPR*）：1. Where two or more controllers jointly determine the purposes and means of processing, they shall be joint controllers. They shall in a transparent manner determine their respective responsibilities for compliance with the obligations under this Regulation, in particular as regards the exercising of the rights of the data subject and their respective duties to provide the information referred to in Articles 13 and 14, by means of an arrangement between them unless, and in so far as, the respective responsibilities of the controllers are determined by Union or Member State law to which the controllers are subject. The arrangement may designate a contact point for data subjects. 2. The arrangement referred to in paragraph 1 shall duly reflect the respective roles and relationships of the joint controllers vis-à-vis the data subjects. The essence of the arrangement shall be made available to the data subject. 3. Irrespective of the terms of the arrangement referred to in paragraph 1, the data subject may exercise his or her rights under this Regulation in respect of and against each of the controllers.

法第 43 条规定的情况除外。①

第二十一条 【委托处理】 个人信息处理者委托处理个人信息的，应当与受托人约定委托处理的目的、期限、处理方式、个人信息的种类、保护措施以及双方的权利和义务等，并对受托人的个人信息处理活动进行监督。

受托人应当按照约定处理个人信息，不得超出约定的处理目的、处理方式等处理个人信息；委托合同不生效、无效、被撤销或者终止的，受托人应当将个人信息返还个人信息处理者或者予以删除，不得保留。

未经个人信息处理者同意，受托人不得转委托他人处理个人信息。

【域外法参考】

欧盟：对数据处理者作出相关规定：

1. 在代表数据控制者实施数据处理时，数据控制者所使用的数据处理者必须提供充分保障以实施适当的技术、组织措施使数据处理满足本条例的要求并确保数据主体的权利得到保护。

2. 未经数据控制者的特别或一般书面授权，数据处理者不得招募另一

① *Art.* 42 *Lei Geral de Proteção de Dados* (*LGPD*): Article 42. Any controller or processor that, in connection with the performance of the activity of personal data processing, causes any property, moral, individual or collective damage to any third party, in violation of the personal data protection law, shall be required to indemnify itParagraph 1 In order to ensure effective indemnity to the data subject: I. – the processor shall be jointly liable for any damages caused by the processing if the processor fails to comply with the obligations of the data protection law or fails to follow the lawful instructions of the controller, in which case the processor shall be equivalent to the controller, except in the events of exclusion established in article 43 of this Law; II. – any controllers that are directly involved in the processing which resulted in damages to the data subject shall be jointly liable, except in the events of exclusion established in article 43 of this Law.

个数据处理者。在获得一般书面授权的情况下，数据处理者应当告知数据控制者任何有关增加或替换其他数据处理者的预期变动，从而使数据控制者有机会拒绝上述更改。

3. 数据处理者的处理行为应当受到合同或者欧盟成员国国内法律规定的约束，该合同或其他法律行为对数据处理者和控制者具有法律约束力，并且规定了处理行为的内容和期限、性质和目的，个人数据的类型和数据主体的种类以及数据控制者的权利与义务。①

澳大利亚：信托的处理

1. 如果除本款外，本法将对信托施加义务，则该义务改为对信托的每个受托人施加，但可由任何受托人解除。

2. 如果除本款外，信托会犯下违反本法的罪行，则该罪行被认为是由信托的每个受托人所犯。

3. 如果除本款外，信托会违反民事处罚规定，则该信托的每个受托人都将违反该规定。

4. 如果受托人：

（1）不知道构成违反有关规定的情况；

（2）知道这些情况，但在受托人知道这些情况后尽快采取一切合理步

① *Art.* 28 *General Data Protection Regulation* (*GDPR*): 1. Where processing is to be carried out on behalf of a controller, the controller shall use only processors providing sufficient guarantees to implement appropriate technical and organisational measures in such a manner that processing will meet the requirements of this Regulation and ensure the protection of the rights of the data subject. 2. The processor shall not engage another processor without prior specific or general written authorisation of the controller. In the case of general written authorisation, the processor shall inform the controller of any intended changes concerning the addition or replacement of other processors, thereby giving the controller the opportunity to object to such changes. 3. Processing by a processor shall be governed by a contract or other legal act under Union or Member State law, that is binding on the processor with regard to the controller and that sets out the subject-matter and duration of the processing, the nature and purpose of the processing, the type of personal data and categories of data subjects and the obligations and rights of the controller.

骤纠正违规行为。[①]

第二十四条　【自动化决策】 个人信息处理者利用个人信息进行自动化决策，应当保证决策的透明度和结果公平、公正，不得对个人在交易价格等交易条件上实行不合理的差别待遇。

通过自动化决策方式向个人进行信息推送、商业营销，应当同时提供不针对其个人特征的选项，或者向个人提供便捷的拒绝方式。

通过自动化决策方式作出对个人权益有重大影响的决定，个人有权要求个人信息处理者予以说明，并有权拒绝个人信息处理者仅通过自动化决策的方式作出决定。

【域外法参考】

欧盟：1. 数据主体有权不受仅基于自动化处理及分析行为得出的决定的约束，以避免对个人产生法律影响或与之相类似的显著影响，该自动化处理包括识别分析。

2. 第 1 款的规定不适用以下决定：

（a）为缔结、履行以数据主体和数据控制者为当事人的合同所必要；

（b）经数据控制者所受的欧盟或成员国法律授权，且该法律还制定了

---

① *Art.* 98 *The Privacy Act*（*PA*）Treatment of trusts C（1）If, apart from this subsection, this Act would impose an obligation on a trust, the obligation is imposed instead on each trustee of the trust but may be discharged by any of the trustees.（2）If, apart from this subsection, an offence against this Act would be committed by a trust, the offence is taken to have been committed by each trustee of the trust.（3）If, apart from this subsection, a trust would contravene a civil penalty provision, the contravention is taken to have been committed by each trustee of the trust.（4）A trustee of a trust does not commit an offence against this Act because of subsection（2）, or contravene a civil penalty provision because of subsection（3）, if the trustee:（a）does not know of the circumstances that constitute the contravention of the provision concerned; or（b）knows of those circumstances but takes all reasonable steps to correct the contravention as soon as possible after the trustee becomes aware of those circumstances.

适当的措施以保障数据主体的权利、自由和合法利益；

（c）基于数据主体明确同意。

3. 在本条第2款（a）和（c）项规定的情况下，数据控制者应当采取适当的措施以保障数据主体的权利、自由和合法利益，至少应保障数据主体对数据控制者的决定进行人为干预来表达其观点以及对决定提出质疑的权利和自由。

4. 本条第2款所述决定不应基于第9条第1款规定的特殊类型的个人数据为基础，除非适用第9条第2款（a）或（g）项规定以及采取适当的措施以保障数据主体的权利、自由和合法利益。①

新加坡：第48条中规定禁止进行字典攻击，“字典攻击”是指使用一种自动方法，通过将收件人的电话号码组合成许多排列来生成可能的电话号码，来获得收件人的电话号码的方法。该法中提到的字典攻击便是基于自动化决策，因此也间接体现出英国对自动化决策的态度。②

巴西：第20条规定了自动化决策：“数据主体有权要求由自然人审查仅基于影响其利益的个人数据的自动处理所做出的决策，包括旨在确定其个人、职业、消费者或信用档案，或性格方面的决策。同时，在被要求时，控制者应当提供关于自动化决策标准和程序所涉的明确和充分的数据，并遵守商业和工业机密。在遵守商业和工业保密的情况下，在数据控

---

① *Art. 22 General Data Protection Regulation（GDPR）*：1. The data subject shall have the right not to be subject to a decision based solely on automated processing, including profiling, which produces legal effects concerning him or her or similarly significantly affects him or her. 2. Paragraph 1 shall not apply if the decision：a. is necessary for entering into, or performance of, a contract between the data subject and a data controller；b. is authorised by Union or Member State law to which the controller is subject and which also lays down suitable measures to safeguard the data subject's rights and freedoms and legitimate interests；or c. is based on the data subject's explicit consent. 3. In the cases referred to in points（a）and（c）of paragraph 2, the data controller shall implement suitable measures to safeguard the data subject's rights and freedoms and legitimate interests, at least the right to obtain human intervention on the part of the controller, to express his or her point of view and to contest the decision. 4. Decisions referred to in paragraph 2 shall not be based on special categories of personal data referred to in Article 9（1）, unless point（a）or（g）of Article 9（2）applies and suitable measures to safeguard the data subject's rights and freedoms and legitimate interests are in place.

② *Part IXA 48B Interpretation, Personal Data Protection ACT（PDPA）*：Prohibition on use of dictionary attacks and addressharvesting software.

制者未提供自动化决策相关数据时，国家机关可以进行审计，以核实个人数据自动处理中是否存在歧视。”①

加拿大：如果组织已经使用自动决策系统对个人做出预测、推荐或决定，组织必须根据个人的要求，向他们提供预测、推荐或决定的解释以及如何获得用于做出预测、推荐或决定的个人信息。②

第二十五条　【禁止公开个人信息原则】 个人信息处理者不得公开其处理的个人信息，取得个人单独同意的除外。

【域外法参考】

欧盟：对于“数据处理”的定义包含对于个人信息的公开。③ 第 6 条中第 1 款规定了“数据主体已经对一个或多个具体目的而对其个人数据进行处理的行为表示同意”为数据处理行为的合法性基础。④

澳大利亚：如果实体持有为特定目的（主要目的）收集的个人信息，

---

① *Art.* 20 *Lei Geral de Proteção de Dados* (*LGPD*): The data subjects are entitled to request a review, by a natural person, of decisions made only based on the automatized processing of personal data that affects their interests, including of decisions designed to define their personal, consumption and credit profile or the aspects of their personality. Paragraph 1 The controller shall provide, upon request, clear and adequate information on the criteria and procedures used for the automatized decision, observing the business and industrial secrets. Paragraph 2 In the event of failure to offer the information set forth in paragraph 1 of this article based on the observance of business and industrial secrets, the supervisory authority may conduct an audit to confirm discriminatory aspects in the automatized processing of personal data.

② *Art.* 63 *The Consumer Privacy Protection Act* (*CPPA*): (3) If the organization has used an automated decision system to make a prediction, recommendation or decision about the individual, the organization must, on request by the individual, provide them with an explanation of the prediction, recommendation or decision and of how the personal information that was used to make the prediction, recommendation or decision was obtained.

③ *Art.* 4 *General Data Protection Regulation* (*GDPR*): profiling means any form of automated processing of personal data consisting of the use of personal data to evaluate certain personal aspects relating to a natural person, in particular to analyse or predict aspects concerning that natural person' s performance at work, economic situation, health, personal preferences, interests, reliability, behaviour, location or movements.

④ *Art.* 6 *General Data Protection Regulation* (*GDPR*) a. Processing shall be lawful only if and to the extent that at least one of the following applies: a. the data subject has given consent to the processing of his or her personal data for one or more specific purposes.

该实体不得将信息用于其他目的（次要目的），除非：个人已同意使用或披露该信息；或者第 6.2 或 6.3 款适用于信息的使用或披露。①

第二十六条　【公共场合采集个人信息的要求】 在公共场所安装图像采集、个人身份识别设备，应当为维护公共安全所必需，遵守国家有关规定，并设置显著的提示标识。所收集的个人图像、身份识别信息只能用于维护公共安全的目的，不得用于其他目的；取得个人单独同意的除外。

【域外法参考】

欧盟： 生物识别信息可被认定为敏感信息，从而适用特殊类型个人数据更为严格的处理规则。《通用数据保护条例》第 9 条规定：

1. 禁止在个人数据处理中揭示种族或民族起源、政治观点、宗教信仰、哲学信仰、工会会员身份等个人信息，禁止以识别自然人身份为目的对个人基因数据、生物特征数据的处理，禁止对健康数据、性生活等相关数据进行处理。

2. 上述第 1 款的规定不适用于以下情况：

（a）数据主体明确同意数据控制者出于一个或多个特定目的对其个人数据进行处理，除非按照欧盟或成员国法律的规定第 1 款的禁止性规定可能不取决于数据主体同意；

……

（g）出于重大公共利益的原因，欧盟或成员国法律应当与其立法目的相称，尊重数据保护权利的本质，规定适当且具体的措施以保障数据主体

---

① *Art.* 6 *The Privacy Act*（*PA*）：If an App entity holds personal information about an individual that was collected for a particular purpose（the primary purpose），the entity must not use or disclose the information for another purpose（the secondary purpose）unless：the individual has consented to the use or disclosure of the information；or subclause 6. 2 or 6. 3 applies in relation to the use or disclosure of the information.

的基本权利与利益，基于这些法律而进行的数据处理行为……[①]

第二十八条 【敏感个人信息的定义及处理规则】 敏感个人信息是一旦泄露或者非法使用，容易导致自然人的人格尊严受到侵害或者人身、财产安全受到危害的个人信息，包括生物识别、宗教信仰、特定身份、医疗健康、金融账户、行踪轨迹等信息，以及不满十四周岁未成年人的个人信息。

只有在具有特定的目的和充分的必要性，并采取严格保护措施的情形下，个人信息处理者方可处理敏感个人信息。

【域外法参考】

欧盟： 1. 禁止在个人数据处理中泄露种族或民族起源、政治观点、宗教信仰、哲学信仰、工会成员资格等个人信息，禁止以识别自然人身份为目的对个人基因数据、生物特征数据的处理，禁止对健康数据、性生活等相关数据进行处理。

2. 有下列情形之一的，第 1 款不再适用：

（a）数据主体已明确同意为一个或多个特定目的处理这些个人数据，除非欧盟或成员国法律规定数据主体不得解除第 1 款中提及的禁令；

（b）为就业、社会保险与社会保障法领域内的数据控制者或数据主体

---

① *Art.* 9 *General Data Protection Regulation*（*GDPR*）：1. Processing of personal data revealing racial or ethnic origin, political opinions, religious or philosophical beliefs, or trade union membership, and the processing of genetic data, biometric data for the purpose of uniquely identifying a natural person, data concerning health or data concerning a natural person's sex life shall be prohibited. 2. Paragraph 1 shall not apply if one of the following applies: a. the data subject has given explicit consent to the processing of those personal data for one or more specified purposes, except where Union or Member State law provide that the prohibition referred to in paragraph 1 may not be lifted by the data subject; g. processing is necessary for reasons of substantial public interest, on the basis of Union or Member State law which shall be proportionate to the aim pursued, respect the essence of the right to data protection and provide for suitable and specific measures to safeguard the fundamental rights and the interests of the data subject.

履行义务、实现特定权利的目的所必要的数据处理，该义务与权利来源于欧盟或成员国法律或者是根据为保障数据主体的基本权利与利益而提供了适当保护措施的成员国法律所起草的集体协议；

（c）当数据主体在生理上或法律上丧失同意的能力时，为保护数据主体或其他自然人的重大利益所必要的数据处理行为；

（d）处理是在其合法活动过程中进行的，由基金会、协会或任何其他具有政治、哲学、宗教或工会目标的非营利机构提供适当的保护，并且处理仅与成员有关或向该机构的前成员或与该机构就其目的定期接触的人，未经数据主体同意，不得向该机构以外披露个人数据；

（e）对数据主体已经明确公开的个人数据的数据处理行为；

（f）为提起诉讼、应诉或法院行使其司法权所必要的数据处理行为；

（g）出于重大公共利益的原因，必须根据欧盟或成员国法律进行处理，该法律应与所追求的目标相称，尊重数据保护权利的本质，并提供适当和具体的措施来保障数据主体的基本权利和利益；

（h）出于预防医学和专业医学的目的，基于欧盟或成员国法律的规定或是根据与保健医生签订的合同，且符合本条第 3 款规定的具体条件和保障措施，且为评估劳动者的工作能力、医疗诊断、提供健康、社会保障、治疗、健康管理或社会保障系统和服务所必要的数据处理行为；

（i）法律规定了适当且具体的措施以保障数据主体的基本权利和利益，尤其针对职业秘密。基于欧盟或成员国法律的规定，为实现公共卫生领域的公共利益所必要而进行的数据处理行为，诸如抗击严重的跨境卫生威胁，确保卫生保健、医疗产品、医疗设备的质量和安全的高标准；

（j）欧盟或成员国法律应当与其立法目的相称，尊重数据保护权利的本质，规定适当且具体的措施以保障数据主体的基本权利与利益，基于这些法律，依据本条例第 89 条第 1 款的规定，出于实现公共利益存档目的、科学研究、历史研究目的或统计的目的，数据处理行为是必要的。

3. 根据欧盟或成员国法律或成员国国内有权机关制定的规定应当承担

专业保密义务的专业人士或其他人处理本条第 1 款规定的个人数据时，这些数据可以基于本条第 2 款第（h）项的目的被处理。

4. 对于基因数据、生物特征数据或健康数据的处理，成员国可以维持或者引入更进一步的限制条件。①

---

① *Art.* 9 *General Data Protection Regulation*（*GDPR*）：1. Processing of personal data revealing racial or ethnic origin, political opinions, religious or philosophical beliefs, or trade union membership, and the processing of genetic data, biometric data for the purpose of uniquely identifying a natural person, data concerning health or data concerning a natural person's sex life or sexual orientation shall be prohibited. 2. Paragraph 1 shall not apply if one of the following applies: a. the data subject has given explicit consent to the processing of those personal data for one or more specified purposes, except where Union or Member State law provide that the prohibition referred to in paragraph 1 may not be lifted by the data subject; b. processing is necessary for the purposes of carrying out the obligations and exercising specific rights of the controller or of the data subject in the field of employment and social security and social protection law in so far as it is authorised by Union or Member State law or a collective agreement pursuant to Member State law providing for appropriate safeguards for the fundamental rights and the interests of the data subject; c. processing is necessary to protect the vital interests of the data subject or of another natural person where the data subject is physically or legally incapable of giving consent; d. processing is carried out in the course of its legitimate activities with appropriate safeguards by a foundation, association or any other not-for-profit body with a political, philosophical, religious or trade union aim and on condition that the processing relates solely to the members or to former members of the body or to persons who have regular contact with it in connection with its purposes and that the personal data are not disclosed outside that body without the consent of the data subjects; e. processing relates to personal data which are manifestly made public by the data subject; f. processing is necessary for the establishment, exercise or defence of legal claims or whenever courts are acting in their judicial capacity; g. processing is necessary for reasons of substantial public interest, on the basis of Union or Member State law which shall be proportionate to the aim pursued, respect the essence of the right to data protection and provide for suitable and specific measures to safeguard the fundamental rights and the interests of the data subject; h. processing is necessary for the purposes of preventive or occupational medicine, for the assessment of the working capacity of the employee, medical diagnosis, the provision of health or social care or treatment or the management of health or social care systems and services on the basis of Union or Member State law or pursuant to contract with a health professional and subject to the conditions and safeguards referred to in paragraph 3; i. processing is necessary for reasons of public interest in the area of public health, such as protecting against serious cross-border threats to health or ensuring high standards of quality and safety of health care and of medicinal products or medical devices, on the basis of Union or Member State law which provides for suitable and specific measures to safeguard the rights and freedoms of the data subject, in particular professional secrecy; j. processing is necessary for archiving purposes in the public interest, scientific or historical research purposes or statistical purposes in accordance with Article 89（1）based on Union or Member State law which shall be proportionate to the aim pursued, respect the essence of the right to data protection and provide for suitable and specific measures to safeguard the fundamental rights and the interests of the data subject. 3. Personal data referred to in paragraph 1 may be processed for the purposes referred to in point（h）of paragraph 2 when those data are processed by or under the responsibility of a professional subject to the obligation of professional secrecy under Union or Member State law or rules established by national competent bodies or by another person also subject to an obligation of secrecy under Union or Member State law or rules established by national competent bodies. 4. Member States may maintain or introduce further conditions, including limitations, with regard to the processing of genetic data, biometric data or data concerning health.

巴西：个人敏感数据是指关于种族或族裔、宗教信仰、政治观点、工会或宗教、哲学或政治组织成员身份的个人数据，与自然人有关的健康或性生活数据、基因或生物数据。[①]

个人敏感数据只能在以下情况中被处理：I. 当数据主体或其法定授权代表出于特定目的而专门且重点对处理表示同意时；II. 当数据主体没有给予同意的情况下，以下条件是必不可少的：a）控制者需要遵守法律或监管义务；b）公共行政机构为执行法律法规中的公共政策而共享处理所必需的数据；c）研究机构用于开展研究，并尽可能确保对个人敏感数据进行匿名化；d）定期行使包括协议、诉讼，行政程序或仲裁程序中的权利；e）出于保护数据主体或第三方的生命或人身安全需要；f）按医护人员或医疗机构执行的程序保护健康；或者 g）除数据主体普适性的基本权利和自由需要保护个人数据的情况外，为遵守本法第 9 条所述的权利，在电子系统中记录识别和认证的过程，确保防止欺诈和数据主体的安全。在适用本条时需注意，除非特定法律另有规定，本条款适用于任何个人数据的处理，该处理可能存在泄露个人敏感数据并由此可能对数据主体造成损害的风险。根据本法第 23 条第 I 项的规定，机构和公共机构适用本条第 II 项"a"和"b"规定时，所谓的放弃同意应当予以公开。各政府机构在其职权范围内协商后，为获取经济利益，数据控制者间进行交流或者共享个人敏感数据可能会被禁止或被各国家机构监管。为获取经济利益，数据控制者间进行交流或共享与健康相关的个人敏感数据是被禁止的，数据主体同

① *Art. 5 Lei Geral de Proteção de Dados (LGPD)*: For purposes of this Law, the following definitions apply: I. - personal data: information related to an identified or identifiable a natural person; II. - sensitive personal data: personal data on racial or ethnic origin, religious belief, public opinion, affiliation to union or religious, philosophical or political organization, data relating to the health or sex life, genetic or biometric data, whenever related to a natural person.

意的情况下的数据携带除外。①

澳大利亚：敏感信息是指：关于个人的信息或意见：种族或族裔血统；政治观点或者政治协会会员身份；宗教信仰或从属关系；哲学信仰；专业或行业协会的会员身份；工会会员身份；犯罪记录；以及关于个人的健康信息、不属于健康信息的个人遗传信息、用于自动生物特征验证或生物特征识别目的的生物特征信息；以及生物特征模板。②

---

① *Art.* 11 *Lei Geral de Proteção de Dados*（*LGPD*）：Sensitive personal data can only be processed in the following circumstances：I. – whenever the data subjects or their legal representative specifically and emphatically consent to such processing, for specific purposes；II. – without the supply of the data subjects' consent, whenever they are essential for：a）compliance with a statutory or regulatory obligation by the controller；b）shared processing of data required for the enforcement, by the public administration, of public policies set forth in the laws or regulations；c）the conduction of studies by a research bodies, guaranteeing, whenever possible, anonymization of the sensitive personal data；d）regular exercise of rights, including in agreements and in lawsuits, administrative or arbitration proceedings, the latter pursuant to the provisions of Law No. 9. 307, of September 23, 1996（Arbitration Law）；e）protection of the life or of the physical safety of the data subjects or of third parties；f）health protection, exclusively, in a procedure performed by health professionals, health services or health authorities；or g）guarantee of the prevention of fraud and of the security of the data subjects, in the processes of identification and certification of record in electronic systems, observing the rights mentioned in article 9 of this Law and except in the event of prevalence of fundamental rights and liberties of the data subjects that require protection of the personal data. Paragraph 1 The provisions of this article apply to any processing of personal data that discloses sensitive personal data and which may cause damage to the data subjects, except as otherwise provided in a specific law. Paragraph 2 In the events of application of the provisions of letters "a" and "b" of item II of the head provision of this article by the bodies and public entities, said waiver of consent shall be made public, pursuant to the provisions of item I of the head provision of article 23 of this Law. Paragraph 3 The communication or the shared use of sensitive personal data among controllers for the purpose of obtaining economic benefit may be prohibited or regulated by the supervisory authority, after consultation with the sectorial Government bodies, within the scope of their duties. Paragraph 4 Communication or shared use between health-related personal data controllers is prohibited for the purpose of obtaining economic advantage, except in the case of the provision of health services, pharmaceutical and health care, provided paragraph 5 of this article, including ancillary diagnostic and therapy services, for the benefit of the data subjects´ interests and to enable：I. – data portability when requested by the data subject；or II. – the financial and administrative transactions resulting from the use and provision of the services referred to in this paragraph. Paragraph 5 The operators of private health care plans are forbidden to process health data for the practice of risk selection in hiring of any kind, as well as in hiring and excluding beneficiaries.

② *Art.* 6 *the Privacy Act* 1988（*PA*）sensitive information means：（a）information or an opinion about an individual's：racial or ethnic origin；or political opinions；or membership of a political association；or religious beliefs or affiliations；or philosophical beliefs；or membership of a professional or trade association；or membership of a trade union；or sexual orientation or practices；or criminal record；that is also personal information；or health information about an individual；or genetic information about an individual that is not otherwise health information；or biometric information that is to be used for the purpose of automated biometric verification or biometric identification；or biometric templates.

实体不得收集有关个人的敏感信息，除非：个人同意收集信息，并且：

（1）如果该实体是一个机构——该信息对于该实体的一项或多项职能或活动是合理必要的或直接相关的；

（2）如果该实体是一个组织——该信息对于该实体的一项或多项职能或活动是合理必要的。①

第三十一条　【未成年人个人信息的处理规则】 个人信息处理者处理不满十四周岁未成年人个人信息的，应当取得未成年人的父母或者其他监护人的同意。

个人信息处理者处理不满十四周岁未成年人个人信息的，应当制定专门的个人信息处理规则。

【域外法参考】

欧盟： 1. 就直接向儿童提供信息社会服务而言，适用本条例第 6 条第 1 款第（a）项的规定时，只有对年龄不小于 16 周岁的儿童的个人数据进行的处理行为才是合法的。如果儿童未满 16 周岁，则只有在对儿童负有父母责任的持有人同意或授权的情况下，此类处理才是合法的。

成员国出于特定目的可以在法律上规定更低的年龄界限，但是不得低于 13 周岁。

2. 在这种情况下，数据控制者应采取合理的措施来核实孩子的父母是否作出同意或授权，同时考虑到可用的技术。

3. 本条第 1 款的规定不得影响成员国一般合同法的适用，例如涉及儿

---

① *Art.* 3 *Schedule* 1 *The Privacy Act*（*PA*）3. 3 An APP entity must not collect sensitive information about an individual unless：（a） the individual consents to the collection of the information and：（i） if the entity is an agency—the information is reasonably necessary for, or directly related to, one or more of the entity's functions or activities；or（ii） if the entity is an organisation—the information is reasonably necessary for one or more of the entity's functions or activities；or（b） subclause 3. 4 applies in relation to the information.

童的关于合同有效性、合同成立或合同效力的规定。①

巴西：处理儿童和青少年个人数据时，应以符合儿童和青少年最佳利益的方式。并注意以下几点：（1）儿童个人数据的处理，应在至少其一位父母或法定监护人的特定和明确同意下进行。（2）在处理儿童和青少年个人数据时，数据控制者应公布其所收集的数据类型，使用方式和行使本法第 18 条所述权利的相关程序信息。（3）当必须采集数据以与儿童的父母或法定监护人联系时，对数据进行单次使用且不予储存，或为保护儿童的目的，儿童的个人数据，可在未经本条第 1 款所述的同意下进行采集，且未经本条第 1 款规定的同意在任何情况下均不得将数据传输给第三方。（4）数据控制者不得对本条第 1 款所述的数据主体参与的游戏、互联网应用或其他活动提供超出活动所必需的个人信息。（5）数据控制者应尽一切合理努力，充分考虑现有技术，核实本条第 1 款中所述的同意是由儿童法定监护人做出。（6）本条所述数据处理的相关信息，应以简单、清晰和易于理解的方式作出，并考虑使用者的身体运动、感知、感官、智力和心理特征，结合情况用视听资源，向儿童父母或法定监护人提供必要

---

① *Art.* 8 *General Data Protection Regulation*（*GDPR*）：1. Where point（a）of Article 6（1）applies, in relation to the offer of information society services directly to a child, the processing of the personal data of a child shall be lawful where the child is at least 16 years old. Where the child is below the age of 16 years, such processing shall be lawful only if and to the extent that consent is given or authorised by the holder of parental responsibility over the child. Member States may provide by law for a lower age for those purposes provided that such lower age is not below 13 years. 2. The controller shall make reasonable efforts to verify in such cases that consent is given or authorised by the holder of parental responsibility over the child, taking into consideration available technology. 3. Paragraph 1 shall not affect the general contract law of Member States such as the rules on the validity, formation or effect of a contract in relation to a child.

的、适合儿童理解的信息。[①]

澳大利亚：向教师或校长披露：（1）如果专员确信信息将有助于解决根据第 30 条提出的投诉，则专员可以向教师或校长披露信息。（2）关长可借书面施加就根据第（1）款披露的资料而须遵守的条件。（3）根据第（2）款制定的对文书中确定的特定披露施加条件的文书不是立法文书。（4）否则，根据第（2）款制定的文书是立法文书。[②]

向父母或监护人披露：（1）如果专员确信该信息将有助于解决根据第 30 条提出的投诉，则专员可以向澳大利亚儿童的父母或监护人披露信息。（2）关长可借书面施加就根据第（1）款披露的资料而须遵守的条件。（3）根据第（2）款制定的对文书中确定的特定披露施加条件的文书

① *Art.* 14 *Lei Geral de Proteção de Dados*（*LGPD*）: The processing of personal data of children and adolescents shall be carried out to their best interest, pursuant to the provisions of this article and of the applicable law. Paragraph 1 The processing of personal data of children shall be carried out with the specific and separate consent of at least one of the parents or by the legal guardian. Paragraph 2 In the processing of data set forth in paragraph 1 of this article, the controllers shall maintain public the information on the types of data collected, the form of use thereof and the procedures for exercise of the rights referred to in article 18 of this Law. Paragraph 3 Personal data of children may be collected without the consent referred to in paragraph 1 of this article whenever the collection is necessary to contact the parents or the legal guardian, used a single time and without storage, or for their protection, and they cannot be transferred to third parties, under any circumstance, without the consent set forth in paragraph 1 of this article. Paragraph 4 The controllers shall not subject the participation of the data subjects as set forth in paragraph 1 of this article in games, internet applications or other activities to the provision of personal information in addition to those strictly necessary for the activity. Paragraph 5 The controller shall use all reasonable efforts to confirm that the consent to which paragraph 1 of this article refers was given by the person responsible for the child, considering the available technologies. Paragraph 6 The information on the processing of data referred to in this article shall be provided in a clear, simple and accessible manner, considering the physical and motor, perceptive, sensorial, intellectual and mental characteristics of the users, with the use of audiovisual resources whenever appropriate, in order to provide the necessary information to the parents or to the legal guardian, as appropriate for the children's understanding.

② *Art.* 213 *Online Safety Act*（*OSA*）Disclosure to teachers or school principals（1）The Commissioner may disclose information to a teacher or school principal if the Commissioner is satisfied that the information will assist in the resolution of a complaint made under section 30.（2）The Commissioner may, by writing, impose conditions to be complied with in relation to information disclosed under subsection（1）.（3）An instrument made under subsection（2）that imposes conditions relating to one particular disclosure identified in the instrument is not a legislative instrument.（4）Otherwise, an instrument made under subsection（2）is a legislative instrument. 原文来源于：https：//www.legislation.gov.au/Details/C2021A00076，内容由编者翻译整理。下文不再特别说明。

不是立法文书。(4)否则，根据第(2)款制定的文书是立法文书。①

第三十三条 【国家机关处理个人信息】国家机关处理个人信息的活动，适用本法；本节有特别规定的，适用本节规定。

【域外法参考】

欧盟：对“数据控制者”的定义明确为包括公共组织。

“数据控制者”是指单独或与他人共同确定个人数据处理的目的和方式的自然人、法人、公共权力机关、代理机构或其他机构；如果此类处理的目的和方式由欧盟或成员国法律确定，则控制者或其提名的具体标准可能由欧盟或成员国法律规定。②

新加坡：在国家机关处理个人信息方面，新加坡专门设立了个人数据保护委员会（以下简称个保委）。根据新加坡《个人数据保护法》（PDPA）第6条规定，个保委的主要职能是：提升新加坡的数据保护意识；提供有关数据保护的咨询、建议、技术、管理或其他专业服务；对任何关于数据保护的事宜向政府提供意见；代表政府处理有关数据保护的国际事务；开展研究、调查，促进有关数据保护的教育活动，包括组织、举办相关研讨会、讲习班及专题研讨会，并支持开展该类活动的其他机构；自行

---

① *Art.* 214 *Online Safety Act* (*OSA*) Disclosure to parents orguardians (1) The Commissioner may disclose information to a parent or guardian of an Australian child if the Commissioner is satisfied that the information will assist in the resolution of a complaint made under section 30. (2) The Commissioner may, by writing, impose conditions to be complied with in relation to information disclosed under subsection (1). (3) An instrument made under subsection (2) that imposes conditions relating to one particular disclosure identified in the instrument is not a legislative instrument. (4) Otherwise, an instrument made under subsection (2) is a legislative instrument.

② *Art.* 4 *General Data Protection Regulation* (*GDPR*): 7. "controller" means the natural or legal person, public authority, agency or other body which, alone or jointly with others, determines the purposes and means of the processing of personal data; where the purposes and means of such processing are determined by Union or Member State law, the controller or the specific criteria for its nomination may be provided for by Union or Member State law.

或代表政府同其他机构（包括外国数据保护机构、国际或政府间组织）开展关于数据保护领域的技术合作和交流；执行其他任何成文法律授予个保委的职能；以及从事或履行部长通过《政府公报》可能批准或委派个保委行使的其他活动或职权。①

巴西： 专门规定了政府部门对个人数据的处理，主要包括规则、责任两大方面。在规则方面，国家机构可以为个人数据的交流和共享活动制定补充规范。② 在责任方面，公共机构处理个人数据违反本法规定的，国家机构可发布采用适当措施以制止违法行为的报告。国家机构还可要求其代理人发表个人数据保护影响报告，并建议采用公共机构处理个人数据的标准和良好做法。③

澳大利亚： 政治行为和做法是豁免的

国会议员等

（1）行为完成后，或实践参与，由组织（的政治代表组成的议会或地方政府当局的委员（不论如何描述）的成员），是免除第7款的目的（1）（ee）如果该行为是为了以下任何目的而完成或从事该实践：

（a）根据选举法进行的选举；或者

---

① *Part II ART6*, *Personal Data Protection ACT*（*PDPA*）：The functions of the Commission shall be -（a）to promote awareness of data protection in Singapore；（b）to provide consultancy, advisory, technical, managerial orother specialist services relating to data protection；（c）to advise the Government on all matters relating to dataprotection；（d）to represent the Government internationally on matters relating to data protection；（e）to conduct research and studies and promote educational activities relating to data protection, including organisingand conducting seminars, workshops and symposia relating thereto, and supporting other organisationsconducting such activities；（f）to manage technical co-operation and exchange in the area of data protection with other organisations, including foreign data protection authorities and international orinter-governmental organisations, on its own behalf or on behalf of the Government；（g）to administer and enforce this Act；（h）to carry out functions conferred on the Commission underany other written law；and（i）to engage in such other activities and perform such functions as the Minister may permit or assign to the Commission by order published in the Gazette.

② *Art.* 30 *Lei Geral de Proteção de Dados*（*LGPD*）：The supervisory authority may establish supplementary rules for the communication activities and shared use of personal data.

③ *Art.* 31 *Lei Geral de Proteção de Dados*（*LGPD*）：The supervisory authority may establish supplementary rules for the communication activities and shared use of personal data. A*rt.* 32 *Lei Geral de Proteção de Dados*（*LGPD*）The supervisory authority may request to Government agents the publication of personal data protection impact assessment and suggest the adoption of standards and good practices for the processing of personal data by the Government.

（b）根据英联邦法律或州或领地法律进行的公民投票；或者

（c）政治代表参与政治进程的另一个方面。

（2）的行为进行，或者实践从事，由组织（在承包商）是免除对第7段（1）的目的（EE）如果该行为已完成或实践从事：

（a）为履行承包商与第（1）款所述的注册政党或政治代表之间的合同项下的义务；和

（b）与以下一项或多项有关的任何目的：

（i）根据选举法进行的选举；

（ii）根据英联邦法律或州或领地法律进行的公民投票；

（iii）登记的政党或政治代表参与政治进程的另一方面；

（iv）为本段第（i）、（ii）或（iii）项所述目的，促进已登记政党或政治代表的行为或做法。

（3）的行为进行，或者实践从事，由组织（所述分包商）是免除对第7段（1）的目的（EE）如果该行为已完成或实践从事：

（a）为履行分包商与第（2）款所述的承包商之间的合同规定的义务；和

（b）用于第（2）（b）段所述的目的。

（4）为注册政党或代表已注册政党并在该政党的授权下自愿做出的行为，或自愿从事的实践，如果该行为属于第7（1）（ee）段的目的，则该行为可豁免为与以下一项或多项有关的任何目的进行或从事该实践：

（a）根据选举法进行的选举；

（b）根据英联邦法律或州或领地法律进行的公民投票；

（c）已登记政党参与政治进程的另一方面；

（d）为第（a）、（b）或（c）段所述的目的促进已登记政党的行为或做法。

（5）第（4）款不以其他方式影响与代理人或委托人有关的法案的实施。

选举法和议会的含义

（6）在本节中：

选举法是指与议会或地方政府当局选举有关的联邦法律或州或领地的法律。

议会是指：

(a) 英联邦议会；或者

(b) 州议会；或者

(c) 领土的立法机关。[①]

加拿大：如隐私保护专员有合理理由相信某项信息可用于调查某项违

---

① *Art. 7C Privacy Act* (*PA*) Political acts and practices are exempt: Members of a Parliament etc. (1) An act done, or practice engaged in, by an organisation (the political representative) consisting of a member of a Parliament, or a councillor (however described) of a local government authority, is exempt for the purposes of paragraph 7 (1) (ee) if the act is done, or the practice is engaged in, for any purpose in connection with: (a) an election under an electoral law; or (b) a referendum under a law of the Commonwealth or a law of a State or Territory; or (c) the participation by the political representative in another aspect of the political process. Contractors for political representatives etc.

(2) An act done, or practice engaged in, by an organisation (the contractor) is exempt for the purposes of paragraph 7 (1) (ee) if the act is done or the practice is engaged in: (a) for the purposes of meeting an obligation under a contract between the contractor and a registered political party or a political representative described in subsection (1); and (b) for any purpose in connection with one or more of the following: (i) an election under an electoral law; (ii) a referendum under a law of the Commonwealth or a law of a State or Territory; (iii) the participation in another aspect of the political process by the registered political party or political representative; (iv) facilitating acts or practices of the registered political party or political representative for a purpose mentioned in subparagraph (i), (ii) or (iii) of this paragraph. Subcontractors for organisations covered by subsection (1) etc.

(3) An act done, or practice engaged in, by an organisation (the subcontractor) is exempt for the purposes of paragraph 7 (1) (ee) if the act is done or the practice is engaged in: (a) for the purposes of meeting an obligation under a contract between the subcontractor and a contractor described in subsection (2); and (b) for a purpose described in paragraph (2) (b). Volunteers for registered political parties.

(4) An act done voluntarily, or practice engaged in voluntarily, by an organisation for or on behalf of a registered political party and with the authority of the party is exempt for the purposes of paragraph 7 (1) (ee) if the act is done or the practice is engaged in for any purpose in connection with one or more of the following: (a) an election under an electoral law; (b) a referendum under a law of the Commonwealth or a law of a State or Territory; (c) the participation in another aspect of the political process by the registered political party; (d) facilitating acts or practices of the registered political party for a purpose mentioned in paragraph (a), (b) or (c). Effect of subsection (4) on other operation of Act.

(5) Subsection (4) does not otherwise affect the operation of the Act in relation to agents orprincipals. Meaning of electoral law and Parliament (6) In this section: electoral law means a law of the Commonwealth, or a law of a State or Territory, relating to elections to a Parliament or to a local government authority. Parliament means: (a) the Parliament of the Commonwealth; or (b) a State Parliament; or (c) the legislature of a Territory.

反加拿大法律或某一已发生、正在发生或即将发生的省的法律的行为，则专员可披露，或可授权代表专员行事或在专员指示下行事的任何人可依据根据第 10.1（1）款作出的报告或根据第 10.3（2）款取得的记录向政府机构或政府机构的一部分披露该部分信息。[①]

第三十八条　【个人信息跨境条件】个人信息处理者因业务等需要，确需向中华人民共和国境外提供个人信息的，应当具备下列条件之一：

（一）依照本法第四十条的规定通过国家网信部门组织的安全评估；

（二）按照国家网信部门的规定经专业机构进行个人信息保护认证；

（三）按照国家网信部门制定的标准合同与境外接收方订立合同，约定双方的权利和义务；

（四）法律、行政法规或者国家网信部门规定的其他条件。

中华人民共和国缔结或者参加的国际条约、协定对向中华人民共和国境外提供个人信息的条件等有规定的，可以按照其规定执行。

个人信息处理者应当采取必要措施，保障境外接收方处理个人信息的活动达到本法规定的个人信息保护标准。

---

① *Art.* 20 *Personal Information Protection and Electronic Documents Act*（*PIPEDA*）（6）The Commissioner may disclose, or may authorize any person acting on behalf or under the direction of the Commissioner to disclose to a government institution or a part of a government institution, any information contained in a report made under subsection 10.1（1）or in a record obtained under subsection 10.3（2）if the Commissioner has reasonable grounds to believe that the information could be useful in the investigation of a contravention of the laws of Canada or a province that has been, is being or is about to be committed.

【域外法参考】

欧盟：对于将个人信息向其他国家或国际组织转移作出了详细的规定。

第 44 条：转移的总体原则

任何正在转移个人数据的行为或是转移到第三国或国际组织之后意图再进行转移的行为，只有在数据控制者和处理者满足了本条规定的条件且遵守本法规的其他规定时才能得以实施。前述个人数据转移也包括将个人数据从第三国或国际组织转移到另一个第三国或另一个国际组织。本章所有条款都应被用来确保本条例保障的对自然人的保护水平不被破坏。①

第 45 条：在充分保护条件基础上的转移

1. 当欧盟委员会认定第三国、领土或该国某个或多个特定的部门或某国际组织已经确定达到充分的保护标准时，则可以将个人数据传输到第三国或国际组织。此类数据转移不需要经过任何特别授权。

2. 在评估保护水平的充分性时，欧盟委员会应当特别考虑以下要素：

（a）法律规则，对于人权和基本自由的尊重，包括涉及公共安全、防卫、国家安全以及刑法和公共机构对于个人数据的访问的相关综合性和专门性立法以及这些立法的实施，数据保护规则，职业准则和安全措施，包括在该国家或国际组织中遵守的将个人数据转发到另一个第三国或国际组织的规则、判例法以及有效和可执行的个人数据被转移的数据主体的主体权利以及有效的行政和司法救济措施；

（b）第三国或者国际组织存在一个或多个独立有效运行的监管机构来

---

① *Art.* 44 *General Data Protection Regulation*（*GDPR*）：Any transfer of personal data which are undergoing processing or are intended for processing after transfer to a third country or to an international organisation shall take place only if, subject to the other provisions of this Regulation, the conditions laid down in this Chapter are complied with by the controller and processor, including for onward transfers of personal data from the third country or an international organisation to another third country or to another international organisation. All provisions in this Chapter shall be applied in order to ensure that the level of protection of natural persons guaranteed by this Regulation is not undermined.

负责确保数据保护规则的遵守，包括足够的执法权力，以协助和建议数据主体行使其权利并与成员国的监管机构合作；以及

（c）有关第三国或国际组织已达成的国际协定，或因具有法律约束力的公约或文书以及其参与多边或区域系统而产生的其他义务，特别是与保护个人数据有关的义务。

3. 欧盟委员会在评估了保护水平的充分性后可以通过实施条款来认定某第三国或者第三国的某一地区、某个或多个特定部门，或者某国际组织已经满足了本条第 2 款规定的充分保护标准。实施法案应规定至少每四年进行一次定期审查的机制，其中应考虑到第三国或国际组织的所有相关发展。该实施法案应当明确它适用的地域和部门，并且在适当的情况下，确定本条第 2 款第（b）项规定的监管机构。该实施条款的采用应当符合本条例第 93 条第 2 款所规定的审查程序。

4. 欧盟委员会应当持续监控第三国和国际组织中可能影响到根据本条第 3 款和《数据保护指令》第 25 条第 6 款所做的决定的运行情况。

5. 依照本条第 3 款的审查制度，如果可获得的信息显示第三国、第三国的某一地区或者一个或多个特定部门、国际组织不再处于本款第 2 条要求的充分保护水平时，如有必要，委员会应当通过没有溯及力的实施法令废除、修订或暂停依据本条第 3 款规定的决定。这些实施行为应当符合本条例第 93 条第 2 款所规定的审查程序。

在证明必要紧急情况下，委员会应当根据第 93 条第 3 款规定的程序立即采取适当的实施法案。

6. 欧盟委员会应当和第三国或国际组织进行协商以救济依据本条第 5 款作出的决定所导致的后果。

7. 根据本条第 5 款所做的决定，不影响根据第 46 至 49 条的规定将个人数据向第三国、第三国某一地区或该第三国中被指定的一个或多个部门或者国际组织的转移。

8. 欧盟委员会应当将那些达到充分保护水平和未达到充分保护水平的第三国、地区、第三国的特定部门或国际组织的名单列表发布在欧盟的官

方公报和它的网站上。[①]

---

① *Art. 45 General Data Protection Regulation (GDPR)*: 1. A transfer of personal data to a third country or an international organisation may take place where the Commission has decided that the third country, a territory or one or more specified sectors within that third country, or the international organisation in question ensures an adequate level of protection. Such a transfer shall not require any specific authorisation. 2. When assessing the adequacy of the level of protection, the Commission shall, in particular, take account of the following elements: a. the rule of law, respect for human rights and fundamental freedoms, relevant legislation, both general and sectoral, including concerning public security, defence, national security and criminal law and the access of public authorities to personal data, as well as the implementation of such legislation, data protection rules, professional rules and security measures, including rules for the onward transfer of personal data to another third country or international organisation which are complied with in that country or international organisation, case-law, as well as effective and enforceable data subject rights and effective administrative and judicial redress for the data subjects whose personal data are being transferred; b. the existence and effective functioning of one or more independent supervisory authorities in the third country or to which an international organisation is subject, with responsibility for ensuring and enforcing compliance with the data protection rules, including adequate enforcement powers, for assisting and advising the data subjects in exercising their rights and for cooperation with the supervisory authorities of the Member States; and c. the international commitments the third country or international organisation concerned has entered into, or other obligations arising from legally binding conventions or instruments as well as from its participation in multilateral or regional systems, in particular in relation to the protection of personal data. 3. The Commission, after assessing the adequacy of the level of protection, may decide, by means of implementing act, that a third country, a territory or one or more specified sectors within a third country, or an international organisation ensures an adequate level of protection within the meaning of paragraph 2 of this Article. The implementing act shall provide for a mechanism for a periodic review, at least every four years, which shall take into account all relevant developments in the third country or international organisation. The implementing act shall specify its territorial and sectoral application and, where applicable, identify the supervisory authority or authorities referred to in point (b) of paragraph 2 of this Article. The implementing act shall be adopted in accordance with the examination procedure referred to in Article 93 (2). 4. The Commission shall, on an ongoing basis, monitor developments in third countries and international organisations that could affect the functioning of decisions adopted pursuant to paragraph 3 of this Article and decisions adopted on the basis of Article 25 (6) of Directive 95/46/EC. 5. The Commission shall, where available information reveals, in particular following the review referred to in paragraph 3 of this Article, that a third country, a territory or one or more specified sectors within a third country, or an international organisation no longer ensures an adequate level of protection within the meaning of paragraph 2 of this Article, to the extent necessary, repeal, amend or suspend the decision referred to in paragraph 3 of this Article by means of implementing acts without retro-active effect. Those implementing acts shall be adopted in accordance with the examination procedure referred to in Article 93 (2). On duly justified imperative grounds of urgency, the Commission shall adopt immediately applicable implementing acts in accordance with the procedure referred to in Article 93 (3). 6. The Commission shall enter into consultations with the third country or international organisation with a view to remedying the situation giving rise to the decision made pursuant to paragraph 5. 7. A decision pursuant to paragraph 5 of this Article is without prejudice to transfers of personal data to the third country, a territory or one or more specified sectors within that third country, or the international organisation in question pursuant to Articles 46 to 49. 8. The Commission shall publish in the Official Journal of the European Union and on its website a list of the third countries, territories and specified sectors within a third country and international organisations for which it has decided that an adequate level of protection is or is no longer ensured.

第 46 条：遵守适当保障措施条件下的转移

1. 在缺乏根据第 45 条第 3 款所作决定的情况下，数据控制者或处理者只有在提供了适当的保障措施并且满足数据主体能行使权利、能获得有效的法律救济的条件时才能将个人数据向第三国或国际组织转移。

2. 第 1 款中规定的适当保障措施无须监管机构的任何特定授权，可以由以下方式来提供：

（a）公共当局或机构之间具有法律约束力和可执行性的文件；

（b）符合本条例第 47 条规定的公司约束规则；

（c）欧盟委员会采用的符合第 93 条第 2 款所规定的审查程序的标准数据保护条款；

（d）监管机构采用的标准数据保护条款和欧盟委员会依据第 93 条第 2 款所规定的审查程序；

（e）根据第 40 条批准的行为准则以及第三国数据控制者或处理者具有约束力和执行力的采取适当保障措施的承诺，包括对于数据主体权利的承诺；

（f）根据第 42 条批准的认证机制以及第三国数据控制者或处理者具有约束力和执行力的采取适当保障措施的承诺，包括对于数据主体权利的承诺。

3. 遵从有权监管机构的授权，第 1 款中规定的适当保障措施也可以由以下方式提供：

（a）数据控制者、处理者与控制者、处理者或第三国、国际组织中的个人数据接收者之间的合同条款；

（b）插入到公共当局或机构之间的行政安排中的条款，其中包括可执行和有效的数据主体权利。[①]

第 47 条：公司约束规则

1. 主管监管机构应当按照第 63 条规定的一致性机制批准具有公司约束规则，条件如下：

（a）具有法律约束力，并且适用于企业集团有关的所有成员，或者参与到共同经济活动的企业团体，包括它们的雇员；

（b）在处理数据主体的个人数据时明确授予他们可执行的权利；并且

（c）满足第 2 款规定的要求。

2. 第 1 款规定的公司约束规则至少应当规定：

（a）企业集团或者参加到联合经济活动的企业团体以及它们中的每个成员的结构和联系方式。

（b）单个数据转移或一系列的数据转移所涉及的个人数据的类别、处理的类型和目的、受影响的数据主体的类型以及第三国或其他国家的身份。

（c）它的法律约束力的性质，包括对内和对外。

（d）统一数据保护原则的应用特别是目的限制、数据最小化、有限存储期限、数据质量、设计和默认数据保护、处理的法律依据、特殊类别个

---

① *Art.* 46 *General Data Protection Regulation*（*GDPR*）：1. In the absence of a decision pursuant to Article 45（3）, a controller or processor may transfer personal data to a third country or an international organisation only if the controller or processor has provided appropriate safeguards, and on condition that enforceable data subject rights and effective legal remedies for data subjects are available. 2. The appropriate safeguards referred to in paragraph 1 may be provided for, without requiring any specific authorisation from a supervisory authority, by: a. a legally binding and enforceable instrument between public authorities or bodies; b. binding corporate rules in accordance with Article 47; c. standard data protection clauses adopted by the Commission in accordance with the examination procedure referred to in Article 93（2）; d. standard data protection clauses adopted by a supervisory authority and approved by the Commission pursuant to the examination procedure referred to in Article 93（2）; e. an approved code of conduct pursuant to Article 40 together with binding and enforceable commitments of the controller or processor in the third country to apply the appropriate safeguards, including as regards data subjects' rights; or f. an approved certification mechanism pursuant to Article 42 together with binding and enforceable commitments of the controller or processor in the third country to apply the appropriate safeguards, including as regards data subjects' rights. 3. Subject to the authorisation from the competent supervisory authority, the appropriate safeguards referred to in paragraph 1 may also be provided for, in particular, by: a. contractual clauses between the controller or processor and the controller, processor or the recipient of the personal data in the third country or international organisation; or b. provisions to be inserted into administrative arrangements between public authorities or bodies which include enforceable and effective data subject rights.

人数据的处理、确保数据安全的措施，以及关于转移到不受公司约束规则约束的要求。

（e）数据主体在数据处理中的权利和行使这些权利的方法，包括不受仅基于自动化处理的决定的权利，也包括不受依据第 22 条识别分析的制约，数据主体还有权依据第 79 条在向成员国中有管辖权的法院起诉前先向有权的监管机构投诉，并且有权获得救济，适当的情况下还可以因对方违反公司约束规则获得赔偿金。

（f）设立于欧盟成员国境内的数据控制者或数据处理者应承担其非设立于欧盟境内的分支违反公司约束规则所产生的责任；该数据控制者或数据处理者只有在证明该成员对引起损害的事件不承担责任的情况下，才能全部或部分免除该责任。

（g）除第 13 条和第 14 条外，如何向数据主体提供有关具有约束力的公司规则的信息，尤其是有关本段第（d）、（e）和（f）项中提及的规定的信息。

（h）根据第 37 条指定的每一个数据保护官的任务，或者任何其他在企业集团或者参与到联合经济活动的企业团体内负责监督公司约束规则的遵守情况和培训以及投诉处理的人或机构的任务。

（i）投诉的程序。

（j）企业集团或者参与到联合经济活动的企业团体内部用来核实公司约束规则的遵守情况的机制。此类机制应当包括数据保护的审计，用来确保对数据主体权利的保护采取纠正措施的方法。核查的结果应当向第（h）项中规定的个人或机构进行告知，同时也应告知企业集团或者参与到联合经济活动的企业团体的控制集团的董事会，并且在有权监管机构要求提供时能够及时获取。

（k）报告和记录规则变化的机制，并且将这些变化报告给监管机构。

（l）通过与监管机构的合作机制，确保企业集团或者参与到联合经济活动的企业团体的每个成员都遵守规则的机制，特别是确保监管机构知晓本款第（j）项规定的审核措施的结果。

（m）当该成员是第三国的主体，并且该国很有可能会对公司约束规则提供的保证产生不利的影响时，向主管监管机构和企业集团或者参与到联合经济活动的企业团体的成员报告所有法律要求的机制。

（n）对永久或定期访问个人数据的人员进行适当的数据保护培训。

3. 欧盟委员会可以规定数据控制者、数据处理者和监管机构之间有关本条公司约束规则进行的信息交换相应的格式和程序。这些实施条例的制定应当符合本条例第 93 条第 2 款所规定的审查程序。[①]

---

① *Art.* 47 *General Data Protection Regulation*（*GDPR*）：1. The competent supervisory authority shall approve binding corporate rules in accordance with the consistency mechanism set out in Article 63, provided that they：a. are legally binding and apply to and are enforced by every member concerned of the group of undertakings, or group of enterprises engaged in a joint economic activity, including their employees；b. expressly confer enforceable rights on data subjects with regard to the processing of their personal data；and c. fulfil the requirements laid down in paragraph 2. 2. The binding corporate rules referred to in paragraph 1 shall specify at least：a. the structure and contact details of the group of undertakings, or group of enterprises engaged in a joint economic activity and of each of its members；b. the data transfers or set of transfers, including the categories of personal data, the type of processing and its purposes, the type of data subjects affected and the identification of the third country or countries in question；c. their legally binding nature, both internally and externally；d. the application of the general data protection principles, in particular purpose limitation, data minimisation, limited storage periods, data quality, data protection by design and by default, legal basis for processing, processing of special categories of personal data, measures to ensure data security, and the requirements in respect of onward transfers to bodies not bound by the binding corporate rules；e. the rights of data subjects in regard to processing and the means to exercise those rights, including the right not to be subject to decisions based solely on automated processing, including profiling in accordance with Article 22, the right to lodge a complaint with the competent supervisory authority and before the competent courts of the Member States in accordance with Article 79, and to obtain redress and, where appropriate, compensation for a breach of the binding corporate rules；f. the acceptance by the controller or processor established on the territory of a Member State of liability for any breaches of the binding corporate rules by any member concerned not established in the Union；the controller or the processor shall be exempt from that liability, in whole or in part, only if it proves that that member is not responsible for the event giving rise to the damage；g. how the information on the binding corporate rules, in particular on the provisions referred to in points（d）,（e）and（f）of this paragraph is provided to the data subjects in addition to Articles 13 and 14；h. the tasks of any data protection officer designated in accordance with Article 37 or any other person or entity in charge of the monitoring compliance with the binding corporate rules within the group of undertakings, or group of enterprises engaged in a joint economic activity, as well as monitoring training and complaint-handling；i. the complaint procedures；j. the mechanisms within the group of undertakings, or group of enterprises engaged in a joint economic activity for ensuring the verification of compliance with the binding corporate rules. Such mechanisms shall include data protection audits and methods for ensuring corrective actions to protect the rights of the data subject. Results of such verification should be communicated to the person or entity referred to in point（h）and to the board of the controlling undertaking of a group of undertakings, or of the group of enterprises engaged in a joint economic activity, and should be available upon request to the competent supervisory authority；k. the mechanisms for reporting and recording changes to the rules and reporting those changes to the supervisory authority；l. the cooperation mechanism with the supervisory authority to ensure compliance by any member of the group of undertakings, or group of enterprises engaged in a joint economic activity, in particular by making available to the supervisory authority the results of verifications of the measures referred to in point（j）；m. the mechanisms for reporting to the competent supervisory authority any legal requirements to which a member of the group of undertakings, or group of enterprises engaged in a joint economic activity is subject in a third country which are likely to have a substantial adverse effect on the guarantees provided by the binding corporate rules；and n. the appropriate data protection training to personnel having permanent or regular access to personal data. 3. The Commission may specify the format and procedures for the exchange of information between controllers, processors and supervisory authorities for binding corporate rules within the meaning of this Article. Those implementing acts shall be adopted in accordance with the examination procedure set out in Article 93（2）.

第 48 条：非经欧盟法律授权的转移或公开

第三国法院的任何判决或裁决以及行政机关的任何决定要求数据控制者或处理者转移或公开个人数据的，只能在请求的第三国与欧盟或成员国之间存在有效的国际协议的基础上才能被承认和执行，例如共同司法协助协议，并且不能损害根据本章节进行转移所需的其他条款。①

第 49 条：针对特殊情况的例外规定

1. 在不符合本条例第 45 条第 3 款规定的充分保护标准或者不符合本条例第 46 条规定的适当保护措施以及公司约束规则时，将个人数据转移到第三国或国际组织应当满足以下条件之一：

（a）数据主体在被告知这种转移行为由于缺乏充分的保护标准和适当的保护措施可能会对其带来的风险后仍明确同意转移的；

（b）为履行数据主体和数据控制者之间的合同义务或者是依据数据主体的要求履行的先合同义务所必需的；

（c）为了数据主体的利益，数据转移是数据控制者与其他自然人或法人订立和履行有关合同的必要条件；

（d）转移是为重要的公共利益所必要的；

（e）转移是确立、行使或抗辩法定请求权的必要条件；

（f）在数据主体由于生理上的或法律上的原因不能给予同意的情况下，转移是为保护数据主体或其他人的重要利益所必要的；

（g）转移源自登记簿，该登记簿是依据欧盟或者成员国的法律的规定为了向公众提供信息并且向一般公众或任何可以证明存在合法利益的特定主体开放查询而设立的。欧盟或成员国法律规定的查询条件限于特定的案件需要。

当转移不能依据第 45 条或第 46 条包括公司约束规则在内的条款进行，

---

① *Art.* 48 *General Data Protection Regulation*（*GDPR*）：Any judgment of a court or tribunal and any decision of an administrative authority of a third country requiring a controller or processor to transfer or disclose personal data may only be recognised or enforceable in any manner if based on an international agreement, such as a mutual legal assistance treaty, in force between the requesting third country and the Union or a Member State, without prejudice to other grounds for transfer pursuant to this Chapter.

也不存在适用本款第（a）至（g）项的特殊情形下的例外规定时，向第三国或国际组织转移个人数据必须满足以下条件：转移没有重复进行，只关系到有限数量的数据主体，是为了数据控制者追求合法利益目的所必要的，并且该利益没有被数据主体的利益、权利和自由所覆盖，同时数据控制者已经围绕数据转移评估了所有的情形，并且根据该评估提供了保护个人数据的适当的措施。数据控制者应当将要进行的数据转移通知监管机构。数据控制者除了提供第 13 条和第 14 条规定的信息外，还应告知数据主体将要数据转移的信息和追求的合法利益。

2. 依据本条第 1 款第（g）项的规定，转移不应包含登记簿中记载的个人数据的整体或个人数据的所有类别。当登记簿被提供给具有合法利益的人员查询时，只有依据其请求或其成为接收者时，才能进行转移。

3. 行政机构行使它们的公共职权时，第 1 款第（a）、（b）、（c）项和第 1 款中的第 2 条规定不适用。

4. 本条第 1 款第（d）项涉及的公共利益应当被欧盟法律及数据控制者所属的成员国法律所认可。

5. 在缺乏充分保护标准的情况下，出于公共利益的重要原因，欧盟或成员国法律可以明确限制将特定类别的个人数据传输到第三国或国际组织。成员国应当将这类条款告知欧盟委员会。

数据控制者或处理者应当按照第 30 条的规定将本条第 1 款第 2 段规定

的适当的安全保障措施和评估报告记录在档案中。①

新加坡：在个人信息跨境方面，新加坡规定机构承担转移限制义务，即机构不得将任何个人数据转移至新加坡以外的国家或地区，但符合本法

① *Art.* 49 *General Data Protection Regulation* (*GDPR*): 1. In the absence of an adequacy decision pursuant to Article 45 (3), or of appropriate safeguards pursuant to Article 46, including binding corporate rules, a transfer or a set of transfers of personal data to a third country or an international organisation shall take place only on one of the following conditions: a. the data subject has explicitly consented to the proposed transfer, after having been informed of the possible risks of such transfers for the data subject due to the absence of an adequacy decision and appropriate safeguards; b. the transfer is necessary for the performance of a contract between the data subject and the controller or the implementation of pre-contractual measures taken at the data subject's request; c. the transfer is necessary for the conclusion or performance of a contract concluded in the interest of the data subject between the controller and another natural or legal person; d. the transfer is necessary for important reasons of public interest; e. the transfer is necessary for the establishment, exercise or defence of legal claims; f. the transfer is necessary in order to protect the vital interests of the data subject or of other persons, where the data subject is physically or legally incapable of giving consent; g. the transfer is made from a register which according to Union or Member State law is intended to provide information to the public and which is open to consultation either by the public in general or by any person who can demonstrate a legitimate interest, but only to the extent that the conditions laid down by Union or Member State law for consultation are fulfilled in the particular case. Where a transfer could not be based on a provision in Article 45 or 46, including the provisions on binding corporate rules, and none of the derogations for a specific situation referred to in the first subparagraph of this paragraph is applicable, a transfer to a third country or an international organisation may take place only if the transfer is not repetitive, concerns only a limited number of data subjects, is necessary for the purposes of compelling legitimate interests pursued by the controller which are not overridden by the interests or rights and freedoms of the data subject, and the controller has assessed all the circumstances surrounding the data transfer and has on the basis of that assessment provided suitable safeguards with regard to the protection of personal data. The controller shall inform the supervisory authority of the transfer. The controller shall, in addition to providing the information referred to in Articles 13 and 14, inform the data subject of the transfer and on the compelling legitimate interests pursued. 2. A transfer pursuant to point (g) of the first subparagraph of paragraph 1 shall not involve the entirety of the personal data or entire categories of the personal data contained in the register. Where the register is intended for consultation by persons having a legitimate interest, the transfer shall be made only at the request of those persons or if they are to be the recipients. 3. Points (a), (b) and (c) of the first subparagraph of paragraph 1 and the second subparagraph thereof shall not apply to activities carried out by public authorities in the exercise of their public powers. 4. The public interest referred to in point (d) of the first subparagraph of paragraph 1 shall be recognised in Union law or in the law of the Member State to which the controller is subject. 5. In the absence of an adequacy decision, Union or Member State law may, for important reasons of public interest, expressly set limits to the transfer of specific categories of personal data to a third country or an international organisation. Member States shall notify such provisions to the Commission. 6. The controller or processor shall document the assessment as well as the suitable safeguards referred to in the second subparagraph of paragraph 1 of this Article in the records referred to in Article 30.

订明要求的除外。[①]

巴西：专门规定了数据跨境传输的条件和评估他国数据传输的因素。第 33 条规定，符合下列条件的，才允许数据进行跨境传输：I. 第三国或国际组织提供的个人数据保护水平达到了本法规定的充分性程度；II. 控制人提供并证明保证遵守本法规定的数据主体和数据保护制度的原则、权利，a）特定转让的具体合同条款；b）标准合同条款；c）全球性的公司规则；d）定期签发的印章、证书和行为准则；III. 根据国际法律文书，政府情报，调查和警察机构之间的国际法律合作需要转移；IV. 传输是为了保护数据主体或第三方的生命或身体安全之必要的；V. 国家机构授权传输的；VI. 通过国际合作协议承诺传输的；VII. 为执行公共政策或法律归属而需要转让的；VIII. 在数据主体事先获知有关跨境传输的信息，可清楚地区别于其他目的的前提下，明确同意传输的；IX. 在必要的情况下，需满足本法第 7 条第 II，V 和 VI 项的规定。[②] 第 34 条规定，由国家机构评估本法第 33 条提及

① *Part VI ART26*, *Personal Data Protection ACT*（*PDPA*）：Transfer of personal data outside Singapore：—（1）An organisation shall not transfer any personal data to acountry or territory outside Singapore except in accordance with requirements prescribed under this Act to ensure that organisations provide a standard of protection to personal data so transferred that is comparable to the protection under this Act.（2）The Commission may, on the application of any organisation, by notice in writing exempt the organisation from any requirementprescribed pursuant to subsection（1）in respect of any transfer of personal data by that organisation.（3）An exemption under subsection（2）—（a）may be granted subject to such conditions as the Commission may specify in writing；and（b）need not be published in the Gazette and may be revoked atany time by the Commission.（4）The Commission may at any time add to, vary or revoke any condition imposed under this section.

② *Art.* 33. *Lei Geral de Proteção de Dados*（*LGPD*）：The international transfer of personal data is permitted solely in the following cases：I. – to countries or international organizations that provide the appropriate level of protection of personal data provided for by this Law；II. – where the controller provides and demonstrates guarantees of compliance with the principles, rights of the data subject and data protection regime established in this Law, in the form of：a）specific contractual sections for a given transfer；b）standard contractual sections；c）global corporate rules；d）seals, certificates and codes of conduct regularly issued；III. – where the transfer is required for international legal cooperation between government intelligence, investigation and police bodies, in accordance with the international law instruments；IV. – where the transfer is required for life protection or physical integrity of the data subject or any third party；V. – where the supervisory authority authorizes such transfer；VI. – where the transfer results in a commitment undertaken under an international cooperation agreement；VII. – where the transfer is required for enforcement of a public policy or legal attribution of the public utility, upon disclosure of the provisions of item I of the main provision of article 23 of this Law；VIII. – where the data subject has provided specific and highlighted consent for such transfer, with previous information on the international nature of the operation, clearly distinguishing it from any other purposes；or IX. –where required to meet the hypotheses established in items II, V and VI of article 7 of this Law.

的第三国或国际组织的数据保护水平时，将考虑以下因素：I. 数据接收国或国际组织现行法律的一般和部门规则；II. 数据的性质；III. 遵守保护个人数据的一般原则和本法规定的数据主体的权利；IV. 采取本法所规定的安全措施；V. 是否遵守个人数据保护权的法律和制度保障；和 VI. 与数据传输有关的其他情况。①

澳大利亚：实体向个人（境外接收人）披露个人信息前：

（a）不在澳大利亚或外部领土；

（b）谁不是实体或个人。

实体必须采取在当时情况下合理的步骤，以确保海外接收者不会违反与信息有关的澳大利亚隐私原则（澳大利亚隐私原则 1 除外）。

前款不适用于 App 实体向海外接收者披露个人信息，如果：

（a）该实体有理由相信：

（i）信息的接收者受法律或具有约束力的计划的约束，该法律或具有约束力的计划具有保护信息的效果，总体而言，至少与澳大利亚隐私原则保护信息的方式基本相似；

（ii）有个人可以使用的机制来采取行动来强制执行该法律保护或具有约束力的计划；或者

（b）以下两项均适用：

（i）实体明确告知个人，如果他或她同意披露信息，则第 8.1 款将不适用于该披露；

（ii）在被告知后，个人同意披露；

（c）澳大利亚法律或法院/法庭命令要求或授权或根据澳大利亚法律

---

① *Art*. 34. *Lei Geral de Proteção de Dados*（*LGPD*）：Article 34. The level of data protection of the foreign country or international organization mentioned in item I of the main provision of article 33 of this Law shall be assessed by the supervisory authority, which shall take into account：I. −the general and sectorial rules of the applicable law in the country of destination or international organization；II. −the data nature；III. −the compliance with the general principles of protection of personal data and rights of the data subjects established in this Law；IV. −the adoption of security measures provided for by regulations；V. −the existence of legal and institutional guarantees for compliance with personal data protection rights；and VI. −any other specific circumstances concerning the transfer.

或法院/法庭命令披露信息；

（d）存在与 APP 实体披露信息有关的允许的一般情况［第 16A（1）款表格第 4 项或第 5 项所述情况除外］；

（e）该实体是一个机构，信息的披露是澳大利亚作为缔约方的与信息共享有关的国际协议所要求或授权的；或者

（f）该实体是一个机构，并且以下两项均适用：

（i）该实体有理由相信，对于由执法机构或代表执法机构进行的一项或多项执法相关活动而言，披露信息是合理必要的；

（ii）接收方是执行与执行机构执行或行使的职能或行使的权力类似的职能或行使权力的机构。[①]

第四十条 【关键信息基础设施运营者的存储义务及境外提供】 关键信息基础设施运营者和处理个人信息达到国家网信部门规定数量的个人信息处理者，应当将在中华人民共和国境

---

① *Art.* 8 *Schedule* 1—*Australian Privacy Principles The Privacy Act*（*PA*）cross-border disclosure of personal information 8. 1 Before an APP entity discloses personal information about an individual to a person（the overseas recipient）:（a） who is not in Australia or an external Territory; and（b） who is not the entity or the individual; the entity must take such steps as are reasonable in the circumstances to ensure that the overseas recipient does not breach the Australian Privacy Principles（other than Australian Privacy Principle 1） in relation to the information. 8. 2 Subclause 8. 1 does not apply to the disclosure of personal information about an individual by an APP entity to the overseas recipient if:（a） the entity reasonably believes that:（i） the recipient of the information is subject to a law, or binding scheme, that has the effect of protecting the information in a way that, overall, is at least substantially similar to the way in which the Australian Privacy Principles protect the information; and（ii） there are mechanisms that the individual can access to take action to enforce that protection of the law or binding scheme; or（b） both of the following apply:（i） the entity expressly informs the individual that if he or she consents to the disclosure of the information, subclause 8. 1 will not apply to the disclosure;（ii） after being so informed, the individual consents to the disclosure; or（c） the disclosure of the information is required or authorised by or under an Australian law or a court/tribunal order; or（d） a permitted general situation［other than the situation referred to in item 4 or 5 of the table in subsection 16A（1）］exists in relation to the disclosure of the information by the APP entity; or（e） the entity is an agency and the disclosure of the information is required or authorised by or under an international agreement relating to information sharing to which Australia is a party; or（f） the entity is an agency and both of the following apply:（i） the entity reasonably believes that the disclosure of the information is reasonably necessary for one or more enforcement related activities conducted by, or on behalf of, an enforcement body;（ii） the recipient is a body that performs functions, or exercises powers, that are similar to those performed or exercised by an enforcement body.

内收集和产生的个人信息存储在境内。确需向境外提供的，应当通过国家网信部门组织的安全评估；法律、行政法规和国家网信部门规定可以不进行安全评估的，从其规定。

【域外法参考】

欧盟：只要符合个人信息跨境转移的条件即可，无特别的本地化存储要求。

第四十四条 【个人的知情权、决定权、限制/拒绝权】 个人对其个人信息的处理享有知情权、决定权，有权限制或者拒绝他人对其个人信息进行处理；法律、行政法规另有规定的除外。

【域外法参考】

欧盟：限制处理权：

1. 发生以下情形时，数据主体有权限制数据控制者的处理行为：

（a）数据主体对个人数据的准确性提出质疑，数据控制者需要一段时间核实数据的准确性；

（b）数据处理违法、数据主体仅要求限制数据使用而反对清除个人数据；

（c）当数据控制者基于处理目的不再需要个人数据，但数据主体需要利用这些个人数据提起诉讼或应诉；

（d）数据主体可以根据第 21 条第 1 款规定拒绝进行处理，直到确认了控制者的合法理由优先于数据主体的权利。

2. 在本条第 1 款规定的数据处理受限制的情况下，除存储外，数据主体仅可以在经数据主体同意后处理数据，或为提起诉讼或应诉，或为保护其他自然人、法人权利，或为欧盟或成员国重要公共利益而处理数据。

3. 在本条第 1 款规定的个人数据处理受到限制的情况下，数据控制者应当在限制处理解除前通知数据主体。①

拒绝权：

1. 数据主体有权基于其自身特殊情况随时拒绝依据本法第 6 条第 1 款第（e）和（f）项规定而实施的涉及其个人的数据的处理行为，其中包括识别分析行为。除非数据控制者能够提供有说服力的合理主张证明处理数据的合法依据优先于数据主体的利益、权利与自由或数据处理为提起诉讼或应诉所必要，否则数据控制者不得继续处理个人数据。

2. 若个人数据处理是用于直销的目的，数据主体有权随时拒绝为此类营销目的而处理其个人数据的行为，包括一定程度上关联到这种直销的分析行为。

3. 如果数据主体反对出于直接营销目的进行处理，则不得再出于此类目的处理个人数据。

4. 在第一次告知数据主体的时候，明确提请数据主体注意本条第 1 款和第 2 款所述权利，同时应当将此信息与其他信息分开列明提供给数据主体。

5. 无论《电子通信中的隐私保护指令》（Directive2002/58/EC）如何规定，在使用信息社会服务的背景下，数据主体都可以通过使用技术规范

---

① *Art.* 18 *General Data Protection Regulation*（*GDPR*）: 1. The data subject shall have the right to obtain from the controller restriction of processing where one of the following applies: a. the accuracy of the personal data is contested by the data subject, for a period enabling the controller to verify the accuracy of the personal data; b. the processing is unlawful and the data subject opposes the erasure of the personal data and requests the restriction of their use instead; c. the controller no longer needs the personal data for the purposes of the processing, but they are required by the data subject for the establishment, exercise or defence of legal claims; d. the data subject has objected to processing pursuant to Article 21 (1) pending the verification whether the legitimate grounds of the controller override those of the data subject. 2. Where processing has been restricted under paragraph 1, such personal data shall, with the exception of storage, only be processed with the data subject's consent or for the establishment, exercise or defence of legal claims or for the protection of the rights of another natural or legal person or for reasons of important public interest of the Union or of a Member State. 3. A data subject who has obtained restriction of processing pursuant to paragraph 1 shall be informed by the controller before the restriction of processing is lifted.

的自动化方式来行使拒绝权。

6. 数据主体有权基于其自身特殊情况随时拒绝根据第 89 条第 1 款的规定为科学研究或历史研究目的、统计目的而进行的处理行为，除非是为了履行公共利益所必要的数据处理。①

1798.115 消费者对个人信息是否被出售及售出对象的知情权

（a）消费者有权要求出售或共享该消费者个人信息的企业，或为商业目的而披露该个人信息的企业向消费者披露如下内容：

（1）企业收集的有关该消费者个人信息的类别。

（2）企业出售或共享的有关消费者个人信息的类别，以及出售或共享个人信息给第三方的第三方类别，按出售或共享给每类第三方的个人信息类别划分。

（3）企业为商业目的披露的有关消费者个人信息的类别，以及为商业目的而披露的个人信息的类别。

（b）企业出售或共享消费者个人信息，或出于商业目的披露消费者个人信息的，收到可经验证的消费者要求的，应根据第 1798.130 条第（a）款第（4）项向消费者披露第（a）款指定的信息。

（c）企业出售或共享消费者的个人信息，或出于商业目的披露消费者

---

① *Art.* 21 *General Data Protection Regulation* (*GDPR*): 1. The data subject shall have the right to object, on grounds relating to his or her particular situation, at any time to processing of personal data concerning him or her which is based on point (e) or (f) of Article 6 (1), including profiling based on those provisions. The controller shall no longer process the personal data unless the controller demonstrates compelling legitimate grounds for the processing which override the interests, rights and freedoms of the data subject or for the establishment, exercise or defence of legal claims. 2. Where personal data are processed for direct marketing purposes, the data subject shall have the right to object at any time to processing of personal data concerning him or her for such marketing, which includes profiling to the extent that it is related to such direct marketing. 3. Where the data subject objects to processing for direct marketing purposes, the personal data shall no longer be processed for such purposes. 4. At the latest at the time of the first communication with the data subject, the right referred to in paragraphs 1 and 2 shall be explicitly brought to the attention of the data subject and shall be presented clearly and separately from any other information. 5. In the context of the use of information society services, and notwithstanding Directive 2002/58/EC, the data subject may exercise his or her right to object by automated means using technical specifications. 6. Where personal data are processed for scientific or historical research purposes or statistical purposes pursuant to Article 89 (1), the data subject, on grounds relating to his or her particular situation, shall have the right to object to processing of personal data concerning him or her, unless the processing is necessary for the performance of a task carried out for reasons of public interest.

个人信息的，应根据第1798条（a）款第（5）项（c）目披露如下：

（1）出售或共享的有关消费者个人信息的类别，或披露其未出售或共享消费者个人信息的事实。

（2）企业为商业目的披露的消费者个人信息类别，或未出于商业目的披露消费者个人信息的事实。

（d）第三方不得出售或共享已经被企业出售或共享的消费者个人信息，除非该消费者收到明确通知，并证明具有根据第1798.120条行使选择拒绝的权利。

1798.120 消费者选择拒绝出售或共享个人信息的权利

（a）消费者有权随时指示向第三方出售或分享消费者个人信息的企业不得出售或分享消费者的个人信息。

（b）将消费者的个人信息出售给第三方或与第三方共享的企业应根据第1798.135条第（a）款的规定向消费者发出通知，告知该信息可以出售或共享，并且消费者拥有"选择退出"出售或共享其个人信息的权利。

（c）尽管有上述第（a）款的规定，如果企业实际知悉消费者未满16周岁，则该企业不得出售或共享消费者的个人信息，除非13周岁以上16周岁以下的消费者或者未满13周岁的消费者的父母或监护人，已明确授权出售或共享消费者的个人信息。故意无视消费者年龄的，视为实际了解消费者年龄。

（d）已收到消费者指示不出售或共享消费者个人信息的企业，或者在未成年消费者的个人信息未获得同意出售或共享该未成年消费者的个人信息的情况下，应予以禁止，根据第1798.135条第（c）款第（4）项，在收到消费者的指示后出售或分享消费者的个人信息，除非消费者随后同意出售或分享消费者的个人信息。[①]

新加坡： 规定了机构的获得个体同意义务，机构仅可收集、使用或披露获得同意收集、使用或披露的个人数据，而该同意可以被撤回。对机构的义务限制也间接赋予数据主体决定权与拒绝权。[②]

巴西： 明确规定了数据主体的权利，其中第 17 条规定，确保所有自然人对其个人数据的所有权，保障自然人对数据的自由、私密和隐私权。[③] 其中第 18 条规定，对于控制者正在处理的数据，个人数据主体有权在任何时候通过以下方式从控制者处：（1）确认数据处理的存在；（2）访问数据；（3）修改不完整、不准确或过时的数据；（4）匿名化、阻止或删除不符合本法规定的、不必要的或多余的数据；（5）在遵守商业和工业秘密的前提下，提出明确的请求，并根据监管机构的规定，可将数据携带到另一个服务或产品提供商处；（6）删除经数据主体同意处理的个人数据，本法第 16 条所规定的情况除外；（7）获取与控制者共享数据的公共和私人实体的信息；（8）获取与拒绝同意的可能性和拒绝后果的信息；（9）撤销本法第 8 条第 5 款中规定的同意。同时要注意：（1）个人数据主体有权

---

① 1798.120 *California Civil Code*：（a）A consumer shall have the right, at any time, to direct a business that sells or shares personal information about the consumer to third parties not to sell or share the consumer's personal information.（b）A business that sells consumers' personal information to, or shares it with, third parties shall provide notice to consumers, pursuant to subdivision（a）of Section 1798.135, that this information may be sold or（c）Notwithstanding subdivision（a）, a business shall not sell or share the personal information of consumers if the business has actual knowledge that the consumer is less than 16 years of age, unless the consumer, in the case of consumers at least 13 years of age and less than 16 years of age, or the consumer's parent or guardian, in the case of consumers who are less than 13 years of age, has affirmatively authorized the sale or sharing of the consumer's personal information. A business that willfully disregards.（d）A business that has received direction from a consumer not to sell or share the consumer's personal information or, in the case of a minor consumer's personal information has not received consent to sell or share the minor consumer's personal information, shall be prohibited, pursuant to paragraph（4）of subdivision（c）of Section 1798.135, from selling or sharing the consumer's personal information after its receipt of the consumer's direction, unless the consumer subsequently provides consent, for the sale or sharing of the consumer's personal information.

② *Part IV ART*16, *Personal Data Protection ACT*（*PDPA*）：On giving reasonable notice to the organisation, an individual may at any time withdraw any consent given, or deemed to have been given under this Act, in respect of the collection, use or...

③ *Art*. 17. *Lei Geral de Proteção de Dados*（*LGPD*）：All natural people are ensured the ownership of their personal data and the guarantee of the fundamental rights to freedom, intimacy and privacy, pursuant to the provisions of this Law.

向国家机关对数据控制者提出有关其数据的请求。(2) 如果不符合本法的规定，数据主体可以反对基于放弃同意的情况之一进行的处理。(3) 本条规定的权利，应通过数据主体或其合法设立的代理人向数据处理代理人明确要求行使。① 由本条可以看出，巴西《个人数据保护法》(LGPD) 中规定了数据主体的知情权、决定权及拒绝权。

澳大利亚：在实体收集有关个人的个人信息的时间或之前，如果这不切实际，则在可行的情况下尽快，该实体必须采取在以下情况下合理的步骤（如果有）：

(a) 将合理的事项通知个人；或者

(b) 以其他方式确保个人了解任何此类事项。②

加拿大：应个人的要求，组织必须告知他们是否有关于他们的任何个人信息、如何使用这些信息以及是否披露了这些信息。如果组织已经披露了信息，该组织还必须向个人提供被披露的第三方的名称或第三方的类型，包括在未经其同意的情况下披露的个人信息。③

---

① *Art.* 18. *Lei Geral de Proteção de Dados* (*LGPD*): The data subjects are entitled to obtain from the controller, in relation to the data of the data subjects processed by such controller, at any time and upon request: I. – confirmation of the existence of processing; II. – access to the data; III. – correction of incomplete, inaccurate or outdated data; IV. – anonymization, blocking or elimination of unnecessary or excessive data or of data processed in noncompliance with the provisions of this Law; V. – portability of data to another service or product provider upon express request, in accordance with national authority regulations, regarding commercial and industrial secrets; VI. – elimination of the personal data processed with the consent of the data subjects, except in the events set forth in article 16 of this Law; VII. – information of the public and private entities with which the controller carried out the shared use of data; VIII. – information on the possibility of not providing consent and on the consequences of the denial; IX. – revocation of the consent, pursuant to the provisions of paragraph 5 of article 8 of this Law.

② *Art.* 5. 1 *Schedule 1—Australian Privacy Principles The Privacy Act* (*PA*) At or before the time or, if that is not practicable, as soon as practicable after, an APP entity collects personal information about an individual, the entity must take such steps (if any) as are reasonable in the circumstances: (a) to notify the individual of such matters referred to in subclause 5. 2 as are reasonable in the circumstances; or (b) to otherwise ensure that the individual is aware of any such matters.

③ *Art.* 63 *The Consumer Privacy Protection Act* (*CPPA*) On request by an individual, an organization must inform them of whether it has any personal information about them, how it uses the information and whether it has disclosed the information. If the organization has disclosed the information, the organization must also provide to the individual the names of the third parties or types of third parties to which the disclosure was made, including in cases where the disclosure was made without the consent of the individual.

第四十五条 【个人的查阅权、复制权及个人信息转移的规定】个人有权向个人信息处理者查阅、复制其个人信息；有本法第十八条第一款、第三十五条规定情形的除外。

个人请求查阅、复制其个人信息的，个人信息处理者应当及时提供。

个人请求将个人信息转移至其指定的个人信息处理者，符合国家网信部门规定条件的，个人信息处理者应当提供转移的途径。

【域外法参考】

欧盟：数据主体的访问权：

1. 数据主体有权从数据控制者处获得有关他或她的个人数据是否被处理的确认结果。在这种情况下，数据主体有权访问其个人数据和以下信息：

（a）数据处理的目的；

（b）相关个人数据的类别；

（c）已经或者将要将个人数据向其披露的数据接收者或其分类，特别是第三国或国际组织的数据接收者；

（d）在可能的情况下，访问个人数据将被存储的预设期限；若不可能，访问决定期限的通常标准；

（e）数据主体享有请求数据控制者更正、清除与数据主体相关的数据的权利，或者限制、拒绝其处理该个人数据的权利；

（f）向监管机构投诉的权利；

（g）若个人数据并非收集自数据主体，则可以访问有关数据来源的任何可获得的信息；

（h）本条例第 22 条第 1 款及第 4 款所规定的包括识别分析在内的自动化决策的存在，以及至少在这些情况下，可以访问关于决策中所运用的逻辑的有用信息以及该处理的重要性和其对数据主体造成的可能后果。

2. 如果个人数据被转移到第三国或国际组织，数据主体有权根据第46条与转移有关的适当保护措施被告知。

3. 数据控制者应当提供正在处理的个人数据的副本。对数据主体要求提供其他副本的请求，数据控制者可以要求其支付合理的管理费用。数据主体通过电子方式提出申请的，数据控制者也应当以通用的电子方式提供信息。

4. 第3款规定的索要副本的权利不应对他人的权利和自由产生不利影响。①

可携带权：

1. 满足以下情形时，如果数据主体向某数据控制者提供了与其有关的个人数据，那么该数据主体有权从该数据控制者处获取结构化、通用化和可机读的上述数据；同时，数据主体有权将这些数据转移给其他的数据控制者，原数据控制者不得进行阻碍：

（a）当处理是基于第6条第1款第（a）项数据主体同意的情况下或

---

① *Art. 15 General Data Protection Regulation*（*GDPR*）：1. The data subject shall have the right to obtain from the controller confirmation as to whether or not personal data concerning him or her are being processed, and, where that is the case, access to the personal data and the following information: a. the purposes of the processing; b. the categories of personal data concerned; c. the recipients or categories of recipient to whom the personal data have been or will be disclosed, in particular recipients in third countries or international organisations; d. where possible, the envisaged period for which the personal data will be stored, or, if not possible, the criteria used to determine that period; e. the existence of the right to request from the controller rectification or erasure of personal data or restriction of processing of personal data concerning the data subject or to object to such processing; f. the right to lodge a complaint with a supervisory authority; g. where the personal data are not collected from the data subject, any available information as to their source; h. the existence of automated decision-making, including profiling, referred to in Article 22（1）and（4）and, at least in those cases, meaningful information about the logic involved, as well as the significance and the envisaged consequences of such processing for the data subject. 2. Where personal data are transferred to a third country or to an international organisation, the data subject shall have the right to be informed of the appropriate safeguards pursuant to Article 46 relating to the transfer. 3. The controller shall provide a copy of the personal data undergoing processing. For any further copies requested by the data subject, the controller may charge a reasonable fee based on administrative costs. Where the data subject makes the request by electronic means, and unless otherwise requested by the data subject, the information shall be provided in a commonly used electronic form. 4. The right to obtain a copy referred to in paragraph 3 shall not adversely affect the rights and freedoms of others.

基于第 9 条第 2 款第（a）项的规定或基于第 6 条第 1 款第（b）项合同约定的情况下；

（b）通过自动化方式进行处理的情况下。

2. 基于本条第 1 款规定行使数据持续控制权的数据主体，在技术可操作的情况下有权将相关个人数据从一个控制者处直接转移给另一个控制者。

3. 本条第 1 款规定的权利行使不得影响本法第 17 条规定的权利。该权利不适用于为执行公众利益任务所必要或者数据控制者为行使其职务权限进行的数据处理的情况。

4. 第 1 款所述的权利，不应对他人的权利和自由产生不利影响。①

新加坡：规定了机构的查阅和更正义务。其中第 21 条规定个人查阅数据的权利："应个体申请，机构应当合理可行地尽快提供其占有或控制的个人数据。"②

巴西：明确规定了数据主体的权利，其中第 18 条规定，对于控制者正在处理的数据，个人数据主体有权在任何时候通过以下方式从控制者处：（1）确认数据处理的存在；（2）访问数据；（3）在遵守商业和工业秘密的前提下，提出明确的请求，并根据监管机构的规定，可将数据携带

① *Art.* 20 *General Data Protection Regulation*（*GDPR*）：1. The data subject shall have the right to receive the personal data concerning him or her, which he or she has provided to a controller, in a structured, commonly used and machine-readable format and have the right to transmit those data to another controller without hindrance from the controller to which the personal data have been provided, where:（a）the processing is based on consent pursuant to point（a）of Article 6（1）or point（a）of Article 9（2）or on a contract pursuant to point（b）of Article 6（1）; and（b）the processing is carried out by automated means. 2. In exercising his or her right to data portability pursuant to paragraph 1, the data subject shall have the right to have the personal data transmitted directly from one controller to another, where technically feasible. 3. The exercise of the right referred to in paragraph 1 of this Article shall be without prejudice to Article 17. That right shall not apply to processing necessary for the performance of a task carried out in the public interest or in the exercise of official authority vested in the controller. 4. The right referred to in paragraph 1 shall not adversely affect the rights and freedoms of others.

② *Part V ART*21, *Personal Data Protection ACT*（*PDPA*）：（1）Subject to subsections（2）,（3）and（4）, on request of an individual, an organisation shall, as soon as reasonably possible, provide the individual with —（a）personal data about the individual that is in the possession or under the control of the organisation; and（b）information about the ways in which the personal data referred to in paragraph（a）has been or may have been used or disclosed by the organisation within a year before the date of the request...

到另一个服务或产品提供商处。[①] 由本条可以看出，巴西《个人数据保护法》（LGPD）中规定了数据主体的查阅权、可携带权。

澳大利亚： 如果 APP 实体持有个人的个人信息，该实体必须根据个人的要求，给予个人访问该信息的权限。[②]

加拿大： 应个人的要求，组织必须允许个人访问关于他们的任何个人信息。[③]

第四十六条　【个人的更正权、补充权】 个人发现其个人信息不准确或者不完整的，有权请求个人信息处理者更正、补充。

个人请求更正、补充其个人信息的，个人信息处理者应当对其个人信息予以核实，并及时更正、补充。

【域外法参考】

欧盟： 更正权：

---

① *Art.* 18. *Lei Geral de Proteção de Dados* (*LGPD*): The data subjects are entitled to obtain from the controller, in relation to the data of the data subjects processed by such controller, at any time and upon request: I. – confirmation of the existence of processing; II. – access to the data; III. – correction of incomplete, inaccurate or outdated data; IV. – anonymization, blocking or elimination of unnecessary or excessive data or of data processed in noncompliance with the provisions of this Law; V. – portability of data to another service or product provider upon express request, in accordance with national authority regulations, regarding commercial and industrial secrets; VI. – elimination of the personal data processed with the consent of the data subjects, except in the events set forth in article 16 of this Law; VII. – information of the public and private entities with which the controller carried out the shared use of data; VIII. – information on the possibility of not providing consent and on the consequences of the denial; IX. – revocation of the consent, pursuant to the provisions of paragraph 5 of article 8 of this Law.

② *Art.* 12 *Schedule* 1—*Australian Privacy Principles The Privacy Act* (*PA*) If an APP entity holds personal information about an individual, the entity must, on request by the individual, give the individual access to the information.

③ *Art.* 63 *The Consumer Privacy Protection Act* (*CPPA*) On request by an individual, an organization must inform them of whether it has any personal information about them, how it uses the information and whether it has disclosed the information. It must also give the individual access to the information.

数据主体有权要求控制者及时纠正与他或她有关的不准确的个人数据。考虑到处理的目的，数据主体有权完善不完整的个人数据，包括通过提供补充声明的方式。①

新加坡：规定了机构的查阅和更正义务。其中第 22 条规定了纠正个人数据的权利："个人可要求组织纠正其所拥有或控制的个人数据中的错误或遗漏。除非本组织以合理理由确信无须更正，否则本组织须尽快纠正个人资料。并要将更正后的个人数据发送至该机构在更正日期前一年内披露的所有机构，但对象机构无须更正后个人数据用作任何法律或商业用途的除外。"②

巴西：规定了数据主体的权利，其中第 18 条规定，对于控制者正在处理的数据，个人数据主体有权在任何时候通过以下方式从控制者处更正不完整、不准确或过时的数据或匿名化、阻止或删除不符合本法规定的、不必要的或多余的数据。③ 由本条可以看出，巴西《个人数据保护法》（LGPD）中规定了数据主体的更正权、补充权。

---

① *Art.* 16 *General Data Protection Regulation* (*GDPR*): The data subject shall have the right to obtain from the controller without undue delay the rectification of inaccurate personal data concerning him or her. Taking into account the purposes of the processing, the data subject shall have the right to have incomplete personal data completed, including by means of providing a supplementary statement.

② *Part V ART*22, *Personal Data Protection ACT* (*PDPA*): (1) An individual may request an organisation to correct an error or omission in the personal data about the individual that is in the possession or under the control of the organisation. (2) Unless the organisation is satisfied on reasonable grounds that acorrection should not be made, the organisation shall — (a) correct the personal data as soon as practicable; and (b) subject to subsection (3), send the corrected personal data to every other organisation to which the personal data wasdisclosed by the organisation within a year before the date the correction was made, unless that other organisation does not need the corrected personal data for any legal or business purpose...

③ *Art.* 18. *Lei Geral de Proteção de Dados* (*LGPD*): The data subjects are entitled to obtain from the controller, in relation to the data of the data subjects processed by such controller, at any time and upon request: I. - confirmation of the existence of processing; II. - access to the data; III. - correction of incomplete, inaccurate or outdated data; IV. - anonymization, blocking or elimination of unnecessary or excessive data or of data processed in noncompliance with the provisions of this Law; V. - portability of data to another service or product provider upon express request, in accordance with national authority regulations, regarding commercial and industrial secrets; VI. - elimination of the personal data processed with the consent of the data subjects, except in the events set forth in article 16 of this Law; VII. - information of the public and private entities with which the controller carried out the shared use of data; VIII. - information on the possibility of not providing consent and on the consequences of the denial; IX. - revocation of the consent, pursuant to the provisions of paragraph 5 of article 8 of this Law.

澳大利亚：实体必须根据情况采取合理的步骤（如果有），以确保该实体收集的个人信息是准确、最新和完整的，并与使用或披露的目的相符。①

如果：

(a) 实体持有个人的个人信息；和

(b) 要么：(i) 主体确信，考虑到信息的持有目的，信息不准确、过时、不完整、不相关或具有误导性；或者 (ii) 个人要求实体更正信息；

实体必须采取在当时情况下合理的步骤（如有）更正该信息，以确保在考虑到其持有目的的情况下，该信息准确、及时、完整、相关且没有误导性。

如果：

(a) 实体更正了该实体之前向另一个实体披露的个人信息；和

(b) 个人要求该实体将更正情况通知其他实体；

该实体必须采取在当时情况下合理的步骤（如果有）以发出该通知，除非这样做不切实际或不合法。

实体拒绝按照个人要求更正个人信息的，该实体必须向个人发出书面通知，说明：

(a) 拒绝的理由，除非这样做是不合理的；和

(b) 可用于投诉拒绝的机制；和

(c) 条例规定的任何其他事项。

如果：

(a) APP 实体拒绝按个人要求更正个人信息；和

(b) 个人要求实体将有关信息不准确、过时、不完整、不相关或具有

---

① *Art*. 10. *Schedule* 1—*Australian Privacy Principles The Privacy Act* (*PA*) Australian Privacy Principle 10—quality of personal information 10. 1 An APP entity must take such steps (if any) as are reasonable in the circumstances to ensure that the personal information that the entity collects is accurate, up-to-date and complete. 10. 2 An APP entity must take such steps (if any) as are reasonable in the circumstances to ensure that the personal information that the entity uses or discloses is, having regard to the purpose of the use or disclosure, accurate, up-to-date, complete and relevant.

误导性的声明与该信息相关联；

主体必须采取在具体情况下合理的步骤，以使得该陈述对信息使用者显而易见的方式关联该陈述。

如果根据第 13. 1 或 13. 4 款提出请求，实体：

（a）必须回应请求：

（i）如果该实体是代理机构——在提出请求后 30 天内；或者（ii）如果该实体是一个组织——在提出请求后的一段合理时间内；和

（b）不得因提出请求、更正个人信息或将声明与个人信息相关联（视情况而定）向个人收费。[①]

加拿大：如果个人已获准访问其个人信息并能够证明该信息不准确、不及时或不完整，则该组织必须按要求修改该信息。组织必须在适当的情况下将修改后的信息传输给任何有权访问该信息的第三方。如果组织和个人不同意对信息进行的修改，组织必须记录分歧，并在适当的情况下通知

---

① *Art.* 13 *Schedule* 1—*Australian Privacy Principles The Privacy Act*（*PA*）correction of personal information Correction 13. 1 If:（a） an APP entity holds personal information about an individual; and（b） either:（i） the entity is satisfied that, having regard to a purpose for which the information is held, the information is inaccurate, out-of-date, incomplete, irrelevant or misleading; or（ii） the individual requests the entity to correct the information; the entity must take such steps（if any）as are reasonable in the circumstances to correct that information to ensure that, having regard to the purpose for which it is held, the information is accurate, up-to-date, complete, relevant and not misleading. Notification of correction to third parties13. 2If:（a） the APP entity corrects personal information about an individual that the entity previously disclosed to another APP entity; and（b） the individual requests the entity to notify the other APP entity of the correction; the entity must take such steps（if any）as are reasonable in the circumstances to give that notification unless it is impracticable or unlawful to do so. 13. 3If the APP entity refuses to correct the personal information as requested by the individual, the entity must give the individual a written notice that sets out:（a） the reasons for the refusal except to the extent that it would be unreasonable to do so; and（b） the mechanisms available to complain about the refusal; and（c） any other matter prescribed by the regulations. 3. 4 If:（a） the APP entity refuses to correct the personal information as requested by the individual; and（b） the individual requests the entity to associate with the information a statement that the information is inaccurate, out-of-date, incomplete, irrelevant or misleading; the entity must take such steps as are reasonable in the circumstances to associate the statement in such a way that will make the statement apparent to users of the information. Dealing with requests13. 5 If a request is made under subclause 13. 1 or 13. 4, the APP entity:（a） must respond to the request:（i） if the entity is an agency—within 30 days after the request is made; or（ii） if the entity is an organisation—within a reasonable period after the request is made; and（b） must not charge the individual for the making of the request, for correcting the personal information or for associating the statement with the personal information（as the case may be）.

有权访问信息的第三方存在分歧的事实。[①]

第四十七条　【个人行使删除权的情形】有下列情形之一的，个人信息处理者应当主动删除个人信息；个人信息处理者未删除的，个人有权请求删除：

（一）处理目的已实现、无法实现或者为实现处理目的不再必要；

（二）个人信息处理者停止提供产品或者服务，或者保存期限已届满；

（三）个人撤回同意；

（四）个人信息处理者违反法律、行政法规或者违反约定处理个人信息；

（五）法律、行政法规规定的其他情形。

法律、行政法规规定的保存期限未届满，或者删除个人信息从技术上难以实现的，个人信息处理者应当停止除存储和采取必要的安全保护措施之外的处理。

【域外法参考】

欧盟：擦除权（“被遗忘权”）：

1. 在以下情形中，数据主体有权要求控制者及时删除与他或她有关的

---

① *Art.* 71 *The Consumer Privacy Protection Act*（*CPPA*）If an individual has been given access to their personal information and demonstrates that the information is not accurate, up-to-date or complete, the organization must amend the information as required. （2） The organization must, if it is appropriate to do so, transmit the amended information to any third party that has access to the information. If the organization and the individual do not agree on the amendments that are to be made to the information, the organization must record the disagreement and, if it is appropriate to do so, inform third parties that have access to the information of the fact that there is a disagreement.

个人数据，并且控制者有义务及时删除个人数据：

（a）就数据对于收集或处理时的目的而言，已经不再需要个人数据；

（b）数据主体根据本条例第 6 条第 1 款第（a）项或第 9 条第 2 款第（a）项的规定撤回对个人数据处理的同意，并且没有其他支持个人数据处理的法律依据时；

（c）数据主体依据第 21 条第 1 款的规定行使拒绝权且数据处理没有其他更优的法律依据时，或者数据主体依据第 21 条第 2 款的规定行使拒绝权；

（d）个人数据被非法处理；

（e）当数据控制者为了遵守欧盟或成员国法定义务时，从而必须清除个人数据；

（f）个人数据的收集涉及第 8 条第 1 款规定的提供社会服务信息时。

2. 当数据控制者已经公开个人数据的情况并且有义务根据本条第 1 款的规定清除个人数据时。考虑到现有技术和实施成本，数据控制者应当采取包括技术手段在内的合理措施，将数据主体要求清除的有关个人数据的链接、副本和备份等通知正在处理该个人数据的数据控制者。

3. 第 1 款和第 2 款的规定不适用于数据处理确有必要的以下情况：

（a）行使言论和信息自由权；

（b）当数据控制者基于遵守欧盟或成员国法定义务而处理个人数据，或数据控制者为公共利益而履行义务或者为行使其职务权限进行的数据处理；

（c）为了遵守第 9 条第 2 款第（h）、（i）项和第 9 条第 3 款规定的公共卫生领域的公共利益进行的数据处理；

（d）根据第 1 款规定为了实现公共利益、科学研究或历史研究目的或统计目的存档而进行的数据处理，并且对于本条第 1 款规定的权利的行使会使这些处理的目的变得不可能或被严重损害；

（e）为提起诉讼或应诉所必要的数据处理。[①]

巴西：明确规定了数据主体的权利，其中第 18 条规定，对于控制者正在处理的数据，个人数据主体有权在任何时候通过以下方式从控制者处：（1）匿名化、阻止或删除不符合本法规定的、不必要的或多余的数据；（2）删除经数据主体同意处理的个人数据，本法第 16 条所规定的情况除外。[②] 此外，LGPD 第 15、16 条在规定数据处理的终止时，也规定了

---

① *Art.* 17 *General Data Protection Regulation*（*GDPR*）：1. The data subject shall have the right to obtain from the controller the erasure of personal data concerning him or her without undue delay and the controller shall have the obligation to erase personal data without undue delay where one of the following grounds applies：a. the personal data are no longer necessary in relation to the purposes for which they were collected or otherwise processed；b. the data subject withdraws consent on which the processing is based according to point（a）of Article 6（1），or point（a）of Article 9（2），and where there is no other legal ground for the processing；c. the data subject objects to the processing pursuant to Article 21（1）and there are no overriding legitimate grounds for the processing，or the data subject objects to the processing pursuant to Article 21（2）；d. the personal data have been unlawfully processed；e. the personal data have to be erased for compliance with a legal obligation in Union or Member State law to which the controller is subject；f. the personal data have been collected in relation to the offer of information society services referred to in Article 8（1）. 2. Where the controller has made the personal data public and is obliged pursuant to paragraph 1 to erase the personal data，the controller，taking account of available technology and the cost of implementation，shall take reasonable steps，including technical measures，to inform controllers which are processing the personal data that the data subject has requested the erasure by such controllers of any links to，or copy or replication of，those personal data. 3. Paragraphs 1 and 2 shall not apply to the extent that processing is necessary：a. for exercising the right of freedom of expression and information；b. for compliance with a legal obligation which requires processing by Union or Member State law to which the controller is subject or for the performance of a task carried out in the public interest or in the exercise of official authority vested in the controller；c. for reasons of public interest in the area of public health in accordance with points（h）and（i）of Article 9（2）as well as Article 9（3）；d. for archiving purposes in the public interest，scientific or historical research purposes or statistical purposes in accordance with Article 89（1）in so far as the right referred to in paragraph 1 is likely to render impossible or seriously impair the achievement of the objectives of that processing；or e. for the establishment，exercise or defence of legal claims.

② *Art.* 18. *Lei Geral de Proteção de Dados*（*LGPD*）：The data subjects are entitled to obtain from the controller，in relation to the data of the data subjects processed by such controller，at any time and upon request：I. – confirmation of the existence of processing；II. – access to the data；III. – correction of incomplete，inaccurate or outdated data；IV. – anonymization，blocking or elimination of unnecessary or excessive data or of data processed in noncompliance with the provisions of this Law；V. – portability of data to another service or product provider upon express request，in accordance with national authority regulations，regarding commercial and industrial secrets；VI. – elimination of the personal data processed with the consent of the data subjects，except in the events set forth in article 16 of this Law；VII. – information of the public and private entities with which the controller carried out the shared use of data；VIII. – information on the possibility of not providing consent and on the consequences of the denial；IX. – revocation of the consent，pursuant to the provisions of paragraph 5 of article 8 of this Law.

个人数据在处理活动终止后，应当在活动和技术可行范围内予以删除。[①]由以上法条可以看出，巴西《个人数据保护法》（LGPD）中不仅规定了数据主体的删除权，也通过对数据终止活动的规定，明确了数据控制者应该在数据到期后对其做删除处理。

第五十一条 【个人信息安全保障义务】个人信息处理者应当根据个人信息的处理目的、处理方式、个人信息的种类以及对个人权益的影响、可能存在的安全风险等，采取下列措施确保个人信息处理活动符合法律、行政法规的规定，并防止未经授权的访问以及个人信息泄露、篡改、丢失：

（一）制定内部管理制度和操作规程；

（二）对个人信息实行分类管理；

（三）采取相应的加密、去标识化等安全技术措施；

（四）合理确定个人信息处理的操作权限，并定期对从业人员进行安全教育和培训；

（五）制定并组织实施个人信息安全事件应急预案；

（六）法律、行政法规规定的其他措施。

【域外法参考】

欧盟：1. 考虑到各国法律情况、实施成本和数据处理的性质、范围、内容和目的以及自然人、控制者和处理者的权利和自由的不同可能性和严重程度，数据控制者和处理者应当实施适当的技术和组织措施以确保安全级别与风险程度相一致，尤其包括如下内容：

---

① *Art.* 16. *Lei Geral de Proteção de Dados*（*LGPD*）: The personal data shall be eliminated after termination of the processing thereof, within the scope and technical limits of the activities.

（a）个人数据的假名化和加密；

（b）确保处理系统和服务能够持续保持自身机密性、完整性、有效性和自动修复的能力；

（c）在物理性或技术性事故中及时恢复个人数据的可用性和访问权限；

（d）定期进行测试、评估、评价技术性和组织性措施有效性的程序以确保处理的安全性。

2. 当评估安全性的适当安全级别时，应当特别考虑处理行为所表现出来的风险，尤其是意外的或非法的损毁、丢失、修改、未经授权的披露或访问传输、存储或其他处理过程中的个人数据。

3. 遵守第 40 条所述的经批准的行为准则或第 42 条所述的经批准的认证机制可用作证明符合本条第 1 款规定的要求的要素。

4. 除非欧盟或各成员国法律有所要求，数据控制者和处理者应当采取措施以确保任何自然人不会在对个人数据享有访问权限的数据控制者或处理者未经授权的情况下处理这些数据。①

新加坡：规定了机构对数据进行维护和保护的义务。其中第 23 条规定了组织保障个人数据的准确性："在组织适用个人资料或组织可能向另

---

① *Art.* 32 *General Data Protection Regulation*（*GDPR*）：1. Taking into account the state of the art, the costs of implementation and the nature, scope, context and purposes of processing as well as the risk of varying likelihood and severity for the rights and freedoms of natural persons, the controller and the processor shall implement appropriate technical and organisational measures to ensure a level of security appropriate to the risk, including inter alia as appropriate: a. the pseudonymisation and encryption of personal data; b. the ability to ensure the ongoing confidentiality, integrity, availability and resilience of processing systems and services; c. the ability to restore the availability and access to personal data in a timely manner in the event of a physical or technical incident; d. a process for regularly testing, assessing and evaluating the effectiveness of technical and organisational measures for ensuring the security of the processing. 2. In assessing the appropriate level of security account shall be taken in particular of the risks that are presented by processing, in particular from accidental or unlawful destruction, loss, alteration, unauthorised disclosure of, or access to personal data transmitted, stored or otherwise processed. 3. Adherence to an approved code of conduct as referred to in Article 40 or an approved certification mechanism as referred to in Article 42 may be used as an element by which to demonstrate compliance with the requirements set out in paragraph 1 of this Article. 4. The controller and processor shall take steps to ensure that any natural person acting under the authority of the controller or the processor who has access to personal data does not process them except on instructions from the controller, unless he or she is required to do so by Union or Member State law.

一组织披露的情况下，组织应尽合理努力确保由组织或代表其收集的个人资料是准确和完整的。”[①] 第 24 条规定了组织保障个人数据的完整性：“组织应当采取合理安全措施，保护其占有或控制的个人数据，防止未经授权的访问、收集、使用、披露、复制、修改或处置或类似风险；防止存储个人数据的任何存储介质或设备的丢失。”[②]

巴西：第 50 条规定，数据控制者和处理者在其个人数据处理的权限范围内，可以单独或通过协会，来制定良好的实践和治理规则，规定组织条件、操作系统、程序，包括数据主体的投诉和申请、安全规则、技术标准、参与处理的不同各方的具体义务、教育行动、内部监督和风险缓解机制，以及与个人数据处理相关的任何其他方面。根据适当性原则，在适用该法第 6 条所列原则时，数据控制者应适当考虑其业务的结构、级别和数量，以及处理过的数据的敏感性以及对数据主体造成损害的可能性和严重程度，可：（1）实施隐私治理计划，该计划至少可以包含以下内容：①证明处理过程符合承诺，采取了内部流程和政策，确保广泛遵守有关个人数据保护的规则和良好做法；②适用于其控制的任何个人数据，不论收集方式；③适应其操作结构、级别和数量以及处理数据的敏感性；④基于对隐私影响和风险的系统评估过程建立适当的政策和保障措施；⑤通过透明行动，确保数据主体的参与机制，与数据主体建立信任机制；⑥融入其总体治理结构，建立和应用内部和外部监督机制；⑦制订事件响应和补救计划；⑧根据持续监测和定期评估获得的信息不断更新。（2）在适当的时候

---

① *Part V Art.* 23, *Personal Data Protection ACT* (*PDPA*): An organisation shall make a reasonable effort to ensure that personal data collected by or on behalf of the organisation is accurate and complete, if the personal data... (b) is likely to be disclosed by the organisation to anotherorganisation.

② *Part V Art* 24, *Personal Data Protection ACT* (*PDPA*): An organisation must protect personal data in its possession or under its control by making reasonable security arrangements toprevent — (a) unauthorised access, collection, use, disclosure, copying, modification or disposal, or similar risks; and (b) the loss of any storage medium or device on which personal data is stored.

展示其隐私治理计划的有效性，特别是在上级的要求下。[①]

澳大利亚：隐私原则 1——公开透明的个人信息管理

1.1 本原则旨在保证实体以公开、透明的方式管理个人信息。遵守澳大利亚隐私原则等。

1.2 实体必须采取在具体情况下合理的步骤来实施与实体的职能或活动相关的实践、程序和系统：

（a）将确保实体遵守澳大利亚隐私原则和对实体具有约束力的注册代码（如果有）；和

（b）将使该实体能够处理个人关于该实体遵守澳大利亚隐私原则或此类守则的查询或投诉。

1.3 实体必须有关于实体个人信息管理的明确表达和最新的政策（隐私政策）。

1.4 在不限制第 1.3 条的情况下，实体的隐私政策必须包含以下信息：

---

① *Art. 50. Lei Geral de Proteção de Dados*（*LGPD*）: The controllers and processors, within the scope of their authority for personal data processing, individually or by means of associations, may prepare good practices and governance rules that provide for organization conditions, operation system, procedures, including complaints and petitions of data subjects, security rules, technical standards, specific obligations for the different parties involved in the processing, educative actions, internal mechanisms of supervision and risk mitigation, and any other aspects relating to personal data processing. Paragraph 1 When establishing good practices rules, the controller and the processor shall take into account, in relation to the processing and the data, the nature, scope, purpose and likelihood and severity of the risks and benefits arising out of the data subjects' data processing. In the application of the principles indicated in items VII and VIII of the main provision of article 6 of this Law, the controller, with due regard for the and the likelihood and severity of the damages to the data subjects', may: I. - implement a privacy governance program that shall at least: a) demonstrate the controller's commitment to adopt internal processes and policies that ensure broad compliance with rules and good practices concerning personal data protection; b) be applicable to any set of personal data under its control, regardless of the manner as it was collected; c) be adapted to the structure, level and volume of its operations, and to the sensitivity of the treated data; d) establish appropriate policies and safeguards based on a process of systematic assessment of impacts on and risks to the privacy; e) be intended to establish a trust relationship with the data subject, by means of transparent actions that ensure mechanisms of participation of the data subject; f) be integrated to its general governance structure and establish and apply internal and external supervision mechanisms; g) have an incident response and remediation plan; and h) be constantly updated based on information obtained from continuous monitoring and periodic assessments. II. - demonstrate the effectiveness of its privacy governance program when appropriate, especially at the request of the supervisory authority or any other entity in charge of promoting compliance with good practices or codes of conduct, which independently promote compliance with this Law.

(a) 该实体收集和持有的个人信息的种类；

(b) 实体如何收集和持有个人信息；

(c) 实体收集、持有、使用和披露个人信息的目的；

(d) 个人如何获取实体持有的个人信息并寻求更正此类信息；

(e) 个人如何投诉违反澳大利亚隐私原则或约束实体的注册代码（如果有），以及实体将如何处理此类投诉；

(f) 该实体是否可能向海外接收者披露个人信息；

(g) 如果该实体可能向海外接收者披露个人信息——这些接收者可能位于的国家，如果在政策中具体说明这些国家是切实可行的。

1.5 实体必须采取在具体情况下合理的步骤，使其隐私政策可用：免费和以适当的形式。

1.6 如果个人或机构以特定形式索取实体的隐私政策副本，该实体必须采取在当时情况下合理的步骤，以该形式向该个人或机构提供副本。①

加拿大：每个组织都必须实施隐私管理计划，其中包括该组织为履行

---

① *Art. 1 Schedule 1—Australian Privacy Principles The Privacy Act* (*PA*): 1Australian Privacy Principle 1—open and transparent management of personal information 1. 1 The object of this principle is to ensure that App entities manage personal information in an open and transparent way. Compliance with the Australian Privacy Principles etc. 1. 2 an entity must take such steps as are reasonable in the circumstances to implement practices, procedures and systems relating to the entity's functions or activities that: (a) will ensure that the entity complies with the Australian Privacy Principles and a registered App code (if any) that binds the entity; and (b) will enable the entity to deal with inquiries or complaints from individuals about the entity's compliance with the Australian Privacy Principles or such a code. App Privacy policy 1. 3 An App entity must have a clearly expressed and up-to-date policy (the App privacy policy) about the management of personal information by the entity. 1. 4 Without limiting subclause 1. 3, the App privacy policy of the App entity must contain the following information: (a) the kinds of personal information that the entity collects and holds; (b) how the entity collects and holds personal information; (c) the purposes for which the entity collects, holds, uses and discloses personal information; (d) how an individual may access personal information about the individual that is held by the entity and seek the correction of such information; (e) how an individual may complain about a breach of the Australian Privacy Principles, or a registered App code (if any) that binds the entity, and how the entity will deal with such a complaint; (f) whether the entity is likely to disclose personal information to overseas recipients; (g) if the entity is likely to disclose personal information to overseas recipients—the countries in which such recipients are likely to be located if it is practicable to specify those countries in the policy. Availability of App privacy policy etc. 1. 5 An App entity must take such steps as are reasonable in the circumstances to make its App privacy policy available: (a) free of charge; and (b) in such form as is Appropriate. 1. 6 If a person or body requests a copy of the App privacy policy of an App entity in a particular form, the entity must take such steps as are reasonable in the circumstances to give the person or body a copy in that form.

本法规定的义务而实施的政策、实践和程序，包括尊重隐私权的政策、实践和程序：

（a）个人信息的保护；

（b）如何接收和处理信息请求和投诉；

（c）向组织工作人员提供的关于其政策、实践和程序的培训和信息；和

（d）开发材料以解释组织为履行本法规定的义务而制定的政策和程序。①

第五十二条　【个人信息保护负责人制度】 处理个人信息达到国家网信部门规定数量的个人信息处理者应当指定个人信息保护负责人，负责对个人信息处理活动以及采取的保护措施等进行监督。

个人信息处理者应当公开个人信息保护负责人的联系方式，并将个人信息保护负责人的姓名、联系方式等报送履行个人信息保护职责的部门。

【域外法参考】

欧盟：数据保护官的指定：

1. 在以下情形中，数据控制者和数据处理者应当指定一名数据保护官：

（a）当数据处理行为是由除了法院在其司法职能内的行政机关或公共团体实施时；

---

① *Art. 9 The Consumer Privacy Protection Act*（*CPPA*）：Every organization must implement a privacy management program that includes the organization's policies, practices and procedures put in place to fulfil its obligations under this Act, including policies, practices and procedures respecting：（a） the protection of personal information；（b） how requests for information and complaints are received and dealt with；（c） the training and information provided to the organization's staff respecting its policies, practices and procedures；and（d） the development of materials to explain the organization's policies and procedures put in place to fulfil its obligations under this Act.

（b）数据控制者和数据处理者的核心活动包括处理操作，由于其性质、范围和/或目的，需要对数据主体进行大规模的定期和系统监控；或者

（c）控制者或处理者的核心活动包括根据第 9 条大规模处理特殊类别的数据或与第 10 条所述的刑事定罪和犯罪有关的个人数据。

2. 一个企业集团可以只任命一个数据保护官，前提是该专员能够轻易接触到每个部门。

3. 当数据控制者或处理者是行政机关或公共团体时，则可根据其组织结构和规模为多个此类机构指定一名数据保护官。

4. 除了本条第 1 款所列情形外，数据控制者和数据处理者以及其他代表各类数据控制者和处理者的团体和机构也可以按照欧盟或者成员国法律的要求，指定一名数据保护官。该专员可以代表上述团体和机构履行职责。

5. 数据保护官的任命应当基于专业素质，尤其是对数据保护法律的专业知识和实践，以及履行第 39 条规定的任务的能力基础上。

6. 数据保护官可以是数据控制者或处理者的员工，也可以通过服务合同的方式来完成任务。

7. 数据控制者或处理者应当公开数据保护官的联系方式，并且告知监管机构。[①]

---

① *Art.* 37 *General Data Protection Regulation*（*GDPR*）：1. The controller and the processor shall designate a data protection officer in any case where：a. the processing is carried out by a public authority or body，except for courts acting in their judicial capacity；b. the core activities of the controller or the processor consist of processing operations which，by virtue of their nature，their scope and/or their purposes，require regular and systematic monitoring of data subjects on a large scale；or c. the core activities of the controller or the processor consist of processing on a large scale of special categories of data pursuant to Article 9 or personal data relating to criminal convictions and offences referred to in Article 10. 2. A group of undertakings may appoint a single data protection officer provided that a data protection officer is easily accessible from each establishment. 3. Where the controller or the processor is a public authority or body，a single data protection officer may be designated for several such authorities or bodies，taking account of their organisational structure and size. 4. In cases other than those referred to in paragraph 1，the controller or processor or associations and other bodies representing categories of controllers or processors may or，where required by Union or Member State law shall，designate a data protection officer. The data protection officer may act for such associations and other bodies representing controllers or processors. 5. The data protection officer shall be designated on the basis of professional qualities and，in particular，expert knowledge of data protection law and practices and the ability to fulfil the tasks referred to in Article 39. 6. The data protection officer may be a staff member of the controller or processor，or fulfil the tasks on the basis of a service contract. 7. The controller or the processor shall publish the contact details of the data protection officer and communicate them to the supervisory authority.

数据保护官的地位：

1. 数据控制者或数据处理者应当确保数据保护官恰当、及时地参与有关个人数据保护的所有事务。

2. 数据控制者和处理者应当支持数据保护官执行第39条规定的任务，提供执行这些任务和访问个人数据和处理操作所需的资源，并保持其专业知识。

3. 数据控制者和数据处理者应确保数据保护官不会收到有关执行这些任务的任何指示。他或她不得因执行任务而被控制者或处理者解雇或处罚。数据保护官应直接向数据控制者或数据处理者的最高管理层报告。

4. 数据主体可以就有关处理其个人数据和行使本条例规定的权利的所有问题联系数据保护官。

5. 依据欧盟或成员国的法律，数据保护官对其工作任务的执行有保密义务。

6. 数据保护官可以履行其他任务和职责，数据控制者或处理者应当确保任何此类任务和职务都不能导致利益冲突。①

数据保护官的任务：

1. 数据保护官至少应承担以下任务：

（a）向数据控制者或处理者以及根据本法规和其他欧盟或成员国数据保护规定履行其义务的员工发出通知或建议；

---

① *Art.* 38 *General Data Protection Regulation* (*GDPR*): 1. The controller and the processor shall ensure that the data protection officer is involved, properly and in a timely manner, in all issues which relate to the protection of personal data. 2. The controller and processor shall support the data protection officer in performing the tasks referred to in Article 39 by providing resources necessary to carry out those tasks and access to personal data and processing operations, and to maintain his or her expert knowledge. 3. The controller and processor shall ensure that the data protection officer does not receive any instructions regarding the exercise of those tasks. He or she shall not be dismissed or penalised by the controller or the processor for performing his tasks. The data protection officer shall directly report to the highest management level of the controller or the processor. 4. Data subjects may contact the data protection officer with regard to all issues related to processing of their personal data and to the exercise of their rights under this Regulation. 5. The data protection officer shall be bound by secrecy or confidentiality concerning the performance of his or her tasks, in accordance with Union or Member State law. 6. The data protection officer may fulfil other tasks and duties. The controller or processor shall ensure that any such tasks and duties do not result in a conflict of interests.

（b）监督本条例的履行情况和其他欧盟或成员国数据保护条款以及控制者或处理者有关个人数据保护的政策的遵守情况，包括责任的分配、意识的提升、参与处理行为的员工的培训以及相关的审计；

（c）应要求提供有关数据保护影响评估的建议并根据第 35 条的规定监督评估工作的实施；

（d）与监管机构保持协作；

（e）作为监管机构就处理相关问题的联络点，包括第 36 条所述的事先协商，并在适当的情况下就任何其他事项进行协商。

2. 数据保护官在履行其职责时应适当考虑与处理操作相关的风险，同时考虑处理的性质、范围、背景和目的。①

澳大利亚：必须有一名电子安全专员。

专员的职能是：

（a）通过本法或英联邦的任何其他法律授予专员的职能；

（b）促进澳大利亚人的在线安全；

（c）支持和鼓励采取措施改善澳大利亚人的在线安全；

（d）协调联邦部门、当局和机构与澳大利亚人在线安全有关的活动；

（e）收集、分析、解释和传播与澳大利亚人在线安全相关的信息；

（f）支持、鼓励、实施、认可和评估与澳大利亚人在线安全相关的教育、宣传和社区意识计划；

（g）代表联邦提供与澳大利亚人在线安全相关的财政援助；

---

① *Art.* 39 *General Data Protection Regulation*（*GDPR*）：1. The data protection officer shall have at least the following tasks：a. to inform and advise the controller or the processor and the employees who carry out processing of their obligations pursuant to this Regulation and to other Union or Member State data protection provisions；b. to monitor compliance with this Regulation, with other Union or Member State data protection provisions and with the policies of the controller or processor in relation to the protection of personal data, including the assignment of responsibilities, awareness-raising and training of staff involved in processing operations, and the related audits；c. to provide advice where requested as regards the data protection impact assessment and monitor its performance pursuant to Article 35；d. to cooperate with the supervisory authority；e. to act as the contact point for the supervisory authority on issues relating to processing, including the prior consultation referred to in Article 36, and to consult, where appropriate, with regard to any other matter. 2. The data protection officer shall in the performance of his or her tasks have due regard to the risk associated with processing operations, taking into account the nature, scope, context and purposes of processing.

（h）支持、鼓励、开展和评估有关澳大利亚人在线安全的研究；

（i）发布（无论是在互联网上还是其他方式）与澳大利亚人在线安全相关的报告和论文；

（j）向部长提交有关澳大利亚人在线安全的报告；

（k）就澳大利亚人的在线安全向部长提出建议；

（l）就澳大利亚人的在线安全问题与其他个人、组织和政府进行协商和合作；

（m）就本法规定的义务向人们提供建议和帮助；

（n）监督对本法的遵守情况；

（o）促进遵守本法；

（p）以书面形式制定指导方针或声明：

（i）为涉及澳大利亚人在线安全的个人和机构推荐最佳做法；和

（ii）旨在促进及时和适当地解决涉及社交媒体服务、相关电子服务或指定互联网服务上提供的材料的事件；

（q）促进根据第（p）段制定的准则和声明；

（r）立法规则中规定的其他职能（如有）；

（s）做任何附带或有利于执行上述任何功能的事情。①

---

① *Art*. 27 *The Online Safety Act* (*OSA*): Functions of the Commissioner (1) The functions of the Commissioner are: (a) such functions as are conferred on the Commissioner by: (i) this Act; or (ii) any other law of the Commonwealth; and (b) to promote online safety for Australians; and (c) to support and encourage the implementation of measures to improve online safety for Australians; and (d) to coordinate activities of Commonwealth Departments, authorities and agencies relating to online safety for Australians; and to collect, analyse, interpret and disseminate information relating to online safety for Australians; and to support, encourage, conduct, accredit and evaluate educational, promotional and community awareness programs that are relevant to online safety for Australians; and to make, on behalf of the Commonwealth, grants of financial assistance in relation to online safety for Australians; and to support, encourage, conduct and evaluate research about online safety for Australians; and to publish (whether on the internet or otherwise) reports and papers relating to online safety for Australians; and to give the Minister reports about online safety for Australians; and to advise the Minister about online safety for Australians; and to consult and cooperate with other persons, organisations and governments on online safety for Australians; and to advise and assist persons in relation to their obligations under this Act; and to monitor compliance with this Act; and to promote compliance with this Act; and to formulate, in writing, guidelines or statements that: recommend best practices for persons and bodies involved in online safety for Australians; and are directed towards facilitating the timely and appropriate resolution of incidents involving material provided on a social media service, relevant electronic service or designated internet service; and to promote guidelines and statements formulated under paragraph (p); and such other functions (if any) as are specified in the legislative rules; and to do anything incidental to or conducive to the performance of any of the above functions.

加拿大：指定个人：组织必须指定一名或多名个人负责与其在本法下的义务相关的事项。它必须向任何提出请求的人提供指定个人的业务联系信息。对个人的指定并不解除组织在本法下的义务。①

第五十五条 【适用事前个人信息保护影响评估的情形】 有下列情形之一的，个人信息处理者应当事前进行个人信息保护影响评估，并对处理情况进行记录：

（一）处理敏感个人信息；

（二）利用个人信息进行自动化决策；

（三）委托处理个人信息、向其他个人信息处理者提供个人信息、公开个人信息；

（四）向境外提供个人信息；

（五）其他对个人权益有重大影响的个人信息处理活动。

【域外法参考】

欧盟：1. 考虑到处理的性质、范围、背景和目的，特别是使用新技术的处理类型可能对自然人的权利和自由造成高风险时，控制者应当：在处理之前，对设想的处理操作对个人数据保护的影响进行评估。一份评估可以提出存在相似高风险的一套类似的处理行为。

2. 在进行数据保护影响评估时，控制者应征求指定的数据保护官的意见。

3. 在以下情况下，尤其需要进行第 1 款中提到的数据保护影响评估：

---

① *Art.* 8 *The Consumer Privacy Protection Act*（*CPPA*）：Designated individual：8（1）An organization must designate one or more individuals to be responsible for matters related to its obligations under this Act. It must provide the designated individual's business contact information to any person who requests it. Effect of designation of individual：（2）The designation of an individual under subsection（1）does not relieve the organization of its obligations under this Act.

a. 基于数据的自动化处理包括识别分析，或者基于对该自然人产生法律效力或者类似的显著影响的决定，对自然人个人方面的系统和广泛的评估；

b. 处理第 9 条第 1 款规定的大规模的特殊类型的数据，或第 10 条规定的大规模的有关犯罪记录和违法行为的个人数据；或者

c. 对公共区域大规模的系统监控。

4. 监管机构应当确定并公开一份清单，列举应当按照第 1 款规定进行数据保护影响评估的处理行为。监管机构应当将清单告知第 68 条规定的欧洲数据保护委员会。

5. 监管机构同样要确定并公开一份清单，列举不需要进行数据保护影响评估的处理行为。监管机构也应将该清单告知欧洲数据保护委员会。

6. 在采用第 4 款和第 5 款所述清单之前，主管监管机构应适用第 63 条所述的一致性机制，其中此类清单涉及与向数据主体提供商品或服务有关的处理活动。或监控他们在几个成员国的行为，或者可能会严重影响个人数据在联盟内的自由流动。

7. 评估内容至少应当包括如下方面：

a. 对于设想中的处理行为和处理行为的目的系统化的说明，适当的情况下还包括控制者追求的合法利益；

b. 基于处理目的，对处理行为的必要性和相称性的评估；

c. 对于第 1 款中规定的对数据主体权利和自由产生的风险的评估；

d. 处理这些风险的预想方案，包括安全和保障措施，以及确保个人数据的保护和证明符合本条例规定的机制。以上方案应当考虑数据主体和其他相关人员的权利和合法利益。

8. 在评估此类控制者或处理者执行的处理操作的影响时，应适当考虑相关控制者或处理者对第 40 条中提及的经批准的行为准则的遵守情况，尤其是出于数据保护影响的目的评估。

9. 在适当的情况下，数据控制者应当就打算的处理行为征询数据主体或其代表人的意见，公正地对待商业保护或公共利益或处理行为的安全性。

10. 依据第 6 条第 1 款第（c）项和第（e）项进行的处理行为在数据

控制者所遵守的欧盟或成员国法律中具有法律依据，这些法律规定了某一具体处理行为或者一系列处理行为，并且在采用该法律基础的情况下作为一般影响评估的一部分已经进行了数据保护影响评估，除非成员国认为有必要，否则第 1 段至第 7 段不适用在处理活动之前进行此类评估。

11. 必要时，控制者应至少在处理操作所代表的风险发生变化时进行审查，以评估处理是否按照数据保护影响评估进行。①

---

① *Art. 35 General Data Protection Regulation*（*GDPR*）：1. Where a type of processing in particular using new technologies, and taking into account the nature, scope, context and purposes of the processing, is likely to result in a high risk to the rights and freedoms of natural persons, the controller shall, prior to the processing, carry out an assessment of the impact of the envisaged processing operations on the protection of personal data. A single assessment may address a set of similar processing operations that present similar high risks. 2. The controller shall seek the advice of the data protection officer, where designated, when carrying out a data protection impact assessment. 3. A data protection impact assessment referred to in paragraph 1 shall in particular be required in the case of: a. a systematic and extensive evaluation of personal aspects relating to natural persons which is based on automated processing, including profiling, and on which decisions are based that produce legal effects concerning the natural person or similarly significantly affect the natural person; b. processing on a large scale of special categories of data referred to in Article 9（1）, or of personal data relating to criminal convictions and offences referred to in Article 10; or c. a systematic monitoring of a publicly accessible area on a large scale. 4. The supervisory authority shall establish and make public a list of the kind of processing operations which are subject to the requirement for a data protection impact assessment pursuant to paragraph 1. The supervisory authority shall communicate those lists to the Board referred to in Article 68. 5. The supervisory authority may also establish and make public a list of the kind of processing operations for which no data protection impact assessment is required. The supervisory authority shall communicate those lists to the Board. 6. Prior to the adoption of the lists referred to in paragraphs 4 and 5, the competent supervisory authority shall apply the consistency mechanism referred to in Article 63 where such lists involve processing activities which are related to the offering of goods or services to data subjects or to the monitoring of their behaviour in several Member States, or may substantially affect the free movement of personal data within the Union. 7. The assessment shall contain at least: a. a systematic description of the envisaged processing operations and the purposes of the processing, including, where applicable, the legitimate interest pursued by the controller; b. an assessment of the necessity and proportionality of the processing operations in relation to the purposes; c. an assessment of the risks to the rights and freedoms of data subjects referred to in paragraph 1; and d. the measures envisaged to address the risks, including safeguards, security measures and mechanisms to ensure the protection of personal data and to demonstrate compliance with this Regulation taking into account the rights and legitimate interests of data subjects and other persons concerned. 8. Compliance with approved codes of conduct referred to in Article 40 by the relevant controllers or processors shall be taken into due account in assessing the impact of the processing operations performed by such controllers or processors, in particular for the purposes of a data protection impact assessment. 9. Where appropriate, the controller shall seek the views of data subjects or their representatives on the intended processing, without prejudice to the protection of commercial or public interests or the security of processing operations. 10. Where processing pursuant to point（c）or（e）of Article 6（1）has a legal basis in Union law or in the law of the Member State to which the controller is subject, that law regulates the specific processing operation or set of operations in question, and a data protection impact assessment has already been carried out as part of a general impact assessment in the context of the adoption of that legal basis, paragraphs 1 to 7 shall not apply unless Member States deem it to be necessary to carry out such an assessment prior to processing activities. 11. Where necessary, the controller shall carry out a review to assess if processing is performed in accordance with the data protection impact assessment at least when there is a change of the risk represented by processing operations.

巴西：国家可要求数据控制者准备数据保护影响评估，包括与其数据处理操作有关的敏感数据，并适当考虑商业和工业机密。考虑到本法的主要规定，影响评估报告应至少描述收集的数据类型、收集和保证信息安全的方法，以及控制器对所采取的措施、保障措施和风险缓解机制的分析。①

第五十八条　【平台服务个人信息处理者的义务】提供重要互联网平台服务、用户数量巨大、业务类型复杂的个人信息处理者，应当履行下列义务：

（一）按照国家规定建立健全个人信息保护合规制度体系，成立主要由外部成员组成的独立机构对个人信息保护情况进行监督；

（二）遵循公开、公平、公正的原则，制定平台规则，明确平台内产品或者服务提供者处理个人信息的规范和保护个人信息的义务；

（三）对严重违反法律、行政法规处理个人信息的平台内的产品或者服务提供者，停止提供服务；

（四）定期发布个人信息保护社会责任报告，接受社会监督。

---

① *Art*. 38. *Lei Geral de Proteção de Dados*（*LGPD*）：The supervisory authority may require the controller to prepare a data protection impact assessment, including sensitive data, relating to its data processing operations, as provided for by the regulations, with due regard for trade and industrial secrets. Sole paragraph. With due regard for the provisions in the main provision of this article, the report shall contain at least a description of the types of data collected, the methodology used for collection and as guarantee of security of the information, and an analysis of the controller in relation to the measures, safeguards and risk mitigation mechanisms adopted.

【域外法参考】

欧盟：定义：

就本条例而言，适用以下定义：

（1）“守门人”是指根据第 3 条规定指定的核心平台服务提供者。

（2）“核心平台服务”是指以下任何一项：

（a）在线中介服务；

（b）在线搜索引擎；

（c）在线社交网络服务；

（d）视频分享平台服务；

（e）号码独立的人际沟通服务；

（f）操作系统；

（g）云计算服务；

（h）广告服务，包括第（a）至（g）项所列的任何核心平台服务提供者提供的任何广告网络、广告交易和任何其他广告中介服务。①

指定守门人：

1. 在下列情况下，核心平台服务的提供者应被认定为守门人：

（a）对内部市场有重大影响；

（b）运营核心平台服务，作为企业用户接触终端用户的重要门户；和

（c）它在其业务中享有根深蒂固和持久的地位，或者可以预见它将在

---

① *Art.* 2 *Digital Markets Act*: For the purposes of this Regulation, the following definitions apply: (1) “Gatekeeper” means a provider of core platform services designated pursuant to Article 3; (2) “Core platform service” means any of the following: (a) online intermediation services; (b) online search engines; (c) online social networking services; (d) video-sharing platform services; (e) number-independent interpersonal communication services; (f) operating systems; (g) cloud computing services; (h) advertising services, including any advertising networks, advertising exchanges and any other advertising intermediation services, provided by a provider of any of the core platform services listed in points (a) to (g). 原文来源于：https://eur-lex.europa.eu/legal-content/en/TXT/?uri=COM%3A2020%3A842%3AFIN，内容由编者翻译整理。下文不再特别说明。

不久的将来享有这样的地位。

2. 核心平台服务的提供者应推定满足：

（a）第1点（a）项中的要求，如果其所属的企业在过去三个财政年度内的EEA年营业额达到或超过65亿欧元，或者平均市值或同等公平市场价值其所属企业在上一财政年度至少达到650亿欧元，并在至少三个成员国提供核心平台服务。

（b）第1点（b）项的要求是指，在上一财政年度其提供的核心平台服务在欧盟设立或位于欧盟的月活跃终端用户超过4500万，在欧盟设立的年活跃商业用户超过10000个，就第一项而言，月活跃终端用户应指上一财政年度大部分时间内的月活跃终端用户的平均数量。

（c）第1点（c）项的要求，其中（b）项的门槛在过去三个财政年度中的每一年均已达到。

3. 核心平台服务提供者满足第2款所有门槛的，应在满足门槛后3个月内通知委员会，并向其提供第2款确定的相关信息。该通知应包括相关信息。第2段中针对供应商的每项核心平台服务确定的信息，这些信息符合第2段（b）项中的阈值。每当其他核心平台服务单独达到第2点（b）中的阈值时，应更新通知。

核心平台服务的相关提供者未能根据本款通知所需信息，并不妨碍委员会在任何时候根据第4款指定这些提供者为守门人。

4. 委员会应在收到第3款所述的完整信息后的最迟60天内，毫不拖延地指定满足第2款所有门槛的核心平台服务提供商作为看门人，除非该提供商符合其通知提出了充分证实的论据，以证明在相关核心平台服务运行的情况下，并考虑到第6段中列出的要素，提供者不满足第1段的要求。

如果守门人提出此类充分证实的论据以证明其不满足第1段的要求，

则委员会应用第6段来评估是否满足第1段中的标准。[①]

守门人的义务：

对于根据第3条第7款确定的每项核心平台服务，看门人应：

（a）避免将源自这些核心平台服务的个人数据与来自守门人提供的任何其他服务的个人数据或来自第三方服务的个人数据相结合，并避免将最终用户登录到守门人的其他服务中合并个人数据，除非已向最终用户提供了特定的选择并在法规（EU）2016/679的意义上提供了同意；

（b）允许商业用户通过第三方在线中介服务以不同于通过守门人的在线中介服务提供的价格或条件向最终用户提供相同的产品或服务；

（c）允许商业用户向通过核心平台服务获得的最终用户推广优惠，并与这些最终用户签订合同，无论他们是否为此目的使用看门人的核心平台服务，并允许最终用户通过看门人的核心平台服务，通过业务用户的软件应用程序访问和使用内容、订阅、功能或其他项目，这些项目已被最终用户从相关业务用户处获得，而没有使用核心看门人的平台服务；

---

① *Art.* 3 *Digital Markets Act*：1. A provider of core platform services shall be designated as gatekeeper if：（a）it has a significant impact on the internal market；（b）it operates a core platform service which serves as an important gateway for business users to reach end users；and（c）it enjoys an entrenched and durable position in its operations or it is foreseeable that it will enjoy such a position in the near future. 2. A provider of core platform services shall be presumed to satisfy：（a）the requirement in paragraph 1 point（a）where the undertaking to which it belongs achieves an annual EEA turnover equal to or above EUR 6. 5 billion in the last three financial years, or where the average market capitalisation or the equivalent fair market value of the undertaking to which it belongs amounted to at least EUR 65 billion in the last financial year, and it provides a core platform service in at least three Member States；（b）the requirement in paragraph 1 point（b）where it provides a core platform service that has more than 45 million monthly active end users established or located in the Union and more than 10 000 yearly active business users established in the Union in the last financial year；for the purpose of the first subparagraph, monthly active end users shall refer to the average number of monthly active end users throughout the largest part of the last financial year；（c）the requirement in paragraph 1 point（c）where the thresholds in point（b）were met in each of the last three financial years. 3. Where a provider of core platform services meets all the thresholds in paragraph 2, it shall notify the Commission thereof within three months after those thresholds are satisfied and provide it with the relevant information identified in paragraph 2. That notification shall include the relevant information identified in paragraph 2 for each of the core platform services of the provider that meets the thresholds in paragraph 2 point（b）. The notification shall be updated whenever other core platform services individually meet the thresholds in paragraph 2 point（b）. A failure by a relevant provider of core platform services to notify the required information pursuant to this paragraph shall not prevent the Commission from designating these providers as gatekeepers pursuant to paragraph 4 at any time. 4. The Commission shall, without undue delay and at the latest 60 days after receiving the complete information referred to in paragraph 3, designate the provider of core platform services that meets all the thresholds of paragraph 2 as a gatekeeper, unless that provider, with its notification, presents sufficiently substantiated arguments to demonstrate that, in the circumstances in which the relevant core platform service operates, and taking into account the elements listed in paragraph 6, the provider does not satisfy the requirements of paragraph 1. Where the gatekeeper presents such sufficiently substantiated arguments to demonstrate that it does not satisfy the requirements of paragraph 1, the Commission shall apply paragraph 6 to assess whether the criteria in paragraph 1 are met.

（d）避免阻止或限制商业用户向任何相关公共当局提出与任何守门人做法有关的问题；

（e）在商业用户使用网守核心平台服务提供的服务的背景下，避免要求商业用户使用、提供或互操作网守的身份识别服务；

（f）避免要求商业用户或最终用户订阅或注册根据第3条确定的或符合第3（2）（b）条中的门槛的任何其他核心平台服务作为访问、注册或注册到根据该条确定的任何核心平台服务；

（g）应其向其提供广告服务的广告商和出版商的要求，提供有关广告商和出版商为发布特定广告而支付的价格以及支付给出版商的金额或报酬的信息，以及对于守门人提供的每项相关广告服务。[①]

可进一步确定的守门人义务：

1. 对于根据第3条第7款确定的每项核心平台服务，看门人应：

（a）避免使用与商业用户竞争的任何非公开数据，这些数据是通过这些商业用户（包括这些商业用户的最终用户）在其核心平台服务的活动中产生的或由这些商业用户提供的其核心平台服务或由这些业务用户的最终用户；

（b）允许最终用户在其核心平台服务上卸载任何预安装的软件应用程序，而不会影响网守限制此类卸载与操作系统运行必不可少的软件应用程

---

① *Art. 5 Digital Markets Act*: In respect of each of its core platform services identified pursuant to Article 3（7）, a gatekeeper shall:（a） refrain from combining personal data sourced from these core platform services with personal data from any other services offered by the gatekeeper or with personal data from third-party services, and from signing in end users to other services of the gatekeeper in order to combine personal data, unless the end user has been presented with the specific choice and provided consent in the sense of Regulation（EU）2016/679;（b） allow business users to offer the same products or services to end users through third party online intermediation services at prices or conditions that are different from those offered through the online intermediation services of the gatekeeper;（c） allow business users to promote offers to end users acquired via the core platform service, and to conclude contracts with these end users regardless of whether for that purpose they use the core platform services of the gatekeeper or not, and allow end users to access and use, through the core platform services of the gatekeeper, content, subscriptions, features or other items by using the software application of a business user, where these items have been acquired by the end users from the relevant business user without using the core platform services of the gatekeeper;（d） refrain from preventing or restricting business users from raising issues with any relevant public authority relating to any practice of gatekeepers;（e） refrain from requiring business users to use, offer or interoperate with an identification service of the gatekeeper in the context of services offered by the business users using the core platform services of that gatekeeper;（f） refrain from requiring business users or end users to subscribe to or register with any other core platform services identified pursuant to Article 3 or which meets the thresholds in Article 3（2）（b） as a condition to access, sign up or register to any of their core platform services identified pursuant to that Article;（g） provide advertisers and publishers to which it supplies advertising services, upon their request, with information concerning the price paid by the advertiser and publisher, as well as the amount or remuneration paid to the publisher, for the publishing of a given ad and for each of the relevant advertising services provided by the gatekeeper.

序相关的可能性或设备的，并且在技术上不能由第三方独立提供；

（c）允许安装和有效使用该网守的操作系统或与之互操作的第三方软件应用程序或软件应用程序商店，并允许通过其核心平台服务以外的方式访问这些软件应用程序或软件应用程序商店。不得阻止网守采取相应措施，确保第三方软件应用程序或软件应用商店不会危及网守提供的硬件或操作系统的完整性；

（d）与第三方的类似服务或产品相比，在对守门人本身或属于同一企业的任何第三方提供的服务和产品进行排名时，避免给予更优惠的待遇，并对此类排名适用公平和非歧视性条件；

（e）避免在技术上限制最终用户在不同的软件应用程序和服务之间切换和订阅使用网守操作系统访问的能力，包括为最终用户选择互联网接入提供商；

（f）允许商业用户和辅助服务提供商访问和互操作相同的操作系统、硬件或软件功能，这些操作系统、硬件或软件功能在提供任何辅助服务的看门人时可用或使用；

（g）应广告商和出版商的要求，免费向他们提供看门人的绩效衡量工具以及广告商和出版商对广告库存进行独立验证所需的信息；

（h）为通过业务用户或最终用户的活动生成的数据提供有效的可移植性，特别是应根据欧盟 2016/679 法规，为最终用户提供工具以促进数据可移植性的实施，包括提供连续和实时访问；

（i）免费为商业用户或商业用户授权的第三方提供有效、高质量、持续和实时的访问和使用聚合或非聚合数据，这些数据是在这些业务用户以及最终用户使用这些业务用户提供的产品或服务的相关核心平台服务的使用背景；对于个人数据，仅在与最终用户就相关商业用户通过相关核心平台服务提供的产品或服务实现的使用直接相关的情况下提供访问和使用，并且当最终用户选择参与此类共享时获得法规（EU）2016/679 意义上的同意；

（j）应任何第三方在线搜索引擎提供商的要求，向其提供以公平、合理和非歧视性条款访问排名、查询、点击和查看与最终用户生成的免费和付费搜索相关的数据的权限看门人的在线搜索引擎，对构成个人数据的查询、点击和查看数据进行匿名处理；

（k）对企业用户按照本条例第 3 条指定的软件应用商店适用公平和非歧视性的一般访问条件。

2. 就第 1 款（a）点而言，非公开数据应包括商业用户生成的任何汇总和非汇总数据，这些数据可以从业务用户或其商业活动中推断或收集。客户在看门人的核心平台服务。①

① *Art. 6 Digital Markets Act*：1. In respect of each of its core platform services identified pursuant to Article 3（7），a gatekeeper shall：（a） refrain from using，in competition with business users，any data not publicly available，which is generated through activities by those business users，including by the end users of these business users，of its core platform services or provided by those business users of its core platform services or by the end users of these business users；（b） allow end users to un-install any pre-installed software applications on its core platform service without prejudice to the possibility for a gatekeeper to restrict such un-installation in relation to software applications that are essential for the functioning of the operating system or of the device and which cannot technically be offered on a standalone basis by third-parties；（c） allow the installation and effective use of third party software applications or software application stores using，or interoperating with，operating systems of that gatekeeper and allow these software applications or software application stores to be accessed by means other than the core platform services of that gatekeeper. The gatekeeper shall not be prevented from taking proportionate measures to ensure that third party software applications or software application stores do not endanger the integrity of the hardware or operating system provided by the gatekeeper；（d） refrain from treating more favourably in ranking services and products offered by the gatekeeper itself or by any third party belonging to the same undertaking compared to similar services or products of third party and apply fair and non-discriminatory conditions to such ranking；（e） refrain from technically restricting the ability of end users to switch between and subscribe to different software applications and services to be accessed using the operating system of the gatekeeper，including as regards the choice of Internet access provider for end users；（f） allow business users and providers of ancillary services access to and interoperability with the same operating system，hardware or software features that are available or used in the provision by the gatekeeper of any ancillary services；（g） provide advertisers and publishers，upon their request and free of charge，with access to the performance measuring tools of the gatekeeper and the information necessary for advertisers and publishers to carry out their own independent verification of the ad inventory；（h） provide effective portability of data generated through the activity of a business user or end user and shall，in particular，provide tools for end users to facilitate the exercise of data portability，in line with Regulation EU 2016/679，including by the provision of continuous and real-time access ；（i） provide business users，or third parties authorised by a business user，free of charge，with effective，high-quality，continuous and real-time access and use of aggregated or non-aggregated data，that is provided for or generated in the context of the use of the relevant core platform services by those business users and the end users engaging with the products or services provided by those business users；for personal data，provide access and use only where directly connected with the use effectuated by the end user in respect of the products or services offered by the relevant business user through the relevant core platform service，and when the end user opts in to such sharing with a consent in the sense of the Regulation（EU） 2016/679；（j） provide to any third party providers of online search engines，upon their request，with access on fair，reasonable and non-discriminatory terms to ranking，query，click and view data in relation to free and paid search generated by end users on online search engines of the gatekeeper，subject to anonymisation for the query，click and view data that constitutes personal data；（k） apply fair and non-discriminatory general conditions of access for business users to its software application store designated pursuant to Article 3 of this Regulation. 2. For the purposes of point（a）of paragraph 1 data that is not publicly available shall include any aggregated and non-aggregated data generated by business users that can be inferred from，or collected through，the commercial activities of business users or their customers on the core platform service of the gatekeeper.

加拿大：隐私保护专员可

（a）要求运营经批准的认证计划的实体向专员提供与该计划相关的信息；

（b）与运营经批准的认证计划的实体合作，以行使专员的权力并履行专员在本法下的职责和职能；

（c）根据条例，如果专员认为该组织在该情况和标准规定的情况下撤销该组织的认证，则向实施经批准的认证计划的实体提出建议不符合计划的要求；

（d）根据第 115 条订立的协议或安排，向竞争专员披露与运营经批准的认证计划的实体或根据经批准的认证计划获得认证的组织有关的信息；

（e）根据条例，在规定的情况和标准下撤销对认证计划的批准；或者

（f）就业务守则或认证计划与联邦政府机构进行协商。①

第六十六条　【个人信息处理者的法律责任】 违反本法规定处理个人信息，或者处理个人信息未履行本法规定的个人信息保护义务的，由履行个人信息保护职责的部门责令改正，给予警告，没收违法所得，对违法处理个人信息的应用程序，责令暂停或者终止提供服务；拒不改正的，并处一百万元以下罚

① *Art.* 81 *The Consumer Privacy Protection Act*（*CPPA*）: Powers of Commissioner 81 The Commissioner may（a）request that an entity that operates an approved certification program provide the Commissioner with information that relates to the program;（b）cooperate with an entity that operates an approved certification program for the purpose of the exercise of the Commissioner's powers and the performance of the Commissioner's duties and functions under this Act;（c）in accordance with the regulations, recommend to an entity that operates an approved certification program that an organization's certification be withdrawn, in the circumstances and according to the criteria set out in the regulations, if the Commissioner is of the opinion that the organization is not in compliance with the requirements of the program;（d）disclose information to the Commissioner of Competition, under an agreement or arrangement entered into under section 115, that relates to an entity that operates an approved certification program or an organization that is certified under an approved certification program;（e）in accordance with the regulations, revoke an approval of a certification program in the circumstances and according to the criteria set out in the regulations; or（f）consult with federal government institutions respecting codes of practice or certification programs.

款；对直接负责的主管人员和其他直接责任人员处一万元以上十万元以下罚款。

有前款规定的违法行为，情节严重的，由省级以上履行个人信息保护职责的部门责令改正，没收违法所得，并处五千万元以下或者上一年度营业额百分之五以下罚款，并可以责令暂停相关业务或者停业整顿、通报有关主管部门吊销相关业务许可或者吊销营业执照；对直接负责的主管人员和其他直接责任人员处十万元以上一百万元以下罚款，并可以决定禁止其在一定期限内担任相关企业的董事、监事、高级管理人员和个人信息保护负责人。

【域外法参考】

欧盟：1. 每个监管机构应当确保在每个个案中根据本条规定对违反本条例第4、5和6款规定的违法行为所处以的行政罚款是有效、适当且具有告诫性的。

2. 应当根据个案的情况在采取第58条第2款第（a）至（h）项和第（j）项的措施的同时附加罚款或者是将其作为上述措施的替代。在个案中决定是否处以行政罚款以及罚款的数额时应当注意以下因素：

（a）违法行为的性质、严重性和持续时间，考虑所涉处理的性质、范围或目的，以及受影响的数据主体的数量与其遭受损失的程度；

（b）违法行为是基于故意还是过失；

（c）数据控制者或处理者为减轻数据主体遭受的损失而采取的任何措施；

（d）数据控制者或处理者的责任轻重程度，考虑其根据第25条和第32条实施的技术和组织性措施；

（e）数据控制者或处理者此前是否有过任何相关的违法行为；

（f）为纠正违法行为和减轻违法行为可能会带来的不利影响，与监管机构的合作程度；

（g）受违法行为影响的个人数据的种类；

（h）监管机构获知违法行为的方式，尤其是数据控制者或处理者是否主动告知违法行为，以及如果是，则其告知到了何种程度；

（i）如果之前就已经因相同事项对数据控制者或处理者采取了第58条第2款的措施，这些措施的遵守情况如何；

（j）对第40条规定所认可的行为准则或第42条规定所认可的认证机制的遵守情况；

（k）任何其他适用于该个案情形的加重或减轻情节，例如直接或间接地通过违法行为所获得的经济利益或所避免的损失。

3. 如果数据控制者或处理者故意地或过失地基于相同的或相关的处理操作，违反了本条例的多条规定对其施加的行政罚款的总数不得超过最严重违法行为的特定数额。

4. 违反以下规定，应当按照本条第2款的规定处以10,000,000欧元的行政罚款，或相对人是企业时则处以其上一财政年度全球营业总额2%的行政罚款，二者竞合取较高者：

（a）第8、11、25、26、27、28、29、30、31、32、33、34、35、36、37、38、39、42和43条规定的数据控制者和处理者的义务；

（b）第42条和第43条规定的认证机构的义务；

（c）第41条第4款规定的监管机构的义务。

5. 违反以下规定，应当按照本条第2款的规定，处以20,000,000欧元的行政罚款，或相对人是企业时则处以其上一财政年度全球营业总额4%的行政罚款，二者竞合取较高者：

（a）第5、6、7和9条规定的数据处理的基本原则，包括同意的条件；

（b）第12到22条规定的数据主体的权利；

（c）第44到49条中对向第三国或国际组织转移个人数据的规定；

（d）根据第九章的规定正式通过的成员国法律所规定的义务；

（e）未遵守监管机构根据第 58 条第 2 款的规定所作出暂停数据流动的命令或者临时或最终的处理限制，或违反第 58 条第 1 款的规定未提供访问。

6. 未遵守监管机构根据第 58 条第 2 款规定所作出命令的，按照本条第 2 款的规定，应当被处以 20000000 欧元的行政罚款，或相对人是企业则处以其上一财政年度全球营业总额 4%的行政罚款，二者竞合取较高者。①

---

① *Art.* 83 *General Data Protection Regulation*（*GDPR*）: 1. Each supervisory authority shall ensure that the imposition of administrative fines pursuant to this Article in respect of infringements of this Regulation referred to in paragraphs 4, 5 and 6 shall in each individual case be effective, proportionate and dissuasive. 2. Administrative fines shall, depending on the circumstances of each individual case, be imposed in addition to, or instead of, measures referred to in points (a) to (h) and (j) of Article 58 (2). When deciding whether to impose an administrative fine and deciding on the amount of the administrative fine in each individual case due regard shall be given to the following: a. the nature, gravity and duration of the infringement taking into account the nature scope or purpose of the processing concerned as well as the number of data subjects affected and the level of damage suffered by them; b. the intentional or negligent character of the infringement; c. any action taken by the controller or processor to mitigate the damage suffered by data subjects; d. the degree of responsibility of the controller or processor taking into account technical and organisational measures implemented by them pursuant to Articles 25 and 32; e. any relevant previous infringements by the controller or processor; f. the degree of cooperation with the supervisory authority, in order to remedy the infringement and mitigate the possible adverse effects of the infringement; g. the categories of personal data affected by the infringement; h. the manner in which the infringement became known to the supervisory authority, in particular whether, and if so to what extent, the controller or processor notified the infringement; i. where measures referred to in Article 58 (2) have previously been ordered against the controller or processor concerned with regard to the same subject-matter, compliance with those measures; j. adherence to approved codes of conduct pursuant to Article 40 or approved certification mechanisms pursuant to Article 42; and k. any other aggravating or mitigating factor applicable to the circumstances of the case, such as financial benefits gained, or losses avoided, directly or indirectly, from the infringement. 3. If a controller or processor intentionally or negligently, for the same or linked processing operations, infringes several provisions of this Regulation, the total amount of the administrative fine shall not exceed the amount specified for the gravest infringement. 4. Infringements of the following provisions shall, in accordance with paragraph 2, be subject to administrative fines up to 10 000 000 EUR, or in the case of an undertaking, up to 2 % of the total worldwide annual turnover of the preceding financial year, whichever is higher: a. the obligations of the controller and the processor pursuant to Articles 8, 11, 25 to 39 and 42 and 43; b. the obligations of the certification body pursuant to Articles 42 and 43; c. the obligations of the monitoring body pursuant to Article 41 (4). 5. Infringements of the following provisions shall, in accordance with paragraph 2, be subject to administrative fines up to 20 000 000 EUR, or in the case of an undertaking, up to 4 % of the total worldwide annual turnover of the preceding financial year, whichever is higher: a. the basic principles for processing, including conditions for consent, pursuant to Articles 5, 6, 7 and 9; b. the data subjects' rights pursuant to Articles 12 to 22; c. the transfers of personal data to a recipient in a third country or an international organisation pursuant to Articles 44 to 49; d. any obligations pursuant to Member State law adopted under Chapter IX; e. non-compliance with an order or a temporary or definitive limitation on processing or the suspension of data flows by the supervisory authority pursuant to Article 58 (2) or failure to provide access in violation of Article 58 (1). 6. Non-compliance with an order by the supervisory authority as referred to in Article 58 (2) shall, in accordance with paragraph 2 of this Article, be subject to administrative fines up to 20 000 000 EUR, or in the case of an undertaking, up to 4 % of the total worldwide annual turnover of the preceding financial year, whichever is higher.

巴西：规定了个人信息处理者在违反 LGPD 情况下的行政责任："数据处理机构违反本法规定的，应当受到监督机关适用的下列行政处罚：（1）警告，并注明采取纠正措施的期限；（2）巴西境内法人实体、集团或企业集团在其上一财政年度销售收入的 2%，不包括税收，单次罚款最高可达五千万雷亚尔（R$ 50,000,000.00）；（3）每日罚款，并适当考虑到第 2 项、第 4 项所述的总限额；（4）在对该违规行为进行适当调查，并确认发生后立即公布；（5）冻结与该违规行为相关的个人资料，直至其正规化；（6）删除与违规行为有关的个人资料。"①

澳大利亚：在以下情况下，实体违反本款：（a）该实体作出或从事严重干涉个人隐私的行为；或者（b）该实体反复做出干涉一个或多个个人隐私的行为或实践。

民事处罚：2000 个处罚单位。②

加拿大：

1. 处罚决定：仲裁庭可以通过命令对一个组织施加惩罚，如果隐私保护专员根据第 93 条第 4 款提交与该组织有关的决定的副本，或仲裁庭因为专员的决定不推荐在上诉时建议对该组织施加处罚；该组织和专员有机会作出陈述；且仲裁庭确定施加处罚是适当的。

2. 调查结果：在决定对一个组织施加惩罚是否适当时，如果仲裁庭在上诉时用自己的调查结果代替专员的调查结果，则其必须依赖专员根据第

---

① *Art*. 52. *Lei Geral de Proteção de Dados*（*LGPD*）：The data processing agents, in connection with any infractions of the rules established in this Law, shall be subject to the following administrative penalties applicable by the supervisory authority：I. – warning, with indication of a term for adoption of corrective measures; II. – simple fine of up to two percent（2%）of the sales revenue of the legal entity of private law, group or conglomerate in Brazil in its last fiscal year, excluding taxes, limited, in the aggregate, to fifty million Reais（R$ 50,000,000.00）per infraction; III. – daily fine, with due regard for the total limit referred to in item II; IV. – disclosure of the infraction after it has been duly investigated and its occurrence has been confirmed; V. – blockage of the personal data to which the infraction relates, until regularization thereof; VI. – elimination of the personal data to which the infraction relates.

② *Art*. 13*G The Privacy Act*（*PA*）：Serious and repeated interferences with privacy. An entity contravenes this subsection if：（a）the entity does an act, or engages in a practice, that is a serious interference with the privacy of an individual; or（b）the entity repeatedly does an act, or engages in a practice, that is an interference with the privacy of one or more individuals. Civil penalty：2,000 penalty units.

92 条第 1 款就该组织作出的决定中所载的调查结果或仲裁庭自己的调查结果。

3. 限制：如果该组织已就构成作为或不作为的违法而提起诉讼，或者如果该组织确定其为防止违反行为而进行了尽职调查，则仲裁庭不得就该组织的违反行为对其施加惩罚。

4. 最高罚款：所有违反建议的行为的最高处罚金额为 1000 万美元，不低于该组织在实施处罚前财政年度全球总收入的 3%。

5. 要考虑的因素：在确定对一个组织施加处罚是否适当以及确定处罚金额时，仲裁庭必须考虑以下因素：第 93（2）款规定的因素、该组织支付罚款的能力以及支付罚款对该组织开展业务的能力可能产生的影响、该组织从违规行为中获得的任何经济利益。

6. 处罚目的：处罚的目的是促进遵守本法而不是惩罚。[①]

---

① *Art.* 94 *The Consumer Privacy Protection Act*（*CPPA*）（1）Imposition of penalty: The Tribunal may, by order, impose a penalty on an organization if（a） the Commissioner files a copy of a decision in relation to the organization in accordance with subsection 93（4）or the Tribunal, on appeal, substitutes its own decision to recommend that a penalty be imposed on the organization for the Commissioner's decision not to recommend;（b） the organization and the Commissioner are given the opportunity to make representations; and（c） the Tribunal determines that imposing the penalty is appropriate.（2） Findings: In determining whether it is appropriate to impose a penalty on an organization, the Tribunal must rely on the findings set out in the decision that is rendered by the Commissioner under subsection 92（1）in relation to the organization or on the Tribunal's own findings if, on appeal, it substitutes its own findings for those of the Commissioner.（3） Limitations: The Tribunal must not impose a penalty on an organization in relation to a contravention if a prosecution for the act or omission that constitutes the contravention has been instituted against the organization or if the organization establishes that it exercised due diligence to prevent the contravention.（4） Maximum penalty: The maximum penalty for all the contraventions in a recommendation taken together is the higher of $10,000,000 and 3% of the organization's gross global revenue in its financial year before the one in which the penalty is imposed.（5） Factors to consider: In determining whether it is appropriate to impose a penalty on an organization and in determining the amount of a penalty, the Tribunal must take the following factors into account:（a） the factors set out in subsection 93（2）;（b） the organization's ability to pay the penalty and the likely effect of paying it on the organization's ability to carry on its business; and（c） any financial benefit that the organization obtained from the contravention.（6） Purpose of penalty: The purpose of a penalty is to promote compliance with this Act and not to punish.

第七十三条　【用语定义】 本法下列用语的含义：

（一）个人信息处理者，是指在个人信息处理活动中自主决定处理目的、处理方式的组织、个人。

（二）自动化决策，是指通过计算机程序自动分析、评估个人的行为习惯、兴趣爱好或者经济、健康、信用状况等，并进行决策的活动。

（三）去标识化，是指个人信息经过处理，使其在不借助额外信息的情况下无法识别特定自然人的过程。

（四）匿名化，是指个人信息经过处理无法识别特定自然人且不能复原的过程。

【域外法参考】

欧盟： 定义：

……

（4）“用户画像”是指对个人数据进行的任何自动化形式的处理，包括使用个人数据来评估与自然人有关的某些个人方面，特别是分析或预测与该自然人在工作、经济状况、健康、个人方面的表现有关的偏好、兴趣、可靠性、行为、位置或行踪；①

（5）“假名化机制”是指以如下方式处理个人数据，即在不使用附加信息的情况下，个人数据不能再归属于特定数据主体，前提是此类附加信息单独保存并受技术和组织措施的约束确保个人数据不属于已识别或可识

---

① *Art.* 4 *General Data Protection Regulation* (*GDPR*): 4. “profiling” means any form of automated processing of personal data consisting of the use of personal data to evaluate certain personal aspects relating to a natural person, in particular to analyse or predict aspects concerning that natural person's performance at work, economic situation, health, personal preferences, interests, reliability, behaviour, location or movements.

别的自然人;①

……

(7)“数据控制者”是指单独或与他人共同确定个人数据处理的目的和方式的自然人、法人、公共权力机关、代理机构或其他机构；如果此类处理的目的和方式由欧盟或成员国法律确定，则控制者或其提名的具体标准可能由欧盟或成员国法律规定;②

(8)“数据处理者”是指代表数据控制者处理个人数据的自然人、法人、公共权力机关、代理机构或其他机构。③

GDPR 序言第 26 条：

因此，该数据保护的原则不适用匿名化信息，即已识别或可识别的自然人无关的信息或者以数据主体不可识别或不再可识别的方式匿名呈现的数据。④

新加坡：对该法中提到的概念进行了详细而全面的规定：“除非上下文另有要求，在本法案中对各名词解释如下：‘咨询委员会’指根据第 7 条指定的咨询委员会；‘上诉委员会’指根据第 48 条组成的数据保护上诉委员会；‘上诉小组’指根据第 48 条设立的数据保护上诉委员会；‘指定日期’指第三至第六部分的开始日期；‘授权官员’指一个人行使权力或

---

① *Art.* 4 *General Data Protection Regulation* (*GDPR*): 5. “pseudonymisation” means the processing of personal data in such a manner that the personal data can no longer be attributed to a specific data subject without the use of additional information, provided that such additional information is kept separately and is subject to technical and organisational measures to ensure that the personal data are not attributed to an identified or identifiable natural person.

② *Art.* 4 *General Data Protection Regulation* (*GDPR*): 7. “controller” means the natural or legal person, public authority, agency or other body which, alone or jointly with others, determines the purposes and means of the processing of personal data; where the purposes and means of such processing are determined by Union or Member State law, the controller or the specific criteria for its nomination may be provided for by Union or Member State law.

③ *Art.* 4 *General Data Protection Regulation* (*GDPR*): 8. “processor” means a natural or legal person, public authority, agency or other body which processes personal data on behalf of the controller.

④ *Recitals* (26) *General Data Protection Regulation* (*GDPR*): The principles of data protection should therefore not apply to anonymous information, namely information which does not relate to an identified or identifiable natural person or to personal data rendered anonymous in such a manner that the data subject is not or no longer identifiable.

履行功能或义务的规定；‘权威’是指根据《2016年信息通信媒体发展管理局法》建立的信息通信媒体发展管理局；……‘数据中介’指代表另一组织处理个人数据，但不包括该其他组织的雇员的组织；‘衍生个人资料’指一个组织在经营过程中拥有或控制的个人或其他个人的个人资料；‘用户活动数据’是指在使用相关服务时创建的个人数据；‘用户提供数据’是指个人向组织提供的个人数据。”①

---

① *Art2*, *Personal Data Protection ACT* (*PDPA*): — (1) In this Act, unless the context otherwise requires — [Deleted by Act 22 of 2016 wef 01/10/2016] "advisory committee" means an advisory committee appointe-dunder section 7; "Appeal Committee" means a Data Protection AppealCommittee constituted under section 48P (4), read with theSeventh Schedule; [Act 40 of 2020 wef 01/02/2021] "Appeal Panel" means the Data Protection Appeal Panelestablished by section 48P (1); [Act 40 of 2020 wef 01/02/2021] "appointed day" means the date of commencement of Parts III toVI; "authorised officer", in relation to the exercise of any power orperformance of any function or duty under any provision ofthis Act, means a person to whom the exercise of that poweror performance of that function or duty under that provisionhas been delegated under section 38 of the Info-communications Media Development Authority Act 2016; [Act 22 of 2016 wef 01/10/2016] "Authority" means the Info-communications MediaDevelopment Authority established by section 3 of theInfo-communications Media Development Authority Act2016; "benefit plan" means an insurance policy, a pension plan, an annuity, a provident fund plan or other similar plan; "business" includes the activity of any organisation, whether ornot carried on for purposes of gain, or conducted on a regular, repetitive or continuous basis, but does not include anindividual acting in his personal or domestic capacity; "business contact information" means an individual's name, position name or title, business telephone number, businessaddress, business electronic mail address or business faxnumber and any other similar information about theindividual, not provided by the individual solely for hispersonal purposes; [Deleted by Act 22 of 2016 wef 01/10/2016] "Chief Executive", in relation to the Authority, means the ChiefExecutive of the Authority appointed under section 40 (2) ofthe Info-communications Media Development Authority Act2016, and includes any individual acting in that capacity; [Act 22 of 2016 wef 01/10/2016] "Commission" means the person designated as the Personal Data Protection Commission under section 5 to beresponsible for the administration of this Act; [Act 22 of 2016 wef 01/10/2016] "Commissioner" means the Commissioner for Personal DataProtection appointed under section 8 (1) (a), and includes any Deputy Commissioner for Personal Data Protection orAssistant Commissioner for Personal Data Protection appoint-ed under section 8 (1) (b); [Act 22 of 2016 wef 01/10/2016] "credit bureau" means an organisation which — (a) provides credit reports for gain or profit; or (b) provides credit reports on a routine, non-profit basisas an ancillary part of a business carried on for gain orprofit; "credit report" means a communication, whether in writ-ten, oral or other form, provided to an organisation to assess thecreditworthiness of an individual in relation to a transactionbetween the organisation and the individual; "data intermediary" means an organisation which pro-cessespersonal data on behalf of another organisation but does notinclude an employee of that other organisation; "derived personal data" — (a) means personal data about an individual that isderived by an organisation in the course of businessfrom other personal data, about the individual oranother individual, in the possession or under thecontrol of the organisation; but (b) does not include personal data derived by theorganisation using any pre-scribed means or method; [Act 40 of 2020 wef 01/02/2021] "document" includes information recorded in any form; "domestic" means related to home or family; "education institution" means any organisation that pro-videseducation, including instruction, training or teaching, whether by itself or in association or collaboration with orby affiliation with any other person; "employee" includes a volunteer; "employment" includes working under an unpaid volunteerwork relationship; "evaluative purpose" means — (a) for the purpose of determining the suitability, eligibility or qualifications of the individual towhom the data relates — (i) for employment or for appointment to office; (ii) for promotion in employment or office or forcontinuance in employment (转下页注)

巴西：对该法中提到的概念进行了详细而全面的规定："本法的定义适用如下：I. 个人数据：与已识别或可识别的自然人有关的信息；II. 个人

接上页注①

or office；（iii）for removal from employment or office；（iv）for admission to an education institution；（v）for the awarding of contracts, awards, bursaries, scholarships, honours or othersimilar benefits；（vi）for selection for an athletic or artistic purpose；or （vii）for grant of financial or social assistance, or thedelivery of appropriate health services, underany scheme administered by a public agency；（b）for the purpose of determining whether any contract, award, bursary, scholarship, honour or other similar benefit should be continued, modified or cancelled；（c）for the purpose of deciding whether to insure anyindividual or property or to continue or renew theinsurance of any individual or property；or （d）for such other similar purposes as may be prescribedby the Minister；"individual" means a natural person, whether living or deceased；"inspector" means an individual appointed as an inspector undersection 8 （1）（b）；［Act 22 of 2016 wef 01/10/2016］"investigation" means an investigation relating to — （a）a breach of an agreement；（b）a contravention of any written law, or any rule ofprofessional conduct or other requirement imposedby any regulatory authority in exercise of its powersunder any written law；or （c）a circumstance or conduct that may result in a remedyor relief being available under any law；"national interest" includes national defence, national security, public security, the maintenance of essential services and theconduct of international affairs；"organisation" includes any individual, company, association or body of persons, corporate or unincorporated, whether ornot — （a）formed or recognised under the law of Singapore；or （b）resident, or having an office or a place of business, inSingapore；"personal data" means data, whether true or not, about anindividual who can be identified — （a）from that data；or （b）from that data and other information to which theorganisation has or is likely to have access；"prescribed healthcare body" means a healthcare body, prescribed for the purposes of the Second Schedule by theMinister charged with the responsibility for health；［Act 40 of 2020 wef 01/02/2021］"prescribed law enforcement agency" means an authority-charged with the duty of investigating offences or chargingoffenders under written law, prescribed for the purposes ofsections 21 （4）and 26D （6）and the Second Schedule by theMinister charged with the responsibility for that authority；［Act 40 of 2020 wef 01/02/2021］"private trust" means a trust for the benefit of one or moredesignated individuals who are friends, or members of thefamily, of the settlor；"proceedings" means any civil, criminal or administrativeproceedings by or before a court, tribunal or regulatoryauthority that is related to the allegation of — （a）a breach of an agreement；（b）a contravention of any written law or any rule ofprofessional conduct or other requirement imposedby any regulatory authority in exercise of its powersunder any written law；or （c）a wrong or a breach of a duty for which a remedy is claimed under any law；"processing", in relation to personal data, means the carrying outof any operation or set of operations in relation to thepersonal data, and includes any of the following：（a）recording；（b）holding；（c）organisation, adaptation or alteration；（d）retrieval；（e）combination；（f）transmission；（g）erasure or destruction；"public agency" includes —（a）the Government, including any ministry, department, agency, or organ of State；（b）any tribunal appointed under any written law；or （c）any statutory body specified under subsection （2）；"publicly available", in relation to personal data about anindividual, means personal data that is generally available tothe public, and includes personal data which can be observedby reasonably expected means at a location or an event —（a）at which the individual appears；and （b）that is open to the public；"relevant body" means the Commission, the Appeal Panel orany Appeal Committee；［Act 22 of 2016 wef 01/10/2016］"tribunal" includes a judicial or quasi-judicial body or adisciplinary, an arbitral or a mediatory body；［Act 40 of 2020 wef 01/02/2021］"user activity data", in relation to an organisation, meanspersonal data about an individual that is created in the courseor as a result of the individual's use of any product or service provided by the organisation；［Act 40 of 2020 wef 01/02/2021］"user-provided data", in relation to an organisation, meanspersonal data provided by an individual to the organisation. ［Act 40 of 2020 wef 01/02/2021］（2）The Minister may, by notification in the Gazette, specify any statutory body established under a public Act for a public function tobe a public agency for the purposes of this Act.

敏感数据：有关种族或民族出身、宗教信仰、公众舆论、加入工会或宗教、哲学或政治组织的个人数据，与自然人有关的健康或性生活有关的数据、遗传或生物特征数据；III. 匿名数据：在数据处理中使用合理技术手段无法识别数据主体的数据；IV. 数据库：在一个或多个地方建立的、电子或物质支持的、结构化的个人数据集合；V. 数据主体：处理个人数据的自然人；VI. 控制者：能够就个人数据处理作出决定的自然人或者其他受公法或私法管辖的法律实体；VII. 处理者：代表控制人处理个人数据的自然人或者其他受公法或私法管辖的法律实体；VIII. 数据保护官：由控制者任命的自然人，作为控制者与数据主体和国家机构之间的沟通渠道；IX. 处理代理人：控制者和处理者；X. 处理：适用个人数据进行的任何操作，例如收集、生产、接收、分类、使用、访问、复制、传输、分发、处理、归档、存储、删除、评估或控制信息、修改、通讯、转移、传播或提取；XI. 匿名化：通过处理时使用合理和现有的技术手段，使数据失去与个人直接或间接关联的可能性；XII. 同意：数据主体同意为特定目的处理其个人数据自由、知情和明确的声明；XIII. 阻止：通过保护个人数据或数据库而暂时中止任何数据处理操作活动；XIV. 删除：删去存储在数据库中的个人数据或数据集，无论使用何种处理程序；XV. 数据跨境传输：将个人数据传输到外国或该国所属的国际组织；XVI. 数据共享使用：公共机构和实体之间履行其法律职权，或与私人实体之间基于特定授权，或为这些公共实体允许的或私人实体之间的一种或多种数据处理类型，进行个人数据的通讯、传播、跨境传输、互联或个人数据库的共享处理；XVII. 数据保护影响评估：来自控制者的文件报告，其中包含可能对公民自由和基本权利构成风险的个人数据处理流程说明，以及降低风险的措施、保障和机制；XVIII. 研究机构：根据巴西法律合法组建的、直接或间接的公共行政机构或非营利性的私法法律实体，其总部设在巴西，在其机构使命或章程目标中包括了对历史、科学、技术或统计进行基础或应用研究的目的；XIX. 国家机构：负责监督、实施和执行本法的间接公共行政机构。"①

澳大利亚：去标识化：如果个人信息不再与可识别的个人或可合理识别的个人有关，则对个人信息进行去标识化。②

---

① *Art. 5. Lei Geral de Proteção de Dados* (*LGPD*): For purposes of this Law, the following definitions apply: I. -personal data: information related to an identified or identifiable a natural person; II. - sensitive personal data: personal data on racial or ethnic origin, religious belief, public opinion, affiliation to union or religious, philosophical or political organization, data relating to the health or sex life, genetic or biometric data, whenever related to a natural person; III. -anonymized data: data relating to an data subject who cannot be identified, considering the use of reasonable technical means available at the time of the processed thereof; - database: structured set of personal data, established in one or several sites, in electronic or physical support; V. - data subject: natural person to whom the personal data being processed refers; VI. - controller: natural person or legal entity, governed by public or private law, in charge of making decisions about the processing of personal data; VII. - processor: natural person or legal entity, governed by public or private law, which process personal data in the name of the controller; VIII. - data protection officer ("person in charge") : natural person appointed by the controller, who acts as a channel of communication between the controller and the data subjects and the supervisory authority, Autoridade Nacional de Proteção de Dados (ANPD); IX. - processing agents: the controller and the processor; X. - processing ("treatment"): any operation carried out with personal data, such as those that refer to the collection, production, receipt, classification, use, access, reproduction, transmission, distribution, processing, filing, storage, elimination, information evaluation or control, modification, communication, transfer, diffusion or extraction; XI. - anonymization: use of reasonable technical means available at the time of processing, by means of which the data loses the possibility of direct or indirect association to a natural person; XII. - consent: free, informed and unequivocal pronouncement by means of which the data subjects agree to the processing of their personal data for a specific purpose; XIII. - blocking: temporary suspension of any processing operation, by means of safekeeping of the personal data or database; XIV. - elimination: exclusion of data or of a group of data stored in a database, regardless of the procedure used; XV. - international transfer of data: transfer of personal data to a foreign country or international organism of which the country is a member; XVI. - shared use of data: communication, diffusion, international transfer, interconnection of personal data or shared processing of personal databases by public bodies and entities in the performance of their statutory duties, or between them and private entities, reciprocally, with specific authorization, for one or more processing modalities permitted by these public entities, orbetween private entities; XVII. - data protection impact assessment: documentation of the controller that contains a description of the personal data processing processes that could generate risks to the civil liberties and to the fundamental rights, as well as measures, safeguards and mechanisms to mitigate risks; XVIII. - research body: body or entity of the direct or indirect public administration or not-for-profit legal entity governed by private law organized under the Brazilian laws, with its headquarters in Brazil, that includes basic or applied research of a historical, scientific, technological or statistical character in its institutional mission or bylaws; XIX. - supervisory authority: body of the indirect public administration in charge of supervising, implementing and inspecting compliance with this Law in all Brazilian territory.

② *Art. 5 The Online Safety Act* (*OSA*) de-identified: personal information is de-identified if the information is no longer about (a) an identifiable individual or (b) an individual who is reasonably identifiable.

加拿大：定义：

业务联系信息是指用于与个人就其就业、业务或职业进行交流或促进交流的任何信息，例如个人姓名、职位名称或头衔、工作地址、工作电话号码、工作传真号码或工作电子地址。

……

个人健康信息，无论是生者还是死者，意味着

（a）有关个人身体或心理健康的信息；

（b）有关向个人提供的任何健康服务的信息；

（c）有关个人捐赠任何身体部位或任何身体物质的信息，或从测试或检查个人身体部位或身体物质中得出的信息；

（d）在向个人提供健康服务的过程中收集的信息；或者

（e）为向个人提供卫生服务而偶然收集的信息。

……

记录包括任何通信、备忘录、书籍、计划、地图、绘图、图表、图画或图形作品、照片、电影、缩微、录音、录像带、机器可读记录和任何其他文件材料，无论其物理形式或特征如何，以及任何这些东西的任何副本。[①]

自动化决策系统，是指使用基于规则的系统、回归分析、预测分析、

---

① *Art.* 2（1）*Personal Information Protection and Electronic Documents Act*: Business contact information means any information that is used for the purpose of communicating or facilitating communication with an individual in relation to their employment, business or profession such as the individual's name, position name or title, work address, work telephone number, work fax number or work electronic address... Personal health information, with respect to an individual, whether living or deceased, means (a) information concerning the physical or mental health of the individual; (b) information concerning any health service provided to the individual; (c) information concerning the donation by the individual of any body part or any bodily substance of the individual or information derived from the testing or examination of a body part or bodily substance of the individual; (d) information that is collected in the course of providing health services to the individual; or (e) information that is collected incidentally to the provision of health services to the individual... Record includes any correspondence, memorandum, book, plan, map, drawing, diagram, pictorial or graphic work, photograph, film, microform, sound recording, videotape, machine-readable record and any other documentary material, regardless of physical form or characteristics, and any copy of any of those things.

机器学习、深度学习和神经网络等技术来帮助或替代人类决策者判断的任何技术。

……

去标识化是指修改个人信息——或从个人信息中创建信息——通过使用技术流程来确保该信息不会识别个人身份或不能在合理可预见的情况下单独或与其他信息结合使用，以识别个人身份……①

① *Art. 2 The Consumer Privacy Protection Act* (*CPPA*) : Automated decision system means any technology that assists or replaces the judgement of human decision-makers using techniques such as rules-based systems, regression analysis, predictive analytics, machine learning, deep learning and neural nets. . . De-identify means to modify personal information — or create information from personal information — by using technical processes to ensure that the information does not identify an individual or could not be used in reasonably foreseeable circumstances, alone or in combination with other information, to identify an individual. . .

第三部分
《个人信息保护法》三次审议稿对照

《个人信息保护法》三次审议稿对照版

说明：

1. 加粗及下划线部分，系一审稿、二审稿、正式稿之间修改或增加的地方；

2. 加粗及波浪线部分，系一审稿、二审稿、正式稿之间删除的地方。

个人信息保护法（一审稿）	个人信息保护法（二审稿）	个人信息保护法（正式稿）
第一章　总　　则	第一章　总　　则	第一章　总　　则
第一条　为了保护个人信息权益，规范个人信息处理活动，**保障个人信息依法有序自由流动，**促进个人信息合理利用，制定本法。	**第一条**　为了保护个人信息权益，规范个人信息处理活动，促进个人信息合理利用，制定本法。	**第一条**　为了保护个人信息权益，规范个人信息处理活动，促进个人信息合理利用，**根据宪法，**制定本法。
第二条　自然人的个人信息受法律保护，任何组织、个人不得侵害自然人的个人信息权益。	**第二条**　自然人的个人信息受法律保护，任何组织、个人不得侵害自然人的个人信息权益。	**第二条**　自然人的个人信息受法律保护，任何组织、个人不得侵害自然人的个人信息权益。
第三条　组织、个人在中华人民共和国境内处理自然人个人信息的活动，适用本法。 在中华人民共和国境外处理中华人民共和国境内自然人个人信息的活动，有下列情形之一的，也适用本法： （一）以向境内自然人提供产品或者服务为目的； （二）为分析、评估境内自然人的行为； （三）法律、行政法规规定的其他情形。	**第三条**　**组织、个人**在中华人民共和国境内处理自然人个人信息的活动，适用本法。 在中华人民共和国境外处理中华人民共和国境内自然人个人信息的活动，有下列情形之一的，也适用本法： （一）以向境内自然人提供产品或者服务为目的； （二）分析、评估境内自然人的行为； （三）法律、行政法规规定的其他情形。	**第三条**　在中华人民共和国境内处理自然人个人信息的活动，适用本法。 在中华人民共和国境外处理中华人民共和国境内自然人个人信息的活动，有下列情形之一的，也适用本法： （一）以向境内自然人提供产品或者服务为目的； （二）分析、评估境内自然人的行为； （三）法律、行政法规规定的其他情形。

续表

个人信息保护法（一审稿）	个人信息保护法（二审稿）	个人信息保护法（正式稿）
第四条 个人信息是以电子或者其他方式记录的与已识别或者可识别的自然人有关的各种信息，不包括匿名化处理后的信息。 个人信息的处理包括个人信息的收集、存储、使用、加工、传输、提供、公开等活动。	**第四条** 个人信息是以电子或者其他方式记录的与已识别或者可识别的自然人有关的各种信息，不包括匿名化处理后的信息。 个人信息的处理包括个人信息的收集、存储、使用、加工、传输、提供、公开等。	**第四条** 个人信息是以电子或者其他方式记录的与已识别或者可识别的自然人有关的各种信息，不包括匿名化处理后的信息。 个人信息的处理包括个人信息的收集、存储、使用、加工、传输、提供、公开、**删除**等。
第五条 处理个人信息应当采用合法、正当的方式，遵循诚信原则，不得通过欺诈、误导等方式处理个人信息。	**第五条** 处理个人信息应当**采用合法、正当的方式，遵循诚信原则，**不得通过误导、欺诈、**胁迫**等方式处理个人信息。	**第五条** 处理个人信息应当**遵循合法、正当、必要和诚信原则**，不得通过误导、欺诈、胁迫等方式处理个人信息。
第六条 处理个人信息应当具有明确、合理的目的，并应当限于实现处理目的的最小范围，不得进行与处理目的无关的个人信息处理。	**第六条** 处理个人信息应当具有明确、合理的目的，**并应当限于实现处理目的所必要的最小范围、采取对个人权益影响最小的方式，**不得进行与处理目的无关的个人信息处理。	**第六条** 处理个人信息应当具有明确、合理的目的，**并应当与处理目的直接相关，**采取对个人权益影响最小的方式。 **收集个人信息，**应当限于实现处理目的的最小范围，**不得过度收集个人信息。**
第七条 处理个人信息应当遵循公开、透明的原则，明示个人信息处理规则。	**第七条** 处理个人信息应当遵循公开、透明的原则，**公开**个人信息处理规则，**明示处理的目的、方式和范围。**	**第七条** 处理个人信息应当遵循公开、透明原则，公开个人信息处理规则，明示处理的目的、方式和范围。
第八条 **为实现处理目的，所处理的个人信息应当准确，并及时更新。**	**第八条** **处理个人信息应当保证个人信息的质量，避免因个人信息不准确、不完整对个人权益造成不利影响。**	**第八条** 处理个人信息应当保证个人信息的质量，避免因个人信息不准确、不完整对个人权益造成不利影响。
第九条 个人信息处理者应当对其个人信息处理活动负责，并采取必要措施保障所处理的个人信息的安全。	**第九条** 个人信息处理者应当对其个人信息处理活动负责，并采取必要措施保障所处理的个人信息的安全。	**第九条** 个人信息处理者应当对其个人信息处理活动负责，并采取必要措施保障所处理的个人信息的安全。

续表

个人信息保护法（一审稿）	个人信息保护法（二审稿）	个人信息保护法（正式稿）
第十条　任何组织、个人不得违反法律、行政法规的规定处理个人信息，不得从事危害国家安全、公共利益的个人信息处理活动。	**第十条**　任何组织、个人不得**违反法律、行政法规的规定处理个人信息**，不得从事危害国家安全、公共利益的个人信息处理活动。	**第十条**　任何组织、个人不得**非法收集、使用、加工、传输他人个人信息，不得非法买卖、提供或者公开他人个人信息；**不得从事危害国家安全、公共利益的个人信息处理活动。
第十一条　国家建立健全个人信息保护制度，预防和惩治侵害个人信息权益的行为，加强个人信息保护宣传教育，推动形成政府、企业、相关行业组织、社会公众共同参与个人信息保护的良好环境。	**第十一条**　国家建立健全个人信息保护制度，预防和惩治侵害个人信息权益的行为，加强个人信息保护宣传教育，推动形成政府、企业、相关行业组织、**社会**公众共同参与个人信息保护的良好环境。	**第十一条**　国家建立健全个人信息保护制度，预防和惩治侵害个人信息权益的行为，加强个人信息保护宣传教育，推动形成政府、企业、相关社会组织、公众共同参与个人信息保护的良好环境。
第十二条　国家积极参与个人信息保护国际规则的制定，促进个人信息保护方面的国际交流与合作，推动与其他国家、地区、国际组织之间的个人信息保护规则、标准等的互认。	**第十二条**　国家积极参与个人信息保护国际规则的制定，促进个人信息保护方面的国际交流与合作，推动与其他国家、地区、国际组织之间的个人信息保护规则、标准等**的**互认。	**第十二条**　国家积极参与个人信息保护国际规则的制定，促进个人信息保护方面的国际交流与合作，推动与其他国家、地区、国际组织之间的个人信息保护规则、标准等互认。
第二章　个人信息处理规则 第一节　一般规定	**第二章　个人信息处理规则** 第一节　一般规定	**第二章　个人信息处理规则** 第一节　一般规定
第十三条　符合下列情形之一的，个人信息处理者方可处理个人信息： （一）取得个人的同意； （二）为订立或者履行个人作为一方当事人的合同所必需； （三）为履行法定职责或者法定义务所必需；	**第十三条**　符合下列情形之一的，个人信息处理者方可处理个人信息： （一）取得个人的同意； （二）为订立**或者**履行个人作为一方当事人的合同所必需； （三）为履行法定职责或者法定义务所必需；	**第十三条**　符合下列情形之一的，个人信息处理者方可处理个人信息： （一）取得个人的同意； （二）为订立、履行个人作为一方当事人的合同所必需，**或者按照依法制定的劳动规章制度和依法签订的集体合同实施人力资源管理所必需；**

续表

个人信息保护法（一审稿）	个人信息保护法（二审稿）	个人信息保护法（正式稿）
（四）为应对突发公共卫生事件，或者紧急情况下为保护自然人的生命健康和财产安全所必需； （五）为公共利益实施新闻报道、舆论监督等行为在合理的范围内处理个人信息； （六）法律、行政法规规定的其他情形。	（四）为应对突发公共卫生事件，或者紧急情况下为保护自然人的生命健康和财产安全所必需； **（五）依照本法规定在合理的范围内处理已公开的个人信息；** （六）为公共利益实施新闻报道、舆论监督等行为，在合理的范围内处理个人信息； （七）法律、行政法规规定的其他情形。 **本法其他有关条款规定处理个人信息应当取得个人同意，但有前款第二项至第七项规定情形的，不需取得个人同意。**	（三）为履行法定职责或者法定义务所必需； （四）为应对突发公共卫生事件，或者紧急情况下为保护自然人的生命健康和财产安全所必需； （五）为公共利益实施新闻报道、舆论监督等行为，在合理的范围内处理个人信息； （六）依照本法规定在合理的范围内**处理个人自行公开或者其他已经合法公开的个人信息；** （七）法律、行政法规规定的其他情形。 **依照本法其他有关规定，**处理个人信息应当取得个人同意，但是有前款第二项至第七项规定情形的，不需取得个人同意。
第十四条　处理个人信息的同意，应当由个人在充分知情的前提下，自愿、明确作出意思表示。法律、行政法规规定处理个人信息应当取得个人单独同意或者书面同意的，从其规定。 个人信息的处理目的、处理方式和处理的个人信息种类发生变更的，应当重新取得个人同意。	**第十四条**　**处理个人信息的同意，**应当由个人在充分知情的前提下自愿、明确作出。法律、行政法规规定处理个人信息应当取得个人单独同意或者书面同意的，从其规定。 个人信息的处理目的、处理方式和处理的个人信息种类发生变更的，应当重新取得个人同意。	**第十四条**　**基于个人同意处理个人信息的，该同意**应当由个人在充分知情的前提下自愿、明确作出。法律、行政法规规定处理个人信息应当取得个人单独同意或者书面同意的，从其规定。 个人信息的处理目的、处理方式和处理的个人信息种类发生变更的，应当重新取得个人同意。

续表

个人信息保护法（一审稿）	个人信息保护法（二审稿）	个人信息保护法（正式稿）
第十六条 基于个人同意而进行的个人信息处理活动，个人有权撤回其同意。	**第十六条** 基于个人同意**而进行的个人信息处理活动**，个人有权撤回其同意。**个人信息处理者应当提供便捷的撤回同意的方式。** **个人撤回同意，不影响撤回前基于个人同意已进行的个人信息处理活动的效力。**	**第十五条** 基于个人同意**处理个人信息的**，个人有权撤回其同意。个人信息处理者应当提供便捷的撤回同意的方式。 个人撤回同意，不影响撤回前基于个人同意已进行的个人信息处理活动的效力。
第十七条 个人信息处理者不得以个人不同意处理其个人信息或者撤回其对个人信息处理的同意为由，拒绝提供产品或者服务；处理个人信息属于提供产品或者服务所必需的除外。	**第十七条** 个人信息处理者不得以个人不同意处理其个人信息或者撤回其对个人信息处理的同意为由，拒绝提供产品或者服务；处理个人信息属于提供产品或者服务所必需的除外。	**第十六条** 个人信息处理者不得以个人不同意处理其个人信息或者撤回同意为由，拒绝提供产品或者服务；处理个人信息属于提供产品或者服务所必需的除外。
第十八条 个人信息处理者在处理个人信息前，应当以显著方式、清晰易懂的语言向个人告知下列事项： （一）个人信息处理者的身份和联系方式； （二）个人信息的处理目的、处理方式，处理的个人信息种类、保存期限； （三）个人行使本法规定权利的方式和程序； （四）法律、行政法规规定应当告知的其他事项。 前款规定事项发生变更的，应当将变更部分告知个人。 个人信息处理者通过制定个人信息处理规则的方式告知第一款规定事项的，处理规则应当公开，并且便于查阅和保存。	**第十八条** 个人信息处理者在处理个人信息前，应当以显著方式、清晰易懂的语言向个人告知下列事项： （一）个人信息处理者的身份和联系方式； （二）个人信息的处理目的、处理方式，处理的个人信息种类、保存期限； （三）个人行使本法规定权利的方式和程序； （四）法律、行政法规规定应当告知的其他事项。 前款规定事项发生变更的，应当将变更部分告知个人。 个人信息处理者通过制定个人信息处理规则的方式告知第一款规定事项的，处理规则应当公开，并且便于查阅和保存。	**第十七条** 个人信息处理者在处理个人信息前，应当以显著方式、清晰易懂的语言**真实、准确、完整地**向个人告知下列事项： （一）个人信息处理者的**名称或者姓名**和联系方式； （二）个人信息的处理目的、处理方式，处理的个人信息种类、保存期限； （三）个人行使本法规定权利的方式和程序； （四）法律、行政法规规定应当告知的其他事项。 前款规定事项发生变更的，应当将变更部分告知个人。 个人信息处理者通过制定个人信息处理规则的方式告知第一款规定事项的，处理规则应当公开，并且便于查阅和保存。

续表

个人信息保护法（一审稿）	个人信息保护法（二审稿）	个人信息保护法（正式稿）
第十九条 个人信息处理者处理个人信息，有法律、行政法规规定应当保密或者不需要告知的情形的，可以不向个人告知前条规定的事项。 紧急情况下为保护自然人的生命健康和财产安全无法及时向个人告知的，个人信息处理者应当在紧急情况消除后予以告知。	**第十九条** 个人信息处理者处理个人信息，有法律、行政法规规定应当保密或者不需要告知的情形的，可以不向个人告知前条规定的事项。 紧急情况下为保护自然人的生命健康和财产安全无法及时向个人告知的，个人信息处理者应当在紧急情况消除后及时告知。	**第十八条** 个人信息处理者处理个人信息，有法律、行政法规规定应当保密或者不需要告知的情形的，可以不向个人告知前条**第一款**规定的事项。 紧急情况下为保护自然人的生命健康和财产安全无法及时向个人告知的，个人信息处理者应当在紧急情况消除后及时告知。
第二十条 个人信息的保存期限应当为实现处理目的所必要的最短时间。法律、行政法规对个人信息的保存期限另有规定的，从其规定。	**第二十条** 个人信息的保存期限应当为实现处理目的所必要的最短时间。法律、行政法规对个人信息的保存期限另有规定的，从其规定。	**第十九条** **除法律、行政法规另有规定外，**个人信息的保存期限应当为实现处理目的所必要的最短时间。
第二十一条 两个**或者两个**以上的个人信息处理者共同决定个人信息的处理目的和处理方式的，应当约定各自的权利和义务。但是，该约定不影响个人向其中任何一个个人信息处理者要求行使本法规定的权利。 个人信息处理者共同处理个人信息，侵害个人信息权益的，依法承担连带责任。	**第二十一条** 两个以上的个人信息处理者共同决定个人信息的处理目的和处理方式的，应当约定各自的权利和义务。但是，该约定不影响个人向其中任何一个个人信息处理者要求行使本法规定的权利。 个人信息处理者共同处理个人信息，侵害个人信息权益的，**应当**承担连带责任。	**第二十条** 两个以上的个人信息处理者共同决定个人信息的处理目的和处理方式的，应当约定各自的权利和义务。但是，该约定不影响个人向其中任何一个个人信息处理者要求行使本法规定的权利。 个人信息处理者共同处理个人信息，侵害个人信息权益**造成损害的，**应当**依法**承担连带责任。
第二十二条 个人信息处理者委托处理个人信息的，应当与受托方约定委托处理的目的、处理方式、个人信息的种类、保护措施以及双方的权利和义务等，并对受托方的个人信息处理活动进行监督。	**第二十二条** 个人信息处理者委托处理个人信息的，应当与受托方约定委托处理的目的、**期限、**处理方式、个人信息的种类、保护措施以及双方的权利和义务等，并对受托方的个人信息处理活动进行监督。	**第二十一条** 个人信息处理者委托处理个人信息的，应当与受托人约定委托处理的目的、期限、处理方式、个人信息的种类、保护措施以及双方的权利和义务等，并对受托**人**的个人信息处理活动进行监督。

续表

个人信息保护法（一审稿）	个人信息保护法（二审稿）	个人信息保护法（正式稿）
受托方应当按照约定处理个人信息，不得超出约定的处理目的、处理方式等处理个人信息，**并应当在合同履行完毕或者委托关系解除后，**将个人信息返还个人信息处理者或者予以删除。 未经个人信息处理者同意，受托方不得转委托他人处理个人信息。	受托方应当按照约定处理个人信息，不得超出约定的处理目的、处理方式等处理个人信息；**委托合同不生效、无效、被撤销或者终止的，受托方应当**将个人信息返还个人信息处理者或者予以删除，**不得保留**。 未经个人信息处理者同意，受托方不得转委托他人处理个人信息。	受托人应当按照约定处理个人信息，不得超出约定的处理目的、处理方式等处理个人信息；委托合同不生效、无效、被撤销或者终止的，受托人应当将个人信息返还个人信息处理者或者予以删除，不得保留。 未经个人信息处理者同意，受托人不得转委托他人处理个人信息。
第二十三条 个人信息处理者因合并、分立等原因需要转移个人信息的，应当向个人告知接收方的身份、联系方式。接收方应当继续履行个人信息处理者的义务。接收方变更原先的处理目的、处理方式的，应当依照本法规定重新**向个人告知并取得其**同意。	**第二十三条** 个人信息处理者因合并、分立等原因需要转移个人信息的，应当向个人告知接收方的身份、联系方式。接收方应当继续履行个人信息处理者的义务。接收方变更原先的处理目的、处理方式，应当依照本法规定重新**取得个人**同意。	**第二十二条** 个人信息处理者因合并、分立、**解散、被宣告破产**等原因需要转移个人信息的，应当向个人告知接收方的**名称或者姓名和**联系方式。接收方应当继续履行个人信息处理者的义务。接收方变更原先的处理目的、处理方式的，应当依照本法规定重新取得个人同意。
第二十四条 个人信息处理者向**第三方**提供其处理的个人信息的，应当向个人告知**第三方**的身份、联系方式、处理目的、处理方式和个人信息的种类，并取得个人的单独同意。**接收个人信息的第三方**应当在上述处理目的、处理方式和个人信息的种类等范围内处理个人信息。**第三方**变更原先的处理目的、处理方式的，应当依照本法规定重新向**个人告知**并取得其同意。 **个人信息处理者向第三方提供匿名化信息的，第三方不得利用技术等手段重新识别个人身份。**	**第二十四条** 个人信息处理者向**他人**提供其处理的个人信息的，应当向个人告知**接收方**的身份、联系方式、处理目的、处理方式和个人信息的种类，并取得个人的单独同意。**接收方**应当在上述处理目的、处理方式和个人信息的种类等范围内处理个人信息。**接收方**变更原先的处理目的、处理方式的，应当依照本法规定重新取得个人同意。	**第二十三条** 个人信息处理者向**其他个人信息处理者**提供其处理的个人信息的，应当向个人告知接收方的**名称或者姓名、**联系方式、处理目的、处理方式和个人信息的种类，并取得个人的单独同意。接收方应当在上述处理目的、处理方式和个人信息的种类等范围内处理个人信息。接收方变更原先的处理目的、处理方式的，应当依照本法规定重新取得个人同意。

续表

个人信息保护法（一审稿）	个人信息保护法（二审稿）	个人信息保护法（正式稿）
第二十五条 利用个人信息进行自动化决策，应当保证决策的透明度和**处理**结果的公平合理。**个人认为自动化决策对其权益造成重大影响的，**有权要求个人信息处理者予以说明，并有权拒绝个人信息处理者仅通过自动化决策的方式作出决定。 通过自动化决策方式进行商业营销、信息推送，应当同时提供不针对其个人特征的选项。	**第二十五条** 利用个人信息进行自动化决策，应当保证决策的透明度和结果公平**合理**。 通过自动化决策方式进行商业营销、信息推送，应当同时提供不针对其个人特征的选项**，或者向个人提供拒绝的方式。** **通过自动化决策方式作出对个人权益有重大影响的决定，个人**有权要求个人信息处理者予以说明，并有权拒绝个人信息处理者仅通过自动化决策的方式作出决定。	**第二十四条** **个人信息处理者**利用个人信息进行自动化决策，应当保证决策的透明度和结果公平、**公正，不得对个人在交易价格等交易条件上实行不合理的差别待遇。** 通过自动化决策方式向个人进行**信息推送、商业营销，**应当同时提供不针对其个人特征的选项，或者向个人提供**便捷的**拒绝方式。 通过自动化决策方式作出对个人权益有重大影响的决定，个人有权要求个人信息处理者予以说明，并有权拒绝个人信息处理者仅通过自动化决策的方式作出决定。
第二十六条 个人信息处理者不得公开其处理的个人信息；取得个人单独同意**或者法律、行政法规另有规定**的除外。	**第二十六条** 个人信息处理者不得公开其处理的个人信息，取得个人单独同意的除外。	**第二十五条** 个人信息处理者不得公开其处理的个人信息，取得个人单独同意的除外。
第二十七条 在公共场所安装图像采集、个人身份识别设备，应当为维护公共安全所必需，遵守国家有关规定，并设置显著的提示标识。所收集的个人图像、个人身份特征信息只能用于维护公共安全的目的，不得公开或者向他人提供；取得个人单独同意**或者法律、行政法规另有规定**的除外。	**第二十七条** 在公共场所安装图像采集、个人身份识别设备，应当为维护公共安全所必需，遵守国家有关规定，并设置显著的提示标识。所收集的个人图像、个人身份特征信息只能用于维护公共安全的目的，不得公开或者向他人提供，取得个人单独同意的除外。	**第二十六条** 在公共场所安装图像采集、个人身份识别设备，应当为维护公共安全所必需，遵守国家有关规定，并设置显著的提示标识。所收集的个人图像、**身份识别信息**只能用于维护公共安全的目的，**不得用于其他目的；**取得个人单独同意的除外。

续表

个人信息保护法（一审稿）	个人信息保护法（二审稿）	个人信息保护法（正式稿）
第二十八条 个人信息处理者处理已公开的个人信息，应当符合该个人信息被公开时的用途；超出与该用途相关的合理范围的，应当依照本法规定**向个人告知**并取得其同意。 个人信息被公开时的用途不明确的，个人信息处理者应当合理、谨慎地处理已公开的个人信息；利用已公开的个人信息从事对个人有重大影响的活动，应当依照本法规定**向个人告知并取得其**同意。	**第二十八条** 个人信息处理者**处理已公开的个人信息，应当符合该个人信息被公开时的用途。超出与该用途相关的合理范围的，应当依照本法规定取得个人同意。** **个人信息被公开时的用途不明确的，个人信息处理者应当合理、谨慎地处理已公开的个人信息。利用已公开的个人信息从事对个人有重大影响的活动，应当依照本法规定取得个人同意。**	**第二十七条** 个人信息处理者**可以在合理的范围内处理个人自行公开或者其他已经合法公开的个人信息；个人明确拒绝的除外。个人信息处理者处理已公开的个人信息，对个人权益有重大影响的，应当依照本法规定取得个人同意。**
第二节 敏感个人信息的处理规则	第二节 敏感个人信息的处理规则	第二节 敏感个人信息的处理规则
第二十九条 个人信息处理者具有特定的目的和充分的必要性，方可处理敏感个人信息。 敏感个人信息是一旦泄露或者非法使用，可能导致个人受到歧视或者人身、财产安全受到严重危害的个人信息，包括种族、民族、宗教信仰、个人生物特征、医疗健康、金融账户、个人行踪等信息。	**第二十九条** 个人信息处理者具有特定的目的和充分的必要性，方可处理敏感个人信息。 敏感个人信息是一旦泄露或者非法使用，**可能导致个人受到歧视**或者人身、财产安全受到**严重**危害的个人信息，包括**种族、民族、**宗教信仰、**个人生物特征、**医疗健康、金融账户、**个人行踪**等信息。	**第二十八条** 敏感个人信息是一旦泄露或者非法使用，**容易导致自然人的人格尊严受到侵害**或者人身、财产安全受到危害的个人信息，包括**生物识别、**宗教信仰、**特定身份、**医疗健康、金融账户、**行踪轨迹**等信息，**以及不满十四周岁未成年人的个人信息。** **只有在具有特定的目的和充分的必要性，并采取严格保护措施的情形下，个人信息处理者方可处理敏感个人信息。**

续表

个人信息保护法（一审稿）	个人信息保护法（二审稿）	个人信息保护法（正式稿）
第三十条 基于个人同意处理敏感个人信息的，个人信息处理者应当取得个人的单独同意。法律、行政法规规定处理敏感个人信息应当取得书面同意的，从其规定。	**第三十条** 基于个人同意处理敏感个人信息的，个人信息处理者应当取得个人的单独同意。法律、行政法规规定处理敏感个人信息应当取得书面同意的，从其规定。	**第二十九条** **处理敏感个人信息应当取得个人的单独同意；**法律、行政法规规定处理敏感个人信息应当取得书面同意的，从其规定。
第三十一条 个人信息处理者处理敏感个人信息的，除本法第十八条规定的事项外，还应当向个人告知处理敏感个人信息的必要性以及对个人的影响。	**第三十一条** 个人信息处理者处理敏感个人信息的，除本法**第十八条第一款**规定的事项外，还应当向个人告知处理敏感个人信息的必要性以及对个人的影响。	**第三十条** 个人信息处理者处理敏感个人信息的，除本法**第十七条第一款**规定的事项外，还应当向个人告知处理敏感个人信息的必要性以及对个人权益的影响；**依照本法规定可以不向个人告知的除外。**
第十五条 个人信息处理者**知道或者应当知道其**处理**的个人信息为**不满十四周岁未成年人个人信息的，应当取得其监护人的同意。	**第十五条** 个人信息处理者处理不满十四周岁未成年人个人信息的，应当取得**未成年人的父母或者其他**监护人的同意。	**第三十一条** 个人信息处理者处理不满十四周岁未成年人个人信息的，应当取得未成年人的父母或者其他监护人的同意。 **个人信息处理者处理不满十四周岁未成年人个人信息的，应当制定专门的个人信息处理规则。**
第三十二条 法律、行政法规**规定**处理敏感个人信息应当取得相关行政许可或者作出**更严格**限制的，从其规定。	**第三十二条** 法律、行政法规**对**处理敏感个人信息**规定**应当取得相关行政许可或者**作出其他限制的，**从其规定。	**第三十二条** 法律、行政法规对处理敏感个人信息规定应当取得相关行政许可或者作出其他限制的，从其规定。
第三节 国家机关处理个人信息的特别规定	第三节 国家机关处理个人信息的特别规定	第三节 国家机关处理个人信息的特别规定
第三十三条 国家机关处理个人信息的活动适用本法；本节有特别规定的，适用本节规定。	**第三十三条** 国家机关处理个人信息的活动**，**适用本法；本节有特别规定的，适用本节规定。	**第三十三条** 国家机关处理个人信息的活动，适用本法；本节有特别规定的，适用本节规定。

续表

个人信息保护法（一审稿）	个人信息保护法（二审稿）	个人信息保护法（正式稿）
第三十四条 国家机关为履行法定职责处理个人信息，应当依照法律、行政法规规定的权限、程序进行，不得超出履行法定职责所必需的范围和限度。	**第三十四条** 国家机关为履行法定职责处理个人信息，应当依照法律、行政法规规定的权限、程序进行，不得超出履行法定职责所必需的范围和限度。	**第三十四条** 国家机关为履行法定职责处理个人信息，应当依照法律、行政法规规定的权限、程序进行，不得超出履行法定职责所必需的范围和限度。
第三十五条 国家机关为履行法定职责处理个人信息，应当依照本法规定向个人告知并取得其同意；法律、行政法规规定应当保密，或者告知、取得同意将妨碍国家机关履行法定职责的除外。	**第三十五条** 国家机关为履行法定职责处理个人信息，应当依照本法规定**向个人告知并取得其同意；法律、行政法规规定应当保密，或者告知、取得同意**将妨碍国家机关履行法定职责的除外。	**第三十五条** 国家机关为履行法定职责处理个人信息，应当依照本法规定**履行告知义务；有本法第十八条第一款规定的情形，或者告知**将妨碍国家机关履行法定职责的除外。
第三十六条 国家机关不得公开或者向他人提供其处理的个人信息，法律、行政法规另有规定或者取得个人同意的除外。		
第三十七条 国家机关处理的个人信息应当在中华人民共和国境内存储；确需向境外提供的，应当进行风险评估。风险评估可以要求有关部门提供支持与协助。	**第三十六条** 国家机关处理的个人信息应当在中华人民共和国境内存储；确需向境外提供的，应当进行**风险评估。风险评估**可以要求有关部门提供支持与协助。	**第三十六条** 国家机关处理的个人信息应当在中华人民共和国境内存储；确需向境外提供的，应当进行**安全评估。安全评估**可以要求有关部门提供支持与协助。
	第三十七条 **法律、法规授权的具有管理公共事务职能的组织为履行法定职责处理个人信息，适用本法关于国家机关处理个人信息的规定。**	**第三十七条** 法律、法规授权的具有管理公共事务职能的组织为履行法定职责处理个人信息，适用本法关于国家机关处理个人信息的规定。

续表

个人信息保护法（一审稿）	个人信息保护法（二审稿）	个人信息保护法（正式稿）
第三章　个人信息跨境提供的规则	**第三章　个人信息跨境提供的规则**	**第三章　个人信息跨境提供的规则**
第三十八条　个人信息处理者因业务等需要，确需向中华人民共和国境外提供个人信息的，应当至少具备下列一项条件： （一）依照本法第四十条的规定通过国家网信部门组织的安全评估； （二）按照国家网信部门的规定经专业机构进行个人信息保护认证； （三）与境外接收方订立合同，约定双方的权利和义务，并监督其个人信息处理活动达到本法规定的个人信息保护标准； （四）法律、行政法规或者国家网信部门规定的其他条件。	**第三十八条**　个人信息处理者因业务等需要，确需向中华人民共和国境外提供个人信息的，应当至少具备下列一项条件： （一）依照本法第四十条的规定通过国家网信部门组织的安全评估； （二）按照国家网信部门的规定经专业机构进行个人信息保护认证； （三）**按照国家网信部门制定的标准合同**与境外接收方订立合同，约定双方的权利和义务**，并监督其个人信息处理活动达到本法规定的个人信息保护标准**； （四）法律、行政法规或者国家网信部门规定的其他条件。	**第三十八条**　个人信息处理者因业务等需要，确需向中华人民共和国境外提供个人信息的，应当具备下列条件之一： （一）依照本法第四十条的规定通过国家网信部门组织的安全评估； （二）按照国家网信部门的规定经专业机构进行个人信息保护认证； （三）按照国家网信部门制定的标准合同与境外接收方订立合同，约定双方的权利和义务； （四）法律、行政法规或者国家网信部门规定的其他条件。 **中华人民共和国缔结或者参加的国际条约、协定对向中华人民共和国境外提供个人信息的条件等有规定的，可以按照其规定执行。** **个人信息处理者应当采取必要措施，保障境外接收方处理个人信息的活动达到本法规定的个人信息保护标准。**

续表

个人信息保护法（一审稿）	个人信息保护法（二审稿）	个人信息保护法（正式稿）
第三十九条 个人信息处理者向中华人民共和国境外提供个人信息的，应当向个人告知境外接收方的身份、联系方式、处理目的、处理方式、个人信息的种类以及个人向境外接收方行使本法规定权利的方式等事项，并取得个人的单独同意。	**第三十九条** 个人信息处理者向中华人民共和国境外提供个人信息的，应当向个人告知境外接收方的**身份**、联系方式、处理目的、处理方式、个人信息的种类以及个人向境外接收方行使本法规定权利的方式等事项，并取得个人的单独同意。	**第三十九条** 个人信息处理者向中华人民共和国境外提供个人信息的，应当向个人告知境外接收方的**名称或者姓名、**联系方式、处理目的、处理方式、个人信息的种类以及个人向境外接收方行使本法规定权利的方式**和程序**等事项，并取得个人的单独同意。
第四十条 关键信息基础设施运营者和处理个人信息达到国家网信部门规定数量的个人信息处理者，应当将在中华人民共和国境内收集和产生的个人信息存储在境内。确需向境外提供的，应当通过国家网信部门组织的安全评估；法律、行政法规和国家网信部门规定可以不进行安全评估的，从其规定。	**第四十条** 关键信息基础设施运营者和处理个人信息达到国家网信部门规定数量的个人信息处理者，应当将在中华人民共和国境内收集和产生的个人信息存储在境内。确需向境外提供的，应当通过国家网信部门组织的安全评估；法律、行政法规和国家网信部门规定可以不进行安全评估的，从其规定。	**第四十条** 关键信息基础设施运营者和处理个人信息达到国家网信部门规定数量的个人信息处理者，应当将在中华人民共和国境内收集和产生的个人信息存储在境内。确需向境外提供的，应当通过国家网信部门组织的安全评估；法律、行政法规和国家网信部门规定可以不进行安全评估的，从其规定。
第四十一条 **因国际司法协助或者行政执法协助，需要向中华人民共和国境外提供个人信息的，应当依法申请有关主管部门批准。**中华人民共和国缔结或者参加的国际条约、协定**对向中华人民共和国境外提供个人信息有规定的，从其规定。**	**第四十一条** **中华人民共和国境外的司法或者执法机构要求提供存储于中华人民共和国境内的个人信息的，非经中华人民共和国主管机关批准，不得提供；**中华人民共和国缔结或者参加的国际条约、协定**有规定的，可以按照其规定执行。**	**第四十一条** **中华人民共和国主管机关根据有关法律和**中华人民共和国缔结或者参加的国际条约、协定，**或者按照平等互惠原则，处理外国司法或者执法机构关于提供存储于境内个人信息的请求。**非经中华人民共和国主管机关批准，**个人信息处理者不得向外国司法或者执法机构提供存储于中华人民共和国境内的个人信息。**

续表

个人信息保护法（一审稿）	个人信息保护法（二审稿）	个人信息保护法（正式稿）
第四十二条 境外的组织、个人从事损害中华人民共和国公民的个人信息权益，或者危害中华人民共和国国家安全、公共利益的个人信息处理活动的，国家网信部门可以将其列入限制或者禁止个人信息提供清单，予以公告，并采取限制或者禁止向其提供个人信息等措施。	**第四十二条** 境外的组织、个人从事损害中华人民共和国公民的个人信息权益，或者危害中华人民共和国国家安全、公共利益的个人信息处理活动的，国家网信部门可以将其列入限制或者禁止个人信息提供清单，予以公告，并采取限制或者禁止向其提供个人信息等措施。	**第四十二条** 境外的组织、个人从事侵害中华人民共和国公民的个人信息权益，或者危害中华人民共和国国家安全、公共利益的个人信息处理活动的，国家网信部门可以将其列入限制或者禁止个人信息提供清单，予以公告，并采取限制或者禁止向其提供个人信息等措施。
第四十三条 任何国家和地区在个人信息保护方面对中华人民共和国采取歧视性的禁止、限制或者其他类似措施的，中华人民共和国可以根据实际情况对该国家或者该地区采取相应措施。	**第四十三条** 任何国家和地区在个人信息保护方面对中华人民共和国采取歧视性的禁止、限制或者其他类似措施的，中华人民共和国可以根据实际情况对该国家或者该地区对等采取措施。	**第四十三条** 任何国家或者地区在个人信息保护方面对中华人民共和国采取歧视性的禁止、限制或者其他类似措施的，中华人民共和国可以根据实际情况对该国家或者地区对等采取措施。
第四章 个人在个人信息处理活动中的权利	**第四章 个人在个人信息处理活动中的权利**	**第四章 个人在个人信息处理活动中的权利**
第四十四条 个人对其个人信息的处理享有知情权、决定权，有权限制或者拒绝他人对其个人信息进行处理；法律、行政法规另有规定的除外。	**第四十四条** 个人对其个人信息的处理享有知情权、决定权，有权限制或者拒绝他人对其个人信息进行处理；法律、行政法规另有规定的除外。	**第四十四条** 个人对其个人信息的处理享有知情权、决定权，有权限制或者拒绝他人对其个人信息进行处理；法律、行政法规另有规定的除外。
第四十五条 个人有权向个人信息处理者查阅、复制其个人信息；有本法第十九条第一款规定情形的除外。 个人请求查阅、复制其个人信息的，个人信息处理者应当及时提供。	**第四十五条** 个人有权向个人信息处理者查阅、复制其个人信息；有本法第十九条第一款规定情形的除外。 个人请求查阅、复制其个人信息的，个人信息处理者应当及时提供。	**第四十五条** 个人有权向个人信息处理者查阅、复制其个人信息；有本法第十八条第一款、第三十五条规定情形的除外。 个人请求查阅、复制其个人信息的，个人信息处理者应当及时提供。 **个人请求将个人信息转移至其指定的个人信息处理者，符合国家网信部门规定条件的，个人信息处理者应当提供转移的途径。**

续表

个人信息保护法（一审稿）	个人信息保护法（二审稿）	个人信息保护法（正式稿）
第四十六条 个人发现其个人信息不准确或者不完整的，有权请求个人信息处理者更正、补充。 个人请求更正、补充其个人信息的，个人信息处理者应当对其个人信息予以核实，并及时更正、补充。	**第四十六条** 个人发现其个人信息不准确或者不完整的，有权请求个人信息处理者更正、补充。 个人请求更正、补充其个人信息的，个人信息处理者应当对其个人信息予以核实，并及时更正、补充。	**第四十六条** 个人发现其个人信息不准确或者不完整的，有权请求个人信息处理者更正、补充。 个人请求更正、补充其个人信息的，个人信息处理者应当对其个人信息予以核实，并及时更正、补充。
第四十七条 有下列情形之一的，个人信息处理者应当主动**或者根据个人的请求，删除个人信息**： （一）**约定的保存期限已届满或者处理目的已实现；** （二）个人信息处理者停止提供产品或者服务； （三）个人撤回同意； （四）个人信息处理者违反法律、行政法规或者违反约定处理个人信息； （五）法律、行政法规规定的其他情形。 法律、行政法规规定的保存期限未届满，或者删除个人信息从技术上难以实现的，个人信息处理者应当停止**处理个人信息。**	**第四十七条** 有下列情形之一的，个人信息处理者应当主动删除个人信息；**个人信息处理者未删除的，个人有权请求删除：** （一）处理目的已实现**或者为实现处理目的不再必要；** （二）个人信息处理者停止提供产品或者服务，**或者保存期限已届满；** （三）个人撤回同意； （四）个人信息处理者违反法律、行政法规或者违反约定处理个人信息； （五）法律、行政法规规定的其他情形。 法律、行政法规规定的保存期限未届满，或者删除个人信息从技术上难以实现的，个人信息处理者应当停止**除存储和采取必要的安全保护措施之外的处理。**	**第四十七条** 有下列情形之一的，个人信息处理者应当主动删除个人信息；个人信息处理者未删除的，个人有权请求删除： （一）处理目的已实现、**无法实现**或者为实现处理目的不再必要； （二）个人信息处理者停止提供产品或者服务，或者保存期限已届满； （三）个人撤回同意； （四）个人信息处理者违反法律、行政法规或者违反约定处理个人信息； （五）法律、行政法规规定的其他情形。 法律、行政法规规定的保存期限未届满，或者删除个人信息从技术上难以实现的，个人信息处理者应当停止除存储和采取必要的安全保护措施之外的处理。
第四十八条 个人有权要求个人信息处理者对其个人信息处理规则进行解释说明。	**第四十八条** 个人有权要求个人信息处理者对其个人信息处理规则进行解释说明。	**第四十八条** 个人有权要求个人信息处理者对其个人信息处理规则进行解释说明。

续表

个人信息保护法（一审稿）	个人信息保护法（二审稿）	个人信息保护法（正式稿）
	第四十九条　自然人死亡的，本章规定的个人在个人信息处理活动中的权利，由其近亲属行使。	**第四十九条**　自然人死亡的，**其近亲属为了自身的合法、正当利益，可以对死者的相关个人信息行使本章规定的查阅、复制、更正、删除等权利；死者生前另有安排的除外。**
第四十九条　个人信息处理者应当建立个人行使权利的申请受理和处理机制。拒绝个人行使权利的请求的，应当说明理由。	**第五十条**　个人信息处理者应当建立个人行使权利的申请受理和处理机制。拒绝个人行使权利的请求的，应当说明理由。	**第五十条**　个人信息处理者应当建立**便捷的**个人行使权利的申请受理和处理机制。拒绝个人行使权利的请求的，应当说明理由。 **个人信息处理者拒绝个人行使权利的请求的，个人可以依法向人民法院提起诉讼。**
第五章　个人信息处理者的义务	**第五章　个人信息处理者的义务**	**第五章　个人信息处理者的义务**
第五十条　个人信息处理者应当根据个人信息的处理目的、处理方式、个人信息的种类以及对个人的影响、可能存在的安全风险等，采取必要措施确保个人信息处理活动符合法律、行政法规的规定，并防止未经授权的访问以及个人信息泄露或者被窃取、篡改、删除： （一）制定内部管理制度和操作规程； （二）对个人信息实行**分级**分类管理； （三）采取相应的加密、去标识化等安全技术措施；	**第五十一条**　个人信息处理者应当根据个人信息的处理目的、处理方式、个人信息的种类以及对个人的影响、可能存在的安全风险等，采取必要措施确保个人信息处理活动符合法律、行政法规的规定，并防止未经授权的访问以及个人信息泄露**或者被窃取、篡改、删除：** （一）制定内部管理制度和操作规程； （二）对个人信息实行分类管理； （三）采取相应的加密、去标识化等安全技术措施；	**第五十一条**　个人信息处理者应当根据个人信息的处理目的、处理方式、个人信息的种类以及对个人权益的影响、可能存在的安全风险等，采取下列措施确保个人信息处理活动符合法律、行政法规的规定，并防止未经授权的访问以及个人信息泄露、**篡改、丢失：** （一）制定内部管理制度和操作规程； （二）对个人信息实行分类管理； （三）采取相应的加密、去标识化等安全技术措施；

续表

个人信息保护法（一审稿）	个人信息保护法（二审稿）	个人信息保护法（正式稿）
（四）合理确定个人信息处理的操作权限，并定期对从业人员进行安全教育和培训； （五）制定并组织实施个人信息安全事件应急预案； （六）法律、行政法规规定的其他措施。	（四）合理确定个人信息处理的操作权限，并定期对从业人员进行安全教育和培训； （五）制定并组织实施个人信息安全事件应急预案； （六）法律、行政法规规定的其他措施。	（四）合理确定个人信息处理的操作权限，并定期对从业人员进行安全教育和培训； （五）制定并组织实施个人信息安全事件应急预案； （六）法律、行政法规规定的其他措施。
第五十一条 处理个人信息达到国家网信部门规定数量的个人信息处理者应当指定个人信息保护负责人，负责对个人信息处理活动以及采取的保护措施等进行监督。 个人信息处理者应当公开个人信息保护负责人的**姓名**、联系方式等，并报送履行个人信息保护职责的部门。	**第五十二条** 处理个人信息达到国家网信部门规定数量的个人信息处理者应当指定个人信息保护负责人，负责对个人信息处理活动以及采取的保护措施等进行监督。 个人信息处理者应当公开个人信息保护负责人的**联系方式，并将个人信息保护负责人的姓名、联系方式等**报送履行个人信息保护职责的部门。	**第五十二条** 处理个人信息达到国家网信部门规定数量的个人信息处理者应当指定个人信息保护负责人，负责对个人信息处理活动以及采取的保护措施等进行监督。 个人信息处理者应当公开个人信息保护负责人的联系方式，并将个人信息保护负责人的姓名、联系方式等报送履行个人信息保护职责的部门。
第五十二条 本法第三条第二款规定的中华人民共和国境外的个人信息处理者，应当在中华人民共和国境内设立专门机构或者指定代表，负责处理个人信息保护相关事务，并将有关机构的名称或者代表的姓名、联系方式等报送履行个人信息保护职责的部门。	**第五十三条** 本法第三条第二款规定的中华人民共和国境外的个人信息处理者，应当在中华人民共和国境内设立专门机构或者指定代表，负责处理个人信息保护相关事务，并将有关机构的名称或者代表的姓名、联系方式等报送履行个人信息保护职责的部门。	**第五十三条** 本法第三条第二款规定的中华人民共和国境外的个人信息处理者，应当在中华人民共和国境内设立专门机构或者指定代表，负责处理个人信息保护相关事务，并将有关机构的名称或者代表的姓名、联系方式等报送履行个人信息保护职责的部门。

续表

个人信息保护法（一审稿）	个人信息保护法（二审稿）	个人信息保护法（正式稿）
第五十三条 个人信息处理者应当定期对其个人信息处理活动、**采取的保护措施等是否符合**法律、行政法规的规定**进行**审计。**履行个人信息保护职责的部门有权要求个人信息处理者委托专业机构进行审计。**	**第五十四条** 个人信息处理者应当定期对其**个人信息处理活动遵守**法律、行政法规的**情况**进行**合规**审计。	**第五十四条** 个人信息处理者应当定期对其**处理个人信息**遵守法律、行政法规的情况进行合规审计。
第五十四条 个人信息处理者应当对下列个人信息处理活动在事前进行风险评估，并对处理情况进行记录： （一）处理敏感个人信息； （二）利用个人信息进行自动化决策； （三）委托处理个人信息、向第三方提供个人信息、公开个人信息； （四）向境外提供个人信息； （五）其他对个人有重大影响的个人信息处理活动。 风险评估的内容应当包括： （一）个人信息的处理目的、处理方式等是否合法、正当、必要； （二）对个人的影响及风险程度； （三）所采取的安全保护措施是否合法、有效并与风险程度相适应。 风险评估报告和处理情况记录应当至少保存三年。	**第五十五条** **个人信息处理者应当对下列个人信息处理活动在事前进行风险**评估，并对处理情况进行记录： （一）处理敏感个人信息； （二）利用个人信息进行自动化决策； （三）委托处理个人信息、向**他人**提供个人信息、公开个人信息； （四）向境外提供个人信息； （五）其他对**个人**有重大影响的个人信息处理活动。 **风险评估的内容应当包括：** **（一）个人信息的处理目的、处理方式等是否合法、正当、必要；** **（二）对个人的影响及风险程度；** **（三）所采取的安全保护措施是否合法、有效并与风险程度相适应。** **风险评估报告和处理情况记录应当至少保存三年。**	**第五十五条** **有下列情形之一的，个人信息处理者应当事前进行个人信息保护影响**评估，并对处理情况进行记录： （一）处理敏感个人信息； （二）利用个人信息进行自动化决策； （三）委托处理个人信息、向**其他个人信息处理者**提供个人信息、公开个人信息； （四）向境外提供个人信息； （五）其他对**个人权益**有重大影响的个人信息处理活动。

续表

个人信息保护法（一审稿）	个人信息保护法（二审稿）	个人信息保护法（正式稿）
		第五十六条 个人信息保护影响评估应当包括下列内容： **（一）个人信息的处理目的、处理方式等是否合法、正当、必要；** **（二）对个人权益的影响及安全风险；** **（三）所采取的保护措施是否合法、有效并与风险程度相适应。** **个人信息保护影响评估报告和处理情况记录应当至少保存三年。**
第五十五条 个人信息处理者发现个人信息泄露的，应当立即采取补救措施，并通知履行个人信息保护职责的部门和个人。 通知应当包括下列事项： （一）个人信息泄露的原因； （二）泄露的个人信息种类和可能造成的危害； （三）已采取的补救措施； （四）个人可以采取的减轻危害的措施； （五）个人信息处理者的联系方式。 个人信息处理者采取措施能够有效避免信息泄露造成损害的，个人信息处理者可以不通知个人；但是，履行个人信息保护职责的部门认为个人信息泄露可能对个人造成损害的，有权要求个人信息处理者通知个人。	**第五十六条** **个人信息处理者发现个人信息泄露的，**应当立即采取补救措施，并通知履行个人信息保护职责的部门和个人。 通知应当包括下列事项： **（一）个人信息泄露的原因；** **（二）泄露的个人信息种类和可能造成的危害；** **（三）已采取的补救措施；** **（四）个人可以采取的减轻危害的措施；** （五）个人信息处理者的联系方式。 个人信息处理者采取措施能够有效避免信息泄露**造成损害的，**个人信息处理者可以不通知个人；**但是，**履行个人信息保护职责的部门认为**个人信息泄露可能对个人造成损害的，**有权要求个人信息处理者通知个人。	**第五十七条** **发生或者可能发生个人信息泄露、篡改、丢失的，个人信息处理者**应当立即采取补救措施，并通知履行个人信息保护职责的部门和个人。通知应当包括下列事项： **（一）发生或者可能发生个人信息泄露、篡改、丢失的信息种类、原因和可能造成的危害；** **（二）个人信息处理者采取的补救措施和个人可以采取的减轻危害的措施；** （三）个人信息处理者的联系方式。 个人信息处理者采取措施能够有效避免信息泄露、**篡改、丢失造成危害的，**个人信息处理者可以不通知个人；履行个人信息保护职责的部门认为**可能造成危害的，**有权要求个人信息处理者通知个人。

续表

个人信息保护法（一审稿）	个人信息保护法（二审稿）	个人信息保护法（正式稿）
	第五十七条　提供基础性互联网平台服务、用户数量巨大、业务类型复杂的个人信息处理者，应当履行下列义务： **（一）成立主要由外部成员组成的独立机构，对个人信息处理活动进行监督；** **（二）对严重违反法律、行政法规处理个人信息的平台内的产品或者服务提供者，停止提供服务；** **（三）定期发布个人信息保护社会责任报告，接受社会监督。**	**第五十八条**　提供**重要**互联网平台服务、用户数量巨大、业务类型复杂的个人信息处理者，应当履行下列义务： （一）**按照国家规定建立健全个人信息保护合规制度体系，**成立主要由外部成员组成的独立机构对个人信息**保护情况进行监督；** （二）**遵循公开、公平、公正的原则，制定平台规则，明确平台内产品或者服务提供者处理个人信息的规范和保护个人信息的义务；** （三）对严重违反法律、行政法规处理个人信息的平台内的产品或者服务提供者，停止提供服务； （四）定期发布个人信息保护社会责任报告，接受社会监督。
	第五十八条　接受委托处理个人信息的受托方，应当履行本章规定的相关义务，采取必要措施保障所处理的个人信息的安全。	**第五十九条**　接受委托处理个人信息的**受托人，应当依照本法和有关法律、行政法规的规定，**采取必要措施保障所处理的个人信息的安全，**并协助个人信息处理者履行本法规定的义务。**
第六章　履行个人信息保护职责的部门	**第六章　履行个人信息保护职责的部门**	**第六章　履行个人信息保护职责的部门**
第五十六条　国家网信部门负责统筹协调个人信息保护工作和相关监督管理工作。国务院有关部门依照本法和有关法律、行政法规的规定，在各自职责范围内负责个人信息保护和监督管理工作。	**第五十九条**　国家网信部门负责统筹协调个人信息保护工作和相关监督管理工作。国务院有关部门依照本法和有关法律、行政法规的规定，在各自职责范围内负责个人信息保护和监督管理工作。	**第六十条**　国家网信部门负责统筹协调个人信息保护工作和相关监督管理工作。国务院有关部门依照本法和有关法律、行政法规的规定，在各自职责范围内负责个人信息保护和监督管理工作。

续表

个人信息保护法（一审稿）	个人信息保护法（二审稿）	个人信息保护法（正式稿）
县级以上地方人民政府有关部门的个人信息保护和监督管理职责，按照国家有关规定确定。 前两款规定的部门统称为履行个人信息保护职责的部门。	县级以上地方人民政府有关部门的个人信息保护和监督管理职责，按照国家有关规定确定。 前两款规定的部门统称为履行个人信息保护职责的部门。	县级以上地方人民政府有关部门的个人信息保护和监督管理职责，按照国家有关规定确定。 前两款规定的部门统称为履行个人信息保护职责的部门。
第五十七条 履行个人信息保护职责的部门履行下列个人信息保护职责： （一）开展个人信息保护宣传教育，指导、监督个人信息处理者开展个人信息保护工作； （二）接受、处理与个人信息保护有关的投诉、举报； （三）调查、处理违法个人信息处理活动； （四）法律、行政法规规定的其他职责。	**第六十条** 履行个人信息保护职责的部门履行下列个人信息保护职责： （一）开展个人信息保护宣传教育，指导、监督个人信息处理者开展个人信息保护工作； （二）接受、处理与个人信息保护有关的投诉、举报； （三）调查、处理违法个人信息处理活动； （四）法律、行政法规规定的其他职责。	**第六十一条** 履行个人信息保护职责的部门履行下列个人信息保护职责： （一）开展个人信息保护宣传教育，指导、监督个人信息处理者开展个人信息保护工作； （二）接受、处理与个人信息保护有关的投诉、举报； **（三）组织对应用程序等个人信息保护情况进行测评，并公布测评结果；** （四）调查、处理违法个人信息处理活动； （五）法律、行政法规规定的其他职责。
第五十八条 国家网信部门**和国务院有关部门按照职责权限组织制定个人信息保护相关规则、标准，**推进个人信息保护社会化服务体系建设，支持有关机构开展个人信息保护评估、认证服务。	**第六十一条** 国家网信部门**统筹协调有关部门依据本法推进下列个人信息保护工作：** **（一）制定个人信息保护具体规则、标准；** **（二）针对敏感个人信息以及人脸识别、人工智能等新技术、新应用，制定专门的个人信息保护规则、标准；** **（三）支持研究开发安全、方便的电子身份认证技术；**	**第六十二条** 国家网信部门统筹协调有关部门依据本法推进下列个人信息保护工作： （一）制定个人信息保护具体规则、标准； （二）针对小型个人信息处理者、处理敏感个人信息以及人脸识别、人工智能等新技术、新应用，制定专门的个人信息保护规则、标准； （三）支持研究开发**和推广应用**安全、方便的电子身份认证技术，**推进网络身份认证公共服务建设；**

续表

个人信息保护法（一审稿）	个人信息保护法（二审稿）	个人信息保护法（正式稿）
	（四）推进个人信息保护社会化服务体系建设，支持有关机构开展个人信息保护评估、认证服务。	（四）推进个人信息保护社会化服务体系建设，支持有关机构开展个人信息保护评估、认证服务； **（五）完善个人信息保护投诉、举报工作机制。**
第五十九条 履行个人信息保护职责的部门履行个人信息保护职责，可以采取下列措施： （一）询问有关当事人，调查与个人信息处理活动有关的情况； （二）查阅、复制当事人与个人信息处理活动有关的合同、记录、账簿以及其他有关资料； （三）实施现场检查，对涉嫌违法个人信息处理活动进行调查； （四）检查与个人信息处理活动有关的设备、物品；对有证据证明是违法个人信息处理活动的设备、物品，可以查封或者扣押。 履行个人信息保护职责的部门依法履行职责，当事人应当予以协助、配合，不得拒绝、阻挠。	**第六十二条** 履行个人信息保护职责的部门履行个人信息保护职责，可以采取下列措施： （一）询问有关当事人，调查与个人信息处理活动有关的情况； （二）查阅、复制当事人与个人信息处理活动有关的合同、记录、账簿以及其他有关资料； （三）实施现场检查，对涉嫌违法个人信息处理活动进行调查； （四）检查与个人信息处理活动有关的设备、物品；对有证据证明是违法个人信息处理活动的设备、物品，**向本部门主要负责人书面报告并经批准，**可以查封或者扣押。 履行个人信息保护职责的部门依法履行职责，当事人应当予以协助、配合，不得拒绝、阻挠。	**第六十三条** 履行个人信息保护职责的部门履行个人信息保护职责，可以采取下列措施： （一）询问有关当事人，调查与个人信息处理活动有关的情况； （二）查阅、复制当事人与个人信息处理活动有关的合同、记录、账簿以及其他有关资料； （三）实施现场检查，对涉嫌违法的个人信息处理活动进行调查； （四）检查与个人信息处理活动有关的设备、物品；对有证据证明是用于违法个人信息处理活动的设备、物品，向本部门主要负责人书面报告并经批准，可以查封或者扣押。 履行个人信息保护职责的部门依法履行职责，当事人应当予以协助、配合，不得拒绝、阻挠。

续表

个人信息保护法（一审稿）	个人信息保护法（二审稿）	个人信息保护法（正式稿）
第六十条 履行个人信息保护职责的部门在履行职责中，发现个人信息处理活动存在较大风险或者发生个人信息安全事件的，可以按照规定的权限和程序对该个人信息处理者的法定代表人或者主要负责人进行约谈。个人信息处理者应当按照要求采取措施，进行整改，消除隐患。	**第六十三条** 履行个人信息保护职责的部门在履行职责中，发现个人信息处理活动存在较大风险或者发生个人信息安全事件的，可以按照规定的权限和程序对该个人信息处理者的法定代表人或者主要负责人进行约谈，**或者要求个人信息处理者委托专业机构对其个人信息处理活动进行合规审计。**个人信息处理者应当按照要求采取措施，进行整改，消除隐患。	**第六十四条** 履行个人信息保护职责的部门在履行职责中，发现个人信息处理活动存在较大风险或者发生个人信息安全事件的，可以按照规定的权限和程序对该个人信息处理者的法定代表人或者主要负责人进行约谈，或者要求个人信息处理者委托专业机构对其个人信息处理活动进行合规审计。个人信息处理者应当按照要求采取措施，进行整改，消除隐患。 **履行个人信息保护职责的部门在履行职责中，发现违法处理个人信息涉嫌犯罪的，应当及时移送公安机关依法处理。**
第六十一条 任何组织、个人有权对违法个人信息处理活动向履行个人信息保护职责的部门进行投诉、举报。收到投诉、举报的部门应当依法及时处理，并将处理结果告知投诉、举报人。 履行个人信息保护职责的部门应当公布接受投诉、举报的联系方式。	**第六十四条** 任何组织、个人有权对违法个人信息处理活动向履行个人信息保护职责的部门进行投诉、举报。收到投诉、举报的部门应当依法及时处理，并将处理结果告知投诉、举报人。 履行个人信息保护职责的部门应当公布接受投诉、举报的联系方式。	**第六十五条** 任何组织、个人有权对违法个人信息处理活动向履行个人信息保护职责的部门进行投诉、举报。收到投诉、举报的部门应当依法及时处理，并将处理结果告知投诉、举报人。 履行个人信息保护职责的部门应当公布接受投诉、举报的联系方式。

续表

个人信息保护法（一审稿）	个人信息保护法（二审稿）	个人信息保护法（正式稿）
第七章　法律责任	**第七章　法律责任**	**第七章　法律责任**
第六十二条　违反本法规定处理个人信息，或者处理个人信息未按照规定采取必要的安全保护措施的，由履行个人信息保护职责的部门责令改正，**没收违法所得，给予警告**；拒不改正的，并处一百万元以下罚款；对直接负责的主管人员和其他直接责任人员处一万元以上十万元以下罚款。 有前款规定的违法行为，情节严重的，由履行个人信息保护职责的部门责令改正，没收违法所得，并处五千万元以下或者上一年度营业额百分之五以下罚款，并可以责令暂停相关业务、停业整顿、通报有关主管部门吊销相关业务许可或者吊销营业执照；对直接负责的主管人员和其他直接责任人员处十万元以上一百万元以下罚款。	**第六十五条**　违反本法规定处理个人信息，或者处理个人信息**未按照规定采取必要的安全保护措施的**，由履行个人信息保护职责的部门责令改正，**给予警告，没收违法所得**；拒不改正的，并处一百万元以下罚款；对直接负责的主管人员和其他直接责任人员处一万元以上十万元以下罚款。 有前款规定的违法行为，情节严重的，由履行个人信息保护职责的部门责令改正，没收违法所得，并处五千万元以下或者上一年度营业额百分之五以下罚款，并可以责令暂停相关业务、停业整顿、通报有关主管部门吊销相关业务许可或者吊销营业执照；对直接负责的主管人员和其他直接责任人员处十万元以上一百万元以下罚款。	**第六十六条**　违反本法规定处理个人信息，或者处理个人信息**未履行本法规定的个人信息保护义务的**，由履行个人信息保护职责的部门责令改正，给予警告，没收违法所得，**对违法处理个人信息的应用程序，责令暂停或者终止提供服务**；拒不改正的，并处一百万元以下罚款；对直接负责的主管人员和其他直接责任人员处一万元以上十万元以下罚款。 有前款规定的违法行为，情节严重的，由**省级以上**履行个人信息保护职责的部门责令改正，没收违法所得，并处五千万元以下或者上一年度营业额百分之五以下罚款，并可以责令暂停相关业务**或者**停业整顿、通报有关主管部门吊销相关业务许可或者吊销营业执照；对直接负责的主管人员和其他直接责任人员处十万元以上一百万元以下罚款，**并可以决定禁止其在一定期限内担任相关企业的董事、监事、高级管理人员和个人信息保护负责人**。
第六十三条　有本法规定的违法行为的，依照有关法律、行政法规的规定记入信用档案，并予以公示。	**第六十六条**　有本法规定的违法行为的，依照有关法律、行政法规的规定记入信用档案，并予以公示。	**第六十七条**　有本法规定的违法行为的，依照有关法律、行政法规的规定记入信用档案，并予以公示。

续表

个人信息保护法（一审稿）	个人信息保护法（二审稿）	个人信息保护法（正式稿）
第六十四条 国家机关不履行本法规定的个人信息保护义务的，由其上级机关或者履行个人信息保护职责的部门责令改正；对直接负责的主管人员和其他直接责任人员依法给予处分。	**第六十七条** 国家机关不履行本法规定的个人信息保护义务的，由其上级机关或者履行个人信息保护职责的部门责令改正；对直接负责的主管人员和其他直接责任人员依法给予处分。	**第六十八条** 国家机关不履行本法规定的个人信息保护义务的，由其上级机关或者履行个人信息保护职责的部门责令改正；对直接负责的主管人员和其他直接责任人员依法给予处分。 **履行个人信息保护职责的部门的工作人员玩忽职守、滥用职权、徇私舞弊，尚不构成犯罪的，依法给予处分。**
第六十五条 **因个人信息处理活动侵害个人信息权益的，**按照个人因此受到的损失或者个人信息处理者因此获得的利益**承担赔偿责任；**个人因此受到的损失和个人信息处理者因此获得的利益难以确定的，根据实际情况确定赔偿数额。**个人信息处理者能够证明自己没有过错的，可以减轻或者免除责任。**	**第六十八条** **个人信息权益因个人信息处理活动受到侵害，个人信息处理者不能证明自己没有过错的，应当承担损害赔偿等侵权责任。** **前款规定的损害赔偿责任**按照个人因此受到的损失或者个人信息处理者因此获得的利益**确定**；个人因此受到的损失和个人信息处理者因此获得的利益难以确定的，根据实际情况确定赔偿数额。	**第六十九条** **处理个人信息侵害个人信息权益造成损害，**个人信息处理者不能证明自己没有过错的，应当承担损害赔偿等侵权责任。 前款规定的损害赔偿责任按照个人因此受到的损失或者个人信息处理者因此获得的利益确定；个人因此受到的损失和个人信息处理者因此获得的利益难以确定的，根据实际情况确定赔偿数额。
第六十六条 个人信息处理者违反本法规定处理个人信息，侵害众多个人的权益的，人民检察院、履行个人信息保护职责的部门和国家网信部门确定的组织可以依法向人民法院提起诉讼。	**第六十九条** 个人信息处理者违反本法规定处理个人信息，侵害众多个人的权益的，人民检察院、**履行个人信息保护职责的部门**和国家网信部门确定的组织可以依法向人民法院提起诉讼。	**第七十条** 个人信息处理者违反本法规定处理个人信息，侵害众多个人的权益的，人民检察院、**法律规定的消费者组织**和**由**国家网信部门确定的组织可以依法向人民法院提起诉讼。

续表

个人信息保护法（一审稿）	个人信息保护法（二审稿）	个人信息保护法（正式稿）
第六十七条 违反本法规定，构成违反治安管理行为的，依法给予治安管理处罚；构成犯罪的，依法追究刑事责任。	**第七十条** 违反本法规定，构成违反治安管理行为的，依法给予治安管理处罚；构成犯罪的，依法追究刑事责任。	**第七十一条** 违反本法规定，构成违反治安管理行为的，依法给予治安管理处罚；构成犯罪的，依法追究刑事责任。
第八章 附 则	**第八章 附 则**	**第八章 附 则**
第六十八条 自然人因个人或者家庭事务而处理个人信息的，不适用本法。 法律对各级人民政府及其有关部门组织实施的统计、档案管理活动中的个人信息处理有规定的，适用其规定。	**第七十一条** 自然人因个人或者家庭事务处理个人信息的，不适用本法。 法律对各级人民政府及其有关部门组织实施的统计、档案管理活动中的个人信息处理有规定的，适用其规定。	**第七十二条** 自然人因个人或者家庭事务处理个人信息的，不适用本法。 法律对各级人民政府及其有关部门组织实施的统计、档案管理活动中的个人信息处理有规定的，适用其规定。
第六十九条 本法下列用语的含义： （一）个人信息处理者，是指自主决定处理目的、处理方式等个人信息处理事项的组织、个人。 （二）自动化决策，是指利用个人信息对个人的行为习惯、兴趣爱好或者经济、健康、信用状况等，通过计算机程序自动分析、评估并进行决策的活动。 （三）去标识化，是指个人信息经过处理，使其在不借助额外信息的情况下无法识别特定自然人的过程。 （四）匿名化，是指个人信息经过处理无法识别特定自然人且不能复原的过程。	**第七十二条** 本法下列用语的含义： （一）个人信息处理者，是指自主决定处理目的、处理方式**等个人信息处理事项的组织、个人。** （二）自动化决策，是指**利用个人信息对**个人的行为习惯、兴趣爱好或者经济、健康、信用状况等**，通过计算机程序自动分析、评估**并进行决策的活动。 （三）去标识化，是指个人信息经过处理，使其在不借助额外信息的情况下无法识别特定自然人的过程。 （四）匿名化，是指个人信息经过处理无法识别特定自然人且不能复原的过程。	**第七十三条** 本法下列用语的含义： （一）个人信息处理者，是指**在个人信息处理活动中自主决定处理目的、处理方式的组织、个人。** （二）自动化决策，是指**通过计算机程序自动分析、评估**个人的行为习惯、兴趣爱好或者经济、健康、信用状况等，并进行决策的活动。 （三）去标识化，是指个人信息经过处理，使其在不借助额外信息的情况下无法识别特定自然人的过程。 （四）匿名化，是指个人信息经过处理无法识别特定自然人且不能复原的过程。
第七十条 本法自 年 月 日起施行。	**第七十三条** 本法自 年 月 日起施行。	**第七十四条** **本法自2021年11月1日起施行。**

图书在版编目（CIP）数据

中华人民共和国个人信息保护法实务指南 / 王磊主编 . —北京：中国法制出版社，2021. 11
ISBN 978-7-5216-2154-9

Ⅰ . ①中… Ⅱ . ①王… Ⅲ . ①个人信息-法律保护-中国-指南 Ⅳ . ①D923. 7-62

中国版本图书馆 CIP 数据核字（2021）第 183783 号

策划编辑 韩璐玮（hanluwei666@163. com）
责任编辑 孙 静　　封面设计 杨泽江

中华人民共和国个人信息保护法实务指南
ZHONGHUA RENMIN GONGHEGUO GEREN XINXI BAOHUFA SHIWU ZHINAN

主编/王磊
经销/新华书店
印刷/三河市国英印务有限公司
开本/730 毫米×1030 毫米 16 开　　印张/ 28. 5 字数/ 402 千
版次/2021 年 11 月第 1 版　　2021 年 11 月第 1 次印刷

中国法制出版社出版
书号 ISBN 978-7-5216-2154-9　　定价：108. 00 元

北京市西城区西便门西里甲 16 号西便门办公区
邮政编码：100053　　传真：010-63141852
网址：http：//www. zgfzs. com　　**编辑部电话：010-63141787**
市场营销部电话：010-63141612　　**印务部电话：010-63141606**

（如有印装质量问题，请与本社印务部联系。）